MANUAL PRÁCTICO DEL ARQUITECTO OPOSITOR

EJERCICIOS DE 65 OPOSICIONES CONVOCADAS POR ADMINISTRACIONES VALENCIANAS

Vicent Bataller Grau

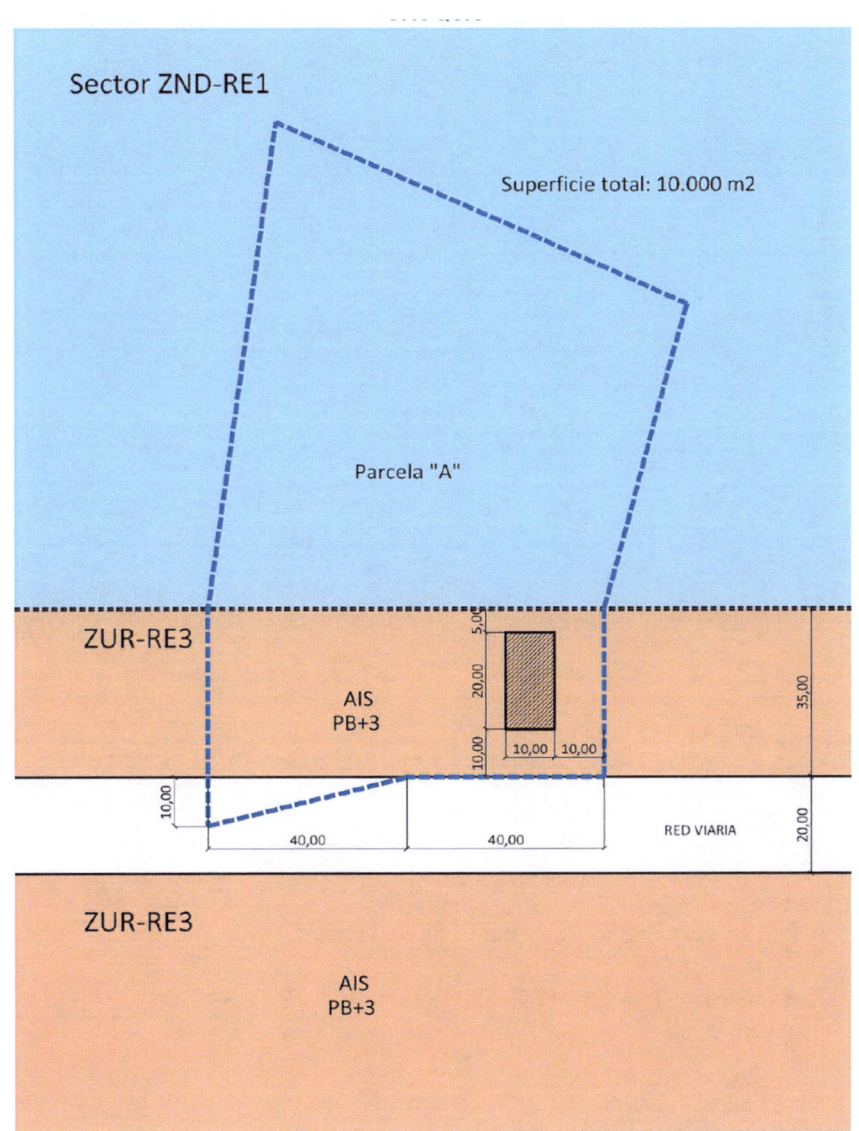

La presente edición ha sido revisada atendiendo a las normas vigentes de nuestra lengua, recogidas por la Real Academia Española en el *Diccionario de la lengua española* (2014), *Ortografía de la lengua española* (2010), *Nueva gramática de la lengua española* (2009) y *Diccionario panhispánico de dudas* (2005).

Manual práctico del arquitecto opositor. Ejercicios de 65 oposiciones convocadas por administraciones valencianas

Primera edición: Noviembre 2023

Depósito legal: A 614-2023
ISBN: 978-84-19894-12-0

Impresión: Editorial Club Universitario

© Del texto: Vicent Bataller Grau
© Maquetación, corrección y diseño: Editorial Club Universitario

Editorial Club Universitario. Telf.: 965 676 133
www.editorialecu.com
editorial@ecu.fm

Impreso en España - Printed in Spain

Agradezco la aportación de enunciados —y, sobre todo, la amabilidad y paciencia mostrada ante mis consultas— a Lucía Boix, Guillermo Cuesta, Carmen Navarro, Toni Ballester y Luis Alberto Hernández, todos ellos exitosos arquitectos opositores.

Dedicado a todos los arquitectos que han emprendido, están emprendiendo y también a los que emprenderán la arriesgada y, a menudo, ingrata empresa de estudiar oposiciones de nuestro cuerpo.

ÍNDICE:

0. ÍNDICE POR MATERIAS

Puesto que la estructura del manual se basa en procesos selectivos ordenados cronológicamente según su convocatoria y, por tanto, los ejercicios no se agrupan por unidades temáticas, se ha creído bastante útil para el usuario diseñar el presente índice por materias. Ha de tenerse en cuenta que un mismo ejercicio puede aparecer en varias de ellas. En los casos de dos procesos de la misma administración (o, como en la Generalitat Valenciana, hasta cuatro), se han diferenciado estos indicando entre paréntesis el año de convocatoria, excepto en el Ayuntamiento de Alicante, cuyos dos procesos se convocaron al mismo tiempo y se identifican por el tipo de convocatoria, una concurso-oposición y, la otra, oposición.

12. TRAMITACIÓN DE PLANEAMIENTO Y GESTIÓN

13. PLANEAMIENTO Y GESTIÓN URBANÍSTICA (excepto reparcelaciones)

14. VALORACIONES

15. ACTIVIDADES

16. DISEÑO VIARIO

PRÓLOGO

El libro que tiene entre sus manos es ese codiciado «tesoro» que cualquier opositor le hubiera gustado encontrar durante la ardua tarea de preparación del examen práctico de un proceso selectivo para arquitecto funcionario.

Abres un viejo arcón y te encuentras con algo único: un recopilatorio de 120 ejercicios prácticos reales que han caído en otras oposiciones y, ¡encima!, con su resolución, propuesta por el compañero arquitecto que ya es funcionario. No se puede pedir más.

He de decir que, a pesar de ya ser funcionaria de la Administración local, todavía siento avidez por enfrentarme al reto de solucionar los casos prácticos que me plantean, como si a un juego de acertijos me invitaran, y me consta que esta sensación es compartida por la mayoría de los compañeros de profesión, incluidos, por supuesto, los que se dedican al ejercicio libre de esta.

No hay mejor manera de comprobar si se ha entendido la teoría que aplicándola a un supuesto práctico. Pero, además, resolviendo un caso real es como se pone a prueba el resto de las habilidades que realmente deberían primar en los procesos selectivos de arquitectos, es decir, la capacidad de razonamiento, argumentación, imaginación, creación y formación de juicios de valor.

Por ello, no puedo perder la oportunidad que me brindan estas líneas para lanzar una crítica constructiva en relación con la configuración de la mayoría de bases de los procesos selectivos para arquitectos de la Administración pública. En ellas la carga teórica y memorística domina hasta tal punto el contenido de los temarios y el tipo de pruebas que parecen diseñadas para la selección de otro tipo de funcionarios que no son de nuestra «administración especial», sino más bien para licenciados en Derecho o personal que integrar en la administración general. El que salga a la luz el presente manual puede representar un destello que centre la atención sobre esta importante parte, la práctica, que oriente a preponderar en las oposiciones la valoración de las singulares habilidades que ofrece la titulación de arquitecto. Vicent Bataller Grau ha sido un opositor incansable y tenaz que, tras adentrarse en este duro recorrido, no falto de satisfacciones, pero también de sinsabores, ha conseguido incluso llegar a la meta en varias ocasiones. Pero también es importante destacar su experiencia al haber trabajado, durante todo este tránsito, en la Administración, incluida la local, ese campo de batalla en primera línea que tanto curte y del que tanto se aprende del trato directo con el ciudadano y con nuestros representantes municipales.

Tenemos que agradecerle a Vicent que se haya atrevido a compartir su propuesta de resolución de tan extenso electo de casos prácticos, de temáticas tan variadas y dispersas, como todas las que tenemos que manejar los arquitectos al servicio de la Administración pública. Ello demuestra que no solo reúne las capacidades intelectuales que las oposiciones criban, sino que está dotado de una gran empatía hacia las necesidades ajenas y generosidad para con sus compañeros de profesión.

Como él mismo manifiesta en la introducción del manual, las soluciones que ha propuesto pueden no ser únicas, pues incluso los enunciados de los casos a veces dan lugar a respuestas abiertas.

Por ello el valor añadido que nos ofrece este libro, además de la comodidad de tener un repertorio ordenado de casos prácticos para estudiar o contrastar conocimientos, es el de ayudarnos a encender la chispa de nuestras neuronas, permitiéndonos volar desde la teoría a la realidad, discutir posibles soluciones y, por qué no, ser críticos con las propuestas, estableciendo con el autor un debate imaginario —o real, pues nótese que nos ofrece su correo electrónico— que nos ayude a replantearnos los pilares de nuestro saber. En definitiva, una fuente de motivación y provocación, incluso para los que somos ya ejercientes tanto dentro como fuera de la Administración, para comunicarnos e intercambiar opiniones, así como, por qué no añadirlo, inspirar a miembros de futuros tribunales.

Me siendo privilegiada de haber podido prologar el *Manual práctico del arquitecto opositor* de Vicent porque sé muy bien que los planteamientos prácticos perduran mucho más que la vigencia de las leyes y, en consecuencia, esta obra va a estar presente durante mucho tiempo entre los foros técnicos de la Administración, especialmente la local, en la que me siento especialmente integrada y comprometida.

María Jesús Gozalvo Zamorano
Dra. Arquitecto. Exarquitecto municipal.
Jefa de Sección de Planeamiento Urbanístico de la Diputación de Valencia.
Presidenta de la Agrupación de Arquitectos al Servicio de las
Administraciones Públicas del COACV

1. INTRODUCCIÓN

El presente manual pretende ser, principalmente, una herramienta útil a los arquitectos que hayan decidido embarcarse en la preparación de convocatorias para la selección de funcionarios de dicho cuerpo en cualquiera de las administraciones valencianas. Asimismo, la obra constituye una ayuda a los propios arquitectos de la administración dada la amplia variedad de casos y supuestos que incluye y que pueden darse en el día a día en un servicio técnico. A tal fin, se incorpora un buen porcentaje del total de procesos selectivos de selección de arquitectos llevados a cabo en el ámbito valenciano desde 2006, entre los que se cuentan convocatorias de la Generalitat Valenciana, de diputaciones provinciales y de muchos ayuntamientos, incluidos los de las cuatro grandes ciudades valencianas, además de otras administraciones, como mancomunidades de municipios e incluso una universidad.

El objeto de una convocatoria puede ser la selección de un funcionario de carrera o de un funcionario interino (o varios de ellos, sobre todo en administraciones grandes), habitualmente con la creación simultánea de una bolsa de trabajo. Incluso la finalidad del proceso puede ser solamente la creación de una bolsa de trabajo, sin especificar el número de funcionarios interinos que se necesitan, caso muy normal. Las convocatorias incluidas en la presente obra son de los dos tipos.

En la mayoría de procesos selectivos se prevé la celebración de un ejercicio práctico que, a su vez, puede contener uno o varios supuestos. De hecho, en algunas convocatorias de creación de bolsas de trabajo o de selección de funcionarios interinos, la fase de oposición puede constar únicamente de un ejercicio práctico. Así pues, todo aspirante, en su pretensión de conseguir la plaza convocada o, al menos, de quedarse en bolsa, deberá aprobar normalmente un ejercicio práctico. En este sentido, hasta ahora no existía una obra que recopilara supuestos prácticos reales para arquitectos, fase ineludible de las convocatorias.

En cuanto a la obtención de los enunciados de ejercicios prácticos, cabe decir que muchos los conservaba yo mismo, ya sea porque en su día realicé los ejercicios, ya sea porque me los ha facilitado algún compañero. Unos pocos se encontraban publicados en la página web de la administración y, en muchos casos, me los han remitido, a mi solicitud, las administraciones que han convocado las pruebas, al tratarse de documentos públicos, que no contienen datos protegidos, en virtud de los artículos 12 y 13 de la Ley 19/2013 de Transparencia, Acceso a la Información y Buen Gobierno.

2. EJERCICIOS PRÁCTICOS

2.1. Presentación

En el presente capítulo se reproducen y resuelven los ejercicios prácticos recopilados. No es habitual que el tribunal publique el solucionario una vez calificado el ejercicio, pero, en los pocos casos en los que así ha sido y se ha conseguido, se aporta la resolución del tribunal, lo que no impide que también se realicen comentarios a esta.

Asimismo, se incorporan al final unos pocos ejercicios que no se han podido resolver completamente, ya sea por su gran extensión, porque no se han conseguido los planos, anexos o la normativa municipal o cuya resolución no está suficientemente acotada; sin embargo, no se ha querido que tales circunstancias impidan su inclusión en la obra porque, al fin y al cabo, constituyen ejercicios reales de procesos selectivos y a los lectores les sirve para apreciar la variedad de temas que pueden surgir.

Se ha unificado el formato de los enunciados para otorgar cohesión y uniformidad al libro, al menos en cuanto a tipo y tamaño de letra o interlineado; tan solo se ha corregido algún error claro de puntuación u ortografía, y se ha unificado el criterio de tratamiento de mayúsculas/minúsculas. También se han incorporado directamente la mayoría de anexos necesarios para el desarrollo del ejercicio, tales como fotografías o planos. No obstante, cabe advertir que los planos no se reproducen a la escala en ellos reflejada, por razón del formato de la presente obra. En los casos en que se ha estimado que algún fragmento de un anexo no es necesario, se ha indicado entre corchetes su omisión.

Los ejercicios se ordenan cronológicamente, teniendo como referencia la fecha de publicación de las bases del proceso selectivo en el boletín de la provincia correspondiente o en el *Diario oficial de la Generalitat Valenciana*, en el caso de las convocatorias para el cuerpo de arquitectos autonómico. En su defecto, se ha adoptado la fecha del texto normativo que las apruebe, como un decreto o resolución de alcaldía.

En cuanto a la resolución de los ejercicios, cabe decir que se ha realizado teniendo como referencia la legislación vigente a la fecha de edición de la presente obra, lógicamente, y no la vigente a la fecha de celebración de cada ejercicio. Debe tenerse en cuenta que, en la inmensa mayoría de casos, el planteamiento del enunciado es válido con independencia de la normativa en vigor.

Asimismo, existen supuestos, o partes de los cuales, para los que no hay una única solución o consisten en que el aspirante realice una propuesta. Además, ya sea por la redacción del ejercicio, porque se pregunta por un supuesto excesivamente específico que no se recoge en la normativa o porque la propia norma no es clara o es interpretable, es relativamente habitual el caso de ejercicios en los que el candidato tiene que tomar uno u otro camino de los que considera posibles sin tener un mínimo de certeza de aquello que el tribunal espera que conteste y solo le queda argumentar su opción. Aquí interviene la suerte, la intuición y, claro está, la experiencia del candidato.

En cuanto al idioma de los topónimos incluidos en el nombre de las administraciones, se ha optado por el nombre oficial. Respecto al idioma de los enunciados, se reproducen en aquel en que han llegado a nuestras manos.

2.2. Abreviaturas y siglas

A continuación, se expone una lista, por orden alfabético, de las abreviaturas de los textos legales que aparecen con más frecuencia en los ejercicios. Análogamente, se muestran las siglas utilizadas en el presente manual de los términos más utilizados.

CTE: Real Decreto 314/2006, de 17 de marzo, por el que se aprueba el Código Técnico de la Edificación (incluyendo todas las posteriores modificaciones)

D 62/2011: Decreto 62/2011, de 20 de mayo, del Consell, por el que se regula el procedimiento de declaración y el régimen de protección de los bienes de relevancia local

D 65/2019: Decreto 65/2019, de 26 de abril, del Consell, de regulación de la accesibilidad en la edificación y en los espacios públicos

DC-09: Orden, de 7 de diciembre de 2009, de la Conselleria de Medio Ambiente, Urbanismo y Vivienda, por la que se aprueban las condiciones de diseño y calidad en desarrollo del Decreto 151/2009, de 2 de octubre, del Consell (derogada)

DC-23: Decreto 80/2023, de 26 de mayo, del Consell, por el que aprueban las normas de diseño y calidad en edificación de vivienda

LCSP: Ley 9/2017, de 8 de noviembre, de Contratos del Sector Público, por la que se transponen al ordenamiento jurídico español las directivas del Parlamento Europeo y del Consejo 2014/23/UE y 2014/24/UE, de 26 de febrero de 2014

LEF: Ley de 16 de diciembre de 1954, de Expropiación Forzosa

Ley 4/1998: Ley 4/1998, de 11 de junio, del Patrimonio Cultural Valenciano

Ley 6/1991: Ley 6/1991 de la Generalitat Valenciana, de 27 de marzo, de Carreteras de la Comunidad Valenciana

Ley 6/2014: Ley 6/2014, de 25 de julio, de Prevención, Calidad y Control Ambiental de Actividades en la Comunitat Valenciana

Ley 14/2010: Ley 14/2010, de 3 de diciembre, de la Generalitat, de Espectáculos Públicos, Actividades Recreativas y Establecimientos Públicos

Ley de Aguas: Real Decreto Legislativo 1/2001, de 20 de julio, por el que se aprueba el texto refundido de la Ley de Aguas

Ley de Costas: Ley 22/1988, 28 julio, de Costas

LOE: Ley 38/1999, de 5 de noviembre, de Ordenación de la Edificación

LOFCE: Ley 3/2004, de 30 de junio, de la Generalitat, de Ordenación y Fomento de la Calidad de la Edificación

LUV: Ley 16/2005, de 30 de diciembre, de la Generalitat, Urbanística Valenciana (derogada)

Orden ECO/805/2003: Orden ECO/805/2003, de 27 de marzo, sobre normas de valoración de bienes inmuebles y de determinados derechos para ciertas finalidades financieras

RD 105/2008: Real Decreto 105/2008, de 1 de febrero, por el que se regula la producción y gestión de los residuos de construcción y demolición

RD 1020/1993: Real Decreto 1020/1993, de 25 de junio, por el que se aprueban las normas técnicas de valoración y el cuadro marco de valores del suelo y de las construcciones para determinar el valor catastral de los bienes inmuebles de naturaleza urbana

RD 1627/1997: Real Decreto 1627/1997, de 24 de octubre, por el que se establecen disposiciones mínimas de seguridad y de salud en las obras de construcción

RDPH: Real Decreto 849/1986, de 11 de abril, por el que se aprueba el Reglamento del Dominio Público Hidráulico que desarrolla los títulos preliminares, I, IV, V, VI, VII y VIII del texto refundido de la Ley de Aguas, aprobado por el Real Decreto Legislativo 1/2001, de 20 de julio

REBT: Real Decreto 842/2002, de 2 de agosto, por el que se aprueba el Reglamento Electrotécnico para Baja Tensión

Reglamento de la Ley 14/2010: Decreto 143/2015, de 11 de septiembre, del Consell, por el que se aprueba el Reglamento de desarrollo de la Ley 14/2010, de 3 de diciembre, de la Generalitat, de Espectáculos Públicos, Actividades Recreativas y Establecimientos Públicos

RGLCAP: Real Decreto 1098/2001, de 12 de octubre, por el que se aprueba el Reglamento General de la Ley de Contratos de las Administraciones Públicas

RVLS: Real Decreto 1492/2011, de 24 de octubre, por el que se aprueba el Reglamento de Valoraciones de la Ley de Suelo

TRLOTUP: Decreto Legislativo 1/2021, de 18 de junio, de aprobación del texto refundido de la Ley de Ordenación del Territorio, Urbanismo y Paisaje de la Comunitat Valenciana

TRLS: Real Decreto Legislativo 7/2015, de 30 de octubre, por el que se aprueba el texto refundido de la Ley de Suelo y Rehabilitación Urbana

AO: aprovechamiento objetivo

AR: área de reparto

AS: aprovechamiento subjetivo

AT: aprovechamiento tipo

BIC: bien de interés comunitario

BRL: bien de relevancia local

DIC: declaración de interés comunitario

DRO: declaración responsable de obras

EQ: equipamientos

OE: ordenación estructural

OP: ordenación pormenorizada

PAI: programa de actuación integrada

PBL: presupuesto base de licitación

PCAP: pliegos de condiciones administrativas particulares

PEC: presupuesto de contrata

PEM: presupuesto de ejecución material

PEP: plan especial de protección

PP: plan parcial

PRI: plan de reforma interior

RP: red primaria

RS: red secundaria

SCS: superficie computable del sector

SNU: suelo no urbanizable

SU: suelo urbano

SUB: suelo urbanizable

UE: unidad de ejecución

VE: valor estimado

VRS: valor de repercusión de suelo

ZV: zona verde

2.3. Esquema de estándares dotacionales (anexo IV TRLOTUP)

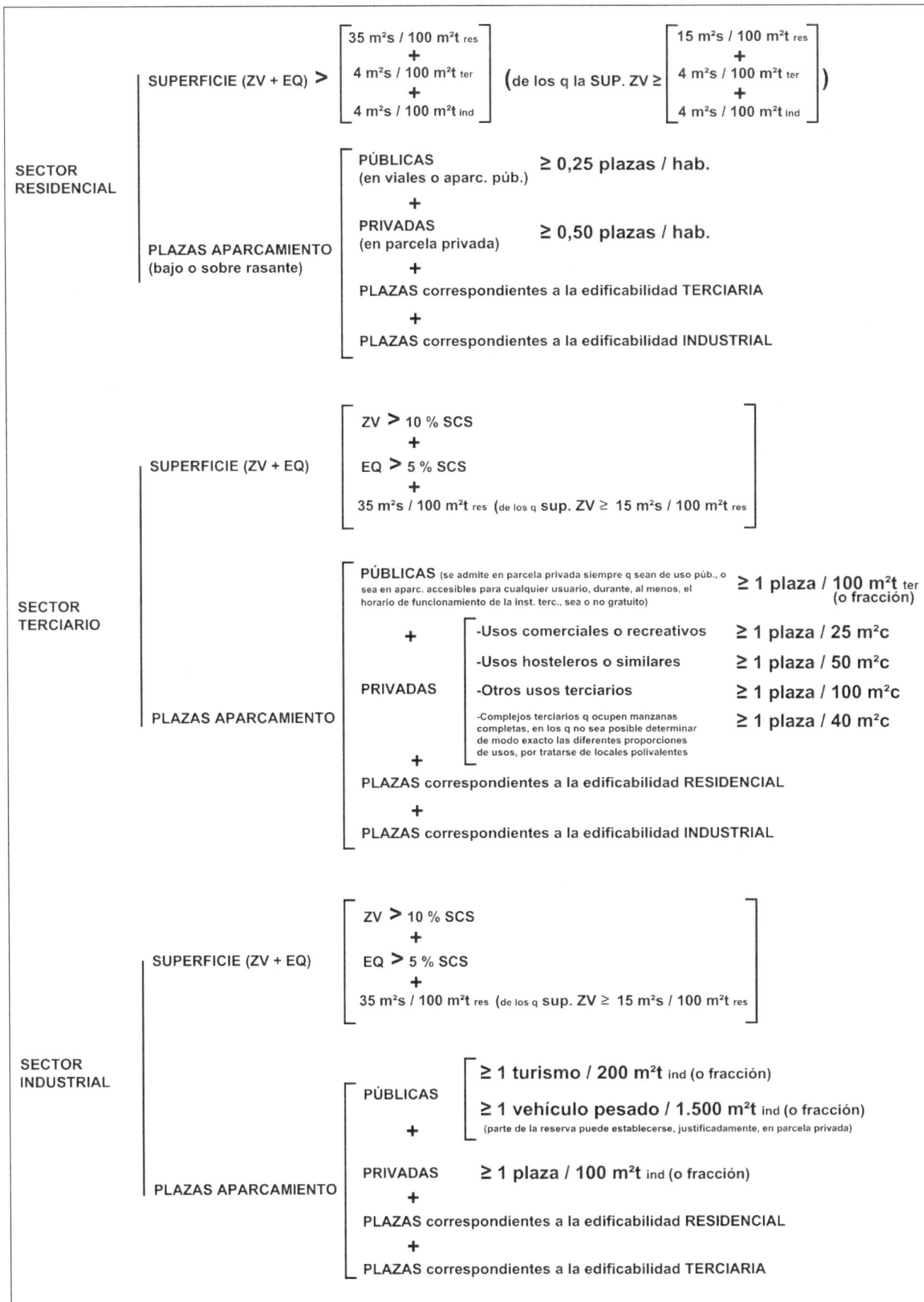

2.4. Ejercicios resueltos

Administración	**AYUNTAMIENTO DE BENICARLÓ**
Tipo de plaza	FUNCIONARIO DE CARRERA
Año de convocatoria	2006
Observaciones	

SUPUESTO 1: RETRIBUCIÓN EN TERRENOS. VALORACIÓN

Un sector residencial del Plan General de Benicarló se incluye en una unidad de ejecución única. Dicha unidad comprende 10 parcelas de iguales dimensiones, que pasarán a ser 10 parcelas edificables indivisibles. Las cargas de urbanización del programa correspondiente ascienden a la cantidad de 3 000 000 €.

El ayuntamiento ha seleccionado como urbanizador a un constructor particular que es dueño de un 20 % del terreno inicial. El restante 80 % es de diferentes propietarios.

Según el Plan General, al Ayuntamiento en principio le correspondería percibir el 10 % del aprovechamiento tipo.

El urbanizador, al aprobarse el programa, se comprometió a hacer la urbanización de las 10 parcelas percibiendo una cuarta parte de ellas en concepto de retribución.

Ayuntamiento, propietarios y urbanizador-constructor han acordado no establecer adjudicaciones en proindiviso, resolviendo las diferencias de adjudicación mediante compensaciones económicas, según valores de programa. Asimismo, han acordado aumentar o disminuir la adjudicación para las diferencias de derechos inferiores al 5 %.

Cuestiones:

1. Calcular el número de parcelas que corresponden al Ayuntamiento, a los propietarios y al urbanizador-constructor.
2. Calcular las compensaciones económicas que deben efectuarse entre ellos.

RESOLUCIÓN

Se trata de un ejercicio de reparcelación que cabe resolver sin conocer las superficies, solo con los porcentajes de propiedad. Así pues, en un principio tenemos que existen dos tipos de propietarios, el urbanizador-constructor (en adelante, urbanizador), con un 20 % de la superficie inicial, y el resto de propietarios, que suman el 80 % restante. Pero este porcentaje de propiedad no es igual al porcentaje de derechos en la unidad, ya que hay que reducirlo en un 10 % para contar con el aprovechamiento que le corresponde a la administración. Este porcentaje de aprovechamiento no se puede traducir directamente a porcentaje de superficie final porque los propietarios pagan al urbanizador con una cuarta parte de las parcelas (es decir, 25 %) como retribución por su trabajo. La administración no participa en este pago al estar libre de cargas.

En consecuencia, si al urbanizador le corresponde el 43 % de las parcelas, cabe asignarle 4; el 47 % de los propietarios se traduce en 5 parcelas y, al ayuntamiento, le pertenece 1. No obstante, los propietarios tendrán que compensar al urbanizador por ese 3 % que ganan de superficie en detrimento de este último.

Propietario	% de propiedad inicial	% de aprovechamiento	% de superficie final	parcelas asignadas	compensación
Urbanizador	20 %	20 × 0,9 = 18 %	18 + 25 = 43 %	4	-3 %
Resto de propietarios	80 %	80 × 0,9 = 72 %	72 − 25 = 47 %	5	+3 %
Ayuntamiento		10 %	10 %	1	0
	100 %	100 %	100 %	10	

Para calcular la compensación económica entre ellos, es decir, de ese 3 % del suelo, necesitamos calcular el valor del suelo urbanizado. El dato que conocemos es que los propietarios han retribuido al urbanizador con el 25 % de parcelas en concepto de sus cargas de urbanización (CU). Tal retribución se realiza mediante el coeficiente de canje, que es la correlación entre el coste dinerario de las cargas y el valor del suelo urbanizado (art. 149.1 TRLOTUP), VSo, cuya fórmula es:

$$\text{Coeficiente de canje} = CU / (CU + VSo)$$

La aplicación de dicho coeficiente a los derechos iniciales da como resultado lo que se retribuye al urbanizador, esto se traduce en:

$$72 \% \times \text{coeficiente de canje} = 25 \%$$

$$\text{Despejando: coeficiente de canje} = 25 / 72 = 0,3472$$

La fórmula del coeficiente de canje queda: 0,3472 = 3 000 000 / (3 000 000 + VSo). Despejando VSo, tenemos que VSo = 5 640 553,00 €.

Esto se refiere a todo el ámbito, con lo que el 3 % es: 5 640 553,00 × 0,03 = **169 216,59 €.**

SUPUESTO 2

El ayuntamiento pretende abrir la porción de vial que se señala en el plano adjunto. A tal efecto se solicita al arquitecto municipal un informe relativo a:

1.- Métodos de obtención de los terrenos. Posibilidades de actuación por parte de la administración para la consecución de los mismos, a ser posible con el menor desembolso económico.

2.- Valor de expropiación de los terrenos para el caso de que se tuviera que recurrir a la misma.

3.- Elementos a considerar en los costos de la actuación e imputación de los gastos de urbanización según la finca de que se trate.

DATOS:

ÁREA DE REPARTO 1

SECTOR URBANIZABLE	IEB	SUPERFICIE	VALOR REPERCUSIÓN DE SUELO m²t
S-1	0,5 m²t/m²s	100 000 m²	600 €
S-2	0,7 m²t/m²s	120 000 m²	400 €
Red estructural adscrita		80 000 m²	

ÁREA DE REPARTO 2

SECTOR URBANIZABLE	IEB	SUPERFICIE	VALOR REPERCUSIÓN DE SUELO m²t
S-3	0,3 m²t/m²s	120 000 m²	500 €
S-4	0,5 m²t/m²s	80 000 m²	400 €
Red estructural adscrita		60 000 m²	

COSTOS DE URBANIZACIÓN ESTIMADOS (presupuesto contrata): 120 €/m²

VALOR INICIAL DEL SUELO EN LA ZONA: 30 €/m²

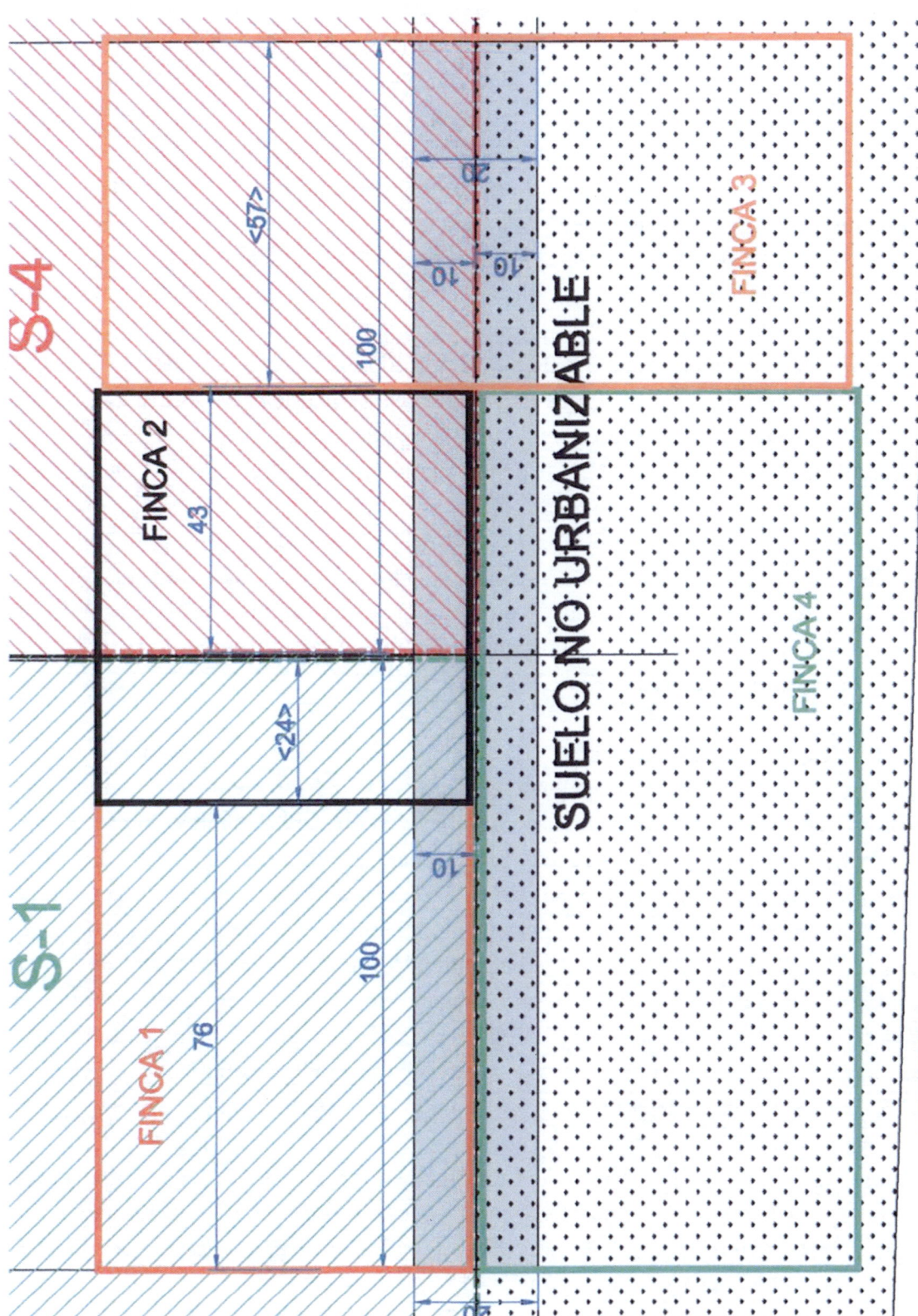

S-4

S-1

FINCA 2

FINCA 1

<57>

100

43

76

<24>

100

10

20

10

10

20

SUELO NO URBANIZABLE

FINCA 3

FINCA 4

SUPERFICIE DE VIAL A URBANIZAR

RESOLUCIÓN

1. Tenemos una situación compleja: las fincas 1 y 2 se sitúan íntegramente en SUB, pero la primera pertenece solo al S-1, mientras que la segunda al S-1 y S-4. Por otro lado, la finca 3 tiene parte de su superficie en S-4 y parte en SNU. Finalmente, la finca 4 se encuentra totalmente en SNU. Por su parte, la mitad del vial se ubica en SUB y la otra en SNU.

Lo normal habría sido que el planeamiento hubiera incluido o adscrito todo el vial a una o más áreas de reparto, y no solo la mitad, porque ello plantea problemas de gestión. Como el enunciado impone como condición que haya el menor desembolso posible para el ayuntamiento, cabe descartar la expropiación. Se entiende que la obtención del vial es previa a la programación y ejecución de los sectores, por lo que no puede considerarse la cesión y urbanización en el marco de una operación de distribución de beneficios y cargas. De todas formas, el desarrollo de S-1 y S-4 no evitaría que, con la configuración actual, la mitad del vial en SNU se quedara sin ceder y urbanizar (si bien podría extenderse la unidad de ejecución y el área reparcelable a dicha mitad). Por tanto, una solución podría ser la ocupación directa del vial por el ayuntamiento (art. 113 TRLOTUP) y el consiguiente reconocimiento de la reserva de aprovechamiento (art. 84.6). Al menos para las fincas 1 y 2, su reserva se materializaría en los S-1 y S-4 respectivamente, así como la parte de la finca 3 incluida en S-4. En cuanto a la superficie de la finca 3 y 4 en SNU, debería determinarse en qué unidades de ejecución pueden integrarse, aunque lo lógico es que se encontrara la forma de que fuera también en estos sectores. Si no fuera posible la reserva, solo cabría la expropiación.

2. El valor de expropiación se rige por el TRLS, en atención a su art. 34.1.b y, por tanto, cabe analizar en qué situación básica se encuentra el suelo del vial. Es evidente que la mitad clasificada como SNU por el planeamiento se considera suelo rural a los efectos del TRLS y, por tanto, de la valoración y los métodos asociados a dicha clase de situación básica. En cuanto a la parte incluida en los sectores, si estos no se encuentran programados (según parece), también cabe valorar dicha parte como suelo en situación básica de rural (art. 21.2.b y 36.2). En este sentido, nos faltan datos para realizar una valoración en suelo rural. No obstante, a dicho valor, cabría sumar —en concepto de indemnización por no poder participar en la actuación— el 10 % de la diferencia entre ese valor y el del suelo como si estuviera terminada la actuación, es decir, en situación básica de suelo urbanizado; todo ello, con base en el art. 38 TRLS (aunque la letra a del punto 2 se ha declarado inconstitucional).

Este último valor, o sea, como si estuviera terminada la actuación, se puede calcular aplicando a la superficie que se expropia (recordemos que solo la del SUB) el valor unitario del suelo, que se obtiene mediante el VRS y el IEB, según los datos aportados por el enunciado (fórmula del art. 22.1 RVLS).

$$\text{VSsector } 1 = \text{IEB} \times \text{VRS} = 0,5 \times 600 = 300 \ \text{€/m}^2\text{s}$$
$$\text{VSsector } 4 = 0,5 \times 400 = 200 \ \text{€/m}^2\text{s}$$

Parte de vial de la finca 1: $(10 \times 76) \times 300 = 228\ 000$ €
Parte de vial de la finca 2: $(10 \times 24) \times 300 + (10 \times 43) \times 200 = 72\ 000 + 86\ 000 = 158\ 000$ €
Parte de vial de la finca 3: $(10 \times 57) \times 200 = 114\ 000$ €

En el supuesto que nos ocupa, no cabe descontar al valor las cargas de urbanización («libre de cargas», dice el final del art. 28.1.a RVLS). Entonces, como se ha dicho, el valor de expropiación sería, por ejemplo, para la parte de vial de la finca 1:

$$\text{Vexpr.} = \text{Vsuelo rural} + (228\ 000 - \text{Vsuelo rural}) / 10$$

Siendo Vsuelo rural el valor del suelo de la finca 1 calculado en situación básica de rural.

3. Para determinar los costos de urbanización, podemos basarnos en el art. 150 TRLOTUP, «Cargas de urbanización del programa de actuación integrada», ya que, si bien la urbanización del vial no se enmarca en un PAI (puesto que se anticipa a la futura programación), el coste de estas obras habrá que tenerlas en cuenta en las cargas de urbanización del resto de urbanización de los sectores. De las cargas enumeradas en dicho artículo, se estima que, para la urbanización del vial, hay que incluir las cargas fijas del punto 1 del precitado artículo, pero ninguna de las variables del punto 2, ya que no existen en este caso.

En cuanto al presupuesto de urbanización, cabría estimar el porcentaje de costes que añadir al PEC que facilita el enunciado (redacción de proyectos y dirección de obra, gastos de gestión del constructor, gastos de tramitación, controles de calidad, etc.), lo que se puede considerar en un 17 % del PEC, con lo que las cargas totales serían de $120 \times 1,17 = 140,4$ €/m².

Como el enunciado habla de imputación de gastos a las fincas, se entiende que estas obtendrán aprovechamiento en los sectores por la porción de su superficie correspondiente al vial, incluyendo la mitad de este que se encuentra en SNU. Lo más correcto es asignar gastos en función del aprovechamiento, lo que obliga a obtener el AT y AS de las AR en que se encuentran el S-1 y S-4. Como dentro de cada AR, cada sector tiene un VR, en puridad, hay que utilizar coeficientes correctores. Asignaremos el valor 1 al VR = 400 €/m²t. Así pues:

AO 1hom = $(0,5 \times 100\ 000 \times 600 / 400) + (0,7 \times 120\ 000 \times 1) = 159\ 000$ UA
AO 2hom = $(0,3 \times 120\ 000 \times 500 / 400) + (0,5 \times 80\ 000 \times 1) = 85\ 000$ UA

AS 1hom = $159\ 000 \times 0,90 = 143\ 100$ UA
AS 2hom = $85\ 000 \times 0,90 = 76\ 500$ UA

AT 1 = $159\ 000 / (100\ 000 + 120\ 000 + 80\ 000) = 0,53$ UA/m²s
AS 1 = $0,53 \times 0,90 = 0,477$ UA/m²s

AT 2 = $85\ 000 / (120\ 000 + 80\ 000 + 60\ 000) = 0,3269$ UA/m²s
AS 2 = $0,3269 \times 0,90 = 0,2942$ UA/m²s

Sería abusivo que los propietarios de los terrenos en que se ubica el vial sufragaran antici-padamente su urbanización, por lo que se entiende que pagarán, una vez se materialice su aprovechamiento en los sectores, cuando se programe las UE, y lo harán proporcionalmente a su aprovechamiento.

Considerando, como se ha dicho, que la parte de vial en SNU se adscribe a cada sector, y puesto que ambos poseen la misma superficie de vial ($100 \times 20 = 2000$ m²s), el coste total de urbanización para cada sector es $2000 \times 140,4 = 280\ 800$ €.

Entonces, el coste de urbanización (CU) del vial por UA (pero del AS, ya que la administra-ción no participa en las cargas), según el AR es:

$$CU\ 1 = 280\ 800\ /\ 143\ 100 = 1,9623\ €/UA$$
$$CU\ 2 = 280\ 800\ /\ 76\ 500 = 3,6706\ €/UA$$

Extraemos el AS de la parte de cada finca incluida en el vial:

$$ASfinca1 = (76 \times 10) \times 0,477 = 362,52\ UA$$
$$ASfinca\ 2\ en\ S\text{-}1 = (24 \times 10) \times 0,477 = 114,48\ UA$$
$$ASfinca\ 2\ en\ S\text{-}4 = (43 \times 10) \times 0,2942 = 126,51\ UA$$
$$ASfinca\ 3 = (57 \times 20) \times 0,2942 = 335,39\ UA$$
$$ASfinca\ 4\ en\ S\text{-}1 = (100 \times 10) \times 0,477 = 477\ UA$$
$$ASfinca\ 4\ en\ S\text{-}4 = (43 \times 10) \times 0,2942 = 126,51\ UA$$

Finalmente, aplicamos al AS la CU por UA:

$$CUfinca1 = 1,9623 \times 362,52 = 711,37\ €$$
$$CUfinca\ 2\ en\ S\text{-}1 = 1,9623 \times 114,48 = 224,64\ €$$
$$CUfinca\ 2\ en\ S\text{-}4 = 3,6706 \times 126,51 = 464,37\ €$$
$$CUfinca\ 3 = 3,6706 \times 335,39 = 1.231,08\ €$$
$$CUfinca\ 4\ en\ S\text{-}1 = 1,9623 \times 477 = 936,02\ €$$
$$CUfinca\ 4\ en\ S\text{-}4 = 3,6706 \times 126,51 = 464,37\ €$$

$$CUfinca\ 1 = \mathbf{711,37\ €}$$
$$CUfinca\ 2 = 224,64 + 464,37 = \mathbf{689,01\ €}$$
$$CUfinca\ 3 = \mathbf{1231,08\ €}$$
$$CUfinca\ 4 = 936,02 + 464,37 = \mathbf{1400,39\ €}$$

En principio, el dato del valor inicial del suelo no es útil para la resolución del ejercicio; este valor es el que se incluye en el programa para determinar el coeficiente de canje y las compensaciones en metálico entre parcelas adjudicadas y constituye el valor del suelo como si estuviera terminada la actuación, calculado por el método residual estático, y descontadas las cargas.

Administración	**AYUNTAMIENTO DE GATA DE GORGOS**
Tipo de plaza	FUNCIONARIO INTERINO
Año de convocatoria	2006
Observaciones	

SUPÒSIT 1:

L'Ajuntament de Gata de Gorgos té pressupostats 250 000 € amb els que pretén reformar la Casa de la Cultura, edifici protegit amb declaració de Bé d'Interés Cultural. Les obres s'han d'executar en el menor termini possible de temps (s'estima en 3 mesos el termini d'execució), atés que les pròximes eleccions municipals se celebraran d'ací a 9 mesos i l'edifici es deu inaugurar amb uns mesos d'antelació.

Dels 250 000 € disponibles està previst que el 90 % (225 000 €) es destinen a l'execució de l'obra i el 10 % restant (25 000 €) a la contractació d'assistència tècnica de redacció de projectes i direccions d'obra, prestació que es pretén encarregar de forma global a un arquitecte superior.

La resolució de l'expedient planteja al senyor alcalde nombrosos dubtes que el técnic municipal ha de resoldre, ràpidament, per mitjà de l'evacuació d'informe tècnic, d'acord amb allò que s'ha preceptuat en el Reial Decret legislatiu 2/2000, de 16 de juny, pel qual s'aprova el text refós de la Llei de Contractes de les Administracions Públiques i el Reial Decret 1098/2001, de 12 d'octubre, pel qual s'aprova el Reglament general de la Llei de Contractes de les Administracions Públiques.

1. Es pot considerar un expedient amb tramitació urgent?

I. CONTRACTE DE CONSULTORIA I ASSISTÈNCIA TÈCNICA

El senyor alcalde pretén contractar immediatament un arquitecte superior perquè s'inicie l'expedient, per la qual cosa planteja:

a) Es pot contractar el tècnic directament?
b) En cas negatiu, quin procediment és més convenient, obert, restringit, negociat amb publicitat o sense? Justifique-ho.
c) En quins casos estaria prohibit contractar amb el tècnic?
d) Solvència tècnica o professional del tècnic a contractar.
e) Contingut mínim dels projectes.
f) A partir del pressupost destinat a l'execució de l'obra o pressupost de contracta (225 000 €), calcule la part proporcional destinada al pressupost d'execució material (PEM), gastos generals, benefici industrial i IVA.
g) Suposant redactat i aprovat el projecte i contractada l'obra, emeta:
  - Acta de replantejament.
  - Acta de comprovació del replantejament.

II. CONTRACTE D'OBRES

El senyor alcalde pretén saber quina empresa seria la idònia per a executar les obres i quins requisits deu reunir, per a la qual cosa planteja:

a) Seria convenient fraccionar el contracte en diversos contractes menors (quantia menor de 30 050,61 €) per a poder contractar directament? D'esta manera gunyaríem temps.
b) Subhasta o concurs?
c) Classifique l'empresa contractista per grups i subgrups i categoria de classificació en els contractes.
d) Requisits exigibles a les empreses:
   - Capacitat.
   - Solvència tècnica i financera.
   - Solvència tècnica.
   - Prohibicions de contractar.
   - Prestació de garanties.
e) S'han presentat a la licitacio 5 empreses, en procediment obert i subhasta, contractant-se l'empresa PROJECTES&OBRES, la proposició de la qual està sotmesa en presumpció de temeritat. Quina garantia definitiva se li deu exigir?
f) L'empresa adjudicatària no ha prestat la garantia definitiva en termini, per la qual cosa l'Ajuntament es planteja la possibilitat de rescindir el contracte. Justifique la possibilitat de resolució.

RESOLUCIÓN

En el enunciado, las referencias al Real Decreto Legislativo 2/2000 por el que se aprueba el texto refundido de la Ley de Contratos de las Administraciones Públicas hay que entenderlas ahora referidas a la actual LCSP. Si no se dice lo contrario, los artículos que mencionemos en los comentarios a este supuesto se refieren a esta última ley.

Se pregunta en primer lugar si se puede considerar un expediente con tramitación urgente. En el art. 119.1 se dice que podrán ser objeto de tal tramitación «los expedientes correspondientes a los contratos cuya celebración responda a una necesidad inaplazable o cuya adjudicación sea preciso acelerar por razones de interés público». Ya se puede adivinar que el rédito electoral que pretende obtener el alcalde no entra en la categoría de necesidad inaplazable o interés público.

Para responder a la primera de las consultas del alcalde sobre el contrato de consultoría y asistencia técnica, hay que preguntarse si se trataría de un contrato menor, supuesto en que se puede contratar directamente (art. 131.3), sin contar la tramitación de emergencia, que no es el caso. La definición de contrato menor se encuentra en el artículo 118.1, en el cual se lee que se consideran tales contratos los «de valor estimado inferior a 40 000 euros, cuando se trate de contratos de obras, o a 15 000 euros, cuando se trate de contratos de suministro o de servicio, [...]». La redacción de un proyecto y la dirección de obras se incluye en la categoría de contrato de servicios, por lo que los 25 000 € estimados superan el umbral establecido por la ley y, por tanto, no puede contratarse directamente dicho servicio, sino que requiere de licitación.

Que requiera licitación nos lleva a la siguiente consulta (la b): justificar qué procedimiento de adjudicación es el más conveniente. Se pueden llevar a cabo los dos procedimientos ordinarios, es decir, el abierto y el restringido (art. 131.2, 156 y 160), así como el de negociación (art. 167.b), incluso sin publicidad si el contrato de servicios es consecuencia de un concurso de proyectos (art. 168.d). Quizás la premura que tiene el alcalde apunte al procedimiento restringido.

En lo concerniente a en qué casos estaría prohibido contratar con el técnico, es una pregunta meramente teórica, como también la consulta d (solvencia técnica o profesional del técnico) y e (contenido del proyecto). Para la c y d, cabe exponer resumidamente los supuestos del art. 71 y 90.1 respectivamente. Se podría hacer alguna somera mención a la clasificación. Sobre el contenido mínimo del proyecto, también debe contestarse sucintamente, con base en el artículo 233.1 e incluso se puede completar la respuesta con partes del contenido de los artículos 126, 127 y 129 del RGLCAP. Existe la posibilidad de complementar la respuesta diciendo que el contenido del proyecto establecido en el artículo 233.1 se puede reducir, en virtud de lo dispuesto en el punto 2 del mismo artículo, puesto que la obra es de reforma y el presupuesto base de licitación es inferior a 500 000 €.

La letra f de la consulta puede inducir a equívoco, ya que se pide desglosar el presupuesto de contrata (PEC) y se especifica que entre el desglose se incluya el IVA. Cabe decir que *presupuesto de contrata* no es un concepto incluido o definido con tal nombre ni en la ley ni en el reglamento, aunque es de conocimiento general. El PEC no incluye el IVA y se compone de la suma del PEM, los gastos generales (GG) y el beneficio industrial (BI). El PEC más el IVA (21 % del PEC) constituye el PBL. Posiblemente cuando el enunciado habla de «pressupost destinat a l'execució de l'obra o Pressupost de Contracta» se refiera realmente al considerado en la LCSP como PBL, entre otras cosas porque nos pide desglosar los 225 000 €, con lo que parece que el IVA estaría incluido. Si nos ceñimos al significado habitual de PEC y, por tanto, los 225 000 € del enunciado no incluyen el IVA, el BI es el 6 % del PEM (art. 131.1.b RGLCAP) y los GG del 13 al 17 %, según lo que establezca la administración correspondiente (art. 131.1.a RGLCAP); sin más datos, es habitual adoptar el 13 %.

Por tanto,

$$PEC = PEM \times 1,19 = 225\ 000\ € \rightarrow PEM = 225\ 000\ € / 1,19 = 189\ 075,63\ €$$

$$PBL = PEC + IVA = 225\ 000 \times 1,21 = 272\ 250\ €$$

Si, por el contrario, realizamos el cálculo suponiendo que el IVA se encuentra dentro de los 225 000 € —como parece que se deduce del enunciado—, el sumatorio PEM + BI + GG se obtendría restando de aquella cantidad la correspondiente al IVA: 225 000 € / 1,21 = 185 950,41 € y el PEM, análogamente a lo antes realizado: PEM = 185 950,41 € / 1,19 = 156 260,85 €.

En cuanto a lo demandado en la letra g del enunciado, cabe decir que la legislación de contratos no establece un acta estándar o normalizada, con lo que cada técnico o administración emite la que cree conveniente. Parece adecuado hacer mención a los artículos que rigen estas actas (art. 236 y 237) e, incluso parte de su contenido, así como hacer constar en la de replanteo, que se ha comprobado la realidad geométrica de la obra y la disponibilidad de los terrenos precisos para su normal ejecución.

Pasemos ahora a comentar la segunda parte del ejercicio, esto es, las cuestiones planteadas sobre el contrato de obras: la letra a trata sobre la posibilidad de fraccionar el contrato en contratos menores. El enunciado habla de cuantía menor de 30 050,61 €, que era la que disponía el artículo 121 del antiguo texto refundido. Como se ha dicho anteriormente, para un contrato de obras, el importe por debajo del cual se puede considerar contrato menor es de 40 000 €, según la vigente LCSP. El artículo 99.2 prohíbe el fraccionamiento «con la finalidad de disminuir la cuantía del mismo y eludir así los requisitos de publicidad o los relativos al procedimiento de adjudicación que correspondan», que es precisamente la finalidad que persigue el alcalde, con lo cual cabe responder que no es posible.

La letra b pregunta qué es mejor, si subasta o concurso, lo cual remite directamente al artículo 74 del antiguo texto legal, y no se puede contestar con los parámetros actuales: eran las dos modalidades de adjudicación del procedimiento abierto y restringido. En la actual LCSP se habla de la subasta electrónica (art. 143), que se puede utilizar en el procedimiento abierto, restringido y en los negociados, y el concurso se restringe al de proyectos (art. 183).

En la letra c se pide la clasificación de la empresa por grupos y subgrupos, y la categoría de clasificación en los contratos, si bien no es exigible la clasificación del contratista al ser el valor estimado del contrato menor a 500 000 € (art. 77.1.a). Para consultar los grupos y subgrupos de clasificación de los contratistas de obras, cabe acudir al artículo 25 RGLCAP. Sin embargo, no se nos dice la naturaleza de la reforma objeto del contrato, si es integral o, por el contrario, si se concentra en algún lugar (fachada, cubierta...), patología (humedades, fisuras o grietas...) o aspecto (estético, funcional...), por lo que mencionaremos el grupo y subgrupos más relacionados, como los del C. Cabe tener en cuenta que una empresa puede estar clasificada en varios grupos y subgrupos.

En lo concerniente a la anualidad, este concepto se define en el art. 36.6 RGLCAP: «obtenida dividiendo su precio total por el número de meses de su plazo de ejecución y multiplicando por 12 el cociente resultante». En el supuesto que nos ocupa sería: 225 000 € × 12 / 3 meses = 900 000 €, o sea, categoría e (art. 26 RGLCAP), si bien tratándose de un contrato de duración inferior a un año, quizás no proceda hablar de anualidad media.

Análogamente a lo dicho para el contrato de servicios, las cuestiones de la letra d son teóricas y cabe responderlas sucintamente en base al capítulo II, «Capacidad y solvencia del empresario» (del título II) y al título IV, «Garantías exigibles en la contratación del sector público», del libro primero de la LCSP.

La pregunta de la letra e está vinculada a lo dispuesto en el art. 36.4 del antiguo texto refundido, ya derogado, y no tiene su equivalencia en la actual LCSP.

Finalmente, en cuanto a la posibilidad de resolución del contrato por no haber prestado la garantía definitiva (letra f del enunciado), debe decirse que esta se presta previa formalización del contrato, incluso previamente a la resolución de la adjudicación, con lo que no cabe hablar de rescisión del contrato, es decir, el ayuntamiento no debería adjudicar y formalizar un contrato sin haberse prestado la garantía definitiva.

SUPÒSIT 2

En sòl urbà residencial s'ha construït una vivenda unifamiliar aïllada de dos plantes en parcel·la de 800 m², amb llicència d'obres. L'inspector d'obres ha detectat que s'ha construït una tercera planta, que suposa que no és legalitzable.

Emeta un informe en què conste:

a) Descripció dels fets.
b) Mesures a adoptar per a restituir la legalitat urbanística.
c) Quina persona o organisme deu adoptar estes mesures.
d) Infraccions i sancions urbanístiques.
   - Classificació de la infracció.
   - Tipus de sancions.
   - Quantia de les multes.
   - Subjectes responsables.
   - Procediment sancionador.

RESOLUCIÓN

Por las formas verbales del enunciado, debemos suponer que tanto la obra con licencia como la obra ilegal se han terminado. La frase «que suposa que no és legalitzable» no aclara que efectivamente lo sea, es decir, puede haberse otorgado licencia para dos plantas, que el promotor decida construir una tercera (no avalada por la licencia), pero que esta sea legalizable. Esto es algo que el arquitecto municipal debe determinar en su informe en función de lo que permite el planeamiento municipal en esa zona de suelo urbano. En cualquier caso, parece que lo lógico es responder a las cuestiones como si la obra no fuera legalizable, según el tenor del enunciado, ya que se nos piden las medidas que hay que adoptar para restituir la legalidad urbanística, lo cual da a entender que la obra es ilegalizable.

Si aceptamos la premisa de que la obra está terminada, como se ha dicho, debería actuarse conforme al art. 255 TRLOTUP. Sin embargo, el enunciado no nos pregunta esto (si bien interesaría realizar una mención), sino directamente las medidas que debemos adoptar para restituir la legalidad urbanística, lo cual nos lleva al art. 257.1.a de aquella ley, es decir, a demoler la tercera planta. También pueden enumerarse las medidas complementarias del art. 257.2. La persona u organismo que debe adoptar las medidas es el que dicta la resolución; tratándose de un ayuntamiento, hablamos del alcalde o de aquel en quien tenga delegada tal competencia.

En cuanto al tipo de infracción, debe clasificarse como «grave», según el art. 265.3 y 282.2.e TRLOTUP. En el punto 1 de este último artículo (relacionado también con el art. 267.1) encontramos la respuesta a la cuantía de la multa: del 25 al 50 % de la obra ilegal ejecutada, sin que el importe de aquella sea inferior a 600 €. Esto también contesta la pregunta del tipo de sanción, o sea, multa; los tipos se enumeran en el art. 266. Para hablar de los sujetos responsables, cabe acudir a lo dispuesto en el art. 269, según el cual hay que señalar al promotor (incluido el propietario de la parcela, si es distinto al solicitante de la licencia), al constructor, al arquitecto y al arquitecto técnico.

El procedimiento sancionador se rige por el art. 276, aunque su principal función es fijar el plazo para resolver el expediente sancionador, ya que en su punto primero se remite al procedimiento establecido en la legislación general aplicable, es decir, las leyes 39 y 40/2015.

Administración	**AYUNTAMIENTO DE CANALS**
Tipo de plaza	FUNCIONARIO DE CARRERA
Año de convocatoria	2006
Observaciones	

SUPUESTO 1

1.- Sobre un solar de 600 m² (30 m de fachada y 20 de fondo), las Normas Urbanísticas de la ordenación pormenorizada establecen las siguientes determinaciones:

- Tipología: bloque exento
- Ocupación máxima: 45 %
- N.º de plantas: 4. Se permite además un ático que ocupa el 40 % de la superficie máxima ocupada
- Retranqueo mínimo a fachada: 5 m
- Retranqueo mínimo a lindes: 3 m

Se pide:

1.1.- Superficie máxima edificable.

1.2.- Coeficiente de edificabilidad neta sobre el solar.

1.3.- Si el solar mínimo es de 300 m^2 y se quiere dividir el solar en dos, ¿cuál sería la superficie máxima edificable en cada uno de ellos?

1.4.- ¿A qué conclusión se llega a la vista de los datos obtenidos en los tres apartados anteriores?

2.- Sobre una parcela de 1200 m^2 de suelo, 500 m^2 son edificables y el resto son viales. Sabiendo que la parcela está en suelo urbano y en un área de reparto cuyo aprovechamiento tipo es de 0,5 m^2/m^2.

Se pide:

2.1.- ¿Cuál es el aprovechamiento subjetivo?

2.2.- Si el aprovechamiento objetivo es de 400 m^{2}t. ¿Cuál es el exceso de aprovechamiento?

RESOLUCIÓN

En primer lugar, debe calcularse la superficie máxima de ocupación: $600 \times 0,45 = 270$ m^2. Sin embargo, hemos de comprobar si la superficie ocupada debe ser menor, teniendo en cuenta los retranqueos, para lo cual es conveniente dibujar un esquema, aunque sea como borrador para uno mismo. Al hacerlo observamos que el área ocupada es igual a 24 m (30-3-3) $\times$ 12 (20-5-3) = 288 m^2. Como el área resultante de aplicar el porcentaje máximo de ocupación es menor, hay que ceñirse a esta última, o sea, a los **270 m^2**, esta es la superficie máxima edificable que nos preguntan en 1.1.

El coeficiente de edificabilidad neta (IEN) sobre el solar es el cociente entre la edificabilidad y la superficie neta. Para ello, debe calcularse primero la edificabilidad: sabemos ya que la superficie máxima edificable es de 270 m^2, pero esto es la proyección de la edificación sobre el terreno. La edificabilidad se obtiene multiplicando dicha superficie por el número de plantas, cinco, contando el ático, teniendo en cuenta que este último solo puede ocupar el 40 % de la superficie máxima:

$$\text{Edificabilidad} = 270 \times 4 + 270 \times 0,40 = 1188 \text{ m}^2\text{t}$$

Así pues,

$$\text{IEN} = 1188 / 600 = \mathbf{1,98 \text{ m}^2\text{t}/\text{m}^2\text{s}}$$

En 1.3 se plantea que se divida el solar en dos y que calculemos la superficie máxima edificable en este supuesto. Aplicando el porcentaje de ocupación, la superficie resultante en cada solar es la mitad que la de antes: $300 \times 0,45 = 135$ m². Sin embargo, al considerar los retranqueos en cada uno de los solares, la cosa cambia, ya que cada edificio deberá retirarse 3 m del linde que comparte con la otra mitad, con lo que la superficie máxima edificable de cada solar será: 9 m (15-3-3) × 12 (20-5-3) = **108 m²**. En esta ocasión, la superficie edificable es la obtenida por aplicación de los retranqueos.

Para resolver la segunda parte del supuesto, hemos de tener claro los conceptos del art. 72.4 TRLOTUP. En la letra d se nos dice que el AS es el «susceptible de apropiación por los propietarios, que resulta de restar del AT el porcentaje de aprovechamiento que corresponde a la administración». Dicho porcentaje se concreta en el art. 82. La regla general en suelo urbano es que el AT coincide con el subjetivo, y entendemos que cabe aplicar dicha regla en este caso, puesto que el enunciado no nos indica ninguna circunstancia especial. Por otra parte, puesto que habla de parcela con viales, se entiende que estos no se han obtenido aún y que los propietarios de los terrenos calificados como tales también tienen derecho a aprovechamiento, por lo que el AT se aplica a toda la parcela. Así pues, la respuesta a 2.1 es:

$$AS = AT = 1200 \times 0,5 = \mathbf{600\ m^2t}$$

Si los viales ya estuvieran cedidos y fueran dominio público (con lo que no tendría sentido hablar de parcela que contiene viales), el AT se aplicaría solo a la superficie edificable de 500 m².

Para calcular el exceso de aprovechamiento, volvemos a los conceptos del art. 72.4, concretamente a la letra f, que define el excedente de aprovechamiento y que es «la diferencia positiva que resulta de restar del aprovechamiento objetivo de los terrenos, el aprovechamiento subjetivo que corresponde a sus propietarios». Puesto que el AO que establece el enunciado es 400 m²t, el exceso de aprovechamiento es:

$$AO = AS = 400 - 600 = \mathbf{-200\ m^2t}$$

Por tanto, realmente es un defecto de aprovechamiento, al propietario de la parcela debe compensársele con 200 m²t en otra parcela que tenga exceso.

SUPUESTO 2

1.- En el Ayuntamiento de Canals se presenta un plan parcial de iniciativa particular en el ámbito del sector A, de suelo urbanizable residencial. El sector tiene una superficie de 100 000 m², una edificabilidad bruta de 1 m²t/m²s (0,7 m²t/m²s de edificabilidad residencial y 0,3 m²t/m²s de edificabilidad terciaria en planta baja) y el número de viviendas máxima es de 450.

Se prevé la siguiente configuración de dotaciones:

- Jardines y áreas de juegos: 16 000 m²
- Educativa: 10 000 m²
- Deportivos: 3500 m²
- Social: 600 m²
- Equipamientos: 400 m²
- Aparcamiento en red viaria pública: 1000 plazas
- Red primaria adscrita: 25 000 m²

Se pide:

1.1.- Realizar un informe acerca de la adecuación a la legalidad del PP.

RESOLUCIÓN

En el supuesto que se plantea, la SCS coincide con la del sector (100 000 m²), ya que no dan datos que nos hagan pensar lo contrario.

Para comprobar si se cumplen las reservas de suelo dotacional de la RS, calculamos en primer lugar la ER y la ET:

$$ET = 100\ 000 \times 0,7 = 70\ 000\ m²tr$$
$$ET = 100\ 000 \times 0,3 = 30\ 000\ m²tt$$

Siguiendo el esquema de estándares dotacionales:

$$Sup.\ ZV + EQ = (70\ 000 \times 35)\ /\ 100 + (30\ 000 \times 4)\ /\ 100 = 25\ 700\ m²$$

Teniendo en cuenta que la suma de zonas verdes y equipamientos previstos en el sector es 30 500 m² (16 000 + 10 000 + 3500 + 600 + 400), se cumple el mínimo.

No obstante, aún debe comprobarse el mínimo de zonas verdes:

$ZV = (70\ 000 \times 15)\ /\ 100 + (30\ 000 \times 4)\ /\ 100 = 11\ 700$ m², cifra superada por los 16 000 m² de zonas verdes que plantea el plan, o sea que cumple.

En cuanto al número de habitantes —para el cálculo del número de plazas de aparcamiento—, cabe ir al art. 22.1 TRLOTUP, según el cual «En ausencia de previsión específica para el ámbito del plan o para los sectores de desarrollo, se considerará que el número total de habitantes será el resultante de aplicar 2,5 habitantes por el número de viviendas». Por lo que el número de habitantes será de $450 \times 2,5 = 1125$ y, en consecuencia, el número mínimo de plazas de aparcamiento públicas = $1125 \times 0,25 = 281,25 \approx 282$. Puesto que el plan prevé 1000, se cumple sobradamente este estándar.

En principio, el dato del enunciado relativo a la superficie de red primaria adscrita es irrelevante, puesto que no existe en el TRLOTUP un mínimo por sector para esta categoría de dotación.

Administración	**AYUNTAMIENTO DE XILXES**
Tipo de plaza	FUNCIONARIO DE CARRERA
Año de convocatoria	2007
Observaciones	Tiempo de realización: 1 hora

El día 25 de enero de 2005, don José Facundo Pérez-Rincón de Arellano Román solicitó licencia de parcelación para la segregación de una porción de la parcela rústica de su propiedad. Tal solicitud fue acompañada del oportuno proyecto de parcelación en el que quedó definida la cabida total de la finca, de 20 674 metros cuadrados según medición topográfica, aunque en el título se hace constar únicamente que la superficie de la finca era de una hectárea ochenta y tres áreas con veintidós centiáreas. En la memoria del proyecto de parcelación se manifestaba la pretensión de separar de la misma una porción con una superficie de 14 830 metros cuadrados a fin de venderla, estando destinada la referida porción, como el resto de la finca al cultivo de naranjos en plena producción y que dispone de acciones de riego del pozo de San Álvaro.

En la solicitud de licencia el interesado hace constar expresamente que su domicilio familiar se encuentra en la vivienda situada en la finca que es objeto de la solicitud, el cual designa a efectos de notificaciones.

Consultados los datos obrantes en los archivos municipales, de los mismos se desprende que la finca posee una orografía regular y que, efectivamente, sobre la misma existe una construcción que ocupa una superficie de 200 metros cuadrados, construcción que, de practicarse la segregación pretendida, quedará en el resto de la finca matriz. Asimismo, el planeamiento general del municipio otorga a la totalidad de los terrenos la categoría urbanística de suelo no urbanizable común.

Cuestiones planteadas:

REDACCIÓN DEL OPORTUNO INFORME TÉCNICO CON PROPUESTA DE RESOLUCIÓN

El informe habrá de ser expresamente motivado, con manifestación de los fundamentos en que se base la propuesta derivada del mismo, efectuando pronunciamiento expreso acerca de los siguientes extremos:

- Posibilidad de otorgar licencia de parcelación.
- Legislación aplicable.
- Necesidad o no de autorización previa expedida por el órgano competente de la administración autonómica, para que el ayuntamiento resuelva el procedimiento.

- Condición de indivisibilidad de la finca o de alguno o todos los lotes resultantes de la segregación, en caso de que la misma fuese autorizable.

RESOLUCIÓN

En resumen, tenemos una parcela en SNU común, y dedicada a explotación de regadío, de 20 674 m², de la que se pretenden segregar 14 830 m² y, en los 5844 m² restantes, se encuentra construida una vivienda que ocupa 200 m².

Si no existiera la vivienda, sí que se podría practicar la segregación porque la finca es de regadío y las parcelas resultantes serían mayores de 5000 m² (véase el Decreto 217/1999, del Gobierno Valenciano, que regula las unidades mínimas de cultivo), con lo que nos encontraríamos también dentro del supuesto del art. 249.2 TRLOTUP.

No obstante, la presencia de la vivienda obliga a tener en cuenta el art. 248 sobre indivisibilidad, según el cual la parcela resultante vinculada a la vivienda no puede tener menos superficie que la mínima establecida por el planeamiento. Desconocemos cuál es esta superficie, pero, en cualquier caso, no puede ser menor que la dispuesta por el art. 211.1.b.1º, es decir, 10 000 m².

Administración	**AYUNTAMIENTO DE ALBORAYA**
Tipo de plaza	FUNCIONARIO DE CARRERA
Año de convocatoria	2007
Observaciones	

SUPUESTO PRÁCTICO 1

El primer Plan General de Ordenación Urbana de Alboraya fue aprobado definitivamente el 7 de mayo de 1991. El procedimiento de revisión de dicho plan fue iniciado en diciembre de 2004 y motivado, entre otras causas, por no disponer de suelo urbanizable, y para este ejercicio práctico se considerará que el 20 de febrero de 2007 fue aprobado definitivamente el nuevo Plan General.

Los distintos sectores clasificados como suelo urbanizable han surgido por la reclasificación del suelo no urbanizable protegido que se hallaba colindante al casco urbano, posibilitando así la expansión del núcleo urbano.

Supongamos que el sector identificado como S3 se está estudiando desarrollarlo mediante gestión directa y previa la presentación del programa de actuación integrada, se pretende obtener la información necesaria para tomar la decisión.

De la documentación que consta en el nuevo PGOU sobre este sector, se expresan a continuación los parámetros urbanísticos y características principales.

Superficie sector S3: 80 135 m²

Red Primaria adscrita
(en PQL1 y no colindante): 63 000 m²

Índice edificabilidad global (o bruta):1,00 m²t/m²s

Uso dominante:

Residencial plurifamiliar (Rpf)

Usos permitidos:

Almacenes compatibles con la vivienda (Alm. 1)
Locales industriales compatibles con la vivienda (Ind. 1)
Aparcamientos de uso público o privado (Par. 1)
Uso residencial comunitario (Rcm)
Uso comercial compatible con la vivienda (Tco. 1a)
Hoteles, hostales, pensiones y apartamentos en régimen de explotación hotelera (Tho.1)
Locales de oficina (Tof)
Actividades recreativas (Tre. 1)
Dotacionales (D)
Se permiten cualesquiera otros usos no incluidos en los usos prohibidos, salvo que manifiestamente sean incompatibles con el uso dominante residencial asignado.

Usos prohibidos:

Terciarios: Tco. 2, Tho. 2 y Tre. 4
Industriales: Ind. 2
Almacenes: Alm. 2
Dotacionales: Dce, Din.
Aparcamientos: Par. 1d y Par. 2

En dicho sector, el ayuntamiento es titular de los caminos existentes, cuya superficie total es de 1254 m². De ellos el 25 % se obtuvieron por compra y el resto por cesiones de los titulares de las parcelas adyacentes.

Se ha realizado un estudio de mercado sobre el valor de los inmuebles próximos al ámbito del sector, obteniéndose que para el uso residencial y terciario (comercial), el precio de venta es de 2500 €/m²t y el precio de ejecución material es de 600 €/m²t. Se considera que es suficiente una reserva del 12 % de la edificabilidad total para el uso terciario. De igual forma, se ha obtenido que el precio del suelo no urbanizable es de 108 182,18 € (dieciocho millones de pesetas) la hanegada. Asimismo, el precio medio de la urbanización en sectores con características similares se ha establecido en 100 €/m² de suelo bruto.

Se pide redactar un informe técnico, detallado y justificado, con la aportación de la información que se estime más conveniente y que concluya con la obtención del aprovechamiento subjetivo de un propietario de parcelas incluidas dentro del sector, cuya superficie total es de 7346 m² y desea pagar la urbanización con terrenos.

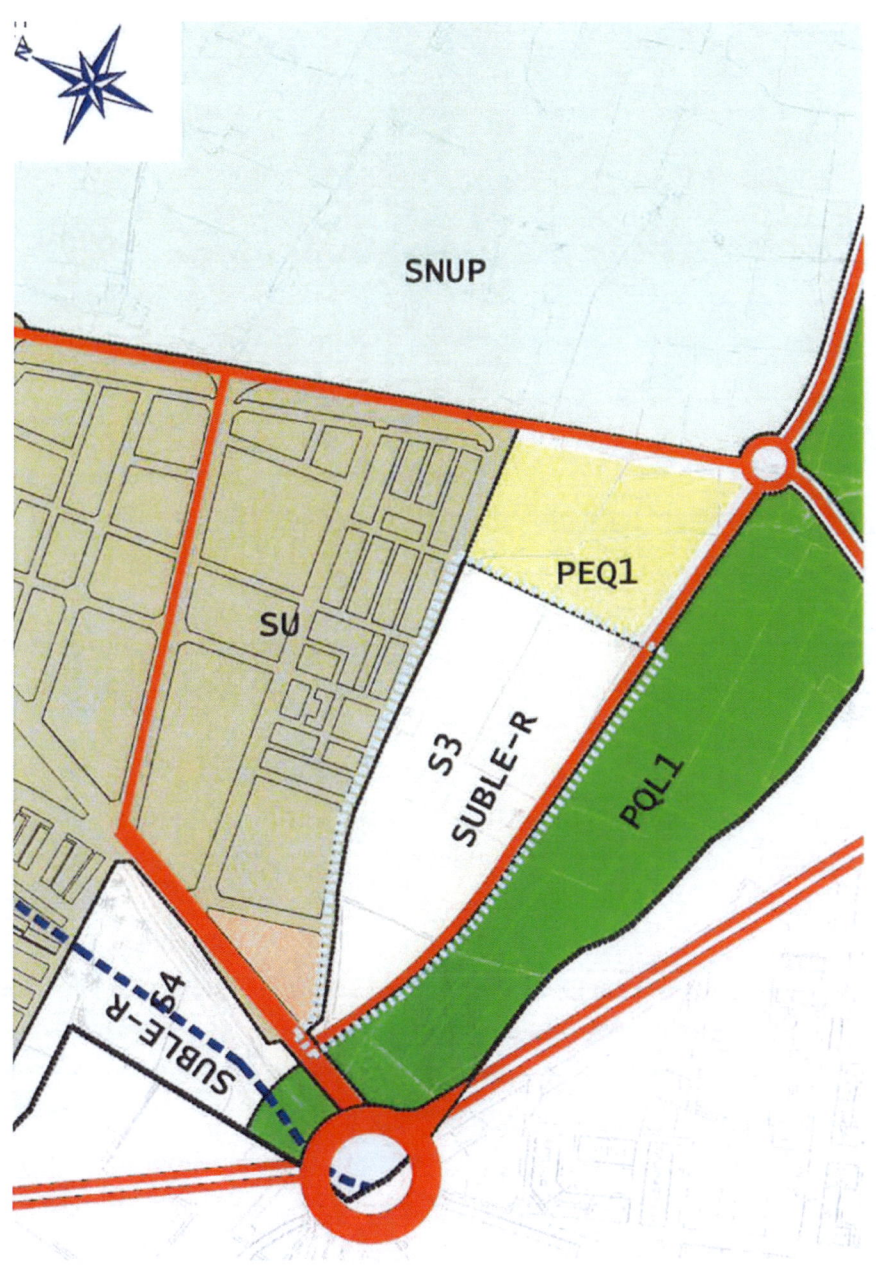

Plano de Emplazamiento del Sector S3

RESOLUCIÓN

Para obtener el AS del propietario en cuestión, debe calcularse el AT y, para ello, el AO y el AR. Se nos indica que el precio en venta y el PEM del uso residencial y terciario es el mismo, por lo que no es necesario adoptar coeficientes de homogeneización.

Para la obtención del AO, cabe determinar en primer lugar la SCS, la cual es la misma que la del sector, 80 135 m²s; no excluimos la superficie de caminos existentes porque el punto IV. 1.2 del apartado III del anexo IV del TRLOTUP dispone que se descuentan del SCS, entre otros, las «dotaciones públicas existentes (no viarias) que se integren en el nuevo plan», y los caminos se consideran viario.

Así pues, AO = EB = SCS × IEB = 80 135 × 1 = 80 135 m²t.

AR = 80 135 + 63 000 − (1254 × 0,75)[1] = 142 194,50 m²s.

AT = 80 135 / 142 194,50 = 0,56356 m²t/m²s.

AS del propietario cuya superficie de parcelas iniciales es 7346 m²s:

AS = 7346 × 0,56356 × 0,90 = 3725,92 m²t (de uso residencial o terciario, al no haber diferentes valores de repercusión del suelo de ambos usos).

Pero a la superficie de parcela a que da derecho esta edificabilidad debe restarse los m² con que el propietario paga la urbanización (ya que lo hace en terreno y no en metálico). Para calcular estos m², hay que obtener el coeficiente de canje, que relaciona las cargas de urbanización (CU) con el valor del suelo de origen. En cuanto al primer término, el enunciado habla de «precio de la urbanización», lo que podemos considerar que incluyen todas las cargas fijas que enumera el art. 150.1 TRLOTUP, y no solo estrictamente las obras. En cualquier caso, hay que dejarlo claro en la resolución del examen. Las CU totales serían 100 × 80 135 = 8 013 500 €.

En lo que respecta al valor del suelo en régimen de equidistribución de beneficios y cargas, el art. 40 TRLS establece que es el que le correspondería si estuviera terminada la actuación, es decir, como si fuera urbanizado sin edificar, por tanto, calculado mediante el método residual estático (art. 37.1 TRLS y 22 RVLS). El enunciado facilita el valor de Vv y el PEM; para convertir este último parámetro en Vc, cabe multiplicarlo por 1,39 (estimando que el beneficio industrial, gastos generales y resto de gastos es un 39 % del PEM):

---

[1] En atención al art. 78.1 TRLOTUP, se descuentan del AR «las superficies de suelo público preexistentes en el área de reparto y que ya se encuentren destinadas al uso asignado por el plan, salvo las que consten obtenidas de forma onerosa por la administración». Por tanto, solo descontamos la superficie de caminos que el ayuntamiento no compró.

$$VRS = (2500 / 1,40) - (600 \times 1,39) = 951,71 \text{ €/m}^2\text{t}$$

$$VS = 951,71 \times 80\ 135 = 76\ 265\ 280,85 \text{ €}$$

Pero el valor del suelo urbanizado es el resultado de restar las CU, así pues:

$$VSo = 76\ 265\ 280,85 - 8\ 013\ 500 = 68\ 251\ 780,85 \text{ €}$$

$$\text{El coeficiente de canje es} = CU / (VSo + CU) = 0,10507$$

Así pues, el propietario deberá pagar en terrenos la superficie asociada al 10,507 % de su aprovechamiento ($3725,92 \times 0,10507 = 391,48 \text{ m}^2\text{t}$), por lo que el aprovechamiento subjetivo que le queda es de $3725,92 - 391,48 = \textbf{3334,44 m}^2\textbf{t}$.

El precio del suelo urbanizable que nos da el enunciado no es útil para la resolución del ejercicio con la legislación vigente, es decir, con el TRLS. El valor del suelo considerado como no urbanizable, esto es, como rural a los efectos del TRLS, solo serviría para obtener el valor de expropiación de los propietarios que manifiestan no querer participar en el PAI.

SUPUESTO PRÁCTICO 2

Se considerará que el nuevo Plan General de Ordenación Urbana fue aprobado el 20 de febrero de 2007, el cual tiene previsto desarrollar la Unidad de Ejecución R-1 de suelo urbano mediante un plan de reforma interior.

Supóngase también que en su día fueron publicadas las bases particulares para optar al concurso de adjudicación del programa de actuación integrada para el sector objeto de estudio, y que solo se ha presentado una alternativa técnica junto con la documentación correspondiente, por una mercantil que además es la propietaria de la totalidad de los terrenos de dicho sector, incluso de los caminos que en él existen.

La misma ha sido sometida a información pública y no se ha presentado ninguna alegación.

A continuación se adjunta un resumen de la memoria del PRI presentado junto con los planos de clasificación del PGOU y el propio de ordenación del mencionado PRI.

Se pide redactar un informe técnico analizando de forma detallada la documentación que se entrega, debiéndose concluir justificadamente para proceder a su adjudicación y aprobación por el órgano competente.

5. PARÁMETROS URBANÍSTICOS.

UNIDAD DE EJECUCIÓN R-1		

Ámbito Unidad de Ejecución	Ss	169.252,00 m2s
Superficie afecta a su destino	Sf	12.920,00 m2s
Condiciones de conexión exterior	Sx	0,00 m2s
Red Primaria asignada	Sa	0,00 m2s

Índice edificabilidad global	IEG	1,00 m2t/m2s
Edificabilidad TOTAL	E	156.332,00 m2t

Índice Edificabilidad Residencial	IER	0,90 m2t/m2s
Edificabilidad Residencial	Er	140.698,80 m2t
Índice Edificabilidad Terciario	IET	0,10 m2t/m2s
Edificabilidad Terciario	Et	15.633,20 m2t

Parcelas lucrativas Residencial (R-1 a R-16)	Spr	81.600,00 m2s
Parcelas lucrativas Terciario (T-1 a T-4)	Spt	14.916,92 m2s
TOTAL PARCELAS LUCRATIVAS	Sp	96.516,92 m2s

Equipamientos	EQ-1	11.528,94 m2s
	EQ-2	11.528,94 m2s
TOTAL EQUIPAMIENTOS	EQ	23.057,88 m2s

Zona Verde	SJL-1	4.452,82 m2s
	SJL-2	4.482,82 m2s
	SJL-3	3.438,55 m2s
	SJL-4	6.565,81 m2s
TOTAL Zona Verde	ZV	18.940,00 m2s

Red Viaria RV	RV	7.545,20 m2s
Aparcamientos AV	AV	10.272,00 m2s
Plazas en batería	184	4.600,00 m2s
Plazas en cordón	630	5.672,00 m2s
TOTAL plazas aparcamiento	814	10.272,00 m2s
TOTAL	RV+AV	17.817,20 m2s

TOTAL SUELO DOTACIONAL	EQ+ZV+RV+AV	59.815,08 m2s

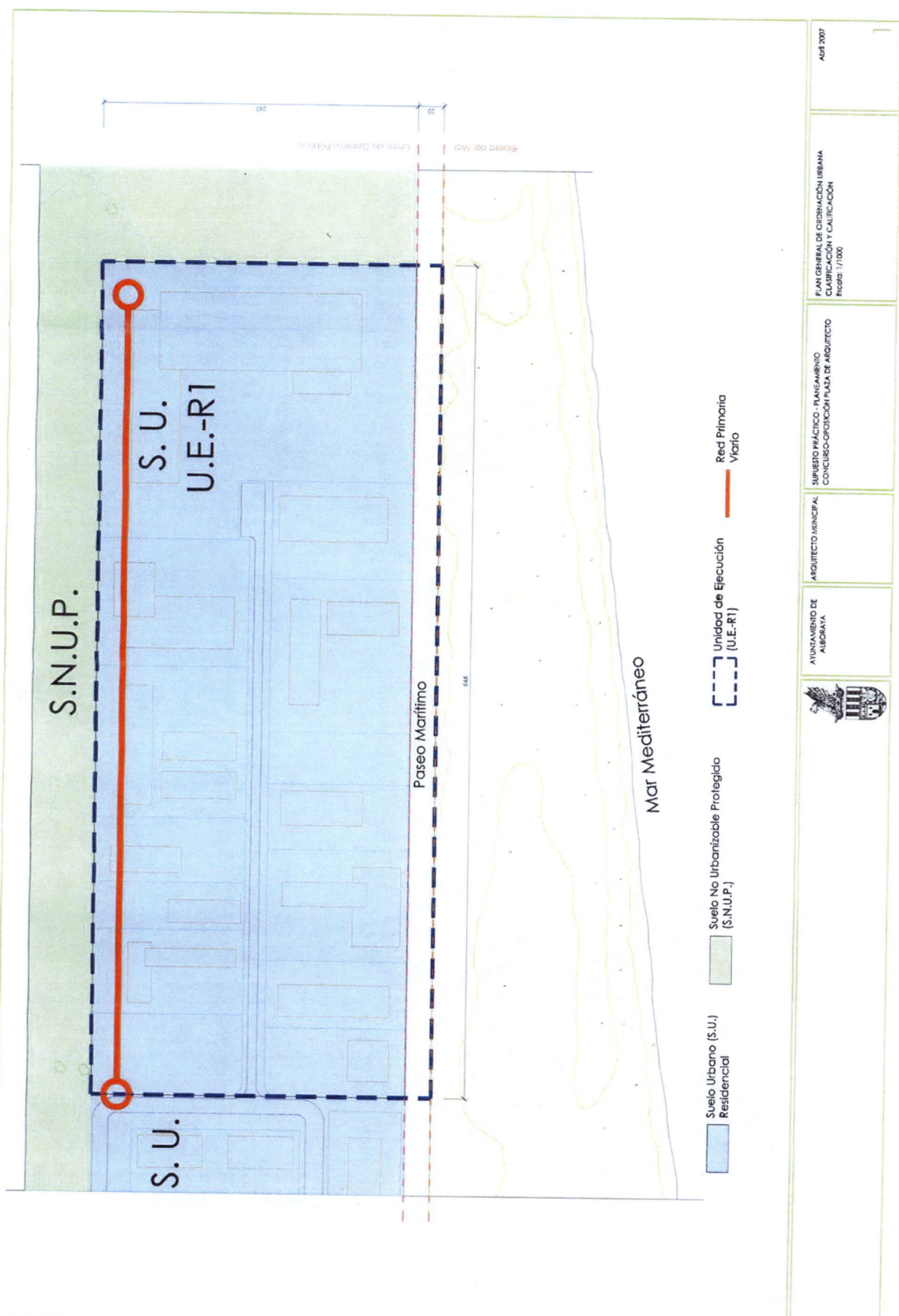

S.N.U.P.

S. U.

S. U.
U.E.-R1

S. U.

Paseo Marítimo

Mar Mediterráneo

Suelo Urbano (S.U.)
Residencial

Suelo No Urbanizable Protegido
(S.N.U.P.)

Unidad de Ejecución
(U.E.-R1)

Red Primaria
Viario

AYUNTAMIENTO DE ALBORAYA

ARQUITECTO MUNICIPAL

SUPUESTO PRÁCTICO - PLANEAMIENTO
CONCURSO-OPOSICIÓN PLAZA DE ARQUITECTO

PLAN GENERAL DE ORDENACIÓN URBANA
CLASIFICACIÓN Y CALIFICACIÓN
Escala: 1/1000

Abril 2007

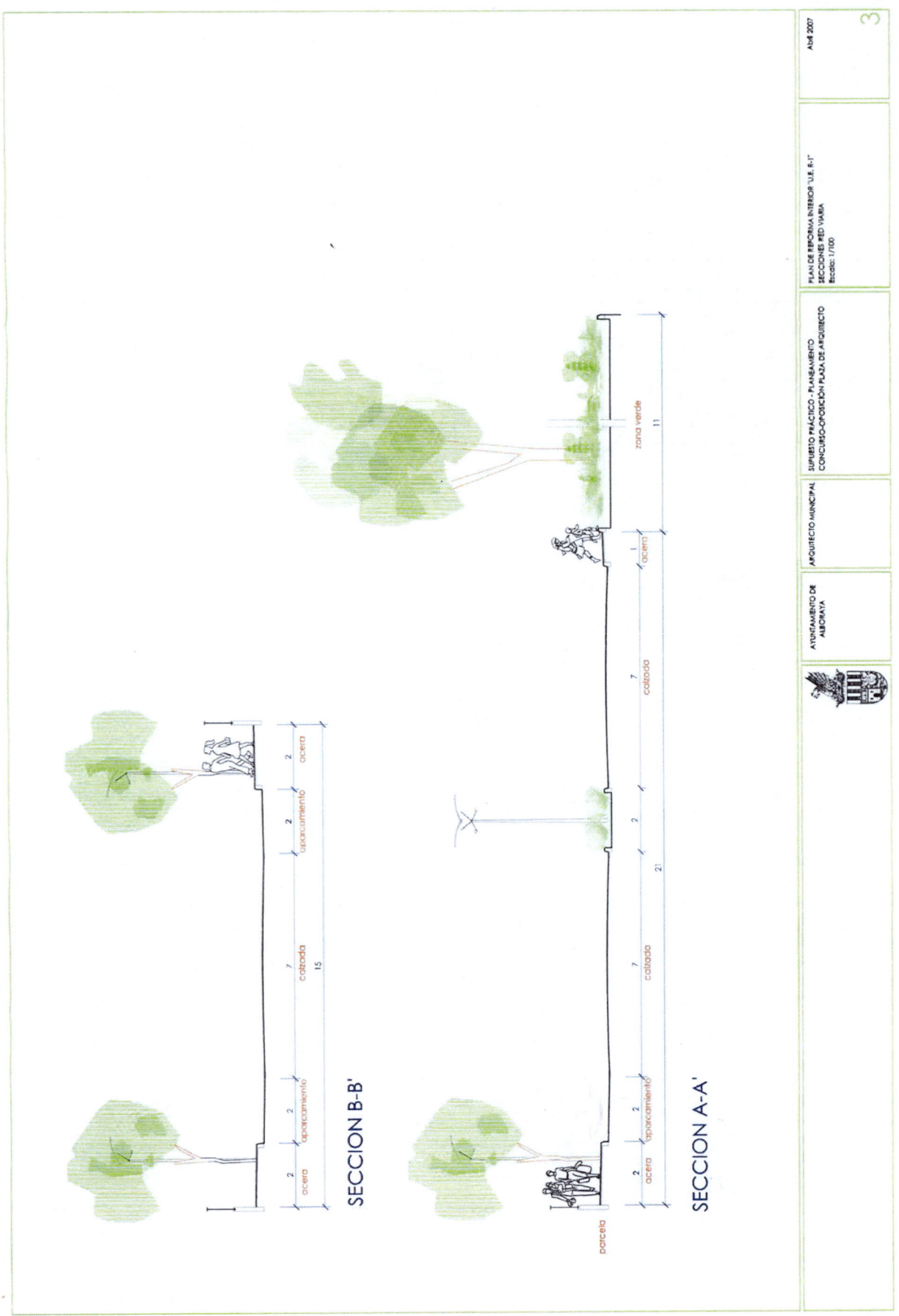

SECCION B-B'

SECCION A-A'

Abril 2007

3

PLAN DE REFORMA INTERIOR "U.E. R-1"
SECCIONES RED VIARIA
Escala: 1/100

SUPUESTO PRÁCTICO - PLANEAMIENTO
CONCURSO-OPOSICIÓN PLAZA DE ARQUITECTO

ARQUITECTO MUNICIPAL

AYUNTAMIENTO DE
ALBORAYA

50

AYUNTAMIENTO DE ALBORAYA   ARQUITECTO MUNICIPAL   SUPUESTO PRÁCTICO - PLANEAMIENTO CONCURSO-OPOSICIÓN PLAZA DE ARQUITECTO   PLAN DE REFORMA INTERIOR "U.E. R-1" ORDENACIÓN PROPUESTA   Escala: 1/1000   Abril 2007

RESOLUCIÓN

Parece que la resolución del ejercicio se basa en analizar el cumplimiento de estándares funcionales y de calidad de las dotaciones públicas, según la tabla de parámetros urbanísticos de la memoria, el plano de ordenación pormenorizada y las secciones de vial. En cuanto a los estándares de calidad, siempre es relevante tener en cuenta lo dispuesto en el punto 1.2 del apartado III del anexo IV del TRLOTUP: «En ningún caso, estos espacios públicos [avenidas, calles, plazas, espacios peatonales y zonas verdes de cualquier nivel] podrán ser el espacio residual sobrante del diseño y configuración de la edificación privada, sino que esta última estará subordinada al diseño y forma urbana, definida como un proyecto previo y unitario, de los espacios públicos urbanos». En el apartado 3.1, sobre las zonas verdes, se insiste en que a este tipo de dotación no se destinen «porciones residuales de la parcelación, ni se considerarán como tales las superficies de funcionalidad viaria estricta». En este sentido los jardines lineales SJL-3 y SJL-4 tienen, en apariencia, este carácter residual proscrito por la norma, pero, además, no cumplen que se pueda inscribir un círculo de diámetro de 20 m (3.1.b).

Comprobemos ahora los estándares funcionales. Según el esquema de estándares dotacionales:

$ZV + EQ = (140\,698,80 \times 35) / 100 + (15\,633,20 \times 4) / 100 = 49\,244,58 + 625,33 = 49\,869,91$ m^2.
Total superficie de ZV + EQ de la ficha: $18\,940,00 + 23\,057,88 = 41\,997,88$ m$^2 < 49\,869,91$ m^2 $\rightarrow$ NO CUMPLE.

$ZV = (140\,698,80 \times 15) / 100 + (15\,633,20 \times 4) / 100 = 21\,104,82 + 625,33 = 21\,730,15$ m^2
Total superficie de ZV de la ficha: $18\,940,00$ m$^2 < 21\,730,15$ m$^2 \rightarrow$ NO CUMPLE.

Asimismo, como el vial de sentido único tiene una anchura de 15 m, incumple el mínimo de 16 m establecido por el TRLOTUP (al ser la IEB $> 0,60$ m^2/m^2). Se incumple la anchura mínima de 2 m de aceras en el caso de la de 1 m de la sección A A' y la anchura efectiva de 2 m en la que contiene arbolado. La anchura de la banda de aparcamiento tampoco alcanza el mínimo de 2,20 m.

En la delimitación de la UE ya tuvo que considerarse la servidumbre del dominio público marítimo terrestre, por lo que, en principio, no procedería el análisis de esta cuestión en la fase de programación. Aun así, comentaremos que puede observarse cómo el ancho del paseo marítimo constituye la servidumbre de protección (en la que no puede edificarse, art. 25 Ley de Costas) de 20 m de que habla el punto 3 de la disposición transitoria tercera de la Ley de Costas.

Administración	**AYUNTAMIENTO DE BUSOT**
Tipo de plaza	FUNCIONARIO DE CARRERA
Año de convocatoria	2007
Observaciones	Tiempo máximo: 1 hora

EJERCICIO NÚMERO 1

Tenemos un sector de 400 000 m^2 con un IER de 0,10 y un IET de 0,25. Se requiere:

a) Calcular los estándares dotacionales mínimos exigidos por el ROGTU (SD, RV + AV, EQ, EL y reserva de aparcamiento en vía pública).

b) Determinar suelo neto edificable e índice de edificabilidad global sobre parcela neta.

c) Identificar densidad de viviendas teniendo en cuenta que 1 vivienda = 100 m^{2}t. Determinar índice de edificabilidad por cada uso (terciario y residencial).

d) Calcular aprovechamiento tipo teniendo en cuenta que AR = Sector y que se fijan coeficientes de ponderación para usos residencial y terciario, el 1 y 1,2 respectivamente.

e) Calcular aprovechamiento atribuible a un propietario con una superficie inicial de 10 000 m^2.

RESOLUCIÓN

a) El ROGTU es el reglamento de la LUV, ambos derogados por la LOTUP. Resolvemos el ejercicio según el TRLOTUP: se entiende que la SCS es igual a la del sector, puesto que no nos dan más datos. La actuación ha de considerarse de uso terciario, ya que más de la mitad de su techo edificable se destina a tal uso (5.1, apartado III, anexo IV TRLOTUP), por lo que, según el punto 5.2 —esquematizado en el anexo de estándares dotaciones—, se destinará a ZV y EQ:

$$ZV1 = 400\ 000 \times 0,1 > 40\ 000\ \text{m}^2\text{s}$$
$$EQ1 = 400\ 000 \times 0,05 > 20\ 000\ \text{m}^2\text{s}$$

Según 5.6, hay que sumar a estas superficies la correspondiente a los estándares del uso residencial:

$$ER = 400\ 000 \times 0,10 = 40\ 000\ \text{m}^2\text{tr}$$

ZV2 + EQ2 = (40 000 × 35) / 100 = 14 000 m^{2}s, del que ZV2 = (40 000 × 15) / 100 = 6000 m^{2}s

Así pues, se requiere una superficie conjunta de ZV + EQ de 40 000 + 20 000 + 14 000 = 74 000 m^{2}s, de los cuales 46 000 m^{2}s necesariamente son de ZV y 20 000 + 8 000 = 28 000 m^{2}s de EQ.

Para el cálculo de las plazas de aparcamiento públicas, debe extraerse primero la ET:

ET = 400 000 × 0,25 = 100 000 m^{2}tt.

Plazas públicas (uso ter.) = (1 / 100) × 100 000 = 1000.

Para saber el número de plazas privadas, el enunciado debería indicar el tipo de uso terciario (no es así porque la antigua ley no desglosaba tanto), así que adoptaremos el genérico de «otros usos terciarios», que es de 1 plaza / 100 m^{2}tt.

Plazas privadas (uso ter.) = (1 / 100) × 100 000 = 1000.

A estas plazas, deben sumarse las obligatorias por el uso residencial, que van en función del número de habitantes, el cual a su vez se obtiene por el número de viviendas, que es 400 (calculado en la letra c).

Núm. habitantes = 400 × 2,5^2 = 1000
Plazas públicas (uso res.) = 1000 × 0,25 = 250
Plazas privadas (uso res.) = 1000 × 0,50 = 500

Total plazas públicas = 1000 + 250 = **1250**
Total plazas privadas = 1000 + 500 = **1500**

b) Este dato no se puede saber al no existir un mínimo legal de superficie viaria, que sí existía en leyes anteriores. Si así fuera, debería descontarse de la superficie del sector toda la superficie dotacional pública, lo que nos daría el suelo neto edificable o superficie lucrativa.

c) Densidad de viviendas = 40 000 / 100 = 400 viviendas. Se entiende que preguntan por la densidad convertida a viv./ha, ya que precisamente facilitan la densidad en viv./m^{2}tr. Por tanto, densidad = 400 / (40 000 / 10 000) = **100 viv./ha**.
Lo que no se entiende es que se solicite el índice de edificabilidad de cada uso, ya que lo facilita el enunciado.

d) El AT es el resultado de dividir el AO (suma de las edificabilidades de cada uso multiplicadas por su coeficiente de ponderación) entre el AR:

AT = (40 000 × 1 + 100 000 × 1,2) / 400 000 = 0,40 UA/m^{2}s

e) Aprovechamiento = Sup. parcela × AT × 0,9 = 10 000 × 0,40 × 0,9 = 3600 UA. Si su parcela final se destina a residencial, tendrá derecho a 3600 / 1 = 3600 m^{2}tr y, si se destina a terciario, 3600 / 1,2 = 3000 m^{2}tt, siempre que no pague en terreno las cargas de urbanización.

---

[2] Art. 22.1 TRLOTUP.

EJERCICIO NÚMERO 2

Mismo supuesto que el anterior, pero aprovechamos para modificar la ficha de planeamiento y aumentamos el número de viviendas por hectárea. Determinar el instrumento de planeamiento y procedimiento administrativo.

RESOLUCIÓN

Del contenido del art. 27.b.1° TRLOTUP, se deduce que la variable densidad de viviendas pertenece a la OE y, por tanto, puede entenderse que se requiera la tramitación ordinaria de evaluación ambiental y territorial estratégica (art. 44.3.c y 46.1.c) por modificación de OE. El instrumento objeto de modificación es el que haya establecido la OE, ahora mismo el plan general estructural. Tratándose solo de un sector y, si se mantiene la edificabilidad, el órgano sustantivo podría determinar que se trata de una modificación de plan menor y tramitarse como simplificada. Tanto el órgano sustantivo como el ambiental es la conselleria; la competente en urbanismo en el primer caso (art. 44.3.c TRLOTUP) y la competente en medio ambiente en el segundo (art. 49.1), sin que se pueda aplicar la excepción del art. 49.2.c, porque se entiende que el sector es de SUB.

EJERCICIO NÚMERO 3

Tenemos un sector de 350 000 m² y una densidad de 30 viviendas por ha (teniendo en cuenta que una vivienda = 120 m²t). De la total superficie destinaremos un suelo de uso terciario 20 000 m² de superficie con una edificabilidad de 10 000 m² construidos. Calcular: valoración del suelo teniendo en cuenta que el valor según ponencias es inaplicable por obsoleto. Y determinar:

a) Método o métodos y legislación aplicable.
b) Valoración según método VPO y método residual estático, teniendo en cuenta que Vv = 900 € y Vc = 480 € para uso residencial y Vv = 1100 € y Vc = 450 € para uso terciario.

RESOLUCIÓN

No se nos explicita el objeto de la valoración, por lo que, en sentido estricto, no podríamos contestar; sin embargo, lo normal es que el valor del suelo de un sector tenga relación con la equidistribución de beneficios y cargas, es decir, que el objeto de la valoración sea urbanística y, en consecuencia, cabe aplicar el TRLS y el RVLS. Según el art. 40.1 TRLS, el suelo en régimen de equidistribución de beneficios y cargas «se tasará por el valor que le correspondería si estuviera terminada la actuación», esto es, un suelo urbanizado sin edificación, con lo que cabe aplicar el art. 37.1 TRLS y art. 22 RVLS. Nótese que, si tuviéramos que valorar este mismo SUB, pero no en el marco de un PAI, lo consideraríamos como suelo rural, no urbanizado. Un supuesto parecido es la segunda parte del Ayuntamiento de Xàtiva (pág. 129).

En lo referente al método residual estático, se necesitaría conocer la edificabilidad residencial, que se deduce de la densidad:

$$\text{Núm. viv. sector} = 350\ 000 \times (30\ /\ 10\ 000) = 1050\ \text{viv.}$$
$$ER = 1050 \times 120 = 126\ 000\ \text{m}^2\text{t}$$

$$VRS\ (\text{residencial}) = (900\ /\ 1{,}40) - 480 = 162{,}86\ \text{€/m}^2\text{t}$$
$$VS\ (\text{residencial}) = 162{,}86 \times 126\ 000 = 20\ 520\ 360\ \text{€}$$

$$VRS\ (\text{terciario}) = (1100\ /\ 1{,}40) - 450 = 335{,}71\ \text{€/m}^2\text{t}$$
$$VS\ (\text{terciario}) = 335{,}71 \times 10\ 000 = 3\ 357\ 100\ \text{€}$$

$$VS = 20\ 520\ 360 + 3\ 357\ 100 = \textbf{23\ 877\ 460\ €}$$

Este sería el valor del suelo considerando que las VPO tienen el valor en venta indicado en el enunciado, ya que este no distingue entre viviendas de renta libre de las sometidas a régimen de protección (VPP). Si queremos calcular el VS, pero obteniendo el precio máximo de venta de las VPP, tenemos que hacer varias suposiciones. En primer lugar, el porcentaje de VPP del ámbito. Lo normal es adoptar el mínimo de 30 % establecido en la legislación estatal y el art. 33.1.a TRLOTUP, por lo que, de la edificabilidad extraída anteriormente, diferenciaríamos:

$$ER\text{renta libre} = 126\ 000 \times 0{,}70 = 88\ 200\ \text{m}^2\text{t}$$
$$ER\text{vpp} = 126\ 000 \times 0{,}30 = 37\ 800\ \text{m}^2\text{t}$$

Y el precio máximo de venta de las VPP se regulaba, hasta poco antes de la publicación de la presente obra, por el Decreto 90/2009 por el que se aprobó el Reglamento de Viviendas de Protección Pública, modificado posteriormente por el Decreto 191/2013. En el artículo 10.2 del Decreto 90/2009 se dice que «Los precios máximos por metro cuadrado útil […] se determinarán multiplicando el módulo básico estatal por los coeficientes que se establecen en la tabla siguiente en función de la ubicación de la vivienda». La segunda suposición es la ubicación del sector, que lo situamos en Busot. El módulo básico estatal (MBE) lo fija la disposición adicional segunda del Real Decreto 2066/2008 en 758 €/m² de superficie útil. Puesto que Busot se encuentra en la Zona A del art. 10 Decreto 90/2009, el coeficiente es 1,80 (según precio actualizado por el Decreto 191/2013). No obstante, debemos tener en cuenta que el MBE es por superficie útil; en consecuencia, hay que convertirlo en metro cuadrado construido multiplicándolo por 0,75 (art. 9.1 Decreto 90/2009), por lo que:

$$Vv_{VPO} = 758 \times 0{,}75 \times 1{,}80 = 1023{,}30\ \text{€/m}^2\text{t}$$

Y su VRS será:

$$VRSvpp = (1023,30 / 1,40) - 480 = 250,93 \text{ €/m}^2\text{t}$$

El cálculo del VS del uso residencial debemos desglosarlo según si es de renta libre o VPP:

VSrenta libre = 162,86 × 88 200 = 14 364 252 €
VSvpp = 250,93 × 37 800 = 9 485 154 €

_____

VSresidencial = 23 849 406 €

Con el decreto actual, que sustituye al 90/2009, esto es, el Decreto 68/2023, del Consell, por el que se aprueba el *Reglamento de vivienda de protección pública y régimen jurídico de patrimonio público de vivienda y suelo de la Generalitat*, se simplificaría el cálculo, porque su artículo 18 establece que el precio máximo de venta se fija en 2200 €/m² útil, si bien cabe multiplicar este valor por 0,70 para obtener el precio por superficie construida (art. 17.1):

$$Vv_{VPO} = 2200 × 0,70 = 1540,00 \text{ €/m}^2\text{t}$$

Y, en consecuencia, $VRSvpp = (1540,00 / 1,40) - 480 = 620 \text{ €/m}^2\text{t}$

Debe tenerse en cuenta, no obstante, que en la fórmula del VRS se ha introducido un Vv actualizado a 2023, mientras que el Vc dado por el enunciado es excesivamente bajo porque está referenciado a 2007, fecha de la convocatoria.

Administración	**AYUNTAMIENTO DE GODELLA**
Tipo de plaza	FUNCIONARIO DE CARRERA
Año de convocatoria	2008
Observaciones	Caso práctico 1 muy parecido al caso práctico 2 del Ayuntamiento de Albal

CASO PRÁCTICO 1: DOTACIONES PÚBLICAS

En el municipio X, que dispone de PGOU adaptado a la LUV, se presenta un plan parcial sobre un sector de suelo urbanizable residencial que dispone de los siguientes datos:

-Tipología predominante: residencial plurifamiliar en manzana densa
- Número máximo de plantas: 5 plantas
- Uso en planta baja: exclusivo comercial; incompatible vivienda
- Superficie del sector: 244 850 m²
- Superficie red primaria zona verde incluida en la delimitación: 38 000 m²
- Superficie red primaria equipamiento incluida en la delimitación: 27 000 m²
- Superficie red primaria viaria incluida en la delimitación: 15 000 m²

- Superficie red primaria zona verde adscrita al sector:	12 000 m²
- Superficie red primaria equipamiento adscrita al sector:	14 000 m²
- Superficie red primaria viaria adscrita al sector:	16 000 m²
- Índice de edificabilidad bruta:	1,2 m²t/m²s
- Índice de edificabilidad terciaria:	0,3 m²t/m²s
- Índice de edificabilidad residencial:	0,9 m²t/m²s
- Índice de edificabilidad neta:	4,0 m²t/m²s
- Superficie de zonas verdes red secundaria:	23 400 m²s
- Superficie de equipamientos red secundaria:	31 200 m²s
- Número de plazas de aparcamiento en vías públicas:	2500 plazas

Nota: el equipamiento de red primaria no se ejecuta con cargo al sector.

CUESTIONES:

1.- ¿Cuál es la superficie computable del sector?
2.- ¿Cuál es el techo edificable del sector?
3.- ¿Cuál es la superficie del área de reparto?
4.- ¿Cuál es el aprovechamiento tipo del área de reparto?
5.- Informar sobre la legalidad en el cumplimiento de los estándares dotacionales de la red Secundaria.

RESOLUCIÓN

Este supuesto tiene una redacción idéntica al supuesto 2 del Ayuntamiento de Albal (pág 105), nos remitimos a la resolución de aquel por ser un ejercicio algo más completo, ya que en el presente no se facilitan valores de venta en los distintos usos ni el uso residencial se divide entre vivienda de promoción libre y vivienda de protección pública. Los resultados son idénticos excepto en la obtención del AT: al no mencionar nada relacionado con los coeficientes de homogeneización, se entiende que no hay, por lo que el cálculo del AT se simplifica, ya que se obtiene dividiendo la EB entre el AR, no hace falta desglosar en edificabilidades por usos y multiplicar cada una por su coeficiente:

$$AR = 261\ 420\ /\ 286\ 850 = \mathbf{0,9113\ m^2t/m^2s}$$

Nótese la diferencia en las unidades respecto al ejercicio de Albal: al no existir coeficientes correctores, la unidad del AT es m²t/m²s y no UA/m²s.

CASO PRÁCTICO 2. CONTRATACIÓN

El concejal delegado de Obras del municipio X contrata verbalmente con un empresario, sin haber seguido ninguna actuación administrativa, la realización de determinadas obras. En el curso de ejecución de las mismas se plantea la necesidad de realizar obras complementarias de las principales, y el concejal vuelve a contratar la realización de estas últimas obras.

Finalizadas las obras principales y complementarias, con un coste final de 23 000 euros (IVA incluido), el contratista acude al Ayuntamiento donde se le informa que el concejal carecía de delegación suficiente para la celebración del contrato; que no existía crédito presupuestario; y que no existiendo documentación alguna en las oficinas municipales respecto de los indicados contratos, se entiende que la obligación de pago es personal del concejal y no del ayuntamiento.

CUESTIONES:

1.- ¿Es válida la pretensión del Ayuntamiento de considerarse ajeno a unas obras que han redundado en beneficio municipal?

2.- ¿Las deficiencias del contrato afectan al empresario que ha ejecutado las obras?

3.- ¿Es necesaria alguna tramitación administrativa previa a la celebración de contrato menor?

4.- ¿Pueden celebrarse contratos complementarios de un contrato menor?

RESOLUCIÓN

1. Esta pregunta es meramente jurídica y, en condiciones normales, no compete a un arquitecto municipal su resolución. No obstante, intuimos que el Ayuntamiento no podría desvincularse de la mala praxis de un miembro de su gobierno.

2. Entendemos que esta pregunta es también más de carácter jurídico. Si bien el empresario no es responsable de la suficiencia de crédito ni de constatar que este existe ni mucho menos de la situación competencial del concejal, debe conocer mínimamente el funcionamiento de la administración y la legislación de contratos, al menos, en cuanto a los menores. En este sentido, debería saber que lo normal es presentar un presupuesto y que haya una notificación de la adjudicación que revista cierta formalidad, aunque no exista procedimiento de licitación al ser contrato menor.

3. Del propio contenido del art. 118 LCSP se deduce que debe llevarse a cabo una tramitación. En primer lugar, se dice explícitamente en el punto 2 que en el expediente ha de constar informe sobre la necesidad del contrato y de umbrales, así como la aprobación del gasto y la incorporación de la factura. Además, tratándose de un contrato de obras, también debe constar el presupuesto de las obras (y el proyecto en su caso); igualmente, informe sobre la estabilidad, seguridad o estanqueidad de las obras, si es preciso, extremo que no podemos saber al no definir el enunciado en qué consisten las obras.

4. Se entiende que pueden celebrarse obras complementarias siempre que tengan íntima relación con las obras principales, se complete el presupuesto inicialmente presentado, se vuelvan a emitir los informes pertinentes y, en cualquier caso, que la suma del coste de las obras complementarias y las anteriores no sobrepasen los 40 000 € ni el plazo de ejecución el año.

Administración	**AYUNTAMIENTO DE PEÑÍSCOLA**
Tipo de plaza	FUNCIONARIO DE CARRERA
Año de convocatoria	2008
Observaciones	

EJERCICIO 1

Con los datos siguientes, calcula el aprovechamiento tipo ponderado del sector:

SUPERFICIE DEL SECTOR: 369 000 m^2

Red primaria adscrita al sector: 55 000 m^2
Caminos públicos incluidos en el sector: 5000 m^2

ZONA	SUP. NETA	COEF. EDIF. NETA
Terciaria comercial	20 000 m^2	0,80 m^{2}t/m^{2}s
Residencial plurifamiliar	90 000 m^2	1,00 m^{2}t/m^{2}s
Terciaria hotelera	40 000 m^2	1,20 m^{2}t/m^{2}s
Residencial unifamiliar	30 000 m^2	0,40 m^{2}t/m^{2}s

Se ha realizado un estudio de mercado al efecto, estableciéndose los siguientes datos:

TERCIARIO. Valor suelo neto.
     Comercial: 460 €/m^2
     Hotelero: 605 €/m^2

RESIDENCIAL. Valor m^2 construido.
     Plurifamiliar: 720 €/m^2
     Unifamiliar: 865 €/m^2

Describe sucintamente el objeto último de los coeficientes de ponderación.

RESOLUCIÓN

En este ejercicio, el AO no se obtiene mediante los índices de edificabilidad de cada uso, sino a través del IEN:

$$\text{ETcom} = 20\,000 \times 0,80 = 16\,000 \text{ m}^2\text{t}$$
$$\text{ERplur} = 90\,000 \times 1,00 = 90\,000 \text{ m}^2\text{t}$$
$$\text{EThot} = 40\,000 \times 1,20 = 48\,000 \text{ m}^2\text{t}$$
$$\text{ERunif} = 30\,000 \times 0,40 = 12\,000 \text{ m}^2\text{t}$$

Pero estas edificabilidades deben modificarse por la ponderación de los valores de repercusión del suelo de los distintos usos. El enunciado da lugar a confusión: para los usos terciarios da un «valor de suelo neto», mientras que, para los usos residenciales, un «valor m^2 construido». Este último parece indicar el valor de mercado o en venta, y suponemos que el del suelo neto se refiere al de repercusión de suelo, pero sería una pregunta ineludible para el tribunal. Si es como decimos, hay que pasar el del valor de venta a VRS mediante la fórmula: VRS = Vv /1,4 – Cc. Dado que la convocatoria es de 2008, elegiremos un valor bajo de Cc, por ejemplo, 450 €/m^2.

$$\text{VRSplur} = 720 / 1,4 - 450 = 64,29 \text{ €/m}^2$$
$$\text{VRSunif} = 865 / 1,4 - 450 = 167,86 \text{ €/m}^2$$

Ponderemos los VRS, otorgando 1,00 al de residencial plurifamiliar por el uso mayoritario[3]:

Coef. res. plur. = 1,00
Coef. res. unif = 167,86/64,29 = 2,61
Coef. com. = 460/64,29 = 7,16
Coef. hot. = 605/64,29 = 9,41

El bajo valor del VRS del residencial plurifamiliar origina unos coeficientes desproporcionados, lo que podría ajustarse habiendo escogido un Cc inferior, pero tampoco habría sido un valor realista.

Así pues:

$$\text{AOhom} = (90\,000 \text{ x } 1,00) + (12\,000 \text{ x } 2,61) + (16\,000 \text{ x } 7,16) + (48\,000 \text{ x } 9,41) = 687\,560 \text{ UA}$$

Por su parte, en atención al art. 78.1 TRLOTUP, el AR está constituida por la superficie del sector, la RP adscrita al mismo y excluyendo la superficie de caminos.

$$\text{AR} = 369\,000 + 55\,000 - 5000 = 419.000 \text{ m2s.}$$

$$\text{AT} = 687\,560 / 419\,000 = \mathbf{1,641 \text{ UA/m2s}}$$

---

[3] Si bien no es obligatorio: si se adopta para otro uso (es decir, si se homogeneiza a otro uso), el valor del AT cambiará, pero las edificabilidades obtenidas al deshomogeneizar serán las mismas.

EJERCICIO 2

En una unidad de ejecución en suelo urbano, de uso dominante residencial y sin propuesta de programación alguna, se solicita licencia de obras para un aparcamiento de superficie de vehículos a motor con las siguientes características técnicas:

- Relleno y rasanteo del terreno por medio de zahorras.
- Marcado de las plazas de aparcamiento y sentidos de dirección.
- Caseta prefabricada de madera para vigilancia y control de accesos.
- Aseos autónomos con sistema de depuración propia.
- Las plazas de aparcamiento se cubren por medio de una cubierta metálica ligera, construida por medio de elementos desmontables atornillados a dados de hormigón.
- Sobre la cubierta metálica ligera se disponen, además, paneles de energía solar fotovoltaicas para la generación de energía eléctrica.
- Teniendo en cuenta lo anterior, el presupuesto material de las obras asciende a un total de 1 200 000 €.

La instalación proyectada dispondría de los siguientes servicios urbanísticos:

- Acceso rodado por vía pavimentada.
- Conexión a la red general de suministro de agua.
- Sistema autónomo de depuración individual.
- El alumbrado y suministro de energía eléctrica se obtienen a partir de las células de energía solar fotovoltaica dispuestas sobre las cubiertas. A tal efecto, se aporta contrato de suministro con la compañía concesionaria del servicio de energía eléctrica, por el que, durante el periodo de amortización de las instalaciones fotovoltaicas —que se cifra en la propia memoria del proyecto en 20 años—, dicha compañía adquirirá la energía generada por dichas instalaciones.

Evaluar, de forma motivada, si es posible o no, y en qué condiciones, la concesión de la licencia de obras solicitada.

RESOLUCIÓN

En la cuestión de obras en unidades de ejecución sin programa aprobado, tanto en SU como SUB, hay que estar a lo dispuesto en los art. 227 y 235 TRLOTUP:

> Artículo 227. Obras y usos transitorios en el ámbito de sectores, unidades de ejecución o actuaciones aisladas.
>
> 1. Hasta la aprobación del programa de actuación, en las edificaciones existentes se admitirán las obras y usos regulados en este texto refundido para los edificios en situación de fuera de ordenación.

2. Tanto en los sectores de plan parcial, plan de reforma interior y unidades de ejecución, como en el suelo incluido en actuaciones aisladas, se pueden otorgar licencias para usos u obras provisionales no previstos en el plan, siempre que no dificulten su ejecución ni la desincentiven, de acuerdo con el artículo 235 de este texto refundido. Si se trata de usos públicos sobre propiedad privada, el compromiso de erradicación se formalizará mediante convenio, que preverá, en su caso, la alternativa futura de emplazamiento del servicio, cuando venza el plazo o condición pactados para su traslado.

Artículo 235. Licencia de obras y usos provisionales.

1. Se pueden otorgar licencias para usos y obras provisionales no previstos en el plan, siempre que no dificulten su ejecución ni lo desincentiven, sujetas a un plazo máximo de cinco años, en suelo urbano, ya sea en edificaciones o en parcelas sin edificar sobre las que no exista solicitud de licencia de edificación o programa de actuación aprobado o en tramitación, y en suelo urbanizable sin programación aprobada.

[...]

3. La provisionalidad de la obra o uso debe deducirse de las propias características de la construcción o de circunstancias objetivas, como la viabilidad económica de su implantación provisional o el escaso impacto social de su futura erradicación. La autorización se otorgará sujeta al compromiso de demoler o erradicar la actuación cuando venza el plazo o se cumpla la condición que se establezca al autorizarla, con renuncia a toda indemnización, que deberá hacerse constar en el registro de la propiedad antes de iniciar la obra o utilizar la instalación.

Como puede observarse, la concesión de la licencia, que en todo caso sería provisional, está sujeta al criterio del técnico municipal o de la corporación en cuanto al carácter provisional de las obras y de lo que pueda desincentivar o dificultar la ejecución del plan. En el caso que nos ocupa, las características podrían apuntan a que se trata de una instalación provisional (caseta prefabricada, aseos con depuración propia, cubierta sujeta a dados de hormigón, no al suelo, etc.), pero el elevado coste de la inversión no parece que esté pensado para una actividad que se desarrolle solo en 5 años (plazo máximo de los usos provisionales), como indica el periodo de amortización de la instalación fotovoltaica.

EJERCICIO 3

En una unidad de ejecución en suelo urbano, con ordenación pormenorizada, de uso residencial, si bien sin propuesta de programación alguna, se solicita licencia de obras para la reforma y rehabilitación de la construcción siguiente.

El planeamiento vigente, para la manzana donde se ubica la construcción, establece las siguientes condiciones generales:

- Uso dominante residencial
- Ocupación máxima: 30 %
- N.º de alturas: PB + 1 (6m)
- Retranqueos: 3 m a lindes y vial

La construcción se destina a vivienda habitación, consta de 3 plantas y ocupa parcialmente suelo edificable, y parcialmente suelo destinado a vial público. Se compone de 3 crujías —una de ellas ocupando el vial—, y se prevén las siguientes actuaciones, según memoria del proyecto:

- En planta baja y primera, redistribución completa del interior.
- En planta segunda —última—, sustitución de la cubierta, a base de teja cerámica.
- En la crujía que ocupa el suelo destinado a vial por el plan, se expone en la propia memoria del proyecto que por el estado de la estructura, esta deberá demolerse y reconstruirse en su integridad.

Teniendo en cuenta que el planeamiento, por obsoleto, no indica cuándo una construcción puede considerarse como «fuera de ordenación», evaluar, de forma motivada, si es posible o no, y en qué condiciones, la concesión de la licencia de obras solicitada.

Razonar asimismo, en el caso de programación de la unidad de ejecución, cómo se vería afectado el exceso de construcción sobre el aprovechamiento previsto en el plan.

RESOLUCIÓN

Nos remitimos al contenido del punto 1 del art. 227 reproducido en el ejercicio anterior: «Hasta la aprobación del programa de actuación, en las edificaciones existentes se admitirán las obras y usos regulados en este texto refundido para los edificios en situación de fuera de ordenación», y de este hay que pasar al art. 206, dedicado a las edificaciones en fuera de ordenación. Como la edificación objeto de la solicitud de licencia ya se encuentra parcialmente en fuera de ordenación, es indistinta la circunstancia de que se ubique en una UE sin programación, cabe aplicar el art. 206 de todas maneras. Ante la falta de un régimen transitorio en el planeamiento municipal, es el técnico municipal el que debe interpretar si la ocupación parcial del dominio público supone incurrir en la letra a del art. 206.2, por lo que solo se podrían realizar obras de mera conservación, o si se puede ser más transigente y considerar tal ocupación parcial como una situación de no plena compatibilidad con el planeamiento, así que se pueden admitir obras de reforma y de mejora siempre que la nueva obra o actividad no acentúe la inadecuación al planeamiento vigente ni suponga la completa reconstrucción de elementos disconformes con el planeamiento (art. 206.3). El candidato ha de optar motivadamente por una de las opciones, pero, aun decantándose por aplicar el art. 206.3, lo que es evidente es que no se puede permitir la reconstrucción de la crujía que ocupa el viario.

En caso de programación de la UE, tal y como expresa el segundo párrafo del art. 206.3:

> El exceso de construcción sobre el aprovechamiento objetivo previsto por el plan, que, por ser transitoriamente compatible con sus previsiones, pueda mantenerse hasta su reedificación, no se computará como aprovechamiento adjudicado a su titular al determinar las cesiones o costes de urbanización que a este correspondan, ni se tendrá en cuenta al calcular los estándares dotacionales exigibles o la edificabilidad consumida respecto a la total asignada a la zona o sector en que esté situada la construcción.

EJERCICIO 4

En un sector de suelo urbanizable, si bien sin programación alguna, un propietario dispone de las siguientes parcelas iniciales, colindantes entre sí y ambas con derecho a riego:

- Parcela A.1, de superficie 2650 m².
- Parcela B.1, de superficie 2200 m².

Teniendo en cuenta los datos anteriores, solicita licencia de parcelación —previa agrupación de las mismas—, a fin de la transmisión de un total de 1000 m² —la parcela final C.2—, en un momento posterior, a otro propietario colindante. Todo ello en la forma siguiente.

- Parcela A.2, de superficie 1925 m²
- Parcela B.2, de superficie 1925 m²
- Parcela C.2, de superficie 1000 m²

Evaluar, de forma motivada, si es posible o no, y en qué condiciones, la concesión de la licencia de parcelación solicitada.

RESOLUCIÓN

En la práctica, un suelo urbanizable sin programación es equiparable a un suelo no urbanizable en cuanto al régimen de obras y usos. El art. 226.1.c TRLOTUP, «Régimen de usos y edificación en el suelo urbanizable sin programación», se establece que «En las divisiones y segregaciones de terrenos, no podrán efectuarse fraccionamientos en contra de las determinaciones del planeamiento aplicable y de la legislación agraria». Según el Decreto 217/1999, del Gobierno valenciano, que establece la extensión de las unidades mínimas de cultivo, la extensión mínima para regadío es de 5000 m², por lo que no es posible la transmisión de los 1000 m² a otra parcela, ya que A.2 y B.2 no alcanzan los 5000 m² ni individualmente ni juntas.

EJERCICIO 5

Tenemos un edificio de construcción antigua, sin ascensor, de planta baja destinada a locales, y cuatro plantas en altura incluyendo un ático con dos viviendas por planta, de aproximadamente unos 80 m² útiles cada una de ellas. El núcleo de escaleras del edificio tiene las siguientes dimensiones lineales:

- Anchura total —2 tramos de escalera y hueco central—: 230 cm.
- Profundidad total desde el comienzo de la escalera —un tramo y la meseta intermedia—: 300 cm.

Evaluar, de forma motivada, si es posible o no, a nivel normativo sobre diseño y construcción de edificios de viviendas, concesión de licencia de obras para ubicación de un ascensor a eje central del núcleo de escaleras, dejando un ancho de ambos tramos de escalera de 80 cm.

RESOLUCIÓN

Que, tras la instalación del ascensor, los tramos de la escalera tengan un ancho de 80 cm implica que el ancho del ascensor es de 230 − (80 × 2) = 70 cm. Evidentemente, con esta anchura el ascensor no se puede considerar accesible (ya que el DB SUA la fija en 1,00 m, 1,10 m o 1,40 m, según el caso), pero es un mínimo con el que puede instalarse un ascensor para una o dos personas. La cuestión es si el ancho de 80 cm de los tramos de escalera es suficiente. Al tratarse de un edificio de residencial vivienda, no cumpliría el mínimo de 1,00 m que establece la tabla 4.1 del DB-SI3. En este sentido el art. 25.c DC-09 establecía que, para la instalación de un ascensor, la anchura de la escalera puede reducirse hasta 80 cm, por lo que era factible. Sin embargo, las nuevas DC-23 no contemplan específicamente esta opción. En el anexo II, punto 2.1.b, del D 65/2019 se dice que «Excepcionalmente, será admisible la instalación de un ascensor en un edificio existente sin que cumpla las dimensiones mínimas de la cabina establecidas en este decreto ni en la regulación de tolerancias admisibles, siempre que se justifique su imposibilidad técnica», pero realmente no hace referencia a la reducción de la anchura de las escaleras.

Administración	**AYUNTAMIENTO DE ELDA**
Tipo de plaza	FUNCIONARIO INTERINO
Año de convocatoria	2008
Observaciones	

1.ª FASE

Tomamos el sector 11 de suelo urbanizable programado del vigente PGOU de Elda, con las siguientes magnitudes y parámetros urbanísticos:

1.1 SITUACIÓN URBANÍSTICA ACTUAL

El Plan General para este ámbito establece las siguientes determinaciones:

SUBZONA DE DESARROLLO RESIDENCIAL INTENSIDAD 3

-Edificabilidad y densidad máxima.

1.- El índice de edificabilidad bruta zonal se fija en 0,40 m², de techo por m² de suelo.
2.- La densidad bruta máxima se fija en 20 viviendas por hectárea.

-Condiciones específicas de uso.

Los usos permitidos en esta zona, además de admitidos con carácter general, serán los siguientes:

a) residencial unifamiliar.

-Desarrollo de edificación por edificación aislada.

1.- Se fija una parcela mínima de 400 m² y tendrá una forma tal que permita la inscripción de un círculo de 15 metros de diámetro.
2.- La ocupación máxima se fija en el 40 % de la superficie de la parcela.
3.- La altura máxima será de 7 m equivalente a 2 plantas.
4.- Las separaciones mínimas de la edificación a los límites de la parcela serán de 3 metros.
5.- Las condiciones de altura libre en planta baja y plantas pisos serán las establecidas para la zona 21.

-La red primaria no computa a efectos de edificabilidad, pero sí para el cálculo del aprovechamiento medio del PG vigente.

1.2 ZONIFICACIÓN

a) **Viales**.. **10 104,70 m²**
   a.1) Estructural....................................6136,80 m²
   a.2) No estructural ....3697,90 m²
b) **Parques y jardines** .... **6883,00 m²**
c) **Equipamiento EQ** .... **2203,20 m²**
d) **Residencial unifamiliar** ....**47 444,10 m² (RU)**

TOTAL SUPERFICIE .... **66 635,00 m²**

1.3 COEFICIENTES ASIGNADOS DEL PGOU

- K sector   0,8
- K uso   1
- K homogeneización   0,8
- Edificabilidad   0,40 m²t/m²s
- Aprovechamiento medio   0,30

Con estos datos analizar y proponer el contenido básico y más relevante de los siguientes documentos:

1.º- Edificabilidad teórica de la zona RU
2.º- N.º máximo de viviendas unifamiliares
3.º- Aprovechamiento medio del sector
4.º- Aprovechamiento medio privado
5.º- Referencia y comparación del aprovechamiento medio (Ley S/76) y aprovechamiento tipo LUV
(ficha de planeamiento y excesos si los hay)

2.ª FASE

Una vez determinados estos parámetros introducimos las siguientes variantes:

2.1. La red primaria está incluida en el sector, computa edificabilidad.

2.2. El sector tiene 4 áreas semiconsolidadas (A, B, C y D), con las características siguientes de tipología aislada.

	A	B	C	D	TOTALES
Régimen	Compatible	Compatible	No compatible	No compatible	—
Sup. parcela m²s	500	600	400	600	2100
Sup. edificada m²t	200	150	150	200	700

Las parcelas C y D están afectadas por red viaria y deben demolerse en ejecución del plan, por lo que no son compatibles y serán indemnizables. Valorar.

2.3. Deberá proponerse lo siguiente:

A- Régimen de las áreas semiconsolidadas.
B- El vigente PG no se encuentra adaptado a la LUV. Será de aplicación el art. 10.b de la Ley 8/2007 de suelo a los efectos de destinar "los terrenos necesarios para realizar el 30 % de la edificabilidad residencial" a vivienda sujeta a un régimen de protección pública.

2.4. ¿Cómo influyen en la propuesta los apartados A y B anteriores?

Uso característico: vivienda de renta libre VRL, coeficiente de ponderación = 1.
Uso VPO, coeficiente = 0,8.
¿Se debe tener el mismo aprovechamiento en unidades con la técnica del aprovechamiento medio y con la del aprovechamiento tipo? Comentar.

2.5. Redactar nueva ficha de planeamiento y gestión del sector. Excesos si los hay. Rehacer el cuadro n.º 1.

3ª FASE

3.- Estimando los costes de urbanización según ratios de 90 €/m² vial y 45 €/m² zona verde, se propondrá:

3.1 Avance de proposición jurídico-económica de una PAI analizando:

-Cargas de urbanización, conceptos compatibles y su estimación.
-Coeficientes de canje con valoración del suelo, atendiendo a los siguientes valores:

Vv: Valor en venta de producto residencial: 2000 €/m²t
Cc: Coste de construcción: 600 €/m²t
b- margen o beneficio neto del promotor: 20 %

3.2 Realizar reparcelación sencilla con los datos del sector calculados.

Sup. total: 66 635 m²s
E. bruta: 0,40
E. neta: la calculada
Dotaciones: 19 190,90 m²s
Propietarios: 6 propietarios con las fincas iniciales siguientes:
- A, B, C y D de las áreas semiconsolidadas.
- E: 34 835 m². Paga en metálico urbanización.
- F: 30 000 m². Paga en especie urbanización.

Recordar: hay un 30 % de aprovechamiento para VPO.

CUADRO N.º 1

[Este cuadro se reproduce ya en la respuesta y completado.]

RESOLUCIÓN

Este supuesto tiene similitudes con el del Ayuntamiento del Puig de Santa Maria (2010) (pág. 111) en el sentido de que la nomenclatura es la de la ley estatal del suelo de 1976. En los dos procesos, nos consta que el tribunal pretendía plantear un supuesto de urbanismo «genérico», no ajustado a una ley autonómica en concreto (en este caso la LUV).

1.ª Fase. La ER coincide con la EB porque no hay más usos. Como el enunciado nos dice que la RP no computa para edificabilidad, en términos del TRLOTUP, la SCS es el resultado de restar de la superficie del sector el vial estructural, ya que no nos indican que haya ZV ni EQ de RP:

$$SCS = 66\ 635,00 - 6136,80 = 60\ 498,20\ m^2s$$

$$ER = 60\ 498,20 \times 0,40 = \mathbf{24\ 199,28\ m^2t}$$

Número máximo de viviendas unifamiliares: $20 \times (66\ 635\ /\ 10\ 000) \simeq \mathbf{134}$

El aprovechamiento medio lo facilita el enunciado: 0,30. Entendemos que el aprovechamiento medio privado hace referencia al AS, que sería del 90 % por tratarse de SUB: $0,30 \times 0,90 = \mathbf{0,27\ UA/m^2s}$.

Para el cálculo del AT, cabe entender que el sector coincide con el AR (concepto ausente en la antigua ley del suelo), por lo que sí que tenemos en cuenta el vial estructural. En el numerador de la fracción, hay que afectar la edificabilidad con el coeficiente de homogeneización:

$$AT = (24\ 199,28 \times 0,8)\ /\ 66\ 635 = \mathbf{0,29053\ UA/m^2s}$$

Observamos que el aprovechamiento medio y el AT son muy similares.

2.ª Fase. Tengamos ahora en cuenta las variaciones propuestas por el enunciado. En primer lugar, la RP está incluida en el sector y computa edificabilidad, por lo que se incluye en la SCS. Sin embargo, hay que excluir las actuaciones aisladas por aplicación del régimen establecido para las áreas semiconsolidadas, como establece el punto 1.2 del apartado IV del anexo IV TRLOTUP.

Dicho régimen se encuentra en el art. 207 TRLOTUP, cuyo punto 2 dispone que

> 1. La parcelación del plan procurará respetar aquellos usos y edificaciones lícitos existentes que sean conformes con el nuevo planeamiento y se ajusten a sus alineaciones o se integren en ellas sin desajustes relevantes.
> 2. A tal fin, en el plan o en el proyecto de reparcelación que lo desarrolle se delimitará la parcela neta que sirva de soporte al uso o edificación, con su espacio funcionalmente anexo, deslindándola de otras partes de la finca originaria susceptibles de integrarse en otras parcelas o elementos urbanos. La forma y dimensión de la parcela neta será coherente con las

características generales de la ordenación proyectada, en cuanto a su relación espacial con el edificio. [...]

Por tanto, de las cuatro áreas semiconsolidadas, debemos descartar el mantenimiento de la C y la D porque no son compatibles con el planeamiento. Para saber la parcela neta que sirve de soporte a la edificación de A y B, nos apoyaremos en el porcentaje de ocupación máximo. En condiciones reales, tendríamos que tener también en cuenta el IEN, pero el enunciado no lo da; para calcularlo debemos dividir la EB entre la superficie lucrativa ($47\,444{,}10$ m^2), pero la EB es función de la SCS, que, a su vez, depende de la superficie de semiconsolidadas que hay que excluir. Esto nos lleva a un sistema de ecuaciones con incógnitas que acaba en una ecuación de segundo grado cuyo resultado es que la SCS = $66\,006{,}06$ m^{2}s, es decir, que se han descontado $628{,}94$ m^{2}s de las parcelas A y B, y que el IEN = $0{,}5565$ m^{2}t/m^{2}s. No parece lógico que en el examen nos embarquemos en estos cálculos, sino que adoptaremos la parcela neta surgida solamente de la ocupación máxima, que es del 40 %. Aun así, también tenemos que estimar si la edificabilidad de dichas parcelas está materializada en una o dos plantas, supondremos que en dos, por lo que la parcela asociada es:

Parcela A: $(200 / 2) / 0{,}40 = 250$ m^{2}s
Parcela A: $(150 / 2) / 0{,}40 = 187{,}5$ m^{2}s

De todas formas, tanto el cálculo por IEN como por ocupación arrojan unas superficies de parcelas inferiores a la mínima establecida por el planeamiento de 400, por lo que finalmente descontaremos de la superficie del sector 800 m^{2}s: SCS = $66\,635 - 800 = 65\,835$ m^2. La nueva ER es:

ER = $65\,835 \times 0{,}40 = 26\,334$ m^{2}t

De esta ER, el 30 % es VPP:

ER$_{VPO}$ = $26\,334 \times 0{,}30 = 7900{,}20$ m^{2}t
ERlibre = $26\,334 \times 0{,}70 = 18\,433{,}80$ m^{2}t

Aprovechamos también para calcular el IEN del sector: $26\,334 / 47\,444{,}10 = 0{,}5551$ m^{2}t/m^{2}s.

Para obtener el AO debemos tener en cuenta los coeficientes de homogeneización de cada uso, pero también el del sector (0,8):

AO = $(18\,433{,}80 \times 0{,}80 \times 1{,}00) + (7900{,}20 \times 0{,}80 \times 0{,}80) = 19\,803{,}17$ UA

Para el cálculo del AT, tendremos en cuenta que no se excluyen las áreas semiconsolidadas del AR, por lo que esta es directamente la superficie del sector:

AT = $19\,803{,}17 / 66\,635 =$ **0,29719 UA/m²s**
AS = $0{,}29719 \times 0{,}90 = 0{,}26747$ UA/m^{2}s

CUADRO N.º 1

	USOS Y TIPOLOGÍAS	VRL	VPO	EQ[4]	TOTALES
1	Sup. suelo m²s	33 210,87	14 233,23	19 190,90	66 635
2	Edif. obj. m²t	18 433,80	7900,20	0	26 334
3	K. usos	0,80	0,64	0	
4	A° O° hom. UA m²th. VRL	14 747,04	5056,13	0	19 803,17
5	A° tipo UA / m²s m²th / m²s	0,29719			
6	A° subjetivo susceptible apropiación m²th / m²s	0,26747			
7	A° subjetivo total m²th VRL	9869,94	4229,97	5703,34	19 803,17[5]
8	A° subjetivo apropiable m²th VRL	8882,95	3806,97	5133,01	17 822,85[6]
9	Excesos (sin 10 % adm.) m²th VRL	4877,10	826,16	-5703,34	0
10	Diferencias con 10 % adm. m²th VRL	5864,09	1249,16	-5133,01	1980,24[7]

3.ª Fase. El art. 150 TRLOTUP detalla cuáles son las cargas de urbanización, de las que consideraremos que no existen de tipo variable, sino solo fijas, es decir, el coste de las obras, redacción de proyectos y dirección de obra, gastos de gestión del urbanizador y su beneficio empresarial.

Los costes de urbanización que facilita el enunciado son:

Viales = 90 × 10 104,70 = 909 423,00 €
ZV = 45 × 6883,00 = 309 735,00 €

Costes de urbanización total = 1 219 158 €

Cabe considerar estos costes como presupuesto de contrata. Estimaremos el resto de conceptos antes mencionados como un porcentaje del PEC: los honorarios técnicos, un 8 %; los gastos de gestión, un 5 %; y el beneficio del urbanizador, un 10 %, lo que suma un 23 %. Por tanto, las cargas de urbanización (CU) son:

CU = 1 219 158 × 1,23 = 1 499 564,34 €

Por otra parte, debe tenerse en cuenta que el art. 40 TRLS establece que el valor del suelo en régimen de equidistribución de beneficios y cargas es el que le correspondería si estuviera

---

[4] Entendemos que aquí cabe incluir toda la superficie dotacional.

[5] El AStotal de cada uso es el resultado de multiplicar la superficie de este por el AT. El AS de todo el sector es igual al AO hom.

[6] El AStotal apropiable de cada uso es el resultado de multiplicar la superficie de este por el ASunitario. El AS de todo el sector es igual a AO hom. × 0,90.

[7] Este valor es el 10 % del AO hom. correspondiente a la administración. La no coincidencia exacta se debe a los decimales.

terminada la actuación, es decir, como si fuera urbanizado sin edificar, por tanto, calculado mediante el método residual estático (art. 37.1 TRLS). En teoría debería aplicarse las fórmulas del art. 22 RVLS, pero como el enunciado nos da el dato b, margen o beneficio neto del promotor, aplicaremos la fórmula de la Orden ECO/805/2003, ya que es en esta en la que aparece tal factor. En cuanto al Vv y el Cc, el enunciado solo ofrece un valor único, por lo que entendemos que no cabe desglosar entre residencial de renta libre y VPP.

$$\text{VRS} = \text{Vv} \, (1 - b) - \text{Cc} = 2000 \, (1 - 0{,}20) - 600 = 1000 \, €/m^2t$$
$$\text{VS} = 1000 \times 26 \, 334 = 26 \, 334 \, 000 \, €$$

Pero el valor del suelo es el resultado de restar las CU, así pues:

$$\text{VSo} = 26 \, 334 \, 000 - 1 \, 499 \, 564{,}34 = 24 \, 834 \, 435{,}66 \, €$$

El coeficiente de canje es la «correlación entre el coste dinerario de las cargas y el valor del suelo» (art. 149.1 TRLOTUP) = CU / (VSo + CU) o CU / VS = 0,0569.

3.2. En cuanto a la reparcelación, supondremos que es por gestión directa, por lo que la parcela que paga en especie las cargas de urbanización retribuye al ayuntamiento en parcela:

PARCELA	(1) SUP. INICIAL (m²)	(2) % derechos: (1) × 90 / TOTAL	(3) % derechos × coef. canje[9]:	(4) UA que se adjudica: (3) × AO-hom. (19 803,17)	(5) m²t adjudicados residencial libre: (4) / 0,80	(6) m²t adjudicados VPO: (4) / 0,64	(7) m²s parcela final: (5) (6) / IEN (0,5551)[11]
A	500	0,6753	0,6753	133,7349	167,1687-> 200[10]		400 RL
B	600	0,8104	0,8104	160,4819	200,6024-> 167,7711		400 RL
C	400	0,5403	0,5403	106,4819	133,7349		240,92 RL-> proindiviso
D	600	0,8104	0,8104	160,4819	200,6024		361,38-> 400 RL
E	34 535[8]	46,6444	46,6444	9237,0710	8272,2863	4092,5625	14 902,34 RL 7372,66 VPO
F	30 000	40,5192	38,2137	7567,5243	9450,4053		17 040,90-> 16 868,81 RL
Ayuntamiento		10	12,3055	2436,8880		3807,6375	6859,37 VPO
TOTAL	66 635			19 803,17	18 433,80	7900,20	47 444,10

[8] Hemos reducido en 300 m² para que el total coincida con la superficie del sector.

[9] El coeficiente de canje solo se aplica a la parcela F, que paga en terrenos. Su % de derecho por dicho coeficiente es lo que le traslada al urbanizador, en este caso el ayuntamiento, es decir, 40,5192 × 0,0569 = 2,3055 %.

[10] Hemos creado las columnas (5) y (6) con la edificabilidad que le correspondería a cada propietario según si la parcela que habría que adjudicar es de vivienda de renta libre o de protección oficial, sabiendo que hay que repartir 18 433,80 m²t de la primera y 7900,20 m²t de la segunda. Para el caso de las parcelas consolidadas que mantendrán su edificación, se le asigna el uso de renta libre. En el caso de la parcela A, le correspondería una edificabilidad de 167,1687 m²t, es decir, 32,8313 m²t menos de los 200 m²t que tiene, por lo que deberá compensar ese exceso en metálico, por ejemplo, a la otra parcela consolidada, la B, que aun así aún tendría un defecto de 200,6024 − 32,8313 − 150 = 17,7711 m²t. Se asigna también el uso de renta libre a las parcelas C, D y F y el de VPO al Ayuntamiento-urbanizador.

[11] A las parcelas A y B hay que adjudicarles la mínima, como ya se ha justificado anteriormente. La parcela C no llega a la superficie mínima, por lo que se le adjudicará parcela en proindiviso. A la parcela D, se le adjudica hasta la mínima, ya que no excede en más del 15 % de sus derechos (art. 90.2.f TRLOTUP). Según este planteamiento, habría que reducir en 172,09 m²s a una parcela para que todo sume la superficie lucrativa. Le restamos a la parcela F.

Administración	**GENERALITAT VALENCIANA**
Tipo de plaza	FUNCIONARIO DE CARRERA
Año de convocatoria	2009
Observaciones	

SUPUESTO N.º 1

Conocidas las plantas de un centro de educación infantil que se proporcionan con el ejercicio, y partiendo de la base de que no pueden modificarse los espacios diseñados porque lo exige el programa de necesidades, deben resolverse las siguientes cuestiones:

a) Determinar si la solución planteada en los planos permite el cumplimiento del DB-SI en lo que respecta a la evacuación, y en caso negativo plantear las modificaciones necesarias para su cumplimiento. Para ello, calcular y grafiar los recorridos de evacuación considerando la ocupación (n.º de ocupantes) señalada en los planos y señalar el número de ocupantes a lo largo de los recorridos, así como las salidas de recinto, de planta y de edificio, etc.

b) Grafiar la señalización de los medios de evacuación.

c) Grafiar las instalaciones necesarias para la protección contra incendios de acuerdo con el DB-SI.

d) Suponiendo que todas las puertas son de las dimensiones adecuadas, indicar si las plantas cumplen las condiciones de accesibilidad, señalando en caso negativo los incumplimientos y su posible solución.

PLANTA PRIMERA
ESC 1:100

RESOLUCIÓN

La cuestión más importante en cuanto a seguridad contra incendios es que se necesita una segunda salida de planta en la primera planta, ya que no se puede considerar la terraza no pisable como espacio exterior seguro al no ser una cubierta cuya estructura sea totalmente independiente de la del edificio (véase punto 6 de la definición de espacio exterior seguro del anejo A del DB SI). Por su parte, el origen de evacuación más lejano de la salida de planta (la escalera) se encuentra en el interior de la sala de profesores y no en su acceso, puesto que su superficie excede de los 50 m² (véase definición de origen de evacuación en el anejo A). El recorrido de evacuación que se obtiene es de unos 40 m (véase el siguiente esquema elaborado al efecto), es decir, más de 35 m, por lo que se necesita una segunda salida, la cual se podría conseguir instalando una escalera en el exterior a la que se accediera desde el pasillo.

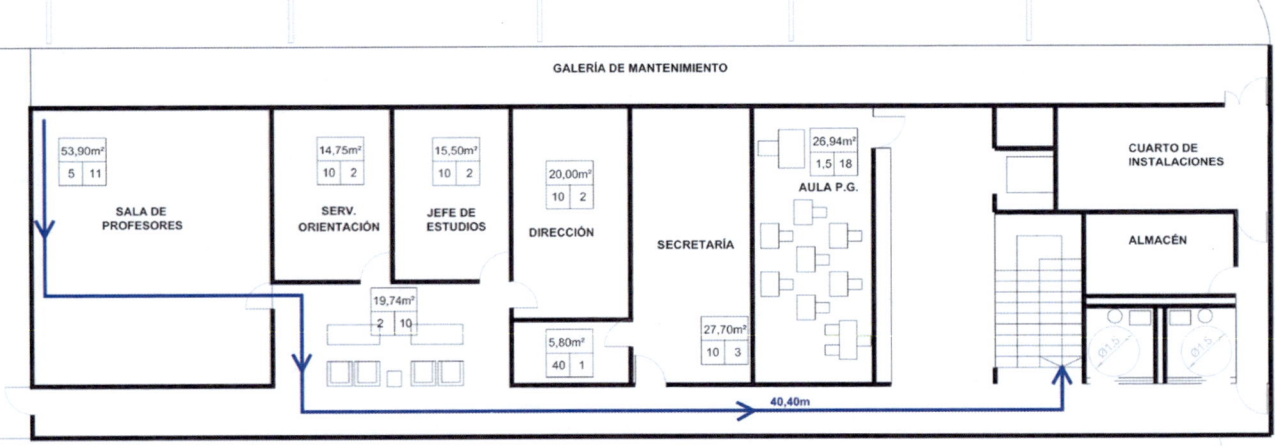

La terraza no pisable no puede ser espacio exterior segura porque no es una cubierta cuya estructura sea totalmente independiente de la del edificio con salida a dicho espacio (punto 6 de la definición de espacio exterior seguro)
El origen de evacuación de la sala de profesores es desde el punto más desfavorable porque tiene más de 50 m²

PRIMERA PLANTA

En lo concerniente a accesibilidad, el ascensor del edificio debe ser accesible por cuanto existe una zona de uso público en la primera planta (el aula PG) y, además, por ser la superficie útil de dicha planta mayor de 200 m², excluido el cuarto de instalaciones y el almacén, que son zonas de ocupación nula. Las dimensiones mínimas de la cabina son de 1,00 × 1,25 m, lo cual se cumple.

Por su parte, y continuando en la primera planta, en atención al punto 1.1.3.2 DB SUA-9 y el art. 17 D 65/2019, el itinerario accesible ha de comunicar el ascensor con todos los espacios de la planta, menos con las dos zonas de ocupación nula. El itinerario alcanza el interior de la sala de profesores (por tener más de 50 m²), el aula PG (por ser de uso público) y los servicios higiénicos (por ser accesibles), pero solo el acceso del resto de espacios (es decir, el servicio de orientación, secretaría y los despachos del jefe de estudios y de dirección), ya que son de uso privado cuya densidad y superficie es menor de 1 persona/5 m² y 50 m² respectivamente. En planta baja, lógicamente el itinerario accesible ha de conectar el acceso con todas las aulas, ya que son zonas de uso público.

En el itinerario accesible se cumple que el espacio para giro sea de diámetro 1,50 m en el vestíbulo de entrada, fondo de pasillos de más de 10 m y frente al ascensor accesible y que los pasillos sean de anchura igual o mayor a 1,20 m. Asimismo, en ambas caras de las puertas atravesadas por el itinerario accesible (aulas y sala de profesores) existe un espacio horizontal de diámetro 1,20 m, libre del barrido de las hojas. Este espacio no se precisa en las puertas de los espacios en que no penetra el itinerario (servicio de orientación, etc.).

Cabe hablar finalmente de los servicios higiénicos. Nada obliga a que se encuentren en planta baja mientras exista un elemento accesible (en este caso el ascensor) y el correspondiente itinerario accesible que conduzca a ellos. Cumplen el espacio para giro libre de obstáculos de 1,50 m y que las puertas sean correderas, pero no que haya espacio de transferencia en ambos lados. Asimismo, se cumple la dotación de, al menos, un aseo accesible por cada 10 unidades o fracción de inodoros instalados. Puesto que en planta baja existen 12 inodoros, el edificio debe contar con dos aseos accesibles. No obstante, con la normativa autonómica actual (D 65/2019) —no la vigente en la fecha del examen—, nos encontraríamos con el dilema que plantea la frase final de su art. 18 f: «y se dispondrá al menos un servicio higiénico accesible en cada núcleo de servicios higiénicos (incrementando la dotación indicada en la tabla 4 si fuera preciso)». Según literalidad, habría que incluir un aseo accesible en el núcleo de aseos de cada aula, lo cual no parece lógico, y más tratándose de aseos para alumnos de educación infantil.

SUPUESTO N.º 2

Se pretende construir un edificio administrativo de la Generalitat, con una superficie construida de 600 m² (sobre rasante) en una de las dos parcelas pertenecientes al patrimonio de la Generalitat, que se indican en el dibujo anexo.

Dichas parcelas tienen las siguientes condiciones urbanísticas:

Clasificación del suelo: urbano
Uso: administrativo-institucional
Tipo de edificación: libre dentro de la parcela, pudiéndose adosar a lindes
Cubierta: plana

Porcentaje de ocupación máxima en planta: toda la que permitan las condiciones del solar (hasta el 100 %)
Número máximo de alturas: III (planta baja + 2)
Voladizos: no se permiten de ningún tipo
Retranqueos: se permiten, sin límite
Los casetones en cubierta no computan a efectos de edificabilidad

PRIMERO.- Redactar un informe argumentado en el que se determine cuál de las dos parcelas (A o B) resulta más adecuada para la construcción del edificio que se propone.

El informe recogerá la influencia de las servidumbres, los condicionantes urbanísticos o cualquier otra circunstancia que pueda afectar a la construcción del edificio; y determinará los informes sectoriales que deban recabarse antes de su construcción.

SEGUNDO.- Dibujar en planta el perímetro acotado que tendrá el edificio en la parcela elegida, indicando el número de plantas en que se desarrolla y la superficie construida de cada una.

TERCERO.- Dados los datos relativos a los costes de la ejecución material y otros que se indican:

Capítulo I.- Movimiento de tierras y excavaciones.	5000 €
Capítulo II.- Cimentación y estructura.	30 000 €
Capítulo III.- Cubiertas y fachadas.	20 000 €
Capítulo IV.- Carpinterías, revestimientos y acabados.	25 000 €
Capítulo V.- Instalaciones.	35 000 €
Capítulo VI.- Varios.	10 000 €
Capítulo VII.- Seguridad y salud.	5000 €
Coste del Estudio Geotécnico.	3000 €
Honorarios de redacción del Estudio de Seguridad y Salud.	8000 €
Honorarios de dirección de obra.	3000 €
Honorarios de dirección de ejecución de obra.	3000 €
Honorarios de coordinación de seguridad y salud.	2000 €

Determinar:

a) El presupuesto de ejecución material (PEM).
b) El presupuesto base de licitación (PBL).
c) La reserva de crédito o cuantía que debe consignarse en el presupuesto de la administración promotora para la ejecución del contrato de obras.

Para ello, se considerarán los porcentajes de gastos generales y beneficio industrial que se considere oportuno.

CUARTO.- Elaborar el apartado del estudio de seguridad y salud relativo a los trabajos de excavación a máquina de las zapatas de cimentación, en lo que respecta a:

a) Identificación de riesgos
b) Medidas de prevención
c) Equipos de protección individual

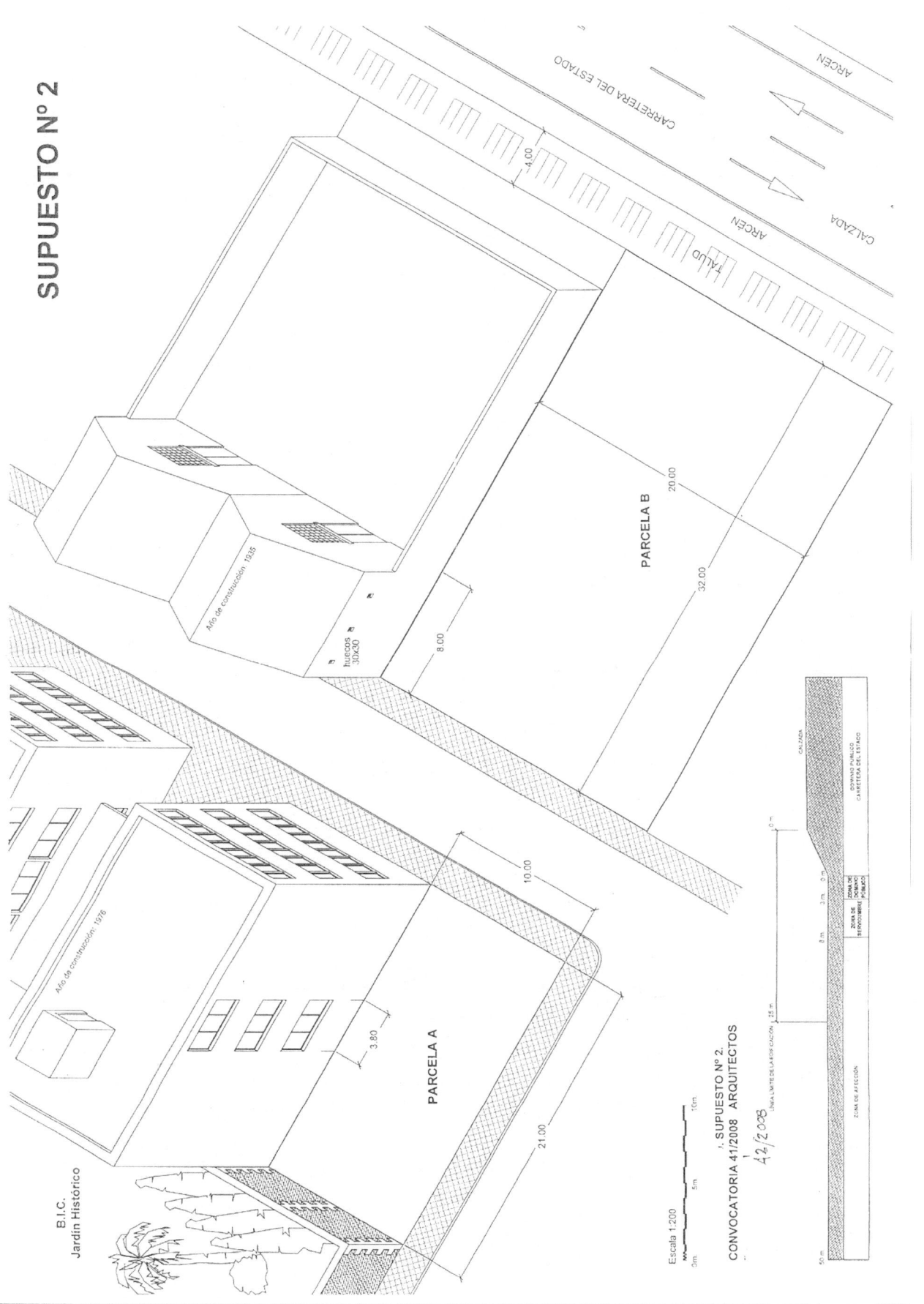

SUPUESTO Nº 2

CARRETERA DEL ESTADO

ARCEN

ARCEN

CALZADA

4.00

TALUD

PARCELA B

20.00

32.00

8.00

Año de construcción 1935

huecos
30x30

B.I.C.
Jardín Histórico

Año de construcción: 1976

10.00

PARCELA A

3.80

21.00

Escala 1:200

0m   5m   10m

CONVOCATORIA 41/2008 ARQUITECTOS

, SUPUESTO Nº 2.

42/2008

LÍNEA LÍMITE DE LA EDIFICACIÓN   25 m

ZONA DE AFECCIÓN

ZONA DE
SERVIDUMBRE

ZONA DE
DOMINIO
PÚBLICO

CALZADA

DOMINIO PÚBLICO
CARRETERA DEL ESTADO

8 m   3 m   0 m

50 m

RESOLUCIÓN

Las afecciones que deben tenerse en cuenta para el cálculo de la ocupación de la edificación son las servidumbres de vistas y la de la carretera del Estado. Por el tiempo transcurrido desde la construcción de la edificación colindante a la parcela A, se puede considerar adquirida la servidumbre de vistas (20 años, según art. 537 del Código Civil). Esta circunstancia, en atención al art. 585 del Código Civil, implica que el predio sirviente (o sea, la parcela A) no pueda edificar a menos de 3 m de distancia, lo que significa dejar un patio de $3,80 \times 3 = 11,40$ m². Así pues, la superficie ocupable es de $(21 \times 10) - 11,40 = 198,60$ m². Puesto que se permiten tres alturas, la edificabilidad máxima es de $198,60 \times 3 = 595,80$ m²t.

En la parcela B, debemos tener en cuenta la línea límite de edificación desde la calzada de la carretera del Estado. Puesto que existen 4 m desde el límite exterior del arcén (el cual forma parte de la calzada) hasta la parcela, la línea límite de edificación penetra 19 m en esta, franja en la que no se puede edificar. Por tanto, la superficie ocupable será de $(32 - 19) \times 20 = 260$ m² y la construible $260 \times 3 = 780$ m²t. Entendemos que los huecos de 30×30 cm de la construcción contigua se pueden cubrir (art. 581 del Código Civil).

Al final, la edificabilidad no es determinante para la elección de la parcela porque el edificio previsto tiene 600 m²t, que prácticamente caben en la parcela A. Sin embargo, la parcela B es más grande, lo que permite tener espacio libre en la parcela e incluso tres o cuatro fachadas si se retranquea de los lindes laterales. Además, la situación de la parcela A, colindante a un BIC jardín histórico, puede condicionar en alguna medida la edificación.

En cuanto al PEM, hay que sumar todas las partidas excepto las cinco últimas, lo que da un resultado de **130 000 €**. El PBL se puede considerar como el PEC añadiéndole el IVA y, para calcular el PEC, se adoptan los porcentajes de 13 % y 6 % para gastos generales y beneficio industrial respectivamente, dentro de la horquilla que establece el art. 131.1.a RGLCAP. Así pues:

$$\text{PBL} = 130\ 000 \times 1,19 \times 1,21 = \textbf{187 187 €}$$

La reserva de crédito es un concepto que no se define en la ley de contratos, en la que aparece solo una vez y de manera tangencial. Se trata más de un término de la ley de haciendas locales o de la Generalitat. En cualquier caso, tiene relación con el valor estimado del contrato, el cual puede prever un aumento del presupuesto como consecuencia de una modificación que, como máximo, será del 20 % (art. 101.2.c y 204 LCSP). Sin embargo, dicho 20 % tiene como referencia el precio de adjudicación (equivalente al precio inicial a que alude el art. 204.1), el cual se desconoce en el momento de la reserva, por lo que se entiende que ha de adoptarse respecto al PBL, pero sin IVA. Por tanto, la reserva será de $(187\ 187 \times 0,20) / 1,21 = \textbf{30 940 €}$.

Administración	**AYUNTAMIENTO DE RIBA-ROJA DE TÚRIA**
Tipo de plaza	FUNCIONARIO INTERINO
Año de convocatoria	2009
Observaciones	

SUPUESTO 1

Debido a las intensas lluvias acaecidas el 30/09/2004 que provocaron el desbordamiento del río que cruza el municipio, se ha constatado por el arquitecto municipal la existencia de importantes grietas que podrían afectar a la estructura del puente que da acceso al municipio.

En fecha 20/10/2004 se emite nuevo informe por el arquitecto municipal donde se advierte de un alarmante agravamiento del estado del puente que empieza a afectar a la estabilidad del mismo, informando además de la caída de cascotes, proponiendo una serie de actuaciones de rehabilitación y reforzamiento de la estructura de la obra y recomendando su ejecución con carácter urgente.

En fecha 25/10/2004 se presenta en el registro de entrada un proyecto de rehabilitación del puente de X realizado por un despacho de ingeniería, que se acompaña de una factura que asciende a 7000 euros. El proyecto que tiene un presupuesto de 215 000 euros, recoge las siguientes actuaciones:

- Apuntalamiento y reforzamiento de la estructura: 120 000 euros.
- Reparación e instalación de semáforos y alumbrado: 75 000 euros.
- Ornato y embellecimiento (jardinería de la mediana, instalación de papeleras y bolardos en las aceras): 20 000 euros.

El mismo día por la alcaldía se dicta una providencia donde dada la urgencia de la situación que imposibilita la convocatoria del correspondiente concurso, se requiere a intervención para que proceda al pago del proyecto presentado y emita informe de legalidad y retención de crédito como trámites previos para proceder a la adjudicación de la ejecución de la obra a una empresa constructora de la zona, que no dispone clasificación contractual.

En fecha 27/10/2004 por la intervención municipal se formula reparo en cuanto a la inexistencia de expediente contractual en relación al pago de la factura del proyecto presentado por el despacho de ingeniería, si bien se informa que existe crédito adecuado y suficiente para acometer dicho gasto; en segundo lugar, en relación a la adjudicación de la obra se informa de la inexistencia de crédito suficiente, puesto que en el presupuesto solo se dispone de 80 000 euros, así como de la ausencia total de procedimiento contractual, advirtiendo de la nulidad del contrato de acuerdo con el art. 62 del TRLCAP.

A la vista de lo informado por la intervención se requiere por la alcaldía informe a secretaría en relación a la legalidad de las actuaciones propuestas.

Mientras tanto los servicios meteorológicos anuncian fuertes lluvias en la zona…

CUESTIONES

1.ª ¿Es correcta la contratación del proyecto de rehabilitación presentado por la empresa consultora?

2.ª ¿Existe algún inconveniente legal en proceder al pago de la factura correspondiente al proyecto presentado por la consultora?

3.ª Ya en relación a la adjudicación del contrato de obra, ¿es correcto el reparo formulado por la interventora municipal?

RESOLUCIÓN

El propio enunciado habla de que «la situación […] imposibilita la convocatoria del correspondiente concurso», lo que nos remite al art. 120, «Tramitación de emergencia», ya que, con la tramitación urgente (art. 119), no se puede prescindir de la licitación, aunque los plazos se reduzcan. Si el órgano de contratación ha acordado la tramitación de emergencia, intervención no podría aducir la falta de procedimiento contractual tanto en el contrato de servicios (para el proyecto) como en el de obra (para la reparación del puente), ya que este régimen permite evitarlo, al menos hasta la ejecución del contrato. Tampoco puede poner reparos a la falta de crédito, puesto que el mencionado art. 120 establece que en este régimen no se requiere «sujetarse a los requisitos formales establecidos en la presente ley, incluso el de la existencia de crédito suficiente», con independencia de la posterior dotación. Tanto al órgano de contratación como al examinando les puede surgir la duda razonable de si incluir las obras que no son estrictamente urgentes, es decir, el ornato y embellecimiento. Se puede argumentar su exclusión por tal motivo, si bien, cuando fuera a ejecutarse posteriormente esa partida, plantearía el problema del fraccionamiento de contrato, ya que no necesitaría licitación al ser su VE inferior a 40 000 €.

Como en la tramitación de emergencia, la contratación es libre y no se precisa cumplir los requisitos formales, el importe de ambos contratos (obra y servicios) es indiferente a los efectos de efectuar licitación o no. En caso contrario, el contrato para el proyecto, al ser un contrato de servicios cuyo importe es menor de 15 000 €, constituiría un contrato menor (art. 118.1 LCSP), el cual, además de la factura, el proyecto y la aprobación del gasto de que habla el enunciado, requeriría el informe del órgano de contratación sobre la necesidad del contrato e informe de la unidad de supervisión, ya que en este caso el contrato afecta a la estabilidad de la obra.

En cuanto a la acreditación de la solvencia del contratista, es normal que el candidato dude de si se requiere su comprobación, puesto que razonablemente puede pensar que es un requisito formal. El informe 24/01 de la Junta Consultiva de Contratación Pública del Estado concluye que no existe obligación de exigir el requisito de clasificación en la tramitación de urgencia, lo que, por analogía, podría interpretarse también para la acreditación de la solvencia. A título informativo, en este supuesto la clasificación al contratista no es exigible, dado que el VE del contrato es inferior a 500 000 € (art. 77.1.a LCSP). De todos modos, ninguna pregunta alude a la cuestión de la solvencia.

SUPUESTO 2

El 24/06/2006, la empresa PROMOCIONES LABEL, S.A. presenta ante el Ayuntamiento X un plan parcial, aportando documentación justificativa de que es propietaria de aproximadamente el 60 por ciento de la superficie total del sector (que es de 520 000 m^2) y solicita que se proceda a su tramitación. El plan parcial desarrolla un sector de suelo urbanizable residencial que fue delimitado por el Plan General del municipio X (cuya revisión, con adaptación a las previsiones de la LRAU, fue aprobada definitivamente en el año 2003), que no lo ordenó de forma pormenorizada, sino que se limitó a señalar en la ficha de planeamiento del sector su superficie, sus usos globales e incompatibles, su zona de ordenación urbanística, su índice de edificabilidad bruta y su aprovechamiento tipo.

El Plan General estableció, en principio, que todo el sector sería objeto de una sola actuación integrada, pero su ficha de gestión, dada la considerable superficie del sector, previó la posibilidad de que el plan parcial de desarrollo dividiera el sector en dos o más unidades de ejecución, estableciendo como criterio a seguir a tal efecto que la redelimitación no modificara el área de reparto (que coincide con la superficie del sector, más una porción de red primaria adscrita) ni su aprovechamiento tipo.

CUESTIONES

1.ª ¿Qué función principal cumple el plan parcial presentado?

2.ª ¿Qué margen de libertad y autonomía tiene el plan parcial a la hora de establecer la ordenación pormenorizada del sector?

3.ª Además del plan parcial, ¿existe algún otro instrumento de planeamiento con capacidad para definir la ordenación pormenorizada del suelo urbanizable?

4.ª ¿Qué criterios de sectorización deberá respetar el plan parcial presentado?

5.ª ¿Puede el Ayuntamiento X proceder a la tramitación del plan parcial de iniciativa particular presentado por la empresa PROMOCIONES LABEL, S. A.?

6.ª ¿Es correcto el criterio establecido en la ficha de gestión para la delimitación de dos o más unidades de ejecución?

RESOLUCIÓN

1. La función principal del PP es establecer la OP del sector (art. 40.1 TRLOTUP).

2. El margen de libertad lo imponen las fichas de zona y de gestión del sector contenidas en el plan general. Actualmente, dichas fichas las fijaría el plan general estructural, cuyo contenido puede consultarse en el anexo V TRLOTUP y que pueden llegar a establecer tantos parámetros que la función del PP sería casi de mera distribución de los elementos. No obstante, sí que ha de determinarse la superficie de dotaciones de la RS. Así pues, la OP del PP deberá establecer la edificabilidad por usos, la superficie definitiva de RS (de la cual deberá decidir cuánto de ZV y cuánto de EQ) y el tipo de esta, etc.

3. El TRLOTUP permite que el plan de ordenación pormenorizada también establezca la OP en SUB (art. 38.2).

4. Entendemos que cuando el enunciado habla de «sectorización» se refiere a la división en UE, ya que la delimitación del sector viene dada por la OE y no se pretende su modificación. En el marco del PAI, es posible la redelimitación de la UE (art. 115.2 TRLOTUP). No obstante, la legislación actual no establece más condiciones, ni siquiera para la delimitación de unidades dentro de sector. El reglamento de la ley anterior sí que disponía unas condiciones en su art. 122, como por ejemplo que no existieran diferencias de aprovechamiento superiores al 15 % entre unidades de un mismo sector. Por tanto, las condiciones vienen impuestas por la lógica, es decir, que la redelimitación no suponga un desequilibrio entre unidades, respecto a aprovechamiento y dotaciones sobre todo, así como que no constituya una merma en cuanto a accesos o circulación viaria, de manera que la unidad pueda ser funcional por ella misma. En este caso, al existir una RP adscrita, en la delimitación de las UE, hay que tener en cuenta que el aprovechamiento de ambas sea similar, tanto si se adscribe la RP a una como si se reparte su superficie entre las dos.

5. Sí, y sería el órgano promotor, con independencia de que la solicitud provenga de unos particulares. Se seguirá la tramitación recogida en el título III, «Procedimiento de elaboración y aprobación de planes» del libro I del TRLOTUP.

6. Sí, porque, como se ha comentado, en el marco del PAI, es posible la redelimitación de la UE (art. 115.2 TRLOTUP).

Administración	**AYUNTAMIENTO DE MONCOFA**
Tipo de plaza	FUNCIONARIO DE CARRERA
Año de convocatoria	05/11/2009
Observaciones	

En el municipio de Moncofa se pretende desarrollar un sector clasificado como suelo urbanizable de uso dominante industrial, mediante un programa de actuación integrada, con una superficie computable de 60 000 m^{2}s y una edificabilidad industrial de 30 000 m^{2}t.

Atendiendo a la normativa aplicable en el Reglamento de Ordenación y Gestión Territorial y Urbanística:

a) Establezca cuál sería la reserva mínima en dicho sector de plazas de aparcamiento público para turismos.

b) Establezca cuál sería la reserva mínima en dicho sector de plazas de aparcamiento público para vehículos pesados.

c) Establezca cuál sería la reserva mínima de plazas de aparcamiento privado para dicho sector.

d) ¿Qué superficie mínima debe destinarse a zonas verdes públicas en dicho sector?

e) Establezca la anchura mínima de los viales peatonales.

f) Establezca la anchura de las aceras y la relación de ésta con la posibilidad o no de plantar arbolado en su interior.

g) Dibuje la sección viaria mínima de un vial interior, destinado a la circulación de vehículos en un único sentido de circulación, con aparcamiento en batería para turismos en uno de sus lados y carril bici. Acote cada una de las zonas que conforman el vial y dibuje la ubicación de las instalaciones y servicios de la urbanización necesarios para que las parcelas edificables ostenten la condición de solar.

h) Suponga que en el municipio de Moncofa se pretende desarrollar el ámbito de actuación delimitado en el plano adjunto sobre suelo urbanizable industrial. Diseñe una posible ordenación interior del sector, identificando las zonas verdes, red viaria, parcelas edificables y aquellos otros aspectos que considere necesarios para un correcto funcionamiento del sector de acuerdo con las necesidades del municipio.

i) Redacte una breve memoria explicativa de la ordenación propuesta en el apartado anterior.

ESCALA · 1/20.000

86

RESOLUCIÓN

Evidentemente, la resolución se basará en el TRLOTUP y no en el ROGTU, ya derogado. Nos ayudamos del esquema de estándares dotacionales, teniendo en cuenta que el sector solo tiene edificabilidad industrial, por lo que no cabe sumar superficie dotacional por edificabilidad residencial ni terciaria. En este sentido, los sectores cuya edificabilidad mayoritaria es industrial no precisan de una edificabilidad mínima terciaria a diferencia de los residenciales.

a) Plazas públicas de turismo $\leq$ (30 000 × 1) / 200 $\leq$ **150**.

b) Plazas públicas vehículos pesados $\leq$ (30 000 × 1) / 1500 $\leq$ **200**.

c) Plazas privadas $\leq$ (30 000 × 1) / 100 $\leq$ **300**.

d) ZV > 0,1 × 60 000 > **6000 m²s**.

e) **5 m** (letra b, punto 2.5, apartado III, anexo IV TRLOTUP).

f) 2 m, sin arbolado. Si tienen más de 4 m, la acera debe disponer arbolado de alineación siempre. También tendrá arbolado de alineación las de más de 3 m, siempre que la anchura efectiva de paso sea como mínimo de 2 m y sea compatible con las redes de servicio (letra d, punto 2.5, apartado III, anexo IV TRLOTUP).

g) Según la letra a, punto 2.5, apartado III, anexo IV TRLOTUP, los viales de sentido único en sectores de uso industrial deben tener una anchura mínima de 18 m. Asimismo, en atención a la letra e, f y g de dicho punto, la anchura mínima de la calzada, la del carril bici y la longitud mínima de las plazas en batería es de 4,50 m, 2,00 m y 4,50 m respectivamente. Teniendo en cuenta que solo hay banda de aparcamiento en un lado, y supongamos que también solo carril bici en uno, nos quedan 18,00 − 4,50 − 4,50 − 2,00 = 7,00 m para las dos aceras, con arbolado en su caso. Conforme lo comentado en la letra anterior, podrían disponerse dos aceras de 3,50 m de ancho con arbolado (si es posible) o una de 3 y otra de 4 con arbolado, por ejemplo. Por otra parte, y aunque el enunciado no solicita el diseño de banda de aparcamiento para vehículos pesados, cabe comentar que el TRLOTUP no fija unas dimensiones mínimas para este tipo de plazas a pesar de que sí establece un número mínimo de estas, como se ha determinado en la letra b.

En cuanto a la ubicación de las instalaciones y servicios, en primer lugar, cabría observar la normativa municipal al respecto, si la hay, ya que no existe normativa estatal o autonómica que regule todos los servicios a la vez. Existen prescripciones de cada servicio, como, por ejemplo, en el REBT, entre otras, la profundidad de la instalación de los cables enterrados de baja tensión. Del proceso constructivo, existen menos referencias aún. En el ámbito estatal, pero más destinado a carreteras, existe normativa como la Orden FOM/3460/2003, de 28 de noviembre, por la que se aprueba la norma 6.1 IC Secciones de Firme, de la Instrucción de Carreteras y, en el ámbito valenciano, la Norma de Secciones de Firme de la Comunitat Valenciana.

h) Para el diseño de la OP del sector, hay que tener en cuenta, además de lo ya calculado, que ha de dedicarse a equipamiento una superficie mayor que el 5 % de la SCS (60 000 × 0,05 = 3000 m²s) y que no hay una superficie mínima de viario.

Administración	AYUNTAMIENTO DE ORIHUELA
Tipo de plaza	FUNCIONARIO INTERINO
Año de convocatoria	2009
Observaciones	Tiempo máximo: 2 horas

El ejercicio consiste en resolver durante un tiempo máximo de 2 horas el supuesto práctico que se relaciona a continuación. Puede utilizar textos legales o normativa.

Es usted arquitecto en el Departamento de Contratación del Ayuntamiento de Orihuela.

La corporación ha tramitado dos contratos de obras respecto de los que se solicita que emita informe técnico. Uno de ellos es el contrato de construcción del edificio Miguel Hernández, cuyo presupuesto de adjudicación ascendió a 5 millones de euros, IVA excluido.

El otro contrato es un contrato menor cuyo objeto es la ejecución de las obras de ajardinamiento del entorno del edificio. Ambos contratos tienen el mismo adjudicatario.

El contrato menor se firmó el día 30 de mayo de 2009, por un importe de 25 000 € más IVA. El contrato de construcción del edificio se adjudicó el 30 de marzo de 2009, mientras que el contrato se firmó el 30 de septiembre del mismo año. El acta de comprobación del replanteo se produjo el día 1 de octubre de 2009, a las 12.00 horas. El día 1 de mayo de 2010 el gerente de la empresa adjudicataria presentó escrito en el ayuntamiento en el que solicita diferentes cuestiones.

En primer lugar, solicita que en aplicación de lo previsto en el pliego de cláusulas administrativas y en el contrato suscrito se proceda a la revisión de precios del contrato de construcción, así como la revisión de precios del contrato menor. Mientras que el pliego de cláusulas administrativas regulador del contrato de construcción sí contiene previsiones específicas sobre revisión de precios, el contrato menor no las contiene. Respecto del contrato de construcción de edificio, el adjudicatario, a fecha 30 de abril de 2010, ha facturado la cantidad de 1,5 millones de euros. El contrato tiene una duración de 15 meses.

Por otra parte, el gerente de la empresa adjudicataria solicita una modificación del contrato suscrito dado que, en su opinión, han aparecido nuevas unidades de obra no comprendidas en el proyecto. Presenta valoración de las nuevas unidades de obra, por importe de 2 millones de euros. El pliego prevé la posibilidad de modificar el contrato.

Solicita además la ampliación del contrato de construcción del edificio a la reurbanización integral del entorno del mismo, presentando una memoria valorada justificativa de la necesidad de acometer esas reformas, por importe de 500 000 €. Justifica la necesidad de ampliar el contrato en que las redes de saneamiento que han de dar servicio al edificio y que se encuentran en ese "entorno" se hallan en estado "lamentable".

Para finalizar, solicita la renovación del contrato menor por una anualidad, a partir del 30 de junio de 2010, pero con la novedad de que el mismo sea suspendido durante dos meses, los de junio y julio de 2010, dado que en dichas mensualidades van a proceder a la adquisición de determinadas especies arbóreas sólo disponibles en dichas fechas.

Las concejalías afectadas se muestran conforme con todas las peticiones formuladas por la empresa adjudicataria.

Se le solicita que emita informe técnico, con la correspondiente justificación jurídica, sobre los siguientes aspectos:

1.- ¿Es posible acceder a la petición de revisión de precios del contrato de construcción del edificio Miguel Hernández?

2.- ¿Es posible la prórroga del contrato menor? ¿Es adecuada la concesión de una suspensión en la ejecución del contrato menor? ¿Procede la revisión de precios mediante la aplicación del IPC de la anualidad anterior?

3.- Informe sobre la procedencia y, en su caso, tramitación oportuna, para adoptar el acuerdo de modificación del contrato para incluir las nuevas unidades de obra. ¿Está el Ayuntamiento obligado a acceder a la modificación del contrato, suponiendo que los nuevos precios son adecuados?

4.- Informe sobre la procedencia, y en su caso, tramitación oportuna, para adoptar el acuerdo de ampliación del contrato para incluir el nuevo contrato de obras de reurbanización del entorno del edificio.

RESOLUCIÓN

1. Según el artículo 103.5 LCSP, la revisión tendrá lugar cuando el contrato se hubiese ejecutado, al menos, en el 20 % de su importe y hubiesen transcurrido dos años desde su formalización. En este caso, sí que se ha ejecutado más del 20 % del presupuesto adjudicado (el 30 %), pero no han transcurrido dos años desde la formalización, ya que esta se produjo el 30/09/09 y la solicitud es del 01/05/10. Además, la duración del contrato es de 15 meses, inferior a 2 años. Por tanto, NO es posible la revisión del contrato de construcción del edificio.

2. No es posible la prórroga de un contrato menor (art. 29.8). En cuanto a la revisión de este tipo de contrato, aunque la ley no diga nada explícitamente, se entiende que no es posible tampoco porque no puede transcurrir más de un año desde su formalización (si la hay). Por otra parte, la ley tampoco establece nada en relación con la suspensión de los contratos menores; de forma genérica, en su art. 190 dispone que es prerrogativa de la administración suspender los contratos. Como la ley no prohíbe tal circunstancia expresamente, entendemos que se puede suspender justificadamente la ejecución de un contrato menor, pero en el caso

que nos ocupa no procede porque el adjudicatario plantea la suspensión tras la renovación de la anualidad (que ya hemos dicho que no es posible).

3. En este caso, el PCAP sí que contempla la modificación, sin embargo, la introducción de unidades nuevas no puede ser objeto de modificación por el PCAP, salvo unidades puntuales (art. 204.2). Cabría ir, entonces, a comprobar si se da alguno de los tres supuestos del punto 2 del art. 205. No parece que nos podamos acoger a la letra a o b, ya que, por ejemplo, el cambio de contratista sí que es posible; tampoco se puede aducir que se hayan producido circunstancias sobrevenidas e imprevisibles. En cuanto a la letra c (modificaciones no sustanciales), cabría justificar que la renovación de la urbanización es imprescindible para el funcionamiento del edificio y que no se conocía el mal estado de las redes de saneamiento (quizás esto sería lo más difícil de justificar). Para comprobar que la modificación no sea sustancial hay que corroborar que no se dé alguna de las situaciones de la letra c: no parece que se dé ni la 1.ª ni la 2.ª. En cuanto a la 3.ª (que se amplíe de forma importante el ámbito del contrato), la letra ii no se da, pero sí la i, porque se incumplen las dos condiciones: la alteración de la cuantía excede el 15 % y se superaría el umbral de los contratos SARA[12]. En consecuencia, creemos que el ayuntamiento no estaría obligado a aceptar modificaciones si no se contemplan en el PCAP. En cualquier caso, ya se ha visto que el régimen de modificación de contratos está lejos de ser inequívoco y fácilmente comprensible.

4. La ampliación conlleva una modificación. En este caso, el incremento en 500 000 € del precio de contrato supondría sobrepasar el umbral de contrato SARA (es decir, se convertiría en otro tipo de contrato, el SARA), por lo que no se puede llevar a cabo. En cuanto al procedimiento —en caso de que esta modificación hubiera sido posible—, se basaría en lo establecido en el art. 207.2 y se formalizaría como cualquier contrato (art. 153).

Administración	**AYUNTAMIENTO DE XÀBIA**
Tipo de plaza	FUNCIONARIO DE CARRERA
Año de convocatoria	2010
Observaciones	

SUPUESTO 1

El Ayuntamiento tiene que proceder a la expropiación completa del inmueble descrito a continuación, al estar todo él afectado a las dotaciones públicas viarias.

Valorar de forma motivada y citando la legislación aplicada, el inmueble descrito y calcular la indemnización que corresponde a su propietario.

Se facilitan asimismo los testigos de mercado obtenidos en la zona.

---

[12] Umbral que, para el contrato de obras, el art. 20 fija en 5 382 000 € a fecha de redacción del presente manual.

Testigos de mercado

1- Nueva promoción vivienda c/Génova: 125 m^2c = 280 000 €
2- Nueva promoción vivienda avda. Mediterráneo, 1.ª línea: 150 m^2c = 780 000 €
3- Nueva promoción local comercial c/Florencia: 250 m^2c = 875 000 €
4- 2ª vivienda unifamiliar aislada c/Canal Norte: 270 m^2c = 845 000 €
5- Nueva promoción vivienda c/Génova: 90 m^2c = 225 000 €
6- Nueva promoción c/Vicenza: 118 m^2c = 330 400 €
7- Local comercial avda. Mediterráneo, 1.ª línea: 500 m^2c = 2 250 000 €

Inmueble a expropiar:

Vivienda existente unifamiliar aislada de dos plantas, construida en 1940 con un estado de conservación normal y una superficie de 280 m^2 construidos.

Parcela de 945 m^2

Plantaciones: 3 *Pinus pinea* de 7 metros de altura cada unidad
5 pinos mediterráneos de 5 metros cada uno
240 metros lineales de seto de ciprés

Dotaciones: piscina familiar de 35 m^2

Terrazas: 350 m^2

Vallado perimetral: 269 metros lineales (valla de bloque de hormigón de 2 metros de altura, revestido de doble cara, incluso puerta de acceso)

Datos planeamiento:

Suelo urbano, actuación aislada

Aprovechamiento tipo = 0,75 m^2t/m^2s

Índice de edificabilidad neta = 0,80 m^2t/m^2s

Tipología edificatoria: vivienda adosada

RESOLUCIÓN

Valoración que se rige por el TRLS porque su objeto es la expropiación (art. 34.1.b) y, puesto que el suelo es urbanizado y se encuentra edificado, debemos comprobar con qué método se obtiene una tasación mayor, si por el de comparación o por el del residual estático (art. 37.2). En el momento del examen, no se había aprobado el RVLS, así que los aspirantes debían basarse en la Orden ECO/805/2003. No obstante, considerando la valoración a fecha actual, necesariamente tenemos que realizar los cálculos con lo establecido en el RVLS.

Comencemos por el método de comparación (art. 24 RVLS). El tribunal ha planteado 7 testigos, de los que no se facilitan muchas características y estas no son las mismas que las del bien que hay que valorar, excepto en el caso de la tipología de la vivienda unifamiliar, de la que, no obstante, tampoco se indica la antigüedad. En general, en este ejercicio el candidato debe suponer muchos datos y la sensación es que el tribunal pretendía comprobar precisamente cómo se desenvolvía en una situación compleja e incierta.

Dado que casi ninguna muestra comparte tipología, debemos homogeneizar necesariamente esta condición de semejanza. Ni el RVLS ni la Orden ECO/805/2003 dan valores o fórmulas para realizar dicha homogeneización. Un dato objetivo puede ser el cuadro de coeficientes del valor de las construcciones del RD 1020/1993, que relaciona tipología constructiva y categoría. Suponiendo una categoría media (valor 4) y que las nuevas promociones se refieren a vivienda colectiva en manzana cerrada, tendríamos estos coeficientes para las tres tipologías de las muestras y el bien que se valora:

Vivienda colectiva en manzana cerrada: 1,00
Vivienda unifamiliar aislada: 1,25
Local comercial: 1,20

Por otra parte, las superficies construidas tan dispares entre las muestras nos obligan a homogeneizar también esta característica. De nuevo, no podemos apoyarnos en el RVLS, Orden ECO/805/2003 ni siquiera en el RD 1020/1993. Podemos acudir al Documento reconocido DRD 09/21, Procedimiento para valoración de Inmuebles, redactado por el Instituto Valenciano de la Edificación (IVE), que establece los siguientes factores de tamaño:

$< 60 \text{ m}^2$	1,05
$\geqslant 60 \text{ m}^2 \text{ y} < 150 \text{ m}^2$	1,00
$\geqslant 150 \text{ m}^2 \text{ y} < 200 \text{ m}^2$	0,95
$\geqslant 200 \text{ m}^2 \text{ y} < 250 \text{ m}^2$	0,90
$\geqslant 250 \text{ m}^2 \text{ y} < 300 \text{ m}^2$	0,85
$\geqslant 300 \text{ m}^2$	0,80

Probablemente en el examen los aspirantes no habrían podido recurrir a estos datos y debieran haber estimado todos estos coeficientes por su experiencia valoradora o, en el caso más frecuente, sin más apoyo que el de la lógica, con el único requisito de no separarse excesivamente del 1, ni por arriba ni por abajo.

En cambio, para la condición de la antigüedad, necesariamente hay que basarse en la fórmula del art. 24.2 RVLS. Para ello, supondremos que la valoración es a efectos de 2021 y que las nuevas promociones son de dicho año. En cuanto a los testigos 4 y 7, supondremos una antigüedad de 20 años. El factor F de dicha fórmula igualmente hay que estimarlo: se adopta el valor 0,25 (también hay una referencia en el precitado DRD 09/21). A los efectos de obtener β y βi del anexo II del RVLS, hay que suponer, asimismo, un estado de conservación para cada muestra, ya que el enunciado no nos lo proporciona: consideraremos un estado normal para todas ellas. La interpretación de los porcentajes de la tabla del anexo II se explica en el art. 18.4, para lo cual hay que acudir a la vida útil de las edificaciones según su uso establecidas en el anexo III (100 años para uso residencial). El local comercial se considera que se encuentra en un edificio de uso general residencial, no uso comercial exclusivo.

Bien que hay que valorar, de antigüedad 81 años (antigüedad: 81 %): $\beta = 0,7331$

Muestras de nueva promoción (antigüedad: 0 %): $\beta_{1,2,3,5,6} = 0$
Factor de antigüedad y estado de conservación (A)[13] = $(1 - 0,7331 \times 0,25) / (1 - 0 \times 0,25) = 0,816725$
Muestras de antigüedad 20 años (antigüedad: 20 %): $\beta_{4,7} = 0,12$
$A = (1 - 0,7331 \times 0,25) / (1 - 0,12 \times 0,25) = 0,84198$

Muestra	1 Vv (€/m²c)	2 Coef. tipol.	3 Coef. tamaño	4 A	5 = 1 × 2 × 3 × 4 Vv hom. (€/m²c)
1	280 000 / 125 = 2240	1,25 / 1 = 1,25	0,85 / 1 = 0,85	0,816725	1943,81
2	780 000 / 150 = 5200	1,25 / 1,20 = 1,04	0,85 / 1 = 0,85	0,816725	3760,34
3	875 000 / 250 = 3500	1,25 / 1 = 1,25	0,85 / 0,85 = 1,00	0,816725	3573,17
4	845 000 / 270 = 3129,63	1,25 / 1,20 = 1,04	0,85 / 0,85 = 1,00	0,84198	2744,88
5	225 000 / 90 = 2500	1,25 / 1 = 1,25	0,85 / 1 = 0,85	0,816725	2169,43
6	330 400 / 118 = 2800	1,25 / 1 = 1,25	0,85 / 1 = 0,85	0,816725	2429,76
7	2 250 000 / 500 = 4500	1,25 / 1,20 = 1,04	0,85 / 0,80 = 1,06	0,84198	4193,46

Nótese que el factor correspondiente al bien que se valora va en el numerador.

El valor en venta homogeneizado medio es de 2973,55 €/m²c.

Por lo que el valor del bien que hay que expropiar es de: 2973,55 × 280 = 832 594 €.

Comparemos ahora este valor con el que se obtiene mediante el método residual estático del art. 22 RVLS. La tentación es aprovechar el valor de venta medio homogeneizado para introducirlo en la fórmula, aunque, en sentido estricto, hay que homogeneizar de nuevo, pero para vivienda unifamiliar adosada, que es la tipología permitida por el planeamiento en la parcela. El factor de tipología sería 1,15 en lugar de 1,25. El factor de tamaño también convendría cambiarlo, ya que una vivienda unifamiliar adosada tipo normalmente tendrá menos de 280 m²; adoptaremos factor = 1,00 (60 – 150 m²). Tampoco sería de 81 años la antigüedad de dicha vivienda tipo porque escogeríamos muestras actuales, con lo que $\beta = 0$. Elaboramos otro cuadro para obtener este valor de venta medio homogeneizado, ya que no nos facilitan este dato.

---

[13] Nomenclatura nuestra, no del RVLS, que no nomina a este factor.

Muestras de nueva promoción (antigüedad: 0 %): $\qquad$ $\beta_{1,2,3,5,6} = 0$

Factor de antigüedad y estado de conservación (A) $= (1 - 0 \times 0,25) / (1 - 0 \times 0,25) = 1$

Muestras de antigüedad 20 años (antigüedad: 20 %): $\qquad$ $\beta_{4,7} = 0,12$

A $= (1 - 0 \times 0,25) / (1 - 0,12 \times 0,25) = 1,0309$

Muestra	1 Vv (€/m²c)	2 Coef. tipol.	3 Coef. tamaño	4 A	5 = 1 × 2 × 3 × 4 Vv hom. (€/m²c)
1	280 000 / 125 = 2240	1,15 / 1 = 1,15	1 / 1 = 1,00	1	2576
2	780 000 / 150 = 5200	1,15 / 1,20 = 0,96	1 / 1 = 1,00	1	4992
3	875 000 / 250 = 3500	1,15 / 1 = 1,15	1 / 0,85 = 1,18	1	4749,5
4	845 000 / 270 = 3129,63	1,15 / 1,20 = 0,96	1 / 0,85 = 1,18	1,0309	3654,79
5	225 000 / 90 = 2500	1,15 / 1 = 1,15	1 / 1 = 1,00	1	2875
6	330 400 / 118 = 2800	1,15 / 1 = 1,15	1 / 1 = 1,00	1	3220
7	2 250 000 / 500 = 4500	1,15 / 1,20 = 0,96	1 / 0,80 = 1,25	1,0309	5566,86

El valor de venta medio homogeneizado a vivienda unifamiliar adosada es de 3947,74 €/m²c.

La fórmula del residual estático es: VRS = Vv/K − Vc, en el que VRS es el valor de repercusión del suelo que hay que multiplicar por la edificabilidad que el planeamiento permite en la parcela. El enunciado tampoco nos facilita ni K ni Vc, así que supondremos el caso normal de K = 1,40 y Vc = 685 €/m², dato que extraemos del módulo básico de edificación (MBE) que el IVE da para el año 2021. Recordemos que el MBE es equivalente al PEM, por lo que, para obtener todos los costes de construcción, hay que multiplicarlo por 1,39 (6 % de beneficio industrial, 13 % gastos generales y 20 % el resto, todo según estimación nuestra, ya que tampoco nos dan estos datos): 685 × 1,39 = 952,15 €/m².

$$VRS = 3947,74 / 1,40 − 952,15 = 1867,66 \text{ €/m}^2$$

Ahora nos puede asaltar la razonable duda de qué dato adoptar para calcular la edificabilidad. Como la parcela se encuentra dentro del ámbito de actuación aislada (es decir, no hay cesión de AT a la administración), su AS = AT = 0,75 × 945 = 708,75 m²t. Por su parte, el AO que puede edificar es igual a la EN: AO = 0,80 × 945 = 756 m²t. Puede edificar estos metros cuadrados compensando el excedente de 756 − 708,75 = 47,25 m²t.

$$VS = 1867,66 × 756 = 1\ 411\ 950,96 \text{ €}$$

Aún queda decidir qué hacer con el resto de bienes que describe el enunciado: piscina, pinos, seto de cipreses, terrazas y vallado. No somos capaces de dar una respuesta inequívoca. Parece razonable no tener en cuenta el vallado y el seto, incluso los pinos, porque son de un porte medio, no grande. La gran superficie de terrazas parece apuntar a simplemente urbanización interna de la parcela, lo que puede ser valorable. El bien que sin duda debería entrar en la valoración es la piscina, pero, para ello, deberíamos aplicar un factor piscina para homogeneizar con el resto de muestras. En cualquier caso, aun sumando estas valoraciones al valor obtenido por el método de comparación, se puede afirmar que no superaría el valor calculado por el método residual estático, por lo que este último es el que hay que adoptar, añadiéndole el 5 %, como premio de afección:

Valor de expropiación = 1 411 950,96 × 1,05 = **1 482 548,51 €**.

Como se aprecia, este es un ejercicio complejísimo que los candidatos no pudieron resolver con el detalle y datos con los que aquí hemos trabajado.

SUPUESTO 2

SECTOR DE SUELO URBANIZABLE RESIDENCIAL:

DATOS BÁSICOS:

Superficie del sector:	57 000,00 m²
Sup. Red primaria adscrita:	6500,00 m² parque público
IEB:	0,85 m²t/m²s
Densidad:	65,00 Viv./ha
IER:	0,65 m²t/m²s
IET:	0,20 m²t/m²s

Tipologías edificatorias permitidas:

Edificación abierta:	EDA - Altura libre
Ensanche:	ENS - IV plantas (PB + tres plantas)
Industrial en manzana:	INM - II plantas (PB + una planta)

Precios de mercado de los productos inmobiliarios en la zona:

Vivienda protegida:	900,00 €/m²c
Vivienda renta libre:	1500,00 €/m²c
Terciario:	1800,00 €/m²c
Coste medio de urbanización:	200,00 €/m²c

DESARROLLAR LOS SIGUIENTES ASPECTOS:

1.- Diseñar una ordenación acorde con los parámetros establecidos y cumpliendo los estándares dotacionales mínimos previstos en la legislación urbanística vigente LRSV, LOT, LUV y ROGTU, en la Comunidad Valenciana. Realizar una breve memoria justificativa de la ordenación propuesta.

2.- Determinar las superficies dotacionales mínimas. Determinar las edificabilidades máximas para cada tipología y uso permitido, según la normativa y criterios de diseño. Calcular IEN de cada tipología. Calcular n.º máximo de viviendas.

3.- Calcular:

Superficie del área de reparto
IAT del área de reparto
IAT del sector
Coeficientes de homogeneización por uso y tipología edificatoria
Aprovechamientos reconocidos a los propietarios del sector
Aprovechamientos reconocidos a la administración
Aprovechamientos reconocidos propietarios de la red primaria adscrita

RESOLUCIÓN

Por si el primer ejercicio de valoración no había sido largo y complejo, el tribunal plantea aquí uno de planeamiento en el que hay que dibujar una ordenación y, sobre ella, calcular el IEN de cada tipología, lo que implica medir sobre el papel la superficie de todas las parcelas o manzanas lucrativas. Sobre la resolución, cabe decir que no es lógico seguir el orden de preguntas establecido por el tribunal, ya que, para diseñar una ordenación, previamente debemos conocer la superficie mínima dotacional que nos impone el TRLOTUP. En primer lugar, hay que obtener las edificabilidades por usos:

$$\text{ER} = \text{SCS}^{14} \times \text{IER} = 57\ 000 \times 0,65 = \textbf{37 050 m}^2\textbf{tr}$$
$$\text{ET} = \text{SCS} \times \text{IET} = 57\ 000 \times 0,20 = \textbf{11 400 m}^2\textbf{tt}$$

Ahora, siguiendo el esquema de estándares dotacionales:

Superficie ZV + EQ = (37 050 × 35) / 100 + (11 400 × 4) / 100 = 12967,5 + 456 = **13 423,50 m²s**.

De esta superficie, corresponden al menos a ZV:

Superficie ZV = (37 050 × 15) / 100 + (11 400 × 4) / 100 = 5557,5 + 456 = **6013,5 m²s**.

Para distribuir en parcelas o manzanas los usos, incluidos los dotacionales, solo nos faltaría desglosar la edificabilidad residencial entre vivienda libre y de protección pública. El enunciado no nos facilita cómo se distribuye la ER en cada tipo, así que adoptaremos el mínimo del 30 % que establece el art. 33.1.a TRLOTUP. Así pues:

$$\text{ERprot. púb.} = 37\ 050 \times 0,30 = \textbf{11 115 m}^2\textbf{tr}_{\text{prot. púb.}}$$
$$\text{ERrenta libre} = 37\ 050 \times 0,70 = \textbf{25 935 m}^2\textbf{tr}_{\text{renta libre}}$$

Teniendo en cuenta estas superficies mínimas de suelo dotacional y máximas de superficie construida por usos, y recordando que no hay superficie mínima o máxima de viario, nos enfrentaríamos ya al diseño de la ordenación pormenorizada. En este caso, lo importante es la calidad de la ordenación, para lo cual tengamos en cuenta lo dispuesto en el punto 1.2 del apartado III del anexo IV TRLOTUP:

> Los espacios públicos que configuran la imagen urbana, constituidos por las avenidas, calles, plazas, espacios peatonales y zonas verdes de cualquier nivel, deben ser el resultado de un proyecto unitario que obedezca a criterios de coherencia urbanística, en el que se integrarán los hitos urbanos, como dotaciones públicas o elementos singulares, que contribuyen a articular los espacios públicos urbanos. En ningún caso, estos espacios públicos podrán ser el espacio residual sobrante del diseño y configuración de la edificación privada, sino que esta última estará subordinada al diseño y forma urbana, definida como un proyecto previo y unitario, de los espacios públicos urbanos.

---

[14] No hay ningún dato del enunciado que nos haga pensar que la SCS no coincida con la del sector.

El poco tiempo de que disponemos obliga a ser práctico, así que nuestro consejo es: una o dos avenidas principales y, el resto, calles secundarias con el mismo ancho. La fijación del viario crea las manzanas que distribuiremos por usos, si bien alguna puede dividirse en dos. En esta distribución es donde tendremos en cuenta las superficies mínimas dotacionales. Una vez ubicadas las ZV y EQ en manzanas o parte de ellas, el resto de manzanas corresponde a la superficie lucrativa. En primer lugar, elegiremos qué manzanas destinaremos a la tipología en manzana cerrada, cuya IEN es 4, al permitirse en ellas la altura máxima de cuatro plantas. Calculamos qué edificabilidad agotamos con esta tipología y la restamos de la EB para saber la que nos queda, que corresponde a la edificación abierta. Esta edificabilidad remanente dividida entre la superficie total de manzanas destinadas a edificabilidad abierta nos da el IEN en esta tipología. Ni que decir tiene que cuantas más manzanas haya con las mismas dimensiones más nos facilitará el trabajo de medición. Asimismo, debemos asignar a cada manzana, o parte de ellas, una de las tres tipologías, residencial de renta libre, residencial de protección pública y terciario. Aunque no sea obligatorio un mínimo de edificabilidad industrial, el plan la permite; no obstante, no vemos ninguna ventaja en tenerla en cuenta en el diseño.

El número máximo de viviendas será de: $(57\,000 \times 65) / 10\,000 \simeq \mathbf{370}$.

Hasta aquí habríamos contestado el punto 1 y 2. Calculemos lo solicitado en el 3:

AR = superficie del sector + RP adscrita = 57 000 + 6500 = **63 500 m²s**.

Coeficientes de homogeneización:

Necesitamos ponderar los VRS de cada uso, pero el enunciado solo nos da el valor de mercado o de venta (Vv). Es un caso parecido al supuesto 2 de Albal (pág. 105), en que tampoco se facilitaba directamente el VRS. Debemos hallar los VRS mediante la fórmula VRS = (Vv / K) − Vc, pero, como en el citado proceso, no se da VC, por lo que hay que estimarlo. No adoptamos el Vc del supuesto anterior porque es del año 2021 y los Vv del enunciado son, como máximo del año del examen, 2010. Suponemos un Vc = 600 €/m²:

$$\text{VRSres. prot. púb.} = (900 / 1{,}40) - 600 = 42{,}86 \text{ €/m}^2$$
$$\text{VRSres. renta libre} = (1500 / 1{,}40) - 600 = 471{,}43 \text{ €/m}^2$$
$$\text{VRSterciario} = (1800 / 1{,}40) - 600 = 685{,}71 \text{ €/m}^2$$

Como se aprecia, existe mucha diferencia entre el VRS del residencial de renta libre y el de protección pública, que tiene su origen en la diferencia que hay en su Vv. En este sentido, el art. 22.2 RVLS establece que K puede reducirse hasta un mínimo de 1,20 «en el caso de […] viviendas sujetas a un régimen de protección que fije valores máximos de venta que se aparten de manera sustancial de los valores medios del mercado residencial», lo cual justifica que para el residencial de protección pública adoptemos K = 1,20:

$$\text{VRSres. prot. púb.} = (900 / 1{,}20) - 600 = 150 \text{ €/m}^2$$

Por lo que los coeficientes de homogeneización serán (adoptando 1,0000 para el uso mayoritario: véase comentario de la nota a pie 3 del ejercicio 1 del Ayuntamiento de Peñíscola, pág. 61):

Coef. res. renta libre =   1,0000
Coef. res. prot. púb. = 150 / 471,43 =   0,3182
Coef. terciario = 685,71 / 471,43 =   1,4545

Y el AT se obtiene dividiendo el AOhom. entre el AR:

$$AT = (25\ 935 \times 1,0000 + 11\ 115 \times 0,3182 + 11\ 400 \times 1,4545) / 63\ 500 = \textbf{0,7252 UA/m}^2\textbf{s}$$

Además, el enunciado solicita el AT del sector. Se trata de una pregunta poco habitual, ya que el AT se vincula siempre con el AR, pero entendemos que se refiere al mismo cálculo, pero con la superficie del sector en el numerador:

$$AT_{sector} = (25\ 935 \times 1,0000 + 11\ 115 \times 0,3182 + 11\ 400 \times 1,4545) / 57\ 000 = \textbf{0,8079 UA/m}^2\textbf{s}$$

Los aprovechamientos reconocidos a los propietarios del sector, en términos unitarios, son los mismos que los reconocidos a los de la RP adscrita, es decir, el 90 % del AT (0,6527 UA/m^{2}s), mientras que el 10 % pertenece a la administración (0,0725 UA/m^{2}s). En términos absolutos, hay que multiplicar estos aprovechamientos por la superficie de propiedad: a los propietarios del sector les corresponde 0,6527 × 57 000 = 37 203,90 UA, mientras que a los de la RP adscrita cabe asignar 0,6527 × 6500 = 4242,55 UA. La administración tiene derecho a 0,0725 × 63 500 = 4603,75 UA. La suma de estos tres aprovechamientos es igual al AOhom., sin contar la desviación por los decimales.

Administración	**AYUNTAMIENTO DE ALBAL**
Tipo de plaza	FUNCIONARIO DE CARRERA
Año de convocatoria	2010
Observaciones	El aspirante debía elegir un supuesto entre los dos. El caso práctico 2 es muy parecido al caso práctico 1 del Ayuntamiento de Godella. Se intercalan, entre corchetes, nuestros comentarios en la solución del tribunal.

CASO PRÁCTICO 1: VALORACIÓN DEL INMUEBLE

Se solicita informe de valoración para la adquisición de un inmueble con las siguientes características:

Se trata de un edificio residencial múltiple de tres plantas situado en suelo urbano, con una superficie de parcela de 350 m^2 de forma rectangular y 10 metros de ancho de fachada. El inmueble está emplazado en la zona de ordenación en la que se permiten cinco alturas. La zona está completamente urbanizada y no es necesario ejecutar obras de este tipo.

Datos:

- El valor en venta de las viviendas de la zona es de 1200 €/m²u
- Se estima un PEM de 525 €/m² construido
- Precios en la misma zona, para 10 metros de ancho de fachada:
  - A: parcela de 200 m² con vivienda de tres plantas: 115 200 €
  - B: parcela de 400 m² con vivienda de tres plantas: 230 500 €
  - C: parcela de 350 m² sin edificación: 63 000 €
  - D: parcela de 400 m² sin edificación: 48 000 €
- Las ordenanzas de zona establecen:
  - N.º máximo de plantas: 5
  - Ocupación de parcela: 100 % en planta baja.
  - Profundidad edificable: 20 metros.
  - Áticos: permitidos, con un retranqueo de 3 m con respecto a la fachada.
  - La dotación mínima de aparcamiento no es exigible.

SOLUCIÓN DEL TRIBUNAL:

Para la valoración del suelo será de aplicación lo estipulado en la Ley 8/2007 de Suelo, más concretamente lo dispuesto en el artículo 23 de dicha ley ya que nos encontramos ante una valoración en suelo urbanizado (la zona está completamente urbanizada y no es necesario ejecutar obras de este tipo).

En este artículo se diferencian dos casos:

- Suelo urbanizado que no esté edificado o que la edificación existente sea ilegal o se encuentre en situación de ruina física,
- y suelo urbanizado y edificado.

En el supuesto que nos ocupa nos encontramos en el segundo caso, ya que no se nos dice que se trate de una edificación ilegal (podemos deducir que se trata de una edificación antigua por el coeficiente de antigüedad, aunque eso no sea suficiente para que sea legal), y no estará en situación de ruina física ya que el coeficiente de conservación es 1,00.

En ese caso, es decir, suelo urbanizado y edificado, la Ley 8/2007 establece que el valor de la tasación será el mayor de los dos siguientes:

- El determinado por la tasación conjunta del suelo y de la edificación existente que se ajuste a la legalidad, por el método de comparación, aplicado exclusivamente a la construcción ya realizada.
- El determinado por el método residual estático aplicando el valor de repercusión del suelo a la edificabilidad asignada a la parcela por la ordenación urbanística, sin considerar la construcción ya realizada.

Por tanto, tendremos que calcular esos dos valores para el caso que nos ocupa.

Calculamos en primer lugar el valor del conjunto de suelo y edificación existente (que esté dentro de la legalidad) por el **método de comparación**.

El método de comparación con el mercado consiste fundamentalmente en obtener la tasación que buscamos por aproximación a las tasaciones conocidas de otros bienes de características comparables. Para aplicar correctamente este método se debe disponer de amplia información relativa a compraventas de inmuebles de parecidas características al que pretendemos valorar.

En nuestro caso, nos fijaremos en los valores que se dan como dato en el enunciado:

Podemos tomar como valor medio de suelo la media de las parcelas C y D, es decir:

Parcela C: 63 000 € / 350 m^2 = 180 €/m^{2}s

Parcela D: 48 000 € / 400 m^2 = 120 €/m^{2}s

Valor medio de suelo = (180 + 120) / 2 = 150 €/m^{2}s

Calculamos el valor medio de la construcción; para ello:

Calculamos el valor medio de la construcción; para ello:

| Parcela A: | valor del suelo = | 150 €/m^{2}s × 200 m^{2}s = 30 000 € |
| | valor de la construcción = | 115 200 € − 30 000 € = 85 000 € |

| Parcela B: | valor del suelo = | 50 €/m^{2}s × 400 m^{2}s = 60 000 € |
| | valor de la construcción = | 230 500 € − 60 000 € = 170 500 € |

La construcción que debemos tener en cuenta es aquella que se encuentra dentro de la legalidad. Tomamos como profundidad edificable máxima 20 metros, según se establece en las condiciones de edificabilidad de las ordenanzas. En planta baja se puede edificar toda la profundidad del solar.

Así pues:

Parcela A:	planta baja:	200 m^{2}t
	plantas 1.ª y 2.ª:	2 × (10 × 20) = 400 m^{2}t
	Total:	600 m^{2}t
	85 200 € / 600m^{2}t =	142 €/m^{2}t

Parcela B:	planta baja:	400 m^{2}t
	plantas 1.ª y 2.ª:	2 × (10 × 20) = 400 m^{2}t
	Total:	800 m^{2}t
	170 500 € / 800 m^{2}t =	213,12 €/m^{2}t

Calculando la media de los valores obtenidos:

(142 + 213,12) / 2 = 177,56 €/m²t

En definitiva, en el caso que nos ocupa obtendríamos un valor de tasación conjunta de suelo y de la edificación existente que se ajusta a la legalidad:

Vsuelo =   350 m²s × 150 €/m²s =   52 500 €

Vconstrucción =   [350 m²s + (20 × 10) × 2] × 177,56 €/m²t = 133 170 €

Vtotal =   52 500 + 133 170 =   185 670 €

El valor residual por procedimiento estático responde al descrito en la orden ECO 805/2003 y responde a la siguiente fórmula:

$$F = VM \times (1 - b) - \sum Ci$$

En donde:

   F = valor del terreno
   VM = valor del inmueble en la hipótesis de edificio terminado
   b = beneficio del promotor en tanto por uno
   Ci = cada uno de los gastos considerados

El cálculo de cada uno de estos factores sería:

VALOR EN VENTA (VM)

El valor en venta de las viviendas de la zona es de 1200 €/m² de superficie útil. Consideramos un factor de conversión de 0,8 para pasar de m² útiles a m² de techo: 1200 × 0,80 = 960 €/m²t.

BENEFICIO DEL PROMOTOR (b)

De acuerdo con la redacción del artículo 35 de la Orden EHA/3011/2007, de 4 de octubre, por la que se modifica la Orden ECO/805/2003, de 27 de marzo, la prima de riesgo y margen de beneficio para viviendas de primera residencia es del 8 por 100.

COSTES (Ci)

Los costes a considerar son los propios de la construcción del inmueble, pues la parcela está urbanizada:

Costes de la construcción:

$$Cc = PEM + GG + B = 525 \ (1 + 0{,}13 + 0{,}069) = 624{,}75 \ €/m^2t$$

En donde:

PEM = presupuesto de ejecución material según módulo vigente del Colegio de Arquitectos
GG = gastos generales del constructor
B = beneficio del constructor

Gastos necesarios de promoción

Son gastos necesarios los impuestos no recuperables (se excluye el IVA), aranceles, honorarios técnicos, licencias y tasas, seguros y estudios necesarios. No se incluyen ni el beneficio del promotor ni los gastos financieros. Se estiman en un 20 por 100 del presupuesto de contrata, equivalente en nuestro caso a 124,95 €/m²t.

Sumatorio de costes

De acuerdo con lo expuesto, los costes a considerar suponen 749,70 €/m²t.

Sustituyendo y considerando tanto el valor en venta público como el libre, tendríamos:

$$F = 960 \ (1 - 0{,}08) - 749{,}70 = 133{,}50 \ €/m^2t$$

Tenemos que calcular la edificabilidad asignada a la parcela por la ordenación urbanística.

La parcela tiene una longitud de fachada de 10 m y una superficie de 350 m², con forma rectangular. Como se ha dicho anteriormente, las ordenanzas de zona establecen una profundidad edificable máxima de 20 metros para la edificación por encima de la planta baja, siendo edificable la planta baja en toda la profundidad del solar. Por otra parte, permiten un ático, con un retranqueo mínimo de 3 metros con respecto a la línea de fachada.

En definitiva, la edificabilidad total de la parcela será:

planta baja:	350 m²t
plantas 1.ª a 4.ª: $4 \times (10 \times 20) =$	800 m²t
planta ático: $1 \times (10 \times 17) =$	170 m²t
Total: $350 + 800 + 170 =$	1320 m²t

Por tanto, el valor del suelo será:

$$Vs = 133{,}50 \ €/m^2t \times 1320 \ m^2t = 176 \ 220{,}00 \ €$$

Conclusión:

Como el valor del suelo, calculado por el método residual conforme a lo estipulado en la normativa catastral, es menor que el de la tasación conjunta del suelo y la construcción existente calculado por el método de comparación, el valor máximo de la tasación asciende a 185 670 €.

Por tanto, se propone que la adquisición del inmueble por parte del Ayuntamiento no supere esa cantidad.

COMENTARIOS

Cabe tener en cuenta que, en el momento del proceso, no se había aprobado el RVLS, por tal razón en la resolución se recurre a la Orden ECO 805/2003 para el cálculo por el método residual estático. De todas maneras, en el enunciado se dice que «Se solicita informe de valoración para la adquisición de un inmueble», sin que se especifique cuál es el objeto de la valoración, por lo que, en principio, no era obligatorio resolver el ejercicio considerando que se trata de una valoración urbanística o administrativa, es decir, en el contexto de una reparcelación, expropiación, venta o sustitución forzosa o responsabilidad patrimonial y, por tanto, sujetándose a las prescripciones del TRLS.

Considero que en este caso el examinando debería, en primer lugar, explicar cuál es el objeto de la valoración que supone (ya que el enunciado no lo dice) y resolver el ejercicio siguiendo los preceptos de la ley cuyo ámbito contemple el objeto adoptado. Las opciones son básicamente: la ley catastral, el TRLS o la Orden ECO 805/2003. En la práctica, ciertamente se descarta la ley catastral porque el objetivo de la valoración catastral no es la adquisición de inmuebles y, aunque la Orden ECO 805/2003, ha sido ampliamente utilizada para cualquier tasación, en puridad su ámbito de aplicación solo afecta a ciertas operaciones financieras. Con ello, quiero decir que lo más sensato es aplicar la TRLS, pero conviene realizar la aclaración relativa al objeto de la valoración.

En cualquier caso, en cuanto al método de comparación, la solución no hace mención a ninguna norma a pesar de que la Orden ECO/805/2003 (en la que sí se basa para el residual estático) también regula aquel método. Tanto dicha orden como el RVLS establecen los requisitos para el cálculo mediante el método de comparación y ambas normas disponen que debe haber un mercado representativo de inmuebles comparables y que existan al menos seis transacciones reales u ofertas, cosa que incumple el enunciado al ofrecer solo cuatro muestras. No obstante, aunque técnicamente podríamos decir en la resolución que no se puede calcular el valor por el método de comparación, no debemos eludir el cálculo bajo este pretexto, sin perjuicio de hacer mención a este incumplimiento. En realidad, la forma en que la solución valora el inmueble por comparación no sigue el procedimiento habitual, ya que no obtiene el valor por comparación directa aplicando coeficientes, sino que extrae separadamente el valor del suelo y el de la construcción de manera indirecta.

En lo concerniente al método residual estático, actualmente habría que resolverlo —si decidimos que el objeto de la valoración pertenece al ámbito del TRLS— según el art. 22 del RVLS, cuyas fórmulas son similares a las de la Orden ECO/305/2003. En lugar de $F = VM \times (1 - b) - \sum Ci$, sería $VRS = Vv / K - Vc$, en el que VRS es el valor de repercusión del suelo que habría que multiplicar por la edificabilidad que el planeamiento permite en la parcela. K está relacionado con b, aunque no es exactamente lo mismo y Vv y Vc son equivalentes a VM y $\sum Ci$ respectivamente. Si para Vv y Vc adoptamos los valores obtenidos en el solucionario, obtendríamos:

$$VRS = 960 / 1,40 - 749,70 = -63,99 \ €/m^2t$$

O sea, tendríamos un valor negativo, básicamente por la diferencia de multiplicar VM × 0,92 (Orden ECO) o dividirlo entre 1,40 (RVLS). Realmente el b adoptado por el solucionario es un mínimo, o sea, que puede ser más alto. Por tanto, el cálculo por una u otra ley da resultados distintos. Ni que decir tiene que, en nuestra resolución, por muy lógicos que sean los valores de VM, K y $\sum Ci$, debemos evitar el resultado negativo, por lo que hay que variar alguno o algunos de ellos, de manera que dé un número positivo.

CASO PRÁCTICO 2: PLAN PARCIAL

En el municipio X, que dispone de PGOU adaptado a la LUV, se presenta un plan parcial sobre un sector de suelo urbanizable residencial que dispone de los siguientes datos:

- Tipología predominante: residencial plurifamiliar en manzana densa
- Número máximo de plantas: 5 plantas
- Uso en planta baja: exclusivo comercial; incompatible vivienda
- Superficie del sector: 244 850 m²
- Superficie red primaria zona verde incluida en la delimitación: 38 000 m²
- Superficie red primaria equipamiento incluida en la delimitación: 27 000 m²
- Superficie red primaria viaria incluida en la delimitación: 15 000 m²
- Superficie red primaria zona verde adscrita al sector: 12 000 m²
- Superficie red primaria equipamiento adscrita al sector: 14 000 m²
- Superficie red primaria viaria adscrita al sector: 16 000 m²
- Índice de edificabilidad bruta: 1,2 m²t/m²s
- Índice de edificabilidad terciaria: 0,3 m²t/m²s
- Índice de edificabilidad residencial: 0,9 m²t/m²s
- Índice de edificabilidad neta: 4,0 m²t/m²s
- Superficie de zonas verdes red secundaria: 23 400 m²s
- Superficie de equipamientos red secundaria: 31 200 m²s
- Número de plazas de aparcamiento en vías públicas: 2500 plazas

Con respecto a la edificabilidad residencial, el 10 por 100 se destina a viviendas de protección pública, con los siguientes datos:

Valor unitario en venta de VPP = 1400 €/m² útil
Valor unitario en venta de vivienda libre = 1700 €/m² útil

Con respecto a la edificabilidad terciaria:

Valor unitario en venta de terciario = 1900 €/m² útil

Nota: el equipamiento de red primaria no se ejecuta con cargo al sector.

CUESTIONES:

1.- ¿Cuál es la superficie computable del sector?
2.- ¿Cuál es el techo edificable del sector?
3.- ¿Cuál es la superficie del área de reparto?
4.- ¿Cuál es el aprovechamiento tipo del área de reparto?
5.- Informar sobre la legalidad en el cumplimiento de los estándares dotacionales de la red secundaria.

SOLUCIÓN DEL TRIBUNAL:

1- ¿Cuál es la superficie computable del sector? (artículos 200 y 201 ROGTU).
En general, la superficie computable del sector coincidirá con la superficie del sector, salvo las excepciones previstas en la LUV y en el ROGTU.
En nuestro caso, la superficie computable no coincidirá con la superficie del sector ya que se da uno de los supuestos en los que la superficie computable es inferior a la superficie del sector puesto que el equipamiento de la red primaria incluida en el sector no se ejecuta a cargo de la actuación.
Por tanto, la **superficie computable** es:
S sector - S red primaria equipamiento = 244 850 m² – 27 000 m² = **217 850 m²**

2.- ¿Cuál es el techo edificable del sector?
El techo edificable del sector será la superficie computable por el índice de edificabilidad bruta, es decir:
Techo edificable = 217 850 m² × 1,2 m²t/m²s = **261 420 m²t**

3.- ¿Cuál es la superficie del área de reparto?
La superficie del área de reparto será la superficie del sector más la de la red primaria adscrita al mismo:
Superficie área reparto = 244 850 m² + 12 000 m² + 14 000 m² + 16 000 m² = **286 850 m²**

4.- ¿Cuál es el aprovechamiento tipo del área de reparto?

Con el fin de calcular los coeficientes de ponderación, pasaremos a calcular los valores de repercusión del suelo de cada uno de los usos, de acuerdo con la fórmula:

$$Vv = 1,4 \ (VS - VC)$$
$$VS = (Vv / 1,4) - VC$$

Sustituyendo, tomando un valor de la construcción de 600 €/m²t, tendríamos:

$$VRS \ (VL) = (1700 \times 0,8 / 1,4) - 600 = 371,43 \ €/m^2t$$
$$VRS \ (VP) = (1400 \times 0,8 / 1,4) - 600 = 200,00 \ €/m^2t$$
$$VRS \ (TER) = (1900 \times 0,8 / 1,4) - 600 = 485,71 \ €/m^2t$$

Siendo el uso dominante el de las viviendas libres, los coeficientes ponderadores serán:

$$K \ (VL) = 1,0000 \ UA/m^2t$$
$$K \ (VP) = 0,5385 \ UA/m^2t$$
$$K \ (TER) = 1,3077 \ UA/m^2t$$

Las edificabilidades serán:

$$E \ (VL) = (217 \ 850 \times 0,9) \ 0,9 = 176 \ 458,50 \ m^2t$$
$$E \ (VP) = (217 \ 850 \times 0,9) \ 0,1 = \ \ \ 19 \ 606,50 \ m^2t$$
$$E \ (TER) = 217 \ 850 \times 0,3 = \ \ \ \ \ \ \ 65 \ 355,00 \ m^2t$$

$$\overline{}$$

$$261 \ 420,00 \ m^2t$$

Por lo que el aprovechamiento objetivo será:

$$A = (176 \ 458,50 \times 1,000) + (19 \ 606,50 \times 0,5385) + (65 \ 355 \times 1,3077) = 272 \ 481,33 \ UA$$

Y el aprovechamiento tipo:

AT = A / Superficie área de reparto = 272 481,33 UA / 286 850 m²s = **0,9499 UA/m²s**

[En este ejercicio, la principal dificultad radica en darse cuenta de que, para obtener el aprovechamiento tipo, los valores de los distintos usos nos los dan en valor de venta y no de repercusión, por lo que cabe realizar la conversión. Cabe precisar que el art. 78.1 del TRLOTUP especifica que los coeficientes correctores que se aplican al aprovechamiento objetivo expresan «la relación entre los diferentes valores de repercusión de cada uso».]

5.- Informar sobre la legalidad en el cumplimiento de los estándares dotacionales de la red secundaria.

a) Comprobamos que el suelo dotacional público, sin contar el viario, será mayor de 35 m²s/100 m²t residencial.

La superficie de techo residencial a computar será:

Superficie computable x índice de edificabilidad residencial
217 850 × 0,90 = 196 065 m²t residencial
196 065 m²t × 0,35 m²s / 100 m²t = 68 622,75 m² suelo dotacional como mínimo.
[Faltaría añadir la superficie de ZV procedente de la ET]

La superficie dotacional existente es de:

23 400 m² (zona verde) + 31 200 m² (equipamiento) = 54 600 m²

Como regla general (art. 211 ROGTU), las dotaciones de la red primaria no pueden computar a efectos de cumplir los estándares exigidos a las dotaciones de la red secundaria, salvo las siguientes excepciones: se permite el cómputo parcial de parques públicos de la red primaria, como jardines de la red secundaria, cuando se cumplan todos los requisitos siguientes:

- Existe un exceso de parque público urbano respecto al estándar mínimo de 5 m²/ hab. del Plan General
- La dotación de red primaria se cede y ejecuta con cargo a la actuación
- Proporcionan servicio directo al sector que los ejecuta
- Los parques públicos podrán computar como zona verde de red secundaria en un porcentaje no superior al 25 % de su superficie (art. 109-f ROGTU)

Por tanto, podemos distinguir dos supuestos:

1.º-Las dotaciones de la red primaria no computan a efectos de cumplir los estándares exigidos a las dotaciones de red secundaria. En ese caso, la dotación existente es de 54 600 m² < 68 622,75 m².
2.º-Se dan todos los supuestos previstos en el ROGTU para que se pueda computar parcialmente los parques públicos de la red primaria como jardines de la red secundaria. En ese caso:

Dotación existente: 54 600 m²
25 % superficie de parque público: 38 000 × 0,25 =   9500 m²
Superficie total computable: 64 100 m²

En definitiva, en ambos casos la superficie de dotacional en el plan parcial es inferior a la superficie mínima exigida de suelo dotacional público.

Caso 1.º: 54 600 m² < 68 622,75 m²

Caso 1.º: 64 100 m² < 68 622,75 m²

Por tanto, NO CUMPLE.

b) Comprobamos ahora que las zonas verdes previstas son suficientes. Para ello, tendrán que tener una superficie superior a 15 m²s/100 m²t residencial (incluidos en los 35 m²s/100 m²t residencial de suelo dotacional público). Como también se contempla un uso terciario en planta baja, se deberán añadir a la superficie mínima de zona verde exigible 3 m²s/100 m²t terciario.
[Actualmente son 4 m²s/100 m²t]
La superficie de techo residencial es de 217 850 × 0,90 = 196 065 m²t
La superficie de techo terciario es de 217 850 × 0,30 = 65 355 m²t

La superficie de zona verde mínima será por tanto de:

$$(196\ 065 \times 0,15) + (65\ 355 \times 0,03) = 29\ 409,75 + 1960,65 = 31\ 370,40\ m^2s$$

La superficie de zona verde del plan parcial es de:

Caso 1.º: Las dotaciones de la red primaria no computan a efectos de cumplir los estándares exigidos a las dotaciones de red secundaria:

Zona verde red secundaria 23 400 m² < 31 370,40 m²s

Caso 2º.: Se dan todos los supuestos previstos en el ROGTU para que se pueda computar parcialmente los parques públicos de la red primaria como jardines de la red secundaria.

Zona verde red secundaria + 25 % parque público

$$23\ 400 + (38\ 000 \times 0,25) = 23\ 400 + 9500 = 32\ 900\ m^2 > 31\ 370,40\ m^2$$

En definitiva, si se dan todas las circunstancias exigidas en el ROGTU para poder computar el 25 % de la superficie de parque público como red secundaria, la superficie de zona verde en el plan parcial es superior a la mínima exigible. Por tanto, SÍ CUMPLE. En caso contrario (caso 1.º) no cumpliría el estándar de dotación de zona verde.

Nota: para comprobar si se cumple lo estipulado en cuanto a áreas de juego se tendría que ver la ordenación prevista.
[En cuanto al cómputo parcial de parque de la red primaria como jardín de la red secundaria, el precepto actual es el punto 7.2 del apartado III del anexo IV del TR-LOTUP, que impone unas condiciones idénticas a las del antiguo ROGTU.]

c) Comprobamos la dotación de equipamientos.

Deben destinarse a equipamientos al menos 10 m² por cada 100 m² de techo potencialmente edificables de uso residencial.
La superficie de techo residencial es de 217 850 × 0,90 = 196 065 m²t.
La superficie de equipamiento mínimo será por tanto de:

(196 065 × 0,10) = 19 606,50 m²s

La superficie de equipamientos del plan parcial es de 31 200 m². Por tanto, SÍ CUMPLE.

d) Nos queda por comprobar la dotación de plazas de aparcamiento.

Por cada 100 m² de techo residencial será necesaria 1 plaza de aparcamiento privada y 0,5 plazas de aparcamiento de uso público.

196 065 m²t residencial × 0,005 = 980,32 plazas de aparcamiento de uso público.

Como se trata de un sector con uso predominante residencial, no sería necesario tener en cuenta las plazas por uso terciario.
Si lo contabilizáramos, tendríamos una necesidad añadida de 1 plaza por cada 100 m² edificables de terciario, es decir:

217 850 × 0,30 = 65 355 m²t terciario
65 355 × 0,01 = 653,55 plazas de aparcamiento

En definitiva, necesitaríamos como mínimo 980 plazas. Si tenemos en cuenta además el terciario, serían necesarias un total de 1634 plazas de aparcamiento. En cualquier caso, la dotación de plazas de aparcamiento previstas en el plan parcial es superior, ya que cuenta con 2500 plazas.

Por tanto, SÍ CUMPLE.

[La anterior ley urbanística, la LUV, establecía una superficie mínima de equipamientos (10 m²s / 100 m²t res.), exigencia que ha eliminado la ley actual. Asimismo, en la LUV el número de plazas de aparcamiento en sector de uso residencial dependía de la edificabilidad, mientras que en el TRLOTUP va en función de los habitantes. Con los datos que nos ofrecen, no se puede llevar a cabo la comprobación. Faltaría saber, al menos, la densidad de viviendas.]

[Finalmente, conviene comparar este ejercicio con el caso práctico número 1 del Ayuntamiento de Godella (pág. 57), cuya redacción es idéntica a excepción de que en aquel no se dan valores de venta por usos.]

Administración	**AYUNTAMIENTO DEL PUIG DE SANTA MARIA**
Tipo de plaza	FUNCIONARIO DE CARRERA
Año de convocatoria	2010
Observaciones	Se reproduce el enunciado del ejercicio 1 con el solucionario aportado por el tribunal y, entre corchetes, nuestros comentarios.

EJERCICIO 1

Suponga que el municipio X dispone de un suelo urbanizable programado para el primer cuatrienio formado por:

a) El Sector 1, que comprende el suelo calificado como las zonas Z_1, Z_2 y Z_3.
b) El Sector 2, que comprende el suelo calificado como las zonas Z_2 y Z_4.
c) Los sistemas generales, que pueden ser exteriores o interiores a los sectores, pero que se consideran como un conjunto.

Los datos que facilita el plan son los siguientes:

-Edificabilidad en m² techo / m² suelo:

Z_1: 0,60
Z_2: 0,50
Z_3: 1,00
Z_4: 0,80

-Superficie en m², según los diferentes sectores y zonas, son:

Para S1: $Z_1 = 20\ 000$ m²
          $Z_2 = 10\ 000$ m²
          $Z_3 = 30\ 000$ m²

Para S2: $Z_2 = 30\ 000$ m²
          $Z_4 = 20\ 000$ m²

Sistemas generales: 30 000 m²

-Coeficientes de zona:

En Sector 1: $Z_1 = 0,8$ En Sector 2: $Z_2 = 1$
              $Z_2 = 1$ $Z_4 = 0,5$
              $Z_3 = 0,8$

-Coeficientes de sector:

$$S1 = 1$$
$$S2 = 0,7$$

-Coeficientes de homogeneización UA / m² techo

En Sector 1: $Z_1 = 0,8$ En Sector 2: $Z_2 = 0,7$
                $Z_2 = 1$ $Z_4 = 0,35$
                $Z_3 = 0,8$

SE PIDE:

PREGUNTA:

1. Determinación de las superficies totales de cada sector, de la de suelo urbanizable programado, de la edificabilidad posible por zona en m² techo y de la edificabilidad permitida en cada sector.

RESPUESTA DEL TRIBUNAL:

1. Sector 1: 20 000 + 10 000 + 30 000 = 60 000 m² suelo
   Sector 2: 30 000 + 20 000 = 50 000 m² suelo
   Sistemas generales = 30 000 m² suelo
   Superficie de suelo urbanizable programado = 140 000 m²
   En cuanto a la determinación de la edificabilidad por zona:
   - en el Sector 1
     e_1 (Z_1): 20 000 × 0,60 =..................................12 000 m²T
     e_2 (Z_2): 10 000 × 0,50 =................................ 5000 m²T
     e_3 (Z_3): 30 000 × 1,00 =................................ 30 000 m²T
   Total edificabilidad en el Sector 1:   **47 000 m²T**
   - en el Sector 2
     e_2 (Z_2): 30 000 × 0,50 =................................ 15 000 m²T
     e_4 (Z_4): 20 000 × 0,80 =................................ 16 000 m²T
   Total edificabilidad en el Sector 2:   **31 000 m²T**

PREGUNTA:

2. Determinación de las UA en cada una de las zonas de cada sector, resumiendo posteriormente la UA por sector y la UA para el conjunto del suelo urbanizable programado.

RESPUESTA DEL TRIBUNAL:

2. Para el Sector S1, tendremos en función del coeficiente de homogeneización para cada zona, las siguientes UA:

Z_1: 12 000 × 0,80 = ...9600 UA
Z_2: 5000 × 1,00 = ...5000 UA
Z_3: 30 000 × 0,80 = ...24 000 UA
Total UA en el Sector 1 ....38 600 UA

Para el Sector S2, se tendrá:

Z_2: 15 000 × 0,70 = ...10 500 UA
Z_4: 16 000 × 0,35 = ...5600 UA
Total UA en el Sector 2 ....16 100 UA

Para el conjunto del suelo urbanizable programado se obtiene el siguiente cómputo de u.a.:

UA total = 38 600 + 16 100 = **54 700 UA**

[El problema principal que el opositor debía superar era percatarse de que los coeficientes de homogeneización eran producto de los coeficientes de zona y los de sector, por lo que, realmente, estos dos últimos no se necesitaban para resolver el ejercicio.]

PREGUNTA:

3. Determinación del AM de cada sector así como el AM del conjunto del suelo en UA / m² suelo.

RESPUESTA DEL TRIBUNAL:

3. Para el Sector S1, se tendrá:

AM = 38 600 : 60 000 UA/m² suelo
AM (S1) = **0,6433 UA/m² suelo**

Para el Sector S2, se tendrá:

AM = 16 100 : 50 000 UA/m² suelo
AM (S2) = **0,322 UA/m² suelo**

Para el conjunto de suelo urbanizable, se tiene:

AM = 54 700 : 140 000 = **0,3907 UA/m² suelo**

[En esta pregunta, el opositor debía tener claro que aprovechamiento medio es un término equivalente a AT. Aquel era el que se utilizaba antaño en la legislación estatal. Parece ser que el tribunal quiso en este ejercicio plantear un supuesto de urbanismo «genérico», no ajustado a una ley en concreto (en este caso la LUV), intención análoga al tribunal del examen del Ayuntamiento de Elda (2008, pág 66).]

PREGUNTA:

4. Determinación del exceso de aprovechamiento en el sector 1, en UA. Calcular el techo edificable en el supuesto que 14.000 UA se cedan en la Z1 y el resto en la Z2.

RESPUESTA DEL TRIBUNAL:

4. Habrá de ceder:

$$0{,}643333 - 0{,}3907 = 0{,}252633 \text{ UA/m}^2 \text{ suelo}$$

que en total serán:

$$60\,000 \text{ m}^2 \times 0{,}252633 = 15\,157{,}98 \text{ UA}$$

Y además deberá ceder el 10 % del aprovechamiento del resto, es decir:

$$(38\,600 - 15\,157{,}98) \times 0{,}10 = 2344{,}202 \text{ UA}$$

Nota: que sería igual que $(60\,000 \times 0{,}3907 \text{ m}^2 \text{ suelo} \times \text{UA/m}^2 \text{ suelo}) \times 0{,}10 = 2344{,}2$ UA lo que representa una cesión total de 17 502,182 unidades de aprovechamiento que convendrá convertir en m² de techo edificable para poder determinar el número de solares a que corresponden. Para ello bastará dividir la cifra obtenida por el coeficiente de homogeneización de la zona en donde se sitúa el solar a ceder.

En el supuesto del texto en que se fija que 14.000 UA se cedan en la Z_1 y el resto en la Z_2, se tendrá:

$$17\,502{,}182 - 14\,000 = 3502{,}182 \text{ UA a ceder en } Z_2$$

El techo edificable correspondiente que deberán tener estos solares será:

Zona Z_1: 14 000 : 0,8 = 17 500 m² techo
Zona Z_2: 3502,18 : 1,00 = 3502,18 m² techo

PREGUNTA:

5. Determinación del defecto de aprovechamiento en el Sector 2, en UA

RESPUESTA DEL TRIBUNAL:

5. El defecto de aprovechamiento viene reflejado por la diferencia entre el correspondiente al conjunto de suelo urbanizable programado y el del sector correspondiente, el S2.

Será: D = 0,3907 − 0,322 = 0,0687 UA/m^2 suelo

PREGUNTA:

6. Comentarios que considere procedentes respecto a las anteriores determinaciones.

EJERCICIO 2

Apartado 1

El Ayuntamiento recibe una denuncia de un vecino en relación al estado de un inmueble colindante a su propiedad que presenta daños y amenaza desprendimiento de tejas sobre su inmueble, en la parte posterior.

El inmueble se sitúa en el centro histórico de la población y se adjunta ficha catastral y fotografía de su aspecto exterior.

Se solicita:

1. Describir los diferentes supuestos que podrían resultar de la inspección.

2. En base a los diferentes supuestos, redactar un informe técnico del inmueble y propuesta de medidas a adoptar.

Se adjuntan fotografías del inmueble y ficha catastral del mismo.

FACHADA EDIFICIO

FACHADA TRASERA AL PATIO

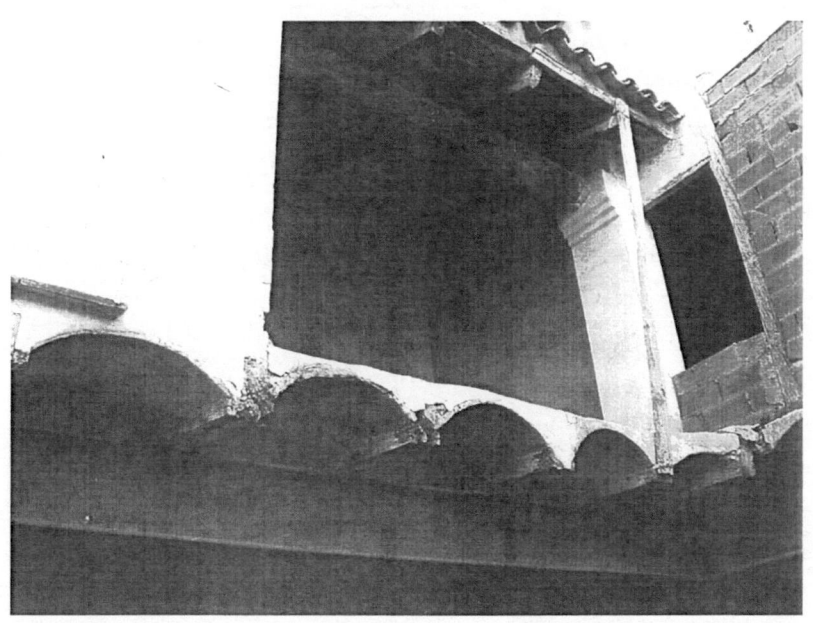

PATIO TRASERO

GOBIERNO DE ESPAÑA

MINISTERIO DE ECONOMÍA Y HACIENDA

SECRETARÍA DE ESTADO DE HACIENDA Y PRESUPUESTOS

SECRETARÍA GENERAL DE HACIENDA

DIRECCIÓN GENERAL DEL CATASTRO

Sede Electrónica del Catastro

REFERENCIA CATASTRAL DEL INMUEBLE

1659719YJ3815N0001DZ

DATOS DEL INMUEBLE

LOCALIZACIÓN

CL MAJOR 10 BI:A

46540 PUIG [VALENCIA]

USO LOCAL PRINCIPAL: Residencial

AÑO CONSTRUCCIÓN: 1925

COEFICIENTE DE PARTICIPACIÓN: 100,000000

SUPERFICIE CONSTRUIDA [m²]: 271

DATOS DE LA FINCA A LA QUE PERTENECE EL INMUEBLE

SITUACIÓN

CL MAJOR 10

PUIG [VALENCIA]

SUPERFICIE CONSTRUIDA [m²]	SUPERFICIE SUELO [m²]	TIPO DE FINCA
271	157	Parcela con un unico inmueble

ELEMENTOS DE CONSTRUCCIÓN

Uso	Escalera	Planta	Puerta	Superficie m²
ALMACEN	1	00	01	74
ALMACEN	1	00	02	65
VIVIENDA	1	01	01	80
ALMACEN	1	01	02	46
VIVIENDA	1	00	03	6

CONSULTA DESCRIPTIVA Y GRÁFICA DE DATOS CATASTRALES
BIENES INMUEBLES DE NATURALEZA URBANA

Municipio de PUIG Provincia de VALENCIA

INFORMACIÓN GRÁFICA E: 1/500

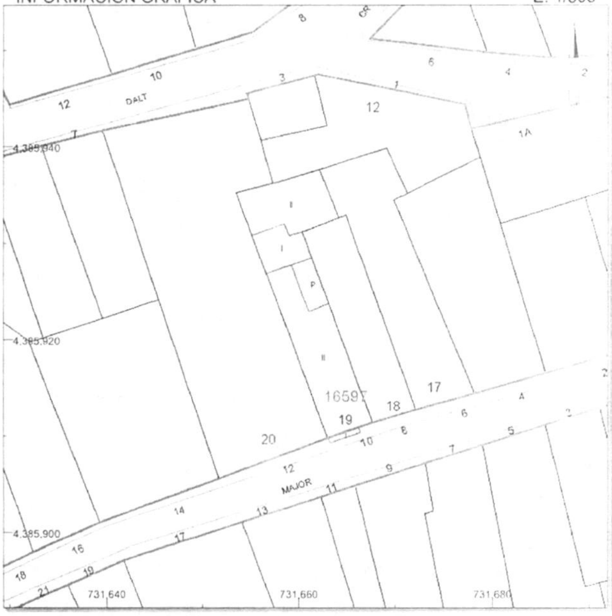

Este documento no es una certificación catastral, pero sus datos pueden ser verificados a través del 'Acceso a datos catastrales no protegidos' de la SEC.

731,680 Coordenadas UTM. en metros.
Limite de Manzana
Limite de Parcela
Limite de Construcciones
Mobiliario y aceras
Limite zona verde
Hidrografia

Lunes , 14 de Marzo de 2011

RESOLUCIÓN

1. De la inspección podrían resultar dos supuestos: que el edificio no requiera ninguna actuación o que sí que la requiera. En este segundo caso, en función del alcance de las deficiencias, el ayuntamiento puede emitir una orden de ejecución o declarar de oficio la situación de ruina. Asimismo, para garantizar la estabilidad y seguridad del edificio, también pudiera ser que el ayuntamiento acuerde las medidas que considere oportunas ante la amenaza de ruina inminente de manera simultánea al inicio del procedimiento para la declaración de ruina con independencia de que finalmente esta se declare o no.

2. En esta pregunta, el tribunal pretende que el opositor se comprometa con una de las opciones con base en las fotos, es decir, no había que redactar un informe por cada opción. Aunque las fotos sean escasas, son suficientes para percatarse de que el edificio necesita alguna actuación. No obstante, nos faltan datos para proponer la declaración de ruina porque, para ello, habría que realizar dos valoraciones: una del coste de las obras de conservación o rehabilitación y otra de una construcción de nueva planta, con similares características e igual superficie útil que la preexistente (art. 191.3 TRLOTUP). Nuestro consejo es el de optar por realizar un informe en el que se proponga una orden de ejecución a fin de reparar los forjados y cubierta, por ejemplo.

Administración	**AYUNTAMIENTO DE ASPE**
Tipo de plaza	FUNCIONARIO DE CARRERA
Año de convocatoria	2012
Observaciones	

En un ámbito de suelo urbano del TM de Aspe con ordenación pormenorizada por el PG en zona de ordenación urbanística denominada Zona 1 Casco Antiguo, se da la situación representada en el plano que se adjunta a escala 1/1000.

Los cuatro propietarios del ámbito se identifican en el citado plano con línea azul y tienen las siguientes características:

- El propietario 1 tiene una parcela con un tramo de calle abierta sin urbanizar y que no ha sido obtenida.
- El propietario 2 tiene una vivienda ocupada en la parcela a la que se accede por un callejón privado de 2 metros y medio.
- El propietario 3 es dueño de una vivienda de planta baja y piso; de un tramo de calle que se encuentra no abierta y sin urbanizar, pero que no ha sido obtenida y resto de parcela edificables según el PG.
- El propietario 4 tiene una vivienda y la parcela especificada en plano.

Se adjuntan las condiciones particulares del PG de la ordenación pormenorizada de la zona de ordenación correspondiente.

De la ordenación pormenorizada grafiada en plano, los viales coloreados en gris se encuentran cedidos y urbanizados conforme al planeamiento, el vial coloreado en blanco no se encuentra abierto y el vial coloreado en amarillo claro está abierto pero no está ni urbanizado ni cedido.

Las cuestiones que deberá resolver el opositor son las siguientes:

1.º- ¿Qué propuesta de gestión y/o de ordenación realizaría para resolver la situación planteada y por qué se elige esa alternativa frente a otras posibles? (es muy importante el razonamiento y justificaciones empleadas, ya que no existe una única alternativa)

2.º- Dibuja la propuesta con el resultado final para cada propietario según la alternativa que haya elegido en el apartado anterior.

3.º- Se pide por el propietario 1 un certificado (después de la actuación) de las condiciones urbanísticas. Redacte el informe solicitado que dará lugar al correspondiente certificado municipal.

4.º- Calcular el aprovechamiento objetivo y subjetivo del propietario 1.

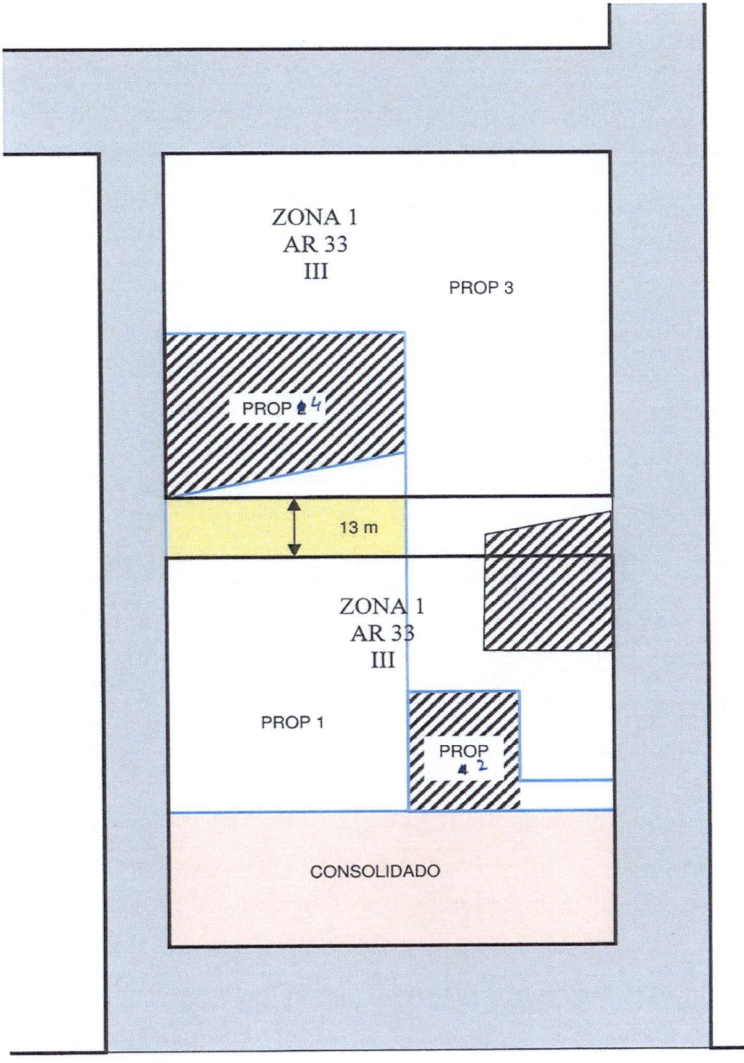

RESOLUCIÓN

No existe una solución única para el supuesto. Por ejemplo, la primera pregunta «Qué propuesta de gestión y/o ordenación» nos indica que podemos utilizar una figura de gestión, de ordenación o ambas. Recurrir solo a una propuesta de gestión supone mantener el vial previsto por el PG, con lo que ello conlleva, por ejemplo, la demolición de la vivienda del propietario 3, incompatible con el vial previsto por el PG. Ya que nos dan la opción de evitar la situación siempre más traumática de una demolición (incluso desde el punto de vista del político), creo que debemos optar por cambiar el trazado del vial transversal mediante un instrumento de ordenación.

Puede delimitarse una unidad de ejecución con modificación de la ordenación pormenorizada (cambio de trazado de vial), lo que implica tramitar una modificación de planeamiento general y el desarrollo de un programa de actuación integrada. Opino que esta opción es válida, pero, como el planeamiento general ya prevé un vial y solo se trataría de modificar las alineaciones, podría tramitarse un programa de actuación aislada amparándose en lo establecido en el art. 73.3.a y 73.5.b TRLOTUP, que, además, se asociara a un estudio de detalle como instrumento de modificación de la ordenación pormenorizada (art. 41 TRLOTUP), todo lo cual evita la farragosa tramitación de una modificación de planeamiento general.

En cuanto al cálculo del AO y AS del propietario 1, cabe decir que el AO sería igual a la edificabilidad que permite construir el planeamiento en la parcela (art. 72.4.e TRLOTUP). En el caso de la parcela del propietario 1, entendemos que sería igual a su superficie (según la ordenación final que hayamos diseñado) multiplicado por el número máximo de plantas, es decir, 3. Aunque en el articulado de la normativa municipal que se nos facilita no se nos dice el porcentaje máximo de ocupación, sí que indica que las tipologías de edificación son en manzana cerrada o semicerrada. Por su parte, el AS será igual a la superficie de parcela por el AT, sin que, en principio, quepa restar porcentaje correspondiente a la administración al ser suelo urbano y no haber incremento de aprovechamiento.

Administración	**AYUNTAMIENTO DE LA VALL D'UIXÓ**
Tipo de plaza	FUNCIONARIO DE CARRERA
Año de convocatoria	2012
Observaciones	

El Ayuntamiento pretende obtener los terrenos para construir una zona verde de 30.000 m^2 de superficie en la que existe una edificación a conservar que se encuentra en buen estado, salvo la cubierta, que está en ruina. Dicha construcción tiene una superficie de cubierta de 100 m^2.

Dicha zona verde pertenece a la red primaria de dotaciones públicas incluida en el área de reparto AR-1.

Los terrenos de la red primaria están adscritos a los sectores de forma proporcional al aprovechamiento urbanístico.

El sector S-1 cuenta con plan parcial aprobado con PAI adjudicado y sin reparcelar.

El sector S-2 no tiene ordenación pormenorizada todavía, ni PAI adjudicado.

ÁREA DE REPARTO 1

SECTOR URBANIZABLE	IEB	SUPERFICIE
S-1	$0,65 \ m^2t/m^2s$	$100\ 000\ m^2$
S-2	$0,5 \ m^2t/m^2s$	$120\ 000\ m^2$
Red estructural adscrita ZONA VERDE ZV-1 $30\ 000\ m^2$		$30\ 000\ m^2$

A tal efecto se solicita al arquitecto municipal un informe relativo a:

1.- Aprovechamiento urbanístico correspondiente a los propietarios de los terrenos.
2.- Métodos de obtención de los terrenos. Posibilidades de actuación por parte de la administración para la consecución de los mismos, a ser posible con el menor desembolso económico.
3.- Metodología de valoración del terreno.
4.- Con relación al edificio a mantener: unidades de obra más relevantes. Proceso constructivo y medidas de seguridad, croquis de sección del detalle constructivo de la cubierta considerando que es inclinada, de madera, con acabado de teja tradicional y apoyada en muros de fábrica.

RESOLUCIÓN

1. Para saber el aprovechamiento que corresponde a los propietarios, debemos calcular el AT. Supondremos que el AO no hay que ponderarlo con coeficientes, ya que el enunciado no los menciona, y que la SCS coincide con la del sector. La suma del AO de cada sector es el AO del AR:

$$AO = (0,65 \times 100\ 000) + (0,5 \times 120\ 000) = 125\ 000\ m^2t$$

El AR es la suma de la superficie de los sectores más la de la RP:

$$AR = 100\ 000 + 120\ 000 + 30\ 000 = 250\ 000\ m^2s$$

$$AT = 125\ 000 \ / \ 250\ 000 = 0,50\ m^2t/m^2s$$

Se entiende que los sectores son de SUB, por lo que el AS de los propietarios constituye el 90 % del AT: $0,50 \times 0,9 = \mathbf{0,45\ m^2t/m^2s}$.

2. El problema para la obtención es que la RP tiene superficie adscrita a los dos sectores y cada uno se encuentra en una situación de gestión diferente: la obtención de la parte de RP adscrita en el S-1 puede seguir el proceso normal de adjudicación de parcela para la administración en la reparcelación, ya que el PP está aprobado y el PAI adjudicado. Sin embargo, hay que adelantar la obtención de la superficie de la RP correspondiente al S-2, puesto que ni siquiera tiene definida la ordenación pormenorizada. La expropiación podría ser un método, pero implicaría desembolso de la administración para pagar el justiprecio. Una forma de que el Ayuntamiento no vea afectadas sus arcas es que los propietarios de los terrenos calificados como RP los cedan gratuitamente a aquel —o que se realice una ocupación directa— con reconocimiento de la correspondiente reserva de aprovechamiento en el sector (art. 84 y 113 TRLOTUP).

Dicho esto, hay que hacer notar que, en teoría, la resolución no incluye determinar la parte de RP que corresponde a cada sector, pero, si lo hiciéramos, nos encontraríamos con una sorpresa: para saber la superficie de RP que debemos adscribir a cada sector, de manera que el AT (que ya lo hemos obtenido) se mantenga invariable, simplemente utilizamos la fórmula del AT, en la que la incógnita es aquella superficie. Por ejemplo, del sector 1:

$$AT = AO1 / (S1 + RP1)$$

$$0,50 = (0,65 \times 100\ 000) / (100\ 000 + RP1)$$

Si despejamos RP1, obtenemos el valor 30 000 m^2 y, lógicamente, realizando la misma operación con el sector 2, se obtiene que RP2 = 0 m^2. Es decir, toda la RP se tiene que adscribir al sector 1 para que el AR esté equilibrada. Si hubiéramos hecho estos cálculos previamente a la contestación del punto 2, sobraría todo lo dicho sobre el adelanto de obtención de la RP adscrita al S-2.

3. Si es necesario valorar los terrenos de la RP, debe acudirse a la metodología del TRLS y el RVLS, puesto que el objeto de la valoración es urbanístico. Considerando que el supuesto sería el de la expropiación (aunque ya hemos dicho que no sería el método prioritario de obtención), y no el de la valoración del suelo en régimen de equidistribución de beneficios y cargas (art. 40 TRLS), cabe ceñirse al régimen general, según el cual un SUB equivale al suelo rural definido en el TRLS y, por tanto, hay que estar al art. 36 TRLS, «Valoración en el suelo rural», y el capítulo III del RVLS.

4. Se entiende que las unidades de obra y el proceso constructivo se restringen a la sustitución de la cubierta, puesto que el resto de la edificación se encuentra en buen estado. En cuanto a la sección constructiva, conviene tener en cuenta y mencionar condiciones del apartado 2.4 del DB HS-1, como la pendiente máxima o la resolución del alero.

Administración	**AYUNTAMIENTO DEL PUIG DE SANTA MARIA**
Tipo de plaza	FUNCIONARIO DE CARRERA
Año de convocatoria	2015
Observaciones	

En un sector de suelo urbanizable de uso dominante residencial (plurifamiliar), sin ordenación pormenorizada de un municipio de más de 5.000 habitantes, resultan las siguientes superficies:

-Superficie del sector: 257 500 m^2s

-Existe una superficie adscrita al área de reparto de un elemento de red primaria viaria de 27 450 m^2s

-Además existe dentro del ámbito del sector una superficie de suelo dotacional/público preexistente afecto al destino asignado por el plan, de superficie total 3725 m^2s

-Edificabilidad total del sector: 127 000 m^2t

-Se establece un 60 % de la edificabilidad de uso residencial plurifamiliar, un 25 % de residencial unifamiliar y un 15 % de uso terciario.

Según estudio de mercado realizado en el momento previo a iniciarse el trámite de la reparcelación, los valores de mercado de los diferentes usos y tipologías arrojan los siguientes valores de repercusión:

-residencial plurifamiliar: 350 €/m^2t

-residencial unifamiliar: 425 €/m^2t

-terciario: 300 €/m^2t

Sin embargo, el plan parcial que lo desarrolla establece los siguientes coeficientes de ponderación, coincidentes con los establecidos por el PGOU:

-residencial plurifamiliar: 1

-residencial unifamiliar: 1,5

-terciario: 1,2

El plan parcial aprobado otorga un IEN de 0,85 m^2t/m^2s para uso residencial unifamiliar.

Según estos datos, calcúlese:

1. Calcular el índice de edificabilidad bruto (1 punto) y el aprovechamiento tipo (1 punto). Indíquese las unidades en que se expresan estos conceptos.
2. Indicar la superficie de suelo dotacional público que deberá prever el planeamiento (1,5 puntos) y el ancho mínimo de los viales tanto de un solo sentido (0,25 puntos) como ambos (0,25 puntos).
3. Calcular el índice de edificabilidad homogeneizado por usos según el plan parcial (hasta 3 puntos).

4. Calcular la parcela neta resultante de uso residencial unifamiliar que le correspondería a un propietario cuya superficie de aportación al área de reparto es de 4650 m²s, teniendo en cuenta que su retribución al urbanizador es en metálico y cumple los requisitos de superposición y proximidad en el proyecto de reparcelación (hasta 3 puntos).

Los resultados deben expresarse con cuatro decimales.

RESOLUCIÓN

1. En el cálculo del IEB, el numerador de la fracción es el SCS, que se obtiene descontado de la superficie del sector la superficie del suelo dotacional/público preexistente afecto al destino asignado por el plan:

$$IEB = 127\ 000\ m²t / (257\ 500 - 3725) = \mathbf{0,5004\ m²t/m²s}$$

En cuanto al AT, el numerador constituye el AO homogeneizado, pero el enunciado nos da, por una parte, directamente unos coeficientes de ponderación, pero, por otra, unos valores de repercusión, de los que resultarán otros coeficientes distintos. Nuestro consejo es calcular los dos AT. En cualquier caso, los m²t de cada uso (según el porcentaje del total que nos da el enunciado) se multiplica por su coeficiente.

Edificabilidad de cada uso:

Residencial plurifamiliar: $127\ 000 \times 60 / 100 = 76\ 200$ m²t
Residencial unifamiliar: $127\ 000 \times 25 / 100 = 31\ 750$ m²t
Terciario: $127\ 000 \times 15 / 100 = 19\ 050$ m²t

AT según coeficientes dados por el planeamiento:

$AT_1 = [(76\ 200 \times 1) + (31\ 750 \times 1,5) + (19\ 050 \times 1,2)] / (257\ 500 + 27\ 450 - 3725^{15}) = \mathbf{0,5216\ UA/m²s}$

AT según valores de repercusión obtenidos del estudio de mercado:

Como paso previo, debemos calcular los coeficientes de homogeneización ponderando los valores de repercusión, otorgando el valor 1 al de residencial plurifamiliar no solo por ser el uso con más edificabilidad (véase comentario de la nota a pie 3 del ejercicio 1 del Ayuntamiento de Peñíscola, pág. 61), sino para ser coherente con el uso al que el planeamiento ha dado dicho valor:

---

[15] Supondremos que este suelo preexistente no se obtuvo de forma onerosa por la administración (art. 78.1 TRLOTUP).

Coeficiente residencial plurifamiliar = 1,0000
Coeficiente residencial unifamiliar = 425 / 350 = 1,2143
Coeficiente terciario = 300 / 350 = 0,8571

$AT_2 = [(76\ 200 \times 1) + (31\ 750 \times 1{,}2143) + (19\ 050 \times 0{,}8571)] / (257\ 500 + 27\ 450 - 3725)$
= **0,4661 UA/m²s**

2. Según el esquema de superficies dotaciones:

Sup. ZV + EQ = (76 200 + 31 750) × 35 / 100 + (19 050 × 4) / 100 = **38 544,50 m²s**

De esta superficie, al menos corresponde a ZV = 15 × (76 200 + 31 750) / 100 + 4 × 19 050 / 100 = **16 954,5 m²s**.

Como el enunciado nos pide «superficie de suelo dotacional», se entiende que no hace falta calcular el número de plazas de aparcamiento (esta sería la típica pregunta para el tribunal en el examen). De todas maneras, procedemos a realizar el cálculo: para empezar, habría que suponer una media de m²t/vivienda, por ejemplo 100, ya que no se nos facilita este dato o, en su defecto, la densidad de viviendas por hectárea. Para el dato de habitantes por viviendas podemos acogernos a los 2,5 establecido en el art. 22.1 TRLOTUP:

N.º viv. = (76 200 + 31 750) / 100 ≃ 1080
N.º hab. = 1080 × 2,5 = 2700

Plazas públicas = 2700 × 0,25 = 675
Plazas privadas = 2700 × 0,50 = 1350

A las que cabe sumar las plazas correspondientes a la edificabilidad terciaria:

Plazas públicas = 19 050 / 100 ≃ 191
Plazas privadas[16] = 19 050 / 100 ≃ 191

Así pues, el número total de plazas son:

Públicas = 675 + 191 = **866**
Privadas = 1350 + 191 = **1541**

Ancho viales: IEB menor que 0,60 m²/m² y mayor de 0,30 m²/m².

Vial de sentido único: **12 m**
Vial de doble sentido: **16 m**

---

[16] Adoptamos «otros usos terciarios» ante la falta de concreción del enunciado.

3. Esta es una pregunta atípica, ya que lo normal es tener u obtener los índices de edificabilidad por usos, pero no homogeneizados. En este caso, y como la pregunta especifica «según el Plan Parcial», parece claro que los coeficientes de homogeneización que deben tenerse en cuenta son los directamente dados por el planeamiento:

$$\text{IERplu}_{hom} = (76\ 200 \times 1) / (257\ 500 - 3725) = \textbf{0,3003 UA/m}^2\textbf{s}$$
$$\text{IERuni}_{hom} = (31\ 750 \times 1,5) / (257\ 500 - 3725) = \textbf{0,1877 UA/m}^2\textbf{s}$$
$$\text{IE}_{hom} = (19\ 050 \times 1,2) / (257\ 500 - 3725) = \textbf{0,0901 UA/m}^2\textbf{s}$$

4. Aquí parece claro que debemos considerar el AT obtenido mediante los coeficientes de homogeneización calculados a partir de los valores de repercusión, ya que nos encontramos en el contexto de la reparcelación. El AS del propietario será el resultado de multiplicar la superficie de parcela origen por el AT y por el porcentaje que le corresponde (es decir, 90 %, ya que el 10 % es para la administración en SUB):

$$\text{AS propietario} = 4650 \times 0,4661 \times 0,90 = 1\ 950,6285\ \text{UA}$$

Deshomogeneizando a m²t de residencial unifamiliar: 1950,6285 / 1,2143 = 1 606,3810 m²t$_{res.\ unif.}$

Mediante el IEN, obtenemos la parcela resultante: 1 606,3810 / 0,85 = **1889,86 m²s**

Administración	**AYUNTAMIENTO DE ELCHE**
Tipo de plaza	FUNCIONARIO INTERINO
Año de convocatoria	2016
Observaciones	Se incorpora el solucionario del tribunal, si bien se han actualizado al TR-LOTUP la remisión a los artículos de la LOTUP. Entre corchetes, nuestros comentarios.

La Corporación Municipal ha decidido construir un edificio destinado a biblioteca en el núcleo urbano de la partida rural de El Altet, en la manzana señalada en el plano adjunto situada en el Área de Reparto Pluriparcelaria n.º 4 y que carece en la actualidad de desarrollo urbanístico. Tanto la manzana dotacional (superficie: 1602 m²) como sus viales perimetrales son de titularidad privada y estos últimos se encuentran sin urbanizar.

Se solicita informe urbanístico relativo a:

- Compatibilidad urbanística.
- Gestión urbanística.
- Documentación técnica a redactar.

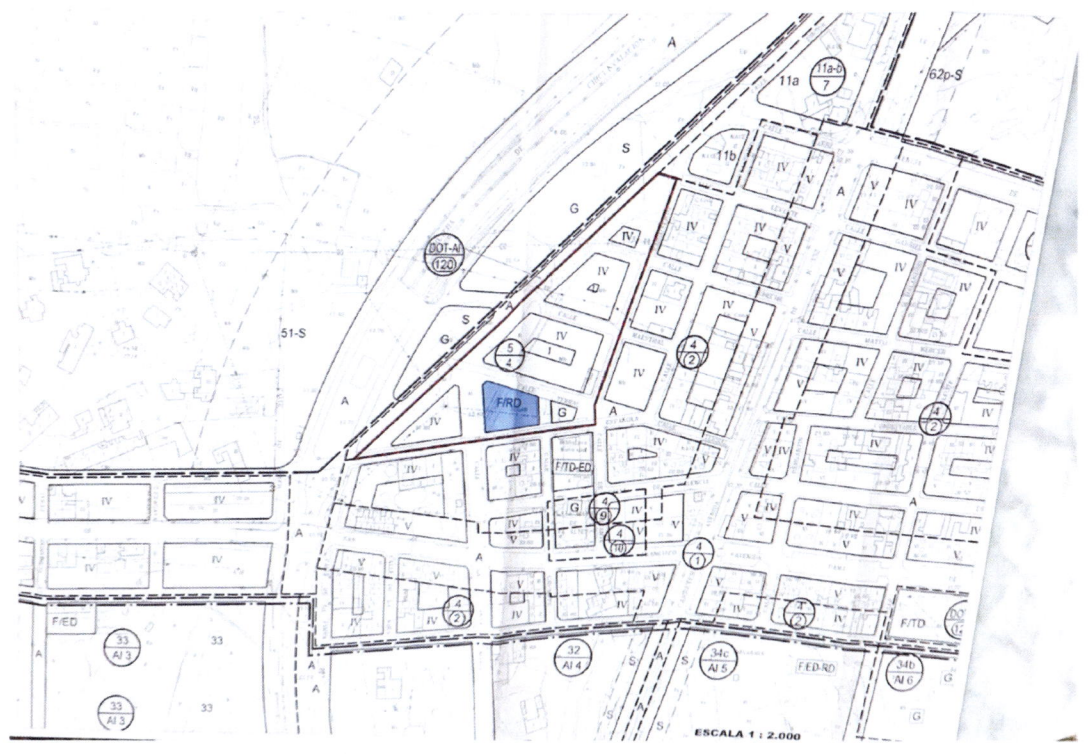

RESPUESTA DEL TRIBUNAL:

A- Compatibilidad urbanística (2 puntos):

A.1) Clasificación y calificación de la parcela:

Suelo clasificado como urbano y calificado como equipamiento destinado al uso deportivo-recreativo (F/RD).

A.2) Parámetros urbanísticos de la parcela:

A.2.1) Edificabilidad:

Superficie de parcela × 4 plantas

A.2.2) Ocupación:

100 % de la parcela

A.2.3) Altura:

4 plantas (PB + 3)

A.2.4) Retranqueos:

No existen retranqueos

A.3) Compatibilidad de uso:

Actualmente el uso previsto no es compatible en la Clave F/RD.

Para implantar el uso de biblioteca (F/ED), es preciso tramitar un cambio de uso, lo que supone una modificación puntual de la ordenación pormenorizada del Plan General.

[Puesto que solo afecta a la OP, tanto el órgano sustantivo como el órgano ambiental es el ayuntamiento (art. 44.6 y 49.2.a TRLOTUP).]

B.- Gestión urbanística (3,75 puntos):

B.1) Gestión directa de toda el área de reparto:

Programa de actuación integrada por gestión directa. Art. 114 al 117 y art. 119.1 TRLOTUP

B.2) Expropiación manzana y viarios perimetrales:

Art. 109 TRLOTUP

B.3) Ocupación directa manzana y viarios perimetrales:

Art. 113 TRLOTUP

[Aunque el enunciado no lo dice, se entiende que el AR pluriparcelaria comprende una UE, de otra forma no podría ser objeto de programación (art. 115.2 TRLOTUP). Como el enunciado no especifica nada (en el sentido de si está programado o no), el solucionario describe las tres maneras de obtener el suelo; la expropiación y la ocupación directa son métodos para la cesión anticipada.]

C.- Documentación técnica a redactar (3,00 puntos):

C.1) Gestión directa de toda el área de reparto:

1. Programa de actuación integrada con modificación del plan de ordenación pormenorizada (para el cambio de uso de la F/RD a F/ED). Art. 117.3 TRLOTUP.

2. Para la evaluación ambiental se necesita: documento de inicio (borrador + doc. inicial estratégico art. 52 TRLOTUP).

3. Proyecto de urbanización (art. 183 TRLOTUP).

4. Proyecto de reparcelación (art. 97 TRLOTUP).

5. Proyecto de edificación.

C.2) Expropiación manzana y viarios perimetrales:

1. Modificación del plan de ordenación pormenorizada (para el cambio de uso de la F/RD a F/ED).

2. Para la evaluación ambiental se necesita: documento de inicio (borrador + doc. inicial estratégico art. 52 TRLOTUP).

3. Proyecto de expropiación (art. 112 TRLOTUP).

4. Proyecto de urbanización (art. 183 TRLOTUP).

5. Proyecto de edificación.

C.3) Ocupación directa manzana y viarios perimetrales:

1. Modificación del plan de ordenación pormenorizada (para el cambio de uso de la F/RD a F/ED).

2. Para la evaluación ambiental se necesita: documento de inicio (borrador + doc. inicial estratégico art. 52 TRLOTUP).

3. Proyecto de ocupación directa: relación fincas afectadas, propietarios y aprovechamiento de las fincas (art. 113 TRLOTUP).

4. Proyecto de urbanización (art. 183 TRLOTUP).

5. Proyecto de edificación.

Administración	AYUNTAMIENTO DE XÀTIVA
Tipo de plaza	FUNCIONARIO INTERINO
Año de convocatoria	2016
Observaciones	

El PGOU de término municipal de Xàtiva delimita una unidad de ejecución en el suelo urbano, que cuenta con la ordenación pormenorizada. Uno de los principales objetivos políticos del actual equipo de gobierno es la programación, desarrollo y ejecución de dicha unidad de ejecución, para satisfacer las demandas vecinales en la zona, que reclaman la apertura al uso público de las siguientes dotaciones incluidas en la unidad de ejecución, que el Ayuntamiento pretende obtener mediante cesión obligatoria y gratuita:

- Un jardín público de 1200 m² integrante de la red secundaria de dotaciones públicas (S-JL).
- Una importante avenida calificada como red primaria (P-RV) que, según prevé el Plan General, atraviesa esta unidad de ejecución y la comunica con el resto del suelo urbano.

Previamente se solicita informe al arquitecto municipal sobre dos cuestiones.

1. Posibilidad según normativa vigente en materia del régimen del suelo de la exigencia de la cesión obligatoria y gratuita de estas dotaciones públicas, tanto la de la red primaria como la de la red secundaria. (1,5 puntos)

2. Procedimiento para la obtención gratuita de los suelos dotacionales incluidos en la citada unidad de ejecución o posibles procedimientos para obtención anticipada. (1,5 puntos)

Asimismo, el Ayuntamiento de Xàtiva a efectos de determinar las bases de programación de un sector del suelo urbanizable del PGOU, solicita al arquitecto municipal informe referente a:

1. Valor unitario del suelo del sector (5 puntos)

2. Coeficiente de retribución al urbanizador (2 puntos) = coeficiente de retribución medio entre los dos métodos siguientes:

- El precio de venta se fija a partir del precio máximo de venta de vivienda de protección pública. Se considera una repercusión del suelo del 20 % sobre el valor de venta
  - Módulo = 623,77 €
  - Coeficiente de zona del municipio = 1,37
- El precio de venta se fija a partir de los precios de mercado de las tipologías de viviendas.

Los datos de partida son:

- ➢ SUPERFICIE DEL ÁMBITO: 300 000 m²
- ➢ EDIFICABILIDAD MÁXIMA: 0,70 m²/m²

➢ CESIÓN EDIFICABILIDAD AL AYUNTAMIENTO: 10 %

➢ COSTES Y GASTOS DEL PROCESO DE URBANIZADOR (G): 6 000 000 €

➢ DISTRIBUCIÓN DE LA EDIFICABILIDAD POR TIPOLOGÍAS

    ○ VPO 20 %

    ○ VCL 30 %

    ○ VUL 30 %

    ○ CTL 20 %

➢ TABLA DE VALORES

	VCL	VUL	VPO	CTL
VALOR EN VENTA (€/m^2)	1500	1670	780	1800
VALOR CONSTRUCCIÓN (€/m^2)	540	661	480	420
Coeficiente de HOMOGENEIZACIÓN			1	

RESOLUCIÓN

Aunque formalmente el enunciado parece unitario, en realidad se compone de dos supuestos diferenciados: por una parte, la UE en SU y, por otra, el sector en SUB.

El primer supuesto es bastante teórico: la primera pregunta encuentra la respuesta, en cuanto a la normativa base estatal, en el art. 18.1.a TRLS:

> Las actuaciones de urbanización a que se refiere el artículo 7.1.a) comportan los siguientes deberes legales:
>
> a) Entregar a la administración competente el suelo reservado para viales, espacios libres, zonas verdes y restantes dotaciones públicas incluidas en la propia actuación o adscritas a ella para su obtención.

En la ley autonómica (TRLOTUP), el art. 116 dispone:

> Los programas de actuación integrada tendrán los siguientes objetivos legales:
> [...]
>> e) Obtener gratuitamente, a favor de la administración:
>>> 1º Los suelos dotacionales públicos del ámbito de la actuación, o adscritos a ella por el planeamiento.
>>> [...]

En lo referente a la segunda pregunta, el procedimiento normal para la obtención gratuita de los suelos dotacionales es la ejecución de un PAI para la UE (título II, del libro II TRLO-TUP). Para la obtención anticipada, se puede optar por la expropiación o por la ocupación directa, con la consiguiente reserva de aprovechamiento.

Por otra parte, en el segundo supuesto se solicita calcular mediante dos métodos el valor unitario del suelo de un sector de SUB, así como el coeficiente de canje.

Según el art. 40.1, el suelo en régimen de equidistribución de beneficios y cargas (es decir, en el contexto de un PAI, como es el caso) «se tasará por el valor que le correspondería si estuviera terminada la actuación», esto es, un suelo urbanizado sin edificación, por lo que cabe aplicar el art. 37.1 TRLS y art. 22 RVLS. Nótese que, si tuviéramos que valorar este mismo SUB, pero no en el marco de un PAI, lo consideraríamos como suelo rural, no urbanizado.

Aplicando la fórmula del art. 22.2 RVLS, los VRS de cada tipología son los siguientes:

$$\text{VRS}_{VPO} = (780 / 1,40) - 480 = 77,14 \text{ €/m}^2\text{t}$$
$$\text{VRS}_{VCL} = (1500 / 1,40) - 540 = 531,43 \text{ €/m}^2\text{t}$$
$$\text{VRS}_{VUL} = (1670 / 1,40) - 661 = 531,86 \text{ €/m}^2\text{t}$$
$$\text{VRS}_{CTL} = (1800 / 1,40) - 420 = 865,71 \text{ €/m}^2\text{t}$$

Determinemos la edificabilidad por tipología, según el porcentaje respecto al total, que es: SCS × IEB = 300 000 × 0,70 = 210 000 m²t.

$$E_{VPO} = 210\ 000 \times 0,20 = 42\ 000 \text{ m}^2\text{t}_{vpo}$$
$$E_{VCL} = 210\ 000 \times 0,30 = 63\ 000 \text{ m}^2\text{t}_{vcl}$$
$$E_{VUL} = 210\ 000 \times 0,30 = 63\ 000 \text{ m}^2\text{t}_{vul}$$
$$E_{CTL} = 210\ 000 \times 0,20 = 42\ 000 \text{ m}^2\text{t}_{ctl}$$

Finalmente, aplicamos estas edificabilidades a la fórmula del art. 22.1 RVLS: VS = E × VRS.

$$\text{VS}_{VPO} = 77,14 \times 42\ 000 = \quad 3\ 239\ 880 \text{ €}$$
$$\text{VS}_{VCL} = 531,43 \times 63\ 000 = \quad 33\ 480\ 090 \text{ €}$$
$$\text{VS}_{VUL} = 531,86 \times 63\ 000 = \quad 33\ 507\ 180 \text{ €}$$
$$\text{VS}_{CTL} = 865,71 \times 42\ 000 = \quad 36\ 359\ 820 \text{ €}$$

$$\text{VS} = 106\ 586\ 970 \text{ €}$$

A este valor, cabe descontar las cargas de urbanización:

$$\text{VSo} = 106\ 586\ 970 - 6\ 000\ 000 = 100\ 586\ 970 \text{ €}$$

Su valor unitario es: 100 586 970 / 300 000 = **335,29 €/m²s**.

Este sería el valor del suelo considerando el valor en venta de las VPO indicado en el enunciado. Para obtener el coeficiente de canje, se nos pide que tengamos en cuenta el precio máximo de venta de las VPO. En la fecha en la que se celebró el examen, dicho precio se regulaba por el Decreto 90/2009 por el que se aprobó el Reglamento de Viviendas de Protección Pública, modificado posteriormente por el Decreto 191/2013 (actualmente rige el

Decreto 68/2023). En el artículo 10.2 del Decreto 90/2009 se dice que «Los precios máximos por metro cuadrado útil [...] se determinarán multiplicando el módulo básico estatal por los coeficientes que se establecen en la tabla siguiente en función de la ubicación de la vivienda». Si bien tanto el módulo básico estatal como el coeficiente estaban fijados por el Real Decreto 2066/2008 y el Decreto 90/2009 respectivamente, el enunciado nos facilita un módulo y coeficiente, cuyo producto es:

$$Vv_{VPO} = 623{,}77 \times 1{,}37 = 854{,}56 \ \text{€/m}^2\text{u}$$

No obstante, este precio es por metro cuadrado útil y, para convertirlo en metro cuadrado construido, debemos multiplicarlo por 0,75 (art. 9.1 Decreto 90/2009), por lo que:

$$Vv_{VPO} = 854{,}56 \times 0{,}75 = 640{,}92 \ \text{€/m}^2\text{t}$$

Por otra parte, el VRS de las VPO es un 20 % del Vv, por tanto:

$$VRS_{VPO} = 640{,}92 \times 0{,}20 = 128{,}18 \ \text{€/m}^2\text{t}$$

Para extraer el VS con el precio máximo de venta de las VPO, retomamos los distintos VS antes obtenidos, pero sustituyendo el VRS de las VPO por el acabado de calcular:

$$VS_{VPO} = 128{,}18 \times 42\,000 = \ \ 5\,383\,560 \ \text{€}$$
$$VS_{VCL} = 531{,}43 \times 63\,000 = 33\,480\,090 \ \text{€}$$
$$VS_{VUL} = 531{,}86 \times 63\,000 = 33\,507\,180 \ \text{€}$$
$$VS_{CTL} = 865{,}71 \times 42\,000 = 36\,359\,820 \ \text{€}$$

$$\overline{\hspace{6cm}}$$

$$VS = 108\,730\,650 \ \text{€}$$

Por lo que el nuevo VSo = 108 730 650 − 6 000 000 = 102 730 650 €

El coeficiente de canje es la «correlación entre el coste dinerario de las cargas y el valor del suelo» (art. 149.1 TRLOTUP) = CU / (VSo + CU) o CU / VS = 6 000 000 / 108 730 650 = **0,055**.

El coeficiente de canje calculado sin el precio máximo de las VPO sería 6 000 000 / 106 586 970 = **0,056**.

Administración	GENERALITAT VALENCIANA
Tipo de plaza	FUNCIONARIO DE CARRERA
Año de convocatoria	2017
Observaciones	Se trata de un examen del que solo el enunciado ya son 54 páginas, con muchos ejercicios de todo tipo: ayudas a la vivienda, valoración según orden autonómica, determinación de justiprecio, CTE DB HS, DB SE-C, DB SE-F, DB SE-A, DB SI y DB SUA-1 (resbaladicidad de suelos), etc. Por tanto, un examen cuya resolución completa por los candidatos en las 4 h que había de tiempo era imposible. Por su exagerada extensión, no podemos comentar en la presente obra todo el examen, así que nos restringiremos a los tipos de supuesto que son más habituales en una oposición a arquitecto: la determinación del justiprecio y DB SI. En la reproducción de los enunciados, se omiten fragmentos no relacionados con las partes comentadas para acortar la larga extensión de aquellos. El enunciado se encuentra accesible en el siguiente enlace: https://www.gva.es/ downloads/publicados/EP/14_16_Supuesto_Practico_Castellano.pdf

SUPUESTO N.º 1

En el casco urbano del municipio de Castellón de la Plana se ubica un grupo de viviendas constituido por cinco bloques lineales paralelos de cinco plantas cada uno (planta baja + 4).

En cada uno de los bloques se disponen 6 núcleos de comunicación vertical que carecen de ascensor y que se encuentran ocupados únicamente por escaleras que permiten el acceso a cada planta, en las que se distribuyen dos viviendas con distribución pasante recayentes a las fachadas anterior y posterior de los bloques. Todas las viviendas tienen la misma distribución y superficie.

[…]

Las actuaciones que se prevé realizar comprenden las obras de reurbanización de los espacios públicos, así como las obras de intervención en todas las viviendas y elementos comunes a excepción del bloque 5, el cual, dado su avanzado estado de deterioro, aunque sin encontrarse en situación de ruina física, se prevé su demolición total y sustitución por otro de nueva ejecución que, de acuerdo con el planeamiento vigente, puede ser de 6 plantas (planta baja + 5), previéndose una distribución de 12 viviendas por planta, […].

De acuerdo con el enunciado y los datos adjuntos en los anexos, se pide:

[…]

d) Determinar, en el supuesto de que se quisiera expropiar el bloque 5, su justiprecio de expropiación.

Datos generales

Municipio:	Castellón de la Plana	Planeamiento vigente:	PGOU
Provincia:	Castellón	Zona urbanística:	CASCO ESTE
Código Postal:	12003	Número máximo de plantas:	VI (Baja + 5)
Polígono de ponencia de valores:	01	Ocupación máxima:	100 %
Zona de valor ponencia de valores:	R31	Uso dominante:	Residencial edificación abierta

Ámbito de actuación

Superficie total del ámbito de actuación (125 x 96 m):	12.000 m²

Datos de los bloques del ámbito de actuación

Bloque	N° de viviendas	Tipología catastral	Dimensiones	Superficie de suelo	Año de construcción	N° de plantas construidas	Estado de conservación catastral	Ascensor
B1	60	1.1.1.5	120 x 8 m	960 m²	1960	B + 4	Regular	No
B2	60	1.1.1.5	120 x 8 m	960 m²	1960	B + 4	Regular	No
B3	60	1.1.1.5	120 x 8 m	960 m²	1960	B + 4	Regular	No
B4	60	1.1.1.5	120 x 8 m	960 m²	1960	B + 4	Regular	No
B5	60	1.1.1.5	120 x 8 m	960 m²	1960	B + 4	Deficiente	No

Datos vivienda tipo

Superficie útil:	65 m²
Superficie construida propia:	74 m²
Superficie construida con elementos comunes:	80 m²
Número de dormitorios:	3
Número de baños:	1
Tipología y categoría catastral :	1.1.1.5
Año construcción	1960

Croquis planta tipo viviendas

0 1 2 3 4 5 m

Costes

Coste unitario de ejecución material de rehabilitación de vivienda*:	380,00 € / m²	Coste total de los realojos:	864.000,00 €
Coste unitario de ejecución material de obra nueva de vivienda colectiva:	500,00 € / m²	Gastos de gestión del área:	150.000,00 €
Coste unitario de ejecución material de obras de reurbanización:	65,00 € / m²	Coste total de derribo del bloque 5:	200.000,00 €

*Desglose costes de rehabilitación:

- Rehabilitación estructural: 40%
- Rehabilitación de cubiertas: 10%
- Obras de mejora de la accesibilidad: 35%
- Obras de mejora de la eficiencia energética: 15%

Estudio de mercado	
Fuente de la muestra:	Valores declarados en escritura pública
Ámbito temporal:	Transmisiones efectuadas en los últimos 12 meses
N° de testigos:	15
Valor en venta medio de vivienda colectiva nueva:	1.260,00 €/m² construido
Coste unitario de ejecución material de obra nueva de vivienda colectiva:	500,00 €/m² construido
Gastos generales y beneficio industrial del constructor, tasas y licencias y otros gastos necesarios:	31% del coste de ejecución material
Dinámica Inmobiliaria:	Baja
Gastos generales incluidos los de financiación, gestión y promoción así como el beneficio empresarial normal de la actividad de promoción inmobiliaria:	30% del valor en venta

Testigos del estudio de mercado						
N°	Tipología	Superficie construida con EE.CC. (m²)	Año de construcción	Estado de conservación	Ascensor	Precio (€)
T1	Viv. colectiva	85	1960	DEFICIENTE	NO	51.000
T2	Viv. colectiva	90	1975	REGULAR	NO	75.600
T3	Viv. colectiva	100	1975	REGULAR	NO	82.000
T4	Viv. colectiva	90	1985	NORMAL	SI	92.250
T5	Viv. colectiva	80	1960	DEFICIENTE	NO	49.600
T6	Viv. colectiva	90	1985	NORMAL	SI	94.500
T7	Viv. colectiva	80	1960	DEFICIENTE	NO	50.400
T8	Viv. colectiva	75	1960	DEFICIENTE	NO	48.750
T9	Viv. colectiva	80	1960	DEFICIENTE	NO	49.600
T10	Viv. colectiva	90	1975	REGULAR	NO	79.200
T11	Viv. colectiva	90	1985	NORMAL	SI	99.000
T12	Viv. colectiva	80	1960	DEFICIENTE	NO	48.000
T13	Viv. colectiva	120	2018	NORMAL	SI	151.200
T14	Viv. colectiva	115	2018	NORMAL	SI	142.600
T15	Viv. colectiva	125	2018	NORMAL	SI	156.250

Nota: La situación de cada testigo se especifica en el plano adjunto

135

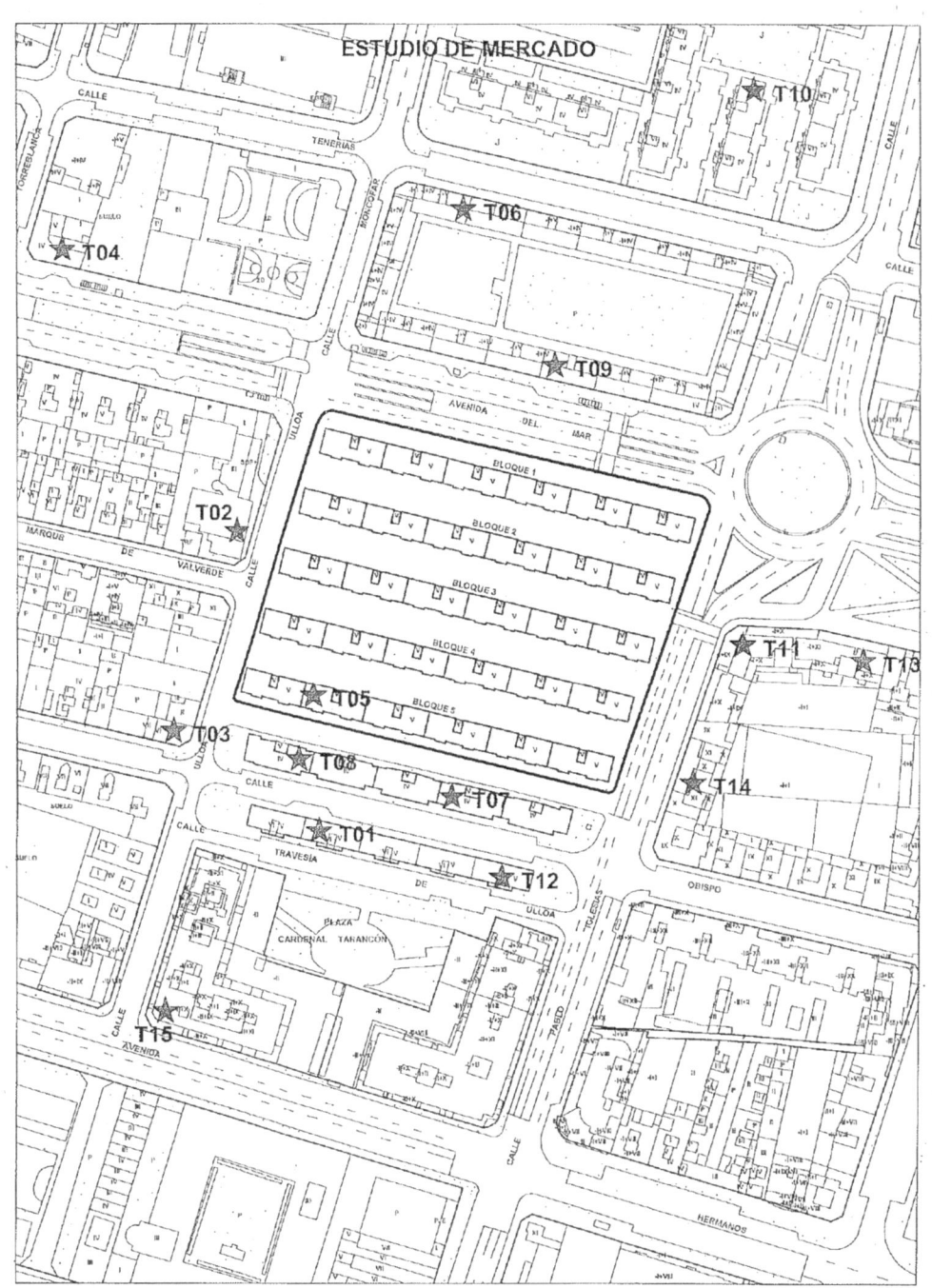

⭐ T--   Testigo del estudio de mercado n° --

[Además, el enunciado mostraba un plano de situación idéntico a este último del estudio de mercado, pero sin los testigos, y un fragmento del RVLS.]

RESOLUCIÓN

La actuación se enmarca en el caso del art. 37.3 TRLS, es decir, suelo urbanizado sometido a actuaciones de reforma o renovación de la urbanización, y establece para este caso que «el método residual a que se refieren los apartados anteriores considerará los usos y edificabilidades atribuidos por la ordenación en su situación de origen». Es decir, aunque no se

136

encuentre en ruina física, se demolerá por encontrarse en una actuación de renovación, por lo que, en la práctica, cabe aplicar el punto 1 del precitado artículo en el sentido de tener que calcular qué valor es mayor, el extraído mediante el método de comparación o mediante el residual estático. La diferencia, respecto al punto 1, es que el uso y edificabilidad del suelo que hay que considerar para el residual estático es la del planeamiento vigente en el momento de la construcción del edificio objeto de demolición, no el del planeamiento aprobado posteriormente. En el supuesto que nos ocupa, los bloques son de 5 plantas, pero el planeamiento permite 6 y ello podría llevar a pensar a los candidatos que, en su día, el planeamiento solo permitía 5 plantas. No obstante, creemos que no hay que sobrentender esto, ya que el enunciado no indica expresamente nada en tal sentido, por lo que consideraremos la edificabilidad que permite el planeamiento vigente, la cual es superficie ocupada × n.º plantas = $960 \times 6 = 5760$ m^{2}t.

Calculamos en primer lugar el valor mediante el método del residual estático (art. 22 RVLS).

El enunciado nos facilita directamente Vv (1260 €/m^{2}t) y, casi también directamente, K (1,30), ya que nos indica que son un 30 % los gastos generales incluidos los de financiación, etc. (véase definición del coeficiente K en el art. 22). En cuanto a Vc, se nos da el PEM (500,00 €/m^{2}t) y el resto de costes (31 % PEM), así que Vc = $500 \times 1,31 = 655$ €/m^{2}t.

Así pues:

$$VRS = (1260 / 1,30) - 655 = 314,23 \text{ €/m}^2\text{t}$$

$$VS = 314,23 \times 5760 = 1\ 809\ 964,80 \text{ €}$$

Ahora comprobemos qué valor se obtiene con el método de comparación (art. 24 RVLS). De los 15 testigos del estudio de mercado, tenemos 6 (mínimo que establece el art. 24.1) que son prácticamente idénticos a una vivienda del bloque que hay que valorar, se trata de T1, T5, T7, T8, T9 y T12. De esta forma, no se necesita homogeneizar el resto. Para ser más precisos, debemos calcular el valor unitario de venta (€/m^{2}t) de cada muestra, que es, respectivamente, 600, 620, 630, 650, 620 y 600, cuya media aritmética es 620 €/m^{2}t. La edificabilidad del bloque que se va a demoler es de superficie ocupada × n.º plantas = $960 \times 5 = 4800$ m^{2}t, por lo que el valor del bloque es $620 \times 4800 = 2\ 976\ 000$ €, sensiblemente superior al obtenido por el residual estático.

Para determinar el justiprecio definitivo, solo nos queda añadir el 5 % en concepto de premio de afección que establece la LEF:

$$\text{Justiprecio} = 2\ 976\ 000 \times 1,05 = \textbf{3 124 800 €}$$

SUPUESTO N.º 2

En la parte inferior de la hoja se aporta la planta general de una intervención de ampliación y reforma en un edificio escolar existente, terminado hace unos 15 años.

Se trata de un centro con un perfil de 3 unidades de Educación Infantil y 6 de Primaria cuyo solar se amplía, adosándole por el lado mayor (parte superior del croquis en planta) una pequeña parcela irregular, de modo que sea factible su transformación a 6 unidades de Infantil y 12 de Primaria, dotándolo de algunas dependencias educativas de las que carece el actual y construyendo un nuevo comedor y cocina dimensionado adecuadamente para un número de comensales acorde con la ampliación.

El solar resultante estará rodeado por viales públicos, siendo uno peatonal (el situado en el lado oeste) y los otros 5 con tráfico rodado.

[...]

El edificio existente está resuelto íntegramente en planta baja, con la única excepción de una banda rectangular situada en planta alta con eje principal N-S, en la que se disponen las 6 aulas actuales de Primaria y aparece delimitado en el croquis con líneas gruesas de trazo discontinuo. No se aporta la planta de distribución del mismo debido a que **ninguna de las edificaciones existentes son objeto del presente estudio, más allá del respeto a las preexistencias**.

La ampliación se dispone parcialmente adosada a la parte norte y se destina íntegramente a la zona docente de Primaria y el nuevo comedor y cocina, unidos al bloque anterior por un porche, tal como se representa, mediante contornos sombreados en retícula a 45° y con líneas verticales, respectivamente.

[...]

PRUEBA 3   Ejercicio 2   Apartados 1 al 9   Descripción general del edificio objeto del ejercicio.   -   VALORACIÓN: 11,0 puntos
PROVA 3   Exercici 2 - Apartats 1 al 9 - Descripció general de l'edifici objecte de l'exercici.   -   VALORACIÓ: 11,0 punts

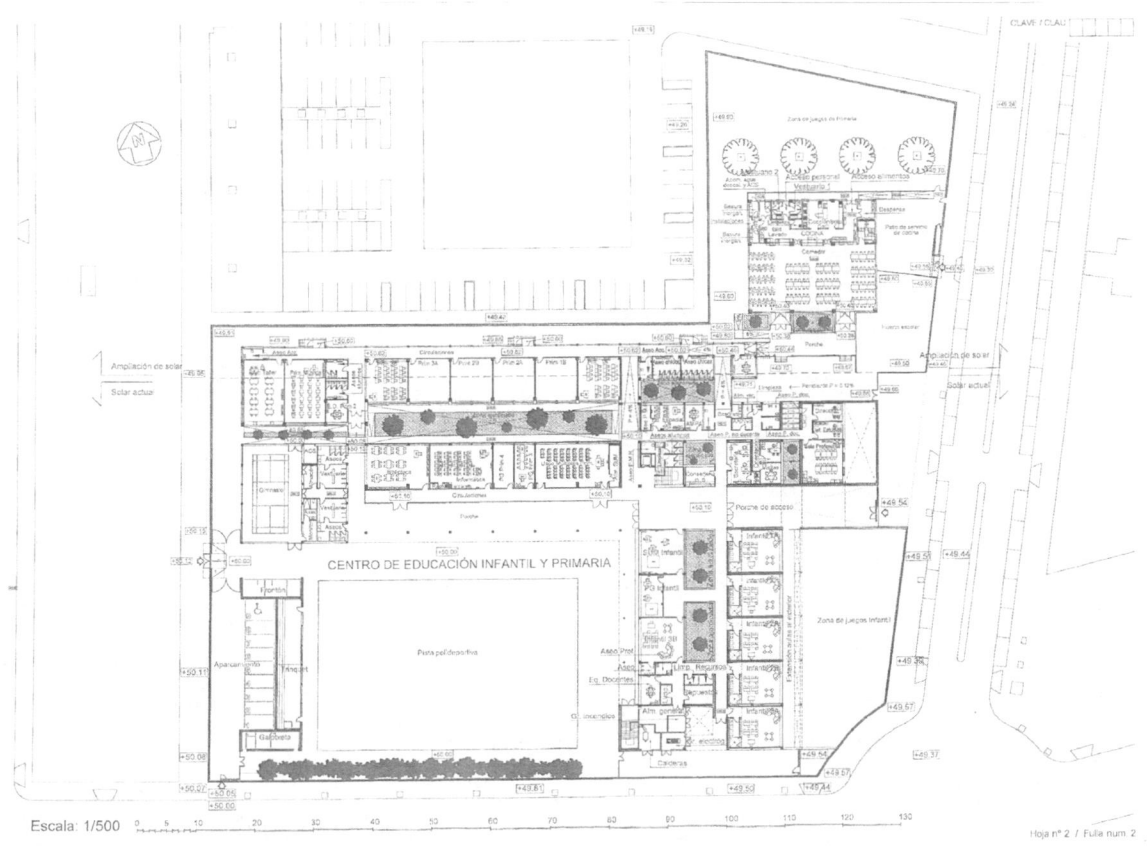

CENTRO DE EDUCACIÓN INFANTIL Y PRIMARIA

Apartado 8 - CTE DB SI

En la parte inferior de la hoja [en la pág. 141] se aporta la planta parcial que corresponde al extremo izquierdo de la ampliación, en el que se sitúan 6 aulas generales de Primaria, las 2 aulas (taller y música) específicas de Primaria, una sala de equipos docentes y parte de la dotación de aseos, así como las circulaciones. La planta se encuentra representada a escala 1/200 y se acompaña de una escala gráfica. Todas las cotas están referidas a dimensiones útiles.

En el presente apartado se trata de determinar las ocupaciones a considerar en los recintos y espacios interiores comprendidos dentro del rectángulo marcado con trazos discontinuos y proponer el correspondiente sistema de evacuación, conforme a los criterios de la Sección SI 3 Evacuación de ocupantes, del CTE.

Se debe considerar lo siguiente:

a) La evacuación del resto del centro se realiza utilizando salidas y vías de evacuación normales y alternativas diferentes de las existentes en la zona de estudio, por lo que no generan ninguna interferencia.

b) Las zonas libres perimetrales carecen de obstáculos y son sensiblemente horizontales. Así mismo, las zonas ajardinadas se proyectan con césped y arbolado de porte reducido, por lo que son completamente ocupables. Todas ellas cuentan con elementos de comunicación con los viales públicos situados en el contorno de la parcela.

c) En la zona interior objeto de estudio no existen rampas y las únicas escaleras son las representadas. Las 4 aulas ordinarias centrales cuentan con el mismo mobiliario que el representado en las 1A y 3B.

139

d) Las disposiciones educativas determinan una ratio de 25 alumnos/aula de ocupación máxima en las dependencias docentes de Primaria.

e) Además de las 6 aulas de Primaria de la ampliación, el centro ya cuenta con otras 6 aulas de Primaria que se encuentran situadas en la planta alta del edificio existente. Dichos alumnos pueden utilizar tanto las aulas específicas, como la sala de equipos docentes, los aseos y los espacios de circulación.

f) Todas las puertas interiores tienen un ancho útil de 90 cm y las de salida al exterior son de 100 cm las de 1 hoja y de 180 cm las de dos hojas.

g) La salida alternativa más próxima para las aulas 1A y 1B se encuentra situada en el lado derecho del pasillo (fuera del área representada).

Sobre la planta aportada y utilizando la simbología que se determina en el cuadro del lado derecho, se requiere lo siguiente:

1) Indicar las ocupaciones de cada recinto, así como las normales y las incrementadas en las hipótesis de bloqueo consideradas en los recorridos, comprobando las dimensiones de los elementos de evacuación.

2) Representar exclusivamente los recorridos más desfavorables hasta la salida (de planta o edificio) asignada, indicando su longitud hasta la salida. Análogamente con los recorridos hasta la alternativa en caso de bloqueo de la salida asignada en la hipótesis normal.

3) Identificar cada salida de planta o de edificio e indicar el n.º de ocupantes asignados en la hipótesis normal y en la de bloqueo de cada una de las salidas.

4) Análogamente, identificar cada salida de edificio contemplada en el plan e indicar el n.º de ocupantes asignados, el centro y radio (en cm) del círculo y la superficie aproximada de la zona a computar como espacio exterior seguro, que se marcará mediante un rayado de 45.

PRUEBA 3   Ejercicio 2   Apartado 8 -   CTE DB SI - Seguridad en caso de incendio -   SI 3 Evacuación de ocupantes.   -   VALORACIÓN: 2,0 puntos.

PROVA 3   Exercici 2   Apartat 8   -   CTE *DB SI - Seguretat en cas d'incendi   -   SI 3 Evacuació d'ocupants.   -   VALORACIÓ: 2,0 punts

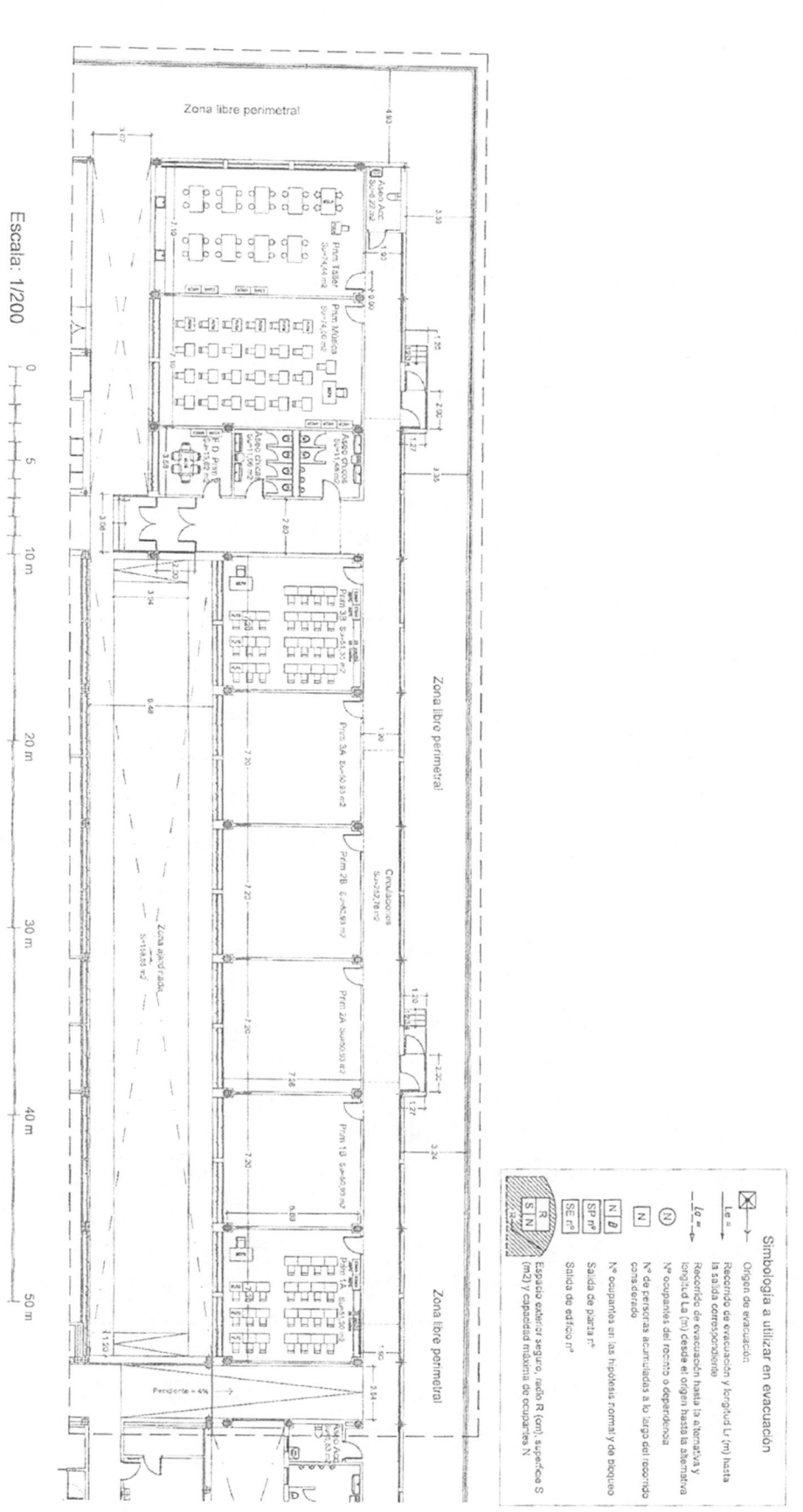

Escala: 1/200

0   5   10 m   20 m   30 m   40 m   50 m

Zona libre perimetral

Zona libre perimetral

Pendiente = 4%

Simbología a utilizar en evacuación

Origen de evacuación

Le =   Recorrido de evacuación y longitud L (m) hasta la salida correspondiente

La =   Recorrido de evacuación hasta la alternativa y longitud La (m) desde el origen hasta la alternativa

(N)   Nº ocupantes del recinto o dependencia

N   Nº de personas acumuladas a lo largo del recorrido considerado

N | θ   Nº ocupantes en las hipótesis normal y de bloqueo

SP nº   Salida de planta nº

SE nº   Salida de edificio nº

S | N | R   Espacio exterior seguro, radio R (cm), superficie S (m2) y capacidad máxima de ocupantes N

RESOLUCIÓN

Para determinar el número de ocupantes, acudimos a la tabla 2.1 DB SI 3, así pues:

Aseos:	3 m²/persona
Aulas:	1,5 m²/persona
Sala de equipos docentes:	5 m²/persona

En el plano vienen representados 25 pupitres correspondientes a los 25 alumnos/aula de ratio de que habla el enunciado. No obstante, y con independencia de que, además de los alumnos, habría que considerar también al docente, se ha optado por considerar la ocupación que se obtiene por aplicación de la densidad del CTE, ya que es más desfavorable. Si hubiera sido al revés, es decir, que el número de pupitres es mayor que la ocupación calculada mediante la densidad, deberíamos considerar la primera por ser más desfavorable. Por otro lado, el enunciado habla de aulas específicas de taller y música, y como tal se han considerado, es decir, que no se adopta la ocupación resultante de la densidad que la tabla 2.1 indica para locales diferentes de aulas, en las que especifica como ejemplo los talleres. Si se opta por esta última opción, habría que tener en cuenta la ocupación que surge de sumar el número de sillas, ya que sería mayor que la ocupación por densidad.

En cuanto a la simultaneidad, en condiciones normales no se tendría en cuenta la ocupación de pasillos y aseos, ya que serían los mismos ocupantes de las aulas. En este caso, se pueden considerar, siquiera en parte, puesto que las aulas de primaria de la primera planta no disponen de aseos, por lo que sus ocupantes pueden utilizar los de la zona ampliada, razón por la cual sí que valoramos su ocupación.

En lo referente al recorrido más desfavorable parece que sería el origen de evacuación más lejano del aula 3A, ya que todas las demás aulas tienen una salida a menos distancia. Teniendo en cuenta la disposición del mobiliario del aula, se traza el recorrido de evacuación, el cual, hasta su encuentro con el eje del pasillo, tiene menos de 25 m (concretamente 13 m); desde este punto prosigue hacia la salida 1 (SE 1) como recorrido principal que cumple la longitud igual o menor que 35 m (concretamente 29 m) y tiene como recorrido alternativo su camino hacia la salida 2 (SE 2), cuya longitud no precisa ser igual o menor que 35 m.

El número de ocupantes en la hipótesis normal en la SE 1 es el resultado de sumar la ocupación de los aseos, las aulas de taller, música, 3B y 3A (183). Si se bloquea SE 2, a esta ocupación cabe sumar la del resto de aulas, 183 + 137 = 320. Operamos análogamente para indicar los ocupantes que desalojan por SE 2: en condiciones normales, los de las aulas 1A, 1B, 2A y 2B (137). Si se bloquea SE 1, habría que añadir los ocupantes del aula 3A, ya que los del aula 3B y el resto de zonas tendrían más próxima la salida 3 (SE 3).

En relación con el espacio exterior seguro, su superficie debería ser de, al menos, $0,5 \times 306 = 153$ m², para lo cual el círculo es de radio $0,1 \times 306 = 30,6$ m. Se comprueba que cumple. Como se aprecia, hemos adoptado el número de ocupantes en la situación de bloqueo de una de las salidas, es decir, con la situación más desfavorable, tal y como recuerda el tercer párrafo del tercer comentario del DB SI 4.1.

A continuación, se han representado sobre el plano del enunciado los recorridos, ocupaciones y ocupantes, así como el espacio exterior seguro.

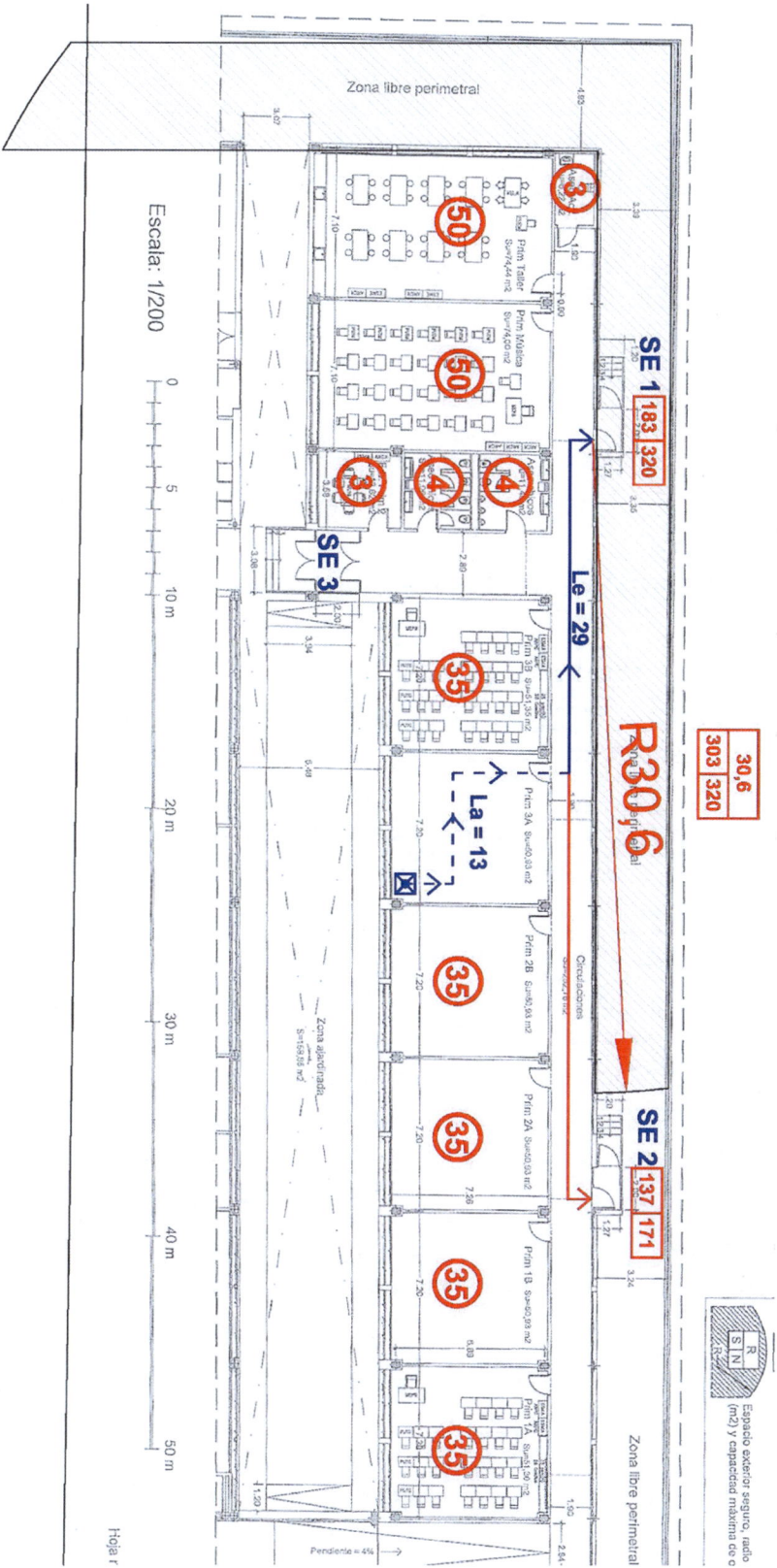

Administración	**DIPUTACIÓN DE VALENCIA / AYUNTAMIENTO DE TORRENT**
Tipo de plaza	FUNCIONARIO DE CARRERA
Año de convocatoria	2018 / 2020
Observaciones	Se reproduce el enunciado del examen de la Diputación de Valencia que, en esencia, es idéntico al del Ayuntamiento de Torrent (incluida la ficha de gestión) salvo por un fragmento final de este último, el cual se señala en cursiva para que el lector identifique la diferencia. Análogamente, las preguntas que realiza el Ayuntamiento de Torrent son prácticamente las mismas, pero añadiendo unas cuantas más, algunas relacionadas con dicho fragmento complementario del enunciado. También se han representado en cursiva estas preguntas.

Se está elaborando el Plan General Estructural y Plan de Ordenación Pormenorizado de un municipio de la provincia de Valencia, que se tramitan de forma simultánea. Entre los ámbitos de crecimiento urbanístico que se contemplan, tenemos un sector de suelo urbanizable de uso mixto (dominante residencial, compatible terciario), denominado Sector A.

Se adjunta ficha de gestión del correspondiente Sector A, que no está completa, pero sí contiene los datos imprescindibles para la realización del ejercicio. El aspirante debe, por lo tanto, calcular aquellos datos que requiera para resolver el caso práctico, de forma coherente con los aportados del resto de ficha, y con lo que establezca la legislación urbanística.

Además disponemos de la siguiente información:
-De un estudio de mercado sobre valores del suelo, se han obtenido los siguientes valores correspondientes a los usos y tipologías del sector, que tienen diferente rentabilidad urbanística:

-Valor de repercusión de uso RESIDENCIAL sector A = 600 €/m^2t
-Valor de repercusión de uso TERCIARIO sector A = 450 €/m^2t

Dentro del sector, prácticamente formando su linde norte, se aprecia el trazado de la Via Morta, que es un antiguo trazado de red de ferrocarril que se obtuvo por expropiación del Ministerio para ejecutar una línea férrea, y actualmente está en desuso. Se aprovechará para ejecutar un nuevo vial de borde, que se califica como red viaria de la red primaria. Se trata, por tanto, de la sup. inscrita comunicaciones y sup. SUELO PÚBLICO preexistente destinado al uso asignado al plan, de 1.200 m^2, que figura en la ficha de gestión del sector.

Existen otros caminos públicos municipales, que discurren por el interior del sector, que pasaron a manos del Ayuntamiento por cesión gratuita, inscritos como demaniales en el inventario municipal y que suman un total de 500 m^2 de superficie, y que se verán sustituidos por nuevos viales de la red secundaria del sector.

El sector, que linda al sur con una carretera de la Diputación de Valencia, que está en el catálogo correspondiente, y genera sus propias zonas de protección, según la legislación de carreteras:

En concreto, la zona de dominio público de carreteras se ha dejado fuera del sector, pero la franja de protección queda dentro (mide una anchura de 25 metros desde la arista exterior de la calzada), de forma que la parte de esta zona que queda dentro, descontando la de dominio público externa, mide una anchura de 12 metros dentro del sector. Como su longitud es de 270 metros, resulta una superficie de **3240 m²** de la zona de protección incluida en la superficie del sector.

Esta zona se va a ceder y ejecutar con cargo al sector.

FICHA DE GESTIÓN	SECTOR A
CLASIFICACIÓN Y CALIFICACIÓN	URBANIZABLE
ZONA DE ORDENACIÓN:	ZONA A
USO DOMINANTE:	RESIDENCIAL
USOS COMPATIBLES:	TERCIARIO
USOS INCOMPATIBLES:	INDUSTRIAL
CRITERIOS DE APROVECHAMIENTO TIPO Y ÁREA DE REPARTO	Configurará una única área de reparto junto con la red primaria que se le adscribe.
PLANO DE DELIMITACIÓN DEL SECTOR	

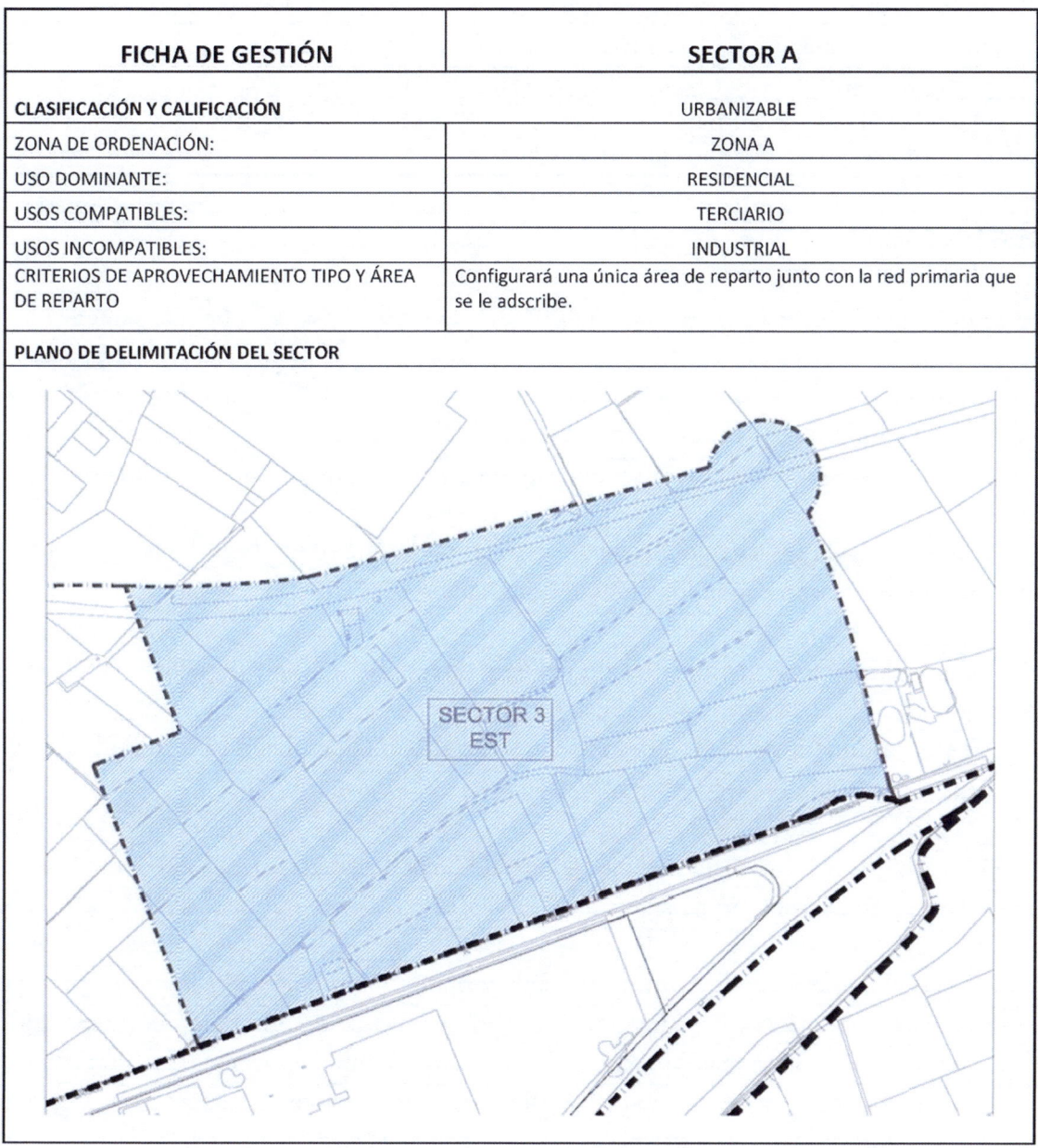

PARÁMETROS URBANÍSTICOS	
Superficie del sector (m² suelo): **90 000**	IEB (m²techo / m²suelo): 0,60
Sup. red primaria inscrita (m² suelo): **1200 (Via Morta)**	IER (m²techo / m²suelo):
Sup. inscrita comunicaciones (m² suelo): 0	IET (m²techo / m²suelo): 0,20
Sup. inscrita equipamientos (m² suelo): 0	IEI (m²techo / m²suelo):
Sup. red primaria adscrita (m² suelo): **12 000**	Edif. residencial total (m²techo)
Sup. adscrita comunicaciones (m² suelo): 0	Porcentaje de reserva VPP (%): **0 %**
Sup. adscrita zonas verdes (m² suelo): **12 000**	Núm. viviendas total
Sup. adscrita equipamientos (m² suelo): 0	Núm. habitantes estimados
Sup. SUELO PÚBLICO preexistente destinada al uso asignado por el plan (m² suelo): **1200 (Via Morta) y 500 (caminos municipales)**	Núm. viviendas por hectárea: **30**

PREGUNTAS:

Se va a proceder a diseñar la ordenación pormenorizada del Sector A, para lo cual se pide:

1) Calcular las reservas de suelo dotacional de la red secundaria que requiere el sector, como mínimo y de acuerdo con la legislación urbanística (no se piden condiciones geométricas o condiciones cualitativas, sino superficies de suelo que se requieren).

2) Determinar la reserva de plazas de aparcamiento que requiere el sector, como mínimo y de acuerdo con la legislación urbanística.

3) Calcular el aprovechamiento tipo del área de reparto a la que pertenece el Sector A.

   Indica en qué instrumento de planeamiento urbanístico plasmarías la cifra anteriormente obtenida (el aprovechamiento tipo).

4) La Diputación de Valencia tiene un terreno de naturaleza patrimonial dentro del área de reparto de 2000 m² de superficie.

   Suponiendo que se desarrolle el sector, y que la Diputación retribuya íntegramente en metálico la labor urbanizadora, en el momento de elaborarse la correspondiente reparcelación, si se le adjudica el íntegro aprovechamiento al que tiene derecho en la zona de uso terciario, ¿qué edificabilidad le tendrían que adjudicar a la Diputación de Valencia?

5) *En este sector A ¿cuál es el ancho mínimo que deberán tener los viales de sentido único, así como los viales de doble sentido?*

6) *¿Qué aprovechamiento le correspondería en la reparcelación al Ministerio por los 1200 m²s procedentes de la Via Morta?*

7) ¿Qué aprovechamiento le correspondería en la reparcelación al Ayuntamiento por los 500 m²s procedentes de varios caminos municipales?

8) En la franja de protección de carreteras que queda dentro del sector con una superficie de 3240 m², ¿cuánto techo residencial puede construirse en la misma?

9) A la franja de protección de carreteras que queda dentro del sector con una superficie de 3240 m², ¿qué edificabilidad residencial le corresponde en aplicación del IER del sector A?

RESOLUCIÓN

1. Las superficies dotacionales dependen de la edificabilidad y de la SCS. En el punto 1.2 del apartado IV del anexo IV del TRLOTUP, se nos recuerdan las circunstancias por las que la SCS no coincide con la superficie del sector, de las que cabe señalar, para el caso que nos ocupa, la RP incluida en el sector que no se ejecuta a cargo de la actuación, las dotaciones públicas existentes (no viarias) que se integren en el nuevo plan y la zona de protección de la carretera. La RP es la Via Morta y esta, junto a 500 m² de caminos, conforma el suelo dotacional preexistente destinado al uso asignado por el plan. Es evidente que los caminos constituyen viario y, por tanto, no se excluyen del SCS; sin embargo, se podrían tener dudas con la antigua vía férrea. En este sentido, parece que debe interpretarse que, cuando el TRLOTUP habla de «viarias», se refiere solo a los tres tipos de red viaria dentro de la clasificación de suelo dotacional de comunicaciones, pero no a la red ferroviaria ni de aparcamiento, también incluidos en dicho suelo. En cuanto a la zona de protección, puesto que se nos indica que se cede y ejecuta a cargo del sector, no la descontamos.

Así pues:

$$SCS = 90\ 000 - 1200 = 88\ 800\ m^2$$

Por lo que:

$$ET = SCS \times IET = 88.800 \times 0,20 = 17\ 760\ m^2tt.$$

En cuanto a la ER, en la ficha del sector no se nos da el IER, pero como sabemos que IEI = 0 (puesto que no existe EI) y que IEB = IER + IET, entonces IER = IEB - IET → IER = 0,60 - 0,20 = 0,40.

$$ER = SCS \times IER = 88\ 800 \times 0,40 = 35\ 520\ m^2tr.$$

Se trata de una actuación de uso dominante residencial, así que siguiendo el esquema de estándares dotacionales:

ZV + EQ = (35 520 × 35) / 100 + (17 760 × 4) / 100 = 12 432 + 710,40 = **13 142,40 m²s**, de los que mínimo han de ser de ZV = (35 520 × 15) / 100 + (17 760 × 4) / 100 = 5328 + 710,40 = **6038,40 m²s**

2. En actuaciones residenciales, el número de plazas es función del número de habitantes y este se obtiene del número de habitantes por vivienda. El número de viviendas se calcula por la densidad dada por la ficha, que es 30 viv./ha:

Núm. viv. = 30 × 90 000[17] / 10 000 = 270

Como no se nos facilita el número de habitantes por viviendas, cabe remitirse a los 2,5 que indica el art. 22.1 TROLUTP:

Núm. hab. = 270 × 2,5 = 675

Plazas de aparcamiento privadas = 0,5 × 675 = 337,50 ≃ 338[18]
Plazas de aparcamiento públicas = 0,25 × 675 = 168,75 ≃ 169

Cabe suplementar estas plazas con aquellas correspondientes a la edificabilidad terciaria:

Plazas de aparcamiento públicas = (1 × 17 760) / 100 = 177,6 ≃ 178

Como no se especifica el uso terciario, se estima aplicar la proporción genérica de la letra c del punto 5.4, que también es de una plaza por cada 100 metros construidos, lo que significa una previsión de 178 plazas de uso privado.

Plazas totales de aparcamiento privadas = 338 + 178 = **516**
Plazas totales de aparcamiento públicas = 169 + 178 = **347**

3. El AT es el resultado de dividir el AO homogeneizado (AOhom.) entre el AR (art. 78 TRLOTUP). Para homogeneizar, nos facilitan los VRS de cada uso. Escogemos 1,00 como coeficiente de ponderación u homogeneización para el uso mayoritario (véase comentario de la nota a pie 3 del ejercicio 1 del Ayuntamiento de Peñíscola, pág. 61):

Coef. uso residencial = 1,00
Coef. uso terciario = 450 / 600 = 0,75

AOhom = 1,00 × 35 520 + 0,75 × 17 760 = 48 840 UA

---

[17] Aquí se puede tener la duda de si adoptar la superficie del sector o la SCS, cuestión no definida en la ley, por lo que ambas opciones pueden ser válidas si se justifica su elección.
[18] Es más habitual redondear el entero por arriba, con independencia del decimal, para ser conservador, si bien es una cuestión menor.

El AR es igual a la superficie del sector añadiendo la red primaria adscrita (en este caso 12 000 m² de ZV) y «excluyendo las superficies de suelo público preexistentes en el área de reparto y que ya se encuentren destinadas al uso asignado por el plan, salvo las que consten obtenidas de forma onerosa por la administración». Según la ficha, tanto la Via Morta como los caminos municipales se encuentran destinados al uso asignado por el plan; no obstante, la primera se obtuvo onerosamente por la administración (es decir, tuvo que pagar por ella al conseguirse por expropiación), mientras que los caminos los obtuvo gratuitamente, por lo que solo se descuentan estos del AR.

$$AR = 90\ 000 + 12\ 000 - 500 = 101\ 500\ \text{m}^2\text{s}$$

$$\text{Así pues, AT} = 48\ 840 / 101\ 500 = \mathbf{0{,}48118\ UA/m^2s}$$

4. La Diputación constituye un propietario más, así que su aprovechamiento es el 90 % del AT:

$$AS = 2000 \times 0{,}48118 \times 0{,}90 = 866{,}124\ UA$$

La edificabilidad se obtiene deshomogeneizando el AS = 866,124 / 0,75 = **1154,83** m²tt.

5. El ancho de los viales es función del IEB, según rangos de la tabla del anexo IV TRLO-TUP. El problema con un IEB = 0,60 es que no se ajusta a ninguno de dichos rangos, ya que en ella se indica la anchura para IEB > 0,60 y para IEB < 0,60, pero no para IEB = 0,60. Esto deberíamos explicarlo en el examen y decantarnos por una de ellas.

6. Análogamente a lo realizado en el punto 4 y en atención a lo establecido en el art. 88.1. TRLOTUP:

$$AS = 1200 \times 0{,}48118 \times 0{,}90 = \mathbf{519{,}67\ UA}$$

7. Según lo dispuesto en el art. 88.2 TRLOTUP, los caminos NO generan aprovechamiento, ya que su superficie no es mayor que la del viario resultante de la ejecución del plan.

8. NO se puede construir techo residencial en la zona de protección de la carretera según lo prescrito en el art. 33.4 Ley 6/1991.

9. Le corresponde un aprovechamiento de 3240 × AT = 3240 × 0,48118 = 1559,02 UA, como el coeficiente de ponderación del uso residencial es 1, la UA coinciden con la edificabilidad:

$$ER = \mathbf{1559{,}02\ m^2t}$$

Administración	**AYUNTAMIENTO DE ELDA**
Tipo de plaza	FUNCIONARIO DE CARRERA
Año de convocatoria	2018
Observaciones	

Por el interesado XX se ha solicitado al Ayuntamiento de Elda licencia urbanística para la instalación de una almazara en suelo no urbanizable, de régimen común.

Indique la normativa de aplicación y los procedimientos a seguir hasta la puesta en funcionamiento de la actividad.

RESOLUCIÓN

Como se puede ver, se trata de un ejercicio más bien teórico y bastante genérico. El tipo de instalación, una almazara, se ajustaría a la descrita en el art. 211.1.e TRLOTUP, es decir, actividades de transformación y comercialización de productos del sector primario, ya que no podemos considerarla como una instalación necesaria para la actividad agropecuaria (como sería una caseta de aperos o nave agrícola), que es el tipo de la letra a de dicho artículo.

Según el art. 216.1, las actividades descritas en el art. 211.1.e requieren de DIC previa a la concesión de la licencia. Como Elda se encuentra en la franja intermedia del territorio, la almazara se pretende ubicar en suelo no urbanizable común y el planeamiento de Elda no se encuentra adaptado a la LOTUP, solo podría eximirse al promotor de obtener la DIC si se justificara la condición del art. 218.1.b.2ª, es decir, que la instalación precise emplazarse cerca de las parcelas de origen de la materia prima, olivares en este caso y siempre que el 50 % de la parcela esté libre de ocupación y dedicada al uso agrario. En caso de no precisarse DIC, cabe solicitar informe de la conselleria competente en materia de urbanismo y ordenación del territorio y, en su caso, de las administraciones sectoriales (art. 216.2).

En cuanto al instrumento de intervención ambiental, del enunciado no podemos saber la cantidad de producción de aceite. Si es a escala industrial, requeriría una licencia ambiental (punto 9.12 anexo II Ley 6/2014), si no, declaración responsable ambiental. En el primer caso, se tramitará conjuntamente la licencia de obras y actividad (art. 53.3 Ley 6/2014); una vez obtenida la licencia ambiental y terminadas las obras, el inicio de la actividad requiere de la previa presentación de la comunicación de puesta de funcionamiento (art. 61.1). En el caso de declaración responsable ambiental, primero se tramita la licencia de obras (art. 68.1). Cabe recordar que, en el caso de que se tramite la DIC, el instrumento de intervención ambiental se solicita una vez obtenida aquella (art. 11.1).

Administración	**AYUNTAMIENTO DE ONTINYENT**
Tipo de plaza	FUNCIONARIO INTERINO
Año de convocatoria	2018
Observaciones	El aspirante debía elegir dos supuestos de entres los tres

EXERCICI 1. SUPÒSITS D'ACTUACIÓ URBANÍSTICA A LA ZONA INDUSTRIAL

CAS 1. (màxim 5 punts)

L'edifici delimitat en la imatge següent es troba afectat parcialment per les alineacions del Pla General, ocupant una part de futur viari públic.

L'edifici, antiga indústria tèxtil, està sense ús actualment i se sol·licita autorització per a una activitat de concessionari d'automòbils.

Informeu sobre la viabilitat del pretès.

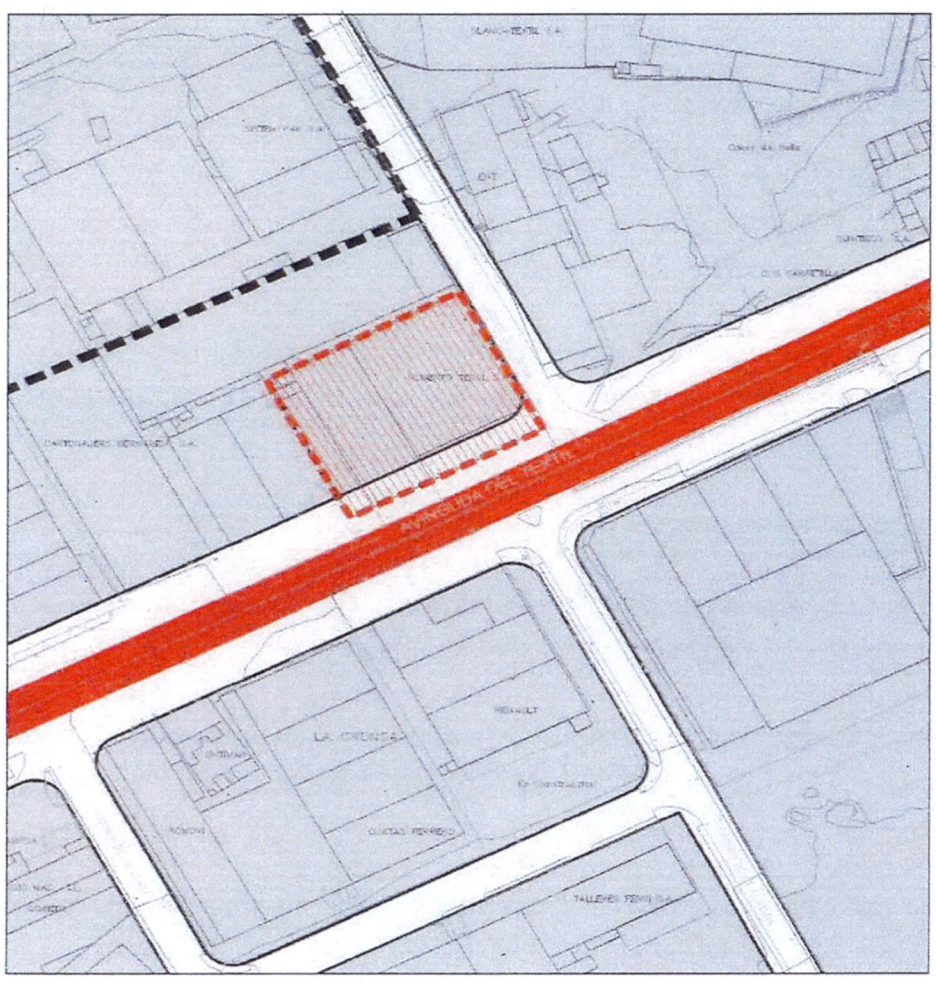

PLA GENERAL D'ONTINYENT

CAPÍTULO 8º. EDIFICACIONES FUERA DE ORDENACIÓN

ARTÍCULO 1.60. FUERA DE ORDENACIÓN MANIFIESTA

Se entenderán fuera de ordenación manifiesta las construcciones que presenten una de estas características:

a) Ocupar suelos con destino y uso público según el planeamiento aplicable.

   Cuando ocupen espacios libres previstos por el Plan pero las edificaciones puedan armonizar con un entorno ajardinado y solo ocupen una porción minoritaria (inferior al 10 %) de la superficie dotacional prevista, no se entenderán fuera de ordenación manifiesta.

b) Situarse dentro de las zonas de dominio público de carreteras, redes ferroviarias y caminos públicos.

ARTÍCULO 1.61. OBRAS Y USOS PERMITIDOS EN LAS CONSTRUCCIONES FUERA DE ORDENACIÓN MANIFIESTA

No se podrán realizar otras obras más que las de mera conservación, reparación y decoración que no rebasen las exigencias el deber normal de conservación. Solo se pueden dar licencias de actividad para el uso que fue construido el edificio, propio de sus características arquitectónicas y al que se destinó en su origen según la correspondiente licencia de obras. Cuando la construcción carezca de la misma o se tratase de una licencia de legalización, no podrán concederse licencias de actividad.

Solo se pueden autorizar cambios de titularidad de la actividad existente u obras de reforma, sin ampliación, mediante licencia para obra o uso provisional, debiendo asociarse las condiciones de provisionalidad autorizadas a un plazo o condición de erradicación y demolición de construcciones y usos para ajustarlas al planeamiento.

En los elementos arquitectónicos no estructurales en edificios fuera de ordenación solo se autorizarán las obras imprescindibles de conservación y reparación para evitar riesgos a la seguridad, salubridad u ornato público.

En los casos de edificaciones destinadas a vivienda plurifamiliar podrán concederse obras de consolidación de elementos arquitectónicos estructurales. Podrán asimismo concederse licencias para usos provisionales, debiendo asociarse las condiciones de provisionalidad autorizadas a un plazo o condición de erradicación y demolición de construcciones y usos para ajustarlas al nuevo planeamiento.

ARTÍCULO 1.62. CONSTRUCCIONES Y EDIFICACIONES NO AJUSTADAS AL PLAN

Son las construcciones y edificios que pese a no ajustarse al Plan, no tengan la consideración de "fuera de ordenación manifiesta" según la definición de los artículos anteriores. Sobre ellas se permiten las actuaciones incluidas en el artículo siguiente.

ARTÍCULO 1.63. OBRAS Y USOS PERMITIDOS EN LAS CONSTRUCCIONES NO AJUSTADAS AL PLAN

1. Se admiten obras de reforma y mejora y cambios objetivos de actividad siempre que la nueva obra o actividad no acentúe la inadecuación al planeamiento vigente, ni suponga la completa reconstrucción de elementos disconformes con él.

[…]

RESOLUCIÓN

A diferencia de otros ejercicios del presente manual referidos a edificios en fuera de ordenación, aquí se nos facilita el régimen que el planeamiento municipal establece para aquellos, si bien tampoco se detalla el caso de una ocupación parcial de viario, así que, siendo conservador, cabrá interpretar que cualquier ocupación supone que la edificación se encuentre en fuera de ordenación manifiesta. Parece que la solución, en atención al segundo párrafo del art. 1.61 del plan, es otorgar una licencia provisional para el uso de concesionario, lo que también permite la licencia de obras de reforma para adecuar el edificio, eso sí, bajo la condición de ajustar la construcción a la alineación una vez transcurrido el plazo de la licencia provisional.

CAS 2. (màxim 5 punts)

Calcular l'aprofitament tipus de la Unitat d'Execució El Pla delimitada en el Pla General en sòl urbà, encara que no urbanitzat, que s'assenyala en la imatge següent, a partir de les dades que s'hi indiquen i sense establir coeficients correctors. L'àrea de repartiment coincideix amb la unitat d'execució.

Digui l'excedent d'aprofitament que correspon a l'administració i el motiu pel qual s'origina.

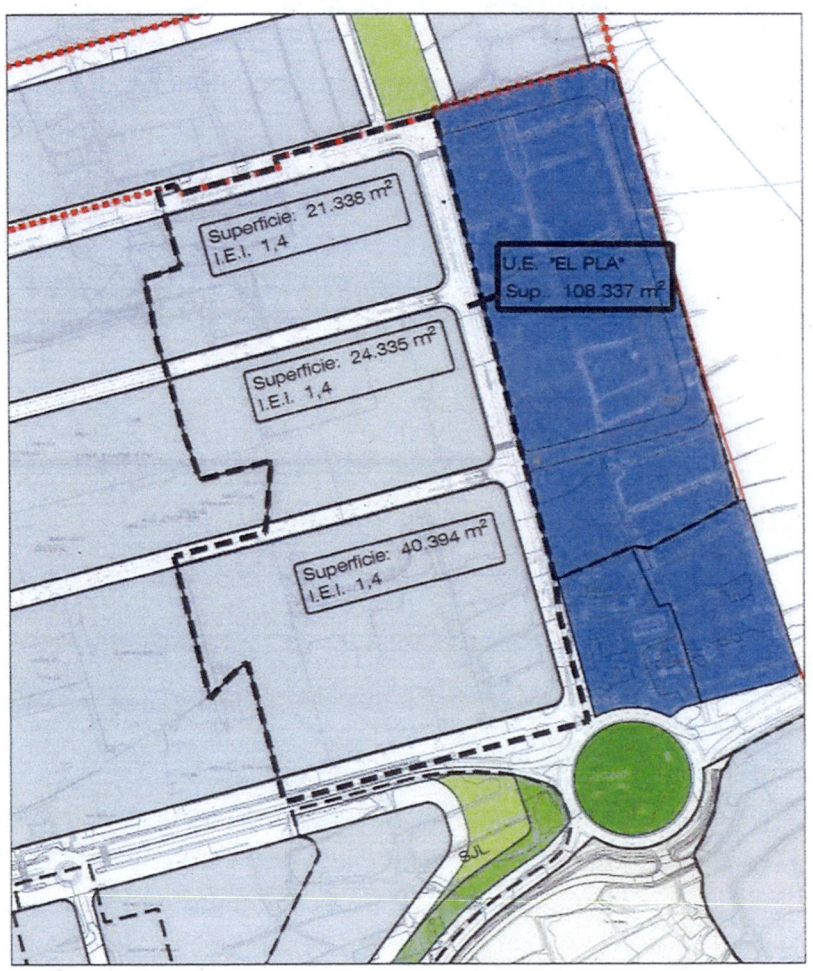

RESOLUCIÓN

En este caso el AO se obtiene de las EN de cada parcela:

$$AO = (21\ 338 \times 1,4) + (24\ 335 \times 1,4) + (40\ 394 \times 1,4) = 120\ 493,8\ m^2t$$

$$AT = 120\ 493,8\ /\ 108\ 337 = \mathbf{1,1122\ m^2t/m^2s}$$

El excedente que corresponde a la administración se origina por la diferencia entre el AT y el porcentaje de aprovechamiento que corresponde a la administración (art. 72.4.f TRLOTUP). Según el art. 82.1, parece que este caso sería el de la letra c, es decir, SU no urbanizado incluido en UE sin que exista incremento de aprovechamiento respecto de la ordenación vigente. Por tanto, el porcentaje para la administración sería del 5 % del AT.

CAS 3. (màxim 10 punts)

A causa de l'excessiva longitud horitzontal de les illes urbanes es vol modificar l'ordenació delimitant un viari nord-sud que divideixi les illes de la unitat, tal com es mostra en la imatge inferior.

154

La modificació ha de mantenir l'aprofitament tipus de la unitat, ¿quins paràmetres urbanístics caldrà modificar per aconseguir-ho? Explique's.

Expliqueu el procediment i tramitació a seguir per a l'aprovació de la modificació de planejament necessària per a això i els òrgans que intervindran.

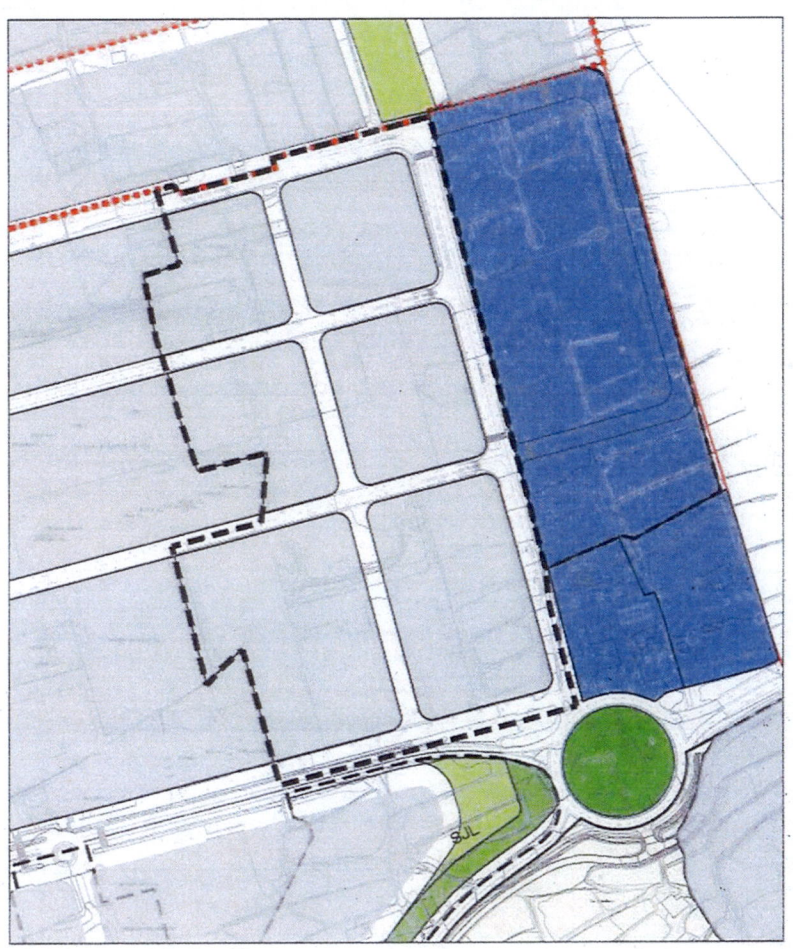

RESOLUCIÓN

Si el AT se mantiene, así como la superficie del AR, necesariamente también tiene que mantenerse el AO, o sea, la EN. Puesto que la superficie lucrativa ha disminuido porque ha aumentado la del viario, lo que tiene que aumentar es el IEN. Por tanto, la modificación del planeamiento consiste en la introducción de un nuevo viario y el aumento del IEN de la UE, ambos parámetros pertenecientes a la OP. Puesto que la modificación afecta solo a la OP en SU, el órgano ambiental es el ayuntamiento (art. 49.2.a TRLOTUP) y este probablemente valorará tal modificación como menor, por lo que la evaluación ambiental y territorial estratégica podría tramitarse como simplificada (art. 46.3). Asimismo, el ayuntamiento es el competente para formular, tramitar y aprobar la modificación en la medida en que esta afecta únicamente a la OP (art. 44.6), concretamente el pleno (art. 61.1.d). Asimismo, véase última frase de nuestro comentario al punto 4 del ejercicio de Mutxamel (pág. 288).

EXERCICI 2

Desenvolupament d'actuacions en el sòl urbanitzable residencial extensiu del municipi.

El municipi d'Ontinyent compta amb trenta sectors de sòl urbanitzable residencial extensiu. La majoria es troba ordenat detalladament mitjançant l'aprovació de diferents plans parcials.

S'adjunten fitxes de planejament sobre el qual s'estableixen les següents qüestions.

UE 12

CLASIFICACION SUELO	SUELO URBANIZABLE
AREA DE REPARTO	SUBEL RESIDENCIAL EXTENSIVO
USO GLOBAL	RESIDENCIAL
A. TIPO AREA DE REPARTO	0,100 m2t/m2s

RESUMEN	superficies	%
TOTAL UE	2.119	100
PRIVADO	1.663	78,48
DOTACIONAL (SD)	456	21,52
RED VIARIA (RV+AV)	456	21,52
EQUIPAMIENTOS (SID)	0	0,00
ZONAS VERDES (SJL)	0	0,00

INDICES	m2t/m2s
Edificabilidad neta en suelo privado	0,125
Indice de Edificabilidad Bruta	0,098
EDIFICABILIDAD	m2t
Uso global RESIDENCIAL	208

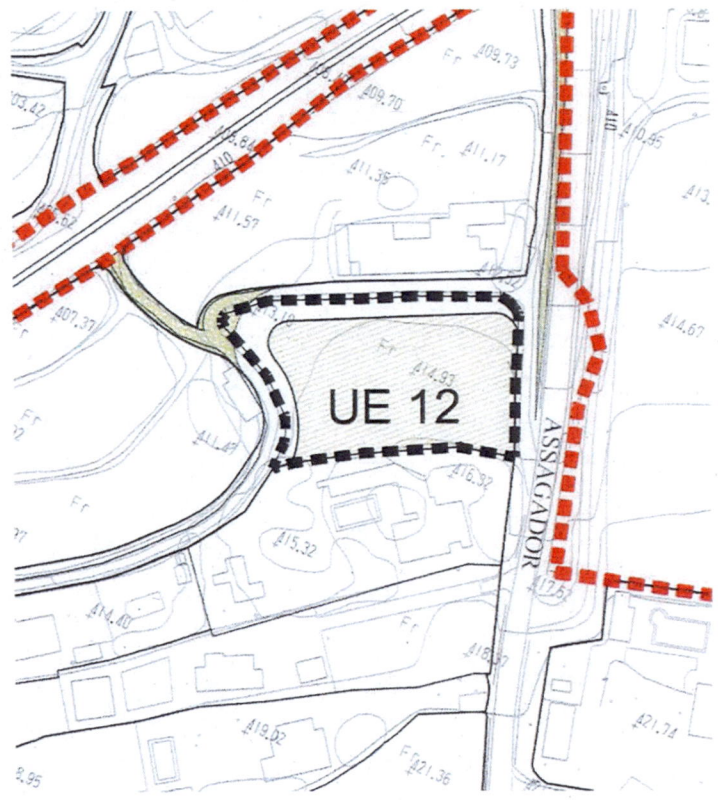

UE 5

CLASIFICACION SUELO	SUELO URBANIZABLE
AREA DE REPARTO	SUBEL RESIDENCIAL EXTENSIVO
USO GLOBAL	RESIDENCIAL
A. TIPO AREA DE REPARTO	0,100 m2t/m2s

RESUMEN	superficies	%
TOTAL UE	106.887	100
PRIVADO	69.309	64,84
DOTACIONAL (SD)	37.578	35,16
RED VIARIA (RV+AV)	27.163	25,41
EQUIPAMIENTOS (SID)	0	0,00
ZONAS VERDES (SJL)	10.415	9,74

INDICES	m2t/m2s
Edificabilidad neta en suelo privado	0,150
Indice de Edificabilidad Bruta	0,097
EDIFICABILIDAD	m2t
Uso global RESIDENCIAL	10.396

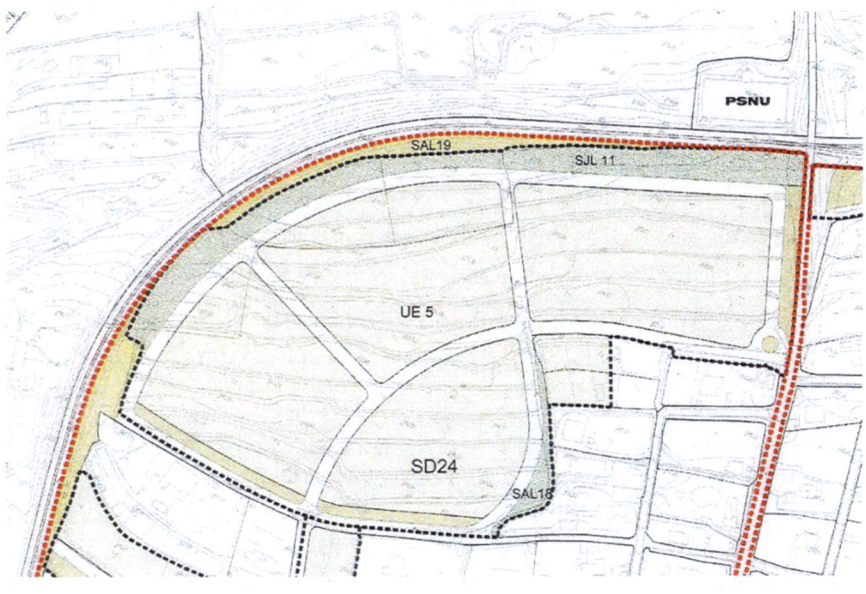

CAS 1. (màxim 5 punts)

S'ha plantejat el desenvolupament de la UE 12, mitjançant el règim de gestió pels propietaris. Tot i la voluntat del propietari majoritari, manifestada en el seu escrit perquè s'iniciï la programació, es comprova pels serveis tècnics que hi ha una parcel·la cadastral minoritària però inclosa en l'actuació que pertany a un altre propietari.

Informar sobre la viabilitat i condicions de la programació, indicar procediment de programació a seguir i característiques del mateix fins a la seva fase final d'urbanització.

RESOLUCIÓN

La gestión del PAI puede llevarse a cabo por el propietario mayoritario ya que dispone de más del 60 % de la superficie de los terrenos del ámbito (art. 120.1.b TRLOTUP). Se seguirá

157

el procedimiento establecido en el art. 124, teniendo en cuenta que la OP ya está aprobada y, por tanto, también la evaluación ambiental y territorial estratégica.

CAS 2. (màxim 5 punts)

La unitat 5 és d'una extensió important. Es planteja per un conjunt de propietaris d'un àmbit concret dins de la unitat la seva possible redelimitació, de manera que la unitat sigui més "assequible" pel que fa al seu desenvolupament.

Informar sobre la possible viabilitat del que es proposa, condicions de la redelimitació, si escau, a efectuar i tràmits de programació a seguir.

RESOLUCIÓN

En el marco del PAI, es posible la redelimitación de la UE (art. 115.2 TRLOTUP). No obstante, la legislación actual no establece más condiciones, ni siquiera para la delimitación de unidades dentro de sector. El reglamento de la ley anterior sí que disponía unas condiciones en su art. 122, como por ejemplo que no existieran diferencias de aprovechamiento superiores al 15 % entre unidades de un mismo sector. Por tanto, las condiciones vienen impuestas por la lógica, es decir, que la redelimitación no suponga un desequilibrio entre unidades, respecto a aprovechamiento y dotaciones sobre todo, así como que no constituya una merma en cuanto a accesos o circulación viaria, de manera que la unidad pueda ser funcional por ella misma. Por otra parte, entendemos que, salvo que la redelimitación se circunscriba a una mera rectificación del límite de poca superficie, el PAI debería incorporar una modificación del planeamiento, que solo afectaría a la OP y la evaluación ambiental y territorial estratégica podría tramitarse por el procedimiento simplificado, en atención a lo dicho en el caso 3 del ejercicio 1.

CAS 3. (màxim 10 punts)

Es planteja per part de l'Alcaldia l'estudi de la modificació d'una sèrie de viaris a l'interior de la Unitat d'Execució 5. Els viaris pertanyen a l'ordenació pormenoritzada. Es considera que la modificació proposada millora la preexistent.

Informar sobre la forma de tramitació i característiques de la modificació proposta que, en principi, afecta només a l'ordenació detallada.

RESOLUCIÓN

Vale lo dicho para el caso 3 del ejercicio 1, ya que la modificación solo afecta a la OP.

EXERCICI 3

CAS 1. (màxim 10 punts)

Per part de la Corporació es planteja el canvi d'ordenació en la Unitat d'Execució CH-1, de manera que no es disminueixi l'edificabilitat residencial i es reordenin les alineacions i volums. La Unitat està dins de l'entorn BIC de l'església de Santa Maria.

Informar dels tràmits a seguir en la possible modificació de planejament.

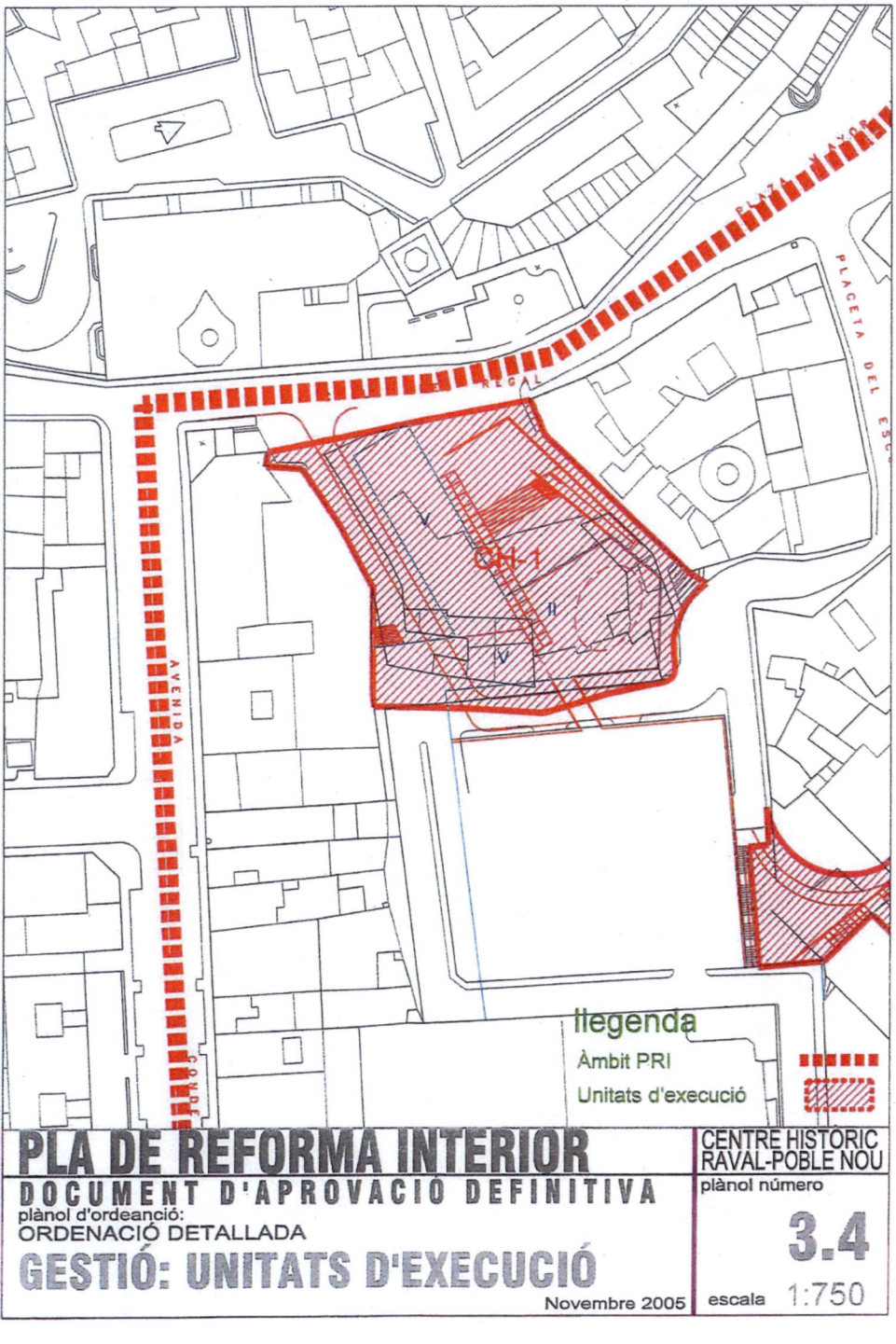

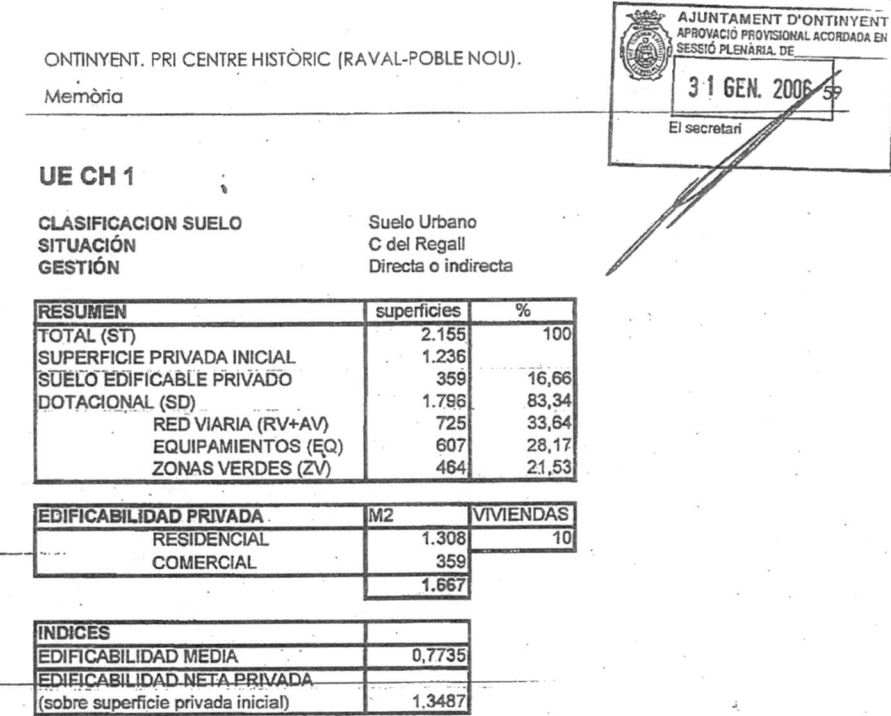

AJUNTAMENT D'ONTINYENT
APROVACIÓ PROVISIONAL ACORDADA EN
SESSIÓ PLENÀRIA. DE

3 1 GEN. 2006

El secretari

UE CH 1

CLASIFICACION SUELO	Suelo Urbano
SITUACIÓN	C del Regall
GESTIÓN	Directa o indirecta

RESUMEN	superficies	%
TOTAL (ST)	2.155	100
SUPERFICIE PRIVADA INICIAL	1.236	
SUELO EDIFICABLE PRIVADO	359	16,66
DOTACIONAL (SD)	1.796	83,34
RED VIARIA (RV+AV)	725	33,64
EQUIPAMIENTOS (EQ)	607	28,17
ZONAS VERDES (ZV)	464	21,53

EDIFICABILIDAD PRIVADA	M2	VIVIENDAS
RESIDENCIAL	1.308	10
COMERCIAL	359	
	1.667	

INDICES	
EDIFICABILIDAD MEDIA	0,7735
EDIFICABILIDAD NETA PRIVADA	
(sobre superficie privada inicial)	1.3487

OBSERVACIONES

Los costes de urbanización se repartirán entre la administración y los particulares, proporcionalmente a las edificabilidades privadas y dotacionales resultantes

La plaza puede albergar una concesión de uso de subsuelo para ampliación del aparcamiento del edificio residencial

Los dos cuerpos del edificio deben adaptarse a la pendiente y disponer de una cornisa unificada

Será necesario redactar un Anteproyecto unitario del conjunto de la Unidad de Ejecución, a los efectos de recabar la autorización del Organismo competente en materia de Protección del Patrimonio Arquitectónico. Su contenido mínimo será: a) Parámetros básicos para la edificación: cuerpos, altura de cornisa, sistema de cubiertas, sistema de huecos y tratamiento de fachadas.b) Medidas necesarias para la articulación de la nueva edificación con el edificio dotacional. c) Características de los accesos al aparcamiento subterráneo

Entre las obras de urbanización se incluirá el enterramiento de las canalizaciones de infraestructuras.

La aprobación de los documentos de desarrollo de la Unidad de Ejecución requerirá el informe favorable del organismo competentre en materia de protección de patrimonio

RESOLUCIÓN

La reordenación de alineaciones y volúmenes afecta solo a la OP. Sin embargo, el segundo párrafo del art. 34.1 Ley 4/1998 estipula que los entornos de protección de los BIC forman parte de la OE, así pues, la aprobación definitiva de la modificación, como órgano sustantivo, corresponde a la conselleria competente en materia de urbanismo (art. 44.3.c TRLOTUP). Puesto que la ejecución de la UE implica realizar obras de urbanización y se entiende que cabrá implantar servicios urbanísticos, no puede aplicarse la letra c del art. 49.2. y deberá asumir la función de órgano ambiental el órgano autonómico dependiente de la conselleria competente en medioambiente (art. 49.1). Dicho órgano decidirá (en atención a los criterios del anexo VIII TRLOTUP) si se puede considerar como menor esta modificación y, en consecuencia, que sea simplificada la tramitación de la evaluación ambiental y territorial estratégica (art. 46.3.a). Además, parece que la reordenación de alineaciones y volúmenes obliga a redactar (aunque ya se haya hecho) el anteproyecto de que hablan las observaciones de la ficha de la UE y a recabar la autorización de la conselleria competente en cultura.

CAS 2. (màxim 10 punts)

S'ha presentat denúncia per l'existència de perill d'ensorrament d'un immoble en mal estat. L'immoble compta amb catalogació parcial de protecció de la façana.

Informar de les actuacions tècniques a seguir.

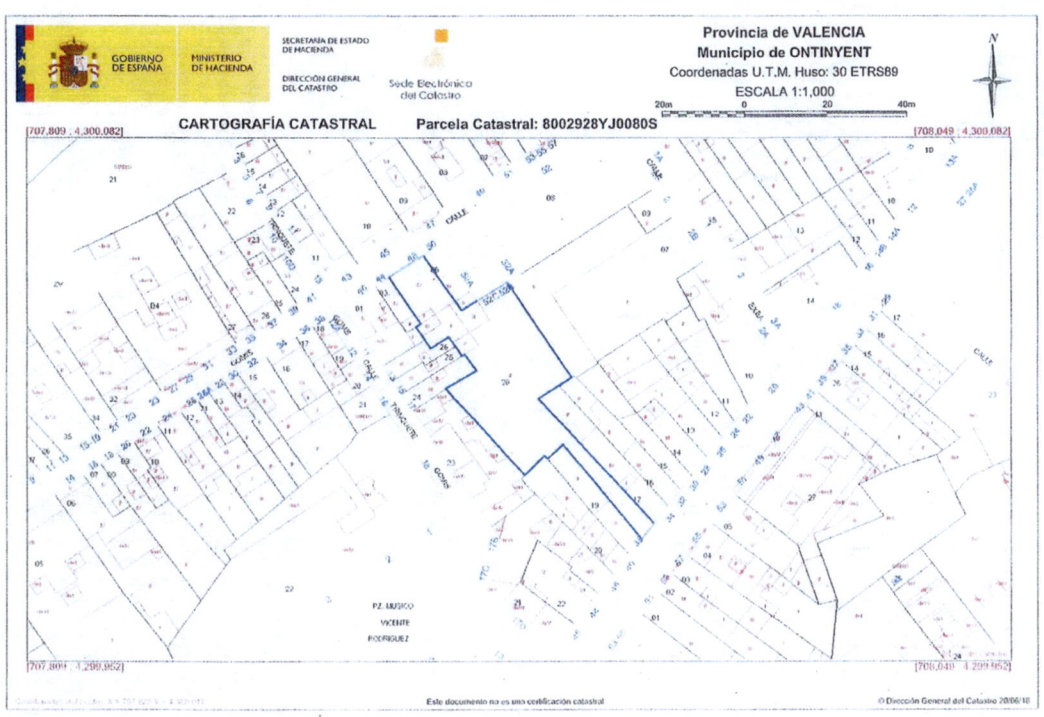

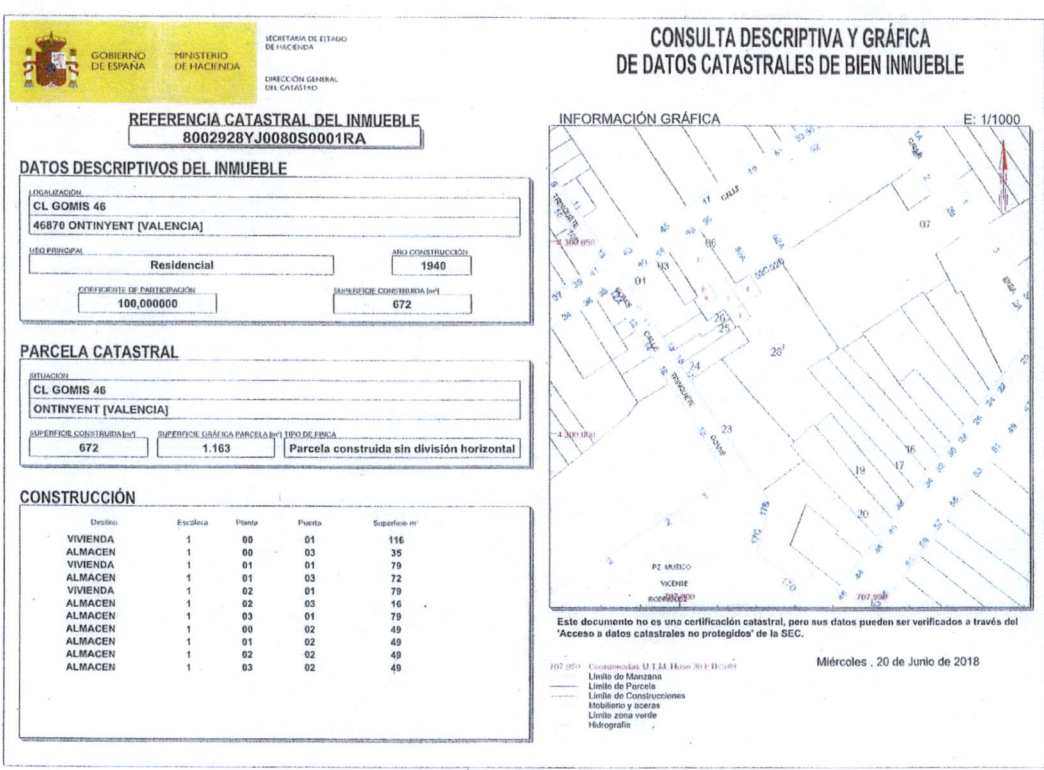

EDIFICI-HABITATGE: -076

DENOMINACIÓN:	EDIFICI-HABITATGE
LOCALIZACIÓN GEOGRÁFICA:	C/ GOMIS, 48
LOCALIZACIÓN CRONOLÓGICA	HACIA 1860
DESCRIPCIÓN	Edificio entre medianeras sobre solar rectangular adscribible a la tipología de casa de agricultor definida en la C/ Gomis 11. Consta de planta baja, entresuelo interior, dos plantas pisos y terrat. La longitud de fachada le permite duplicar huecos en planta baja y terrat. Las plantas de dormitorios con un solo eje de vanos alineado con el portal de entrada (balcones jerarquizados verticalmente por su dimensión y vuelo) se acotan por suaves impostas respecto de la planta baja y el terrat. Excepto la planta baja los vanos son de dintel curvo y se recercan suavemente. Los balcones con antepechos de forja, decorados por cenefa inferior, resuelven su base con entramado cerámico y cornisa de obra hasta medio vuelo cuyo tratamiento formal se repite en la cornisa remate de cubierta. La estructura es de muros de carga y viguería de madera y la cubrición de teja árabe.
ESTADO DE CONSERVACIÓN	Daños generales como consecuencia de conservación defectuosa.

NIVEL DE PROTECCION	PARCIAL
VALORES CATALOGADOS	Fachada.

USOS	Los definidos para la zona de ordenanzas en P.R.I. Raval-Poble Nou.

RESOLUCIÓN

Por el deterioro de la edificación que muestran las imágenes, parece que debe enmarcarse este supuesto en el ámbito del art. 203 TRLOTUP, «Amenaza de ruina inminente». La primera actuación que debemos realizar es la de tomar medidas urgentes y cautelares, como, por ejemplo, ordenar el apuntalamiento y/o crear un perímetro de seguridad en la calle mediante vallado; todo ello, como paso previo a la determinación de las medidas definitivas que hay que llevar a cabo en la edificación, ya que estas pueden implicar que transcurra cierto tiempo por los trámites legales ineludibles del expediente.

Por otra parte, sabemos que el inmueble posee una protección parcial, concretamente de la fachada, pero la ficha del catálogo que facilita el enunciado no detalla más. Seguramente en la normativa del catálogo se halla la respuesta de hasta qué punto se puede actuar sobre dicho elemento constructivo.

El procedimiento, que parece lógico y que impone el propio art. 203.3 y 4, es el de inicio de declaración de ruina, así como el de determinación del eventual incumplimiento por el propietario del deber de conservación. En el caso poco probable de que el resultado del expediente de declaración sea que la edificación no se encuentra en ruina, el resultado es, al fin y al cabo, parecido al de la declaración de ruina, porque el ayuntamiento está obligado a emitir una orden de ejecución para que el propietario rehabilite el inmueble. En cuanto a la posibilidad de demoler la edificación, es posible si la protección que afecta a la fachada se considera como ambiental (parece que el catálogo no está adaptado al TRLOTUP), según el art. 236.1 TRLOTUP; insistimos, todo ello sin conocer qué dice la normativa del catálogo de bienes y espacios protegidos de Ontinyent.

Administración	**AYUNTAMIENTO DE XIRIVELLA**
Tipo de plaza	FUNCIONARIO INTERINO
Año de convocatoria	2018
Observaciones	

APARTADO 1

1. Se pretende llevar a cabo la construcción de una escuela infantil municipal en la parcela privada que se señala en la foto aérea que se adjunta. La superficie de la parcela privada es de 1155 m². Según lo establecido en la modificación puntual n.º 20 del PGOU de Xirivella (aprobación definitiva en 2013), actualmente dicha parcela está calificada como jardín de red primaria de dotaciones públicas (PJL; según nomenclatura en la LOTUP, PVJ), encontrándose en situación de fuera de ordenación, y utilizándose provisionalmente como aparcamiento.

Junto al PJL existe una parcela de titularidad municipal, actualmente en desuso, calificada por la MPGX-20 como educativo-cultural de red secundaria de dotaciones públicas, de superficie 1155 m², coincidente con la superficie de la parcela privada en la que se pretende construir la escuela infantil municipal, y en la que actualmente se desarrolla el uso aparcamiento de forma provisional.

El aprovechamiento asignado por el PGOU a la parcela privada calificada como dotacional PJL, en la que se pretende ubicar una escuela infantil municipal, es el correspondiente al aprovechamiento normal del Polígono de Gestión-I (en adelante PG-I) del PGOU de Xirivella, en el que está incluida aquella. Actualmente el valor de repercusión del suelo en este PG-I es de 200 €/m²t.

Se adjunta plano A3 en planta del proyecto técnico de escuela infantil municipal.

PREGUNTAS

En atención a lo expuesto la persona aspirante debe:

1.- Redactar un **informe técnico con un anexo gráfico**, que versará sobre el grado de cumplimiento del programa de necesidades, accesibilidad y seguridad frente a incendios de un proyecto para un pabellón de educación infantil (3 a 6 años), teniendo en cuenta la información que se desprende del programa de necesidades y del plano que se facilita.

En concreto, se redactará un informe que dará respuesta por escrito a las cuestiones que se plantean a continuación. A dicho informe se adjuntará un anexo gráfico consistente en un croquis dibujado sobre el plano A3 que se proporciona en el ejercicio, en el que se plasmarán las soluciones adoptadas, modificando, si es necesario, la distribución interior, siempre que el resultado garantice el cumplimiento del CTE y del programa de necesidades.

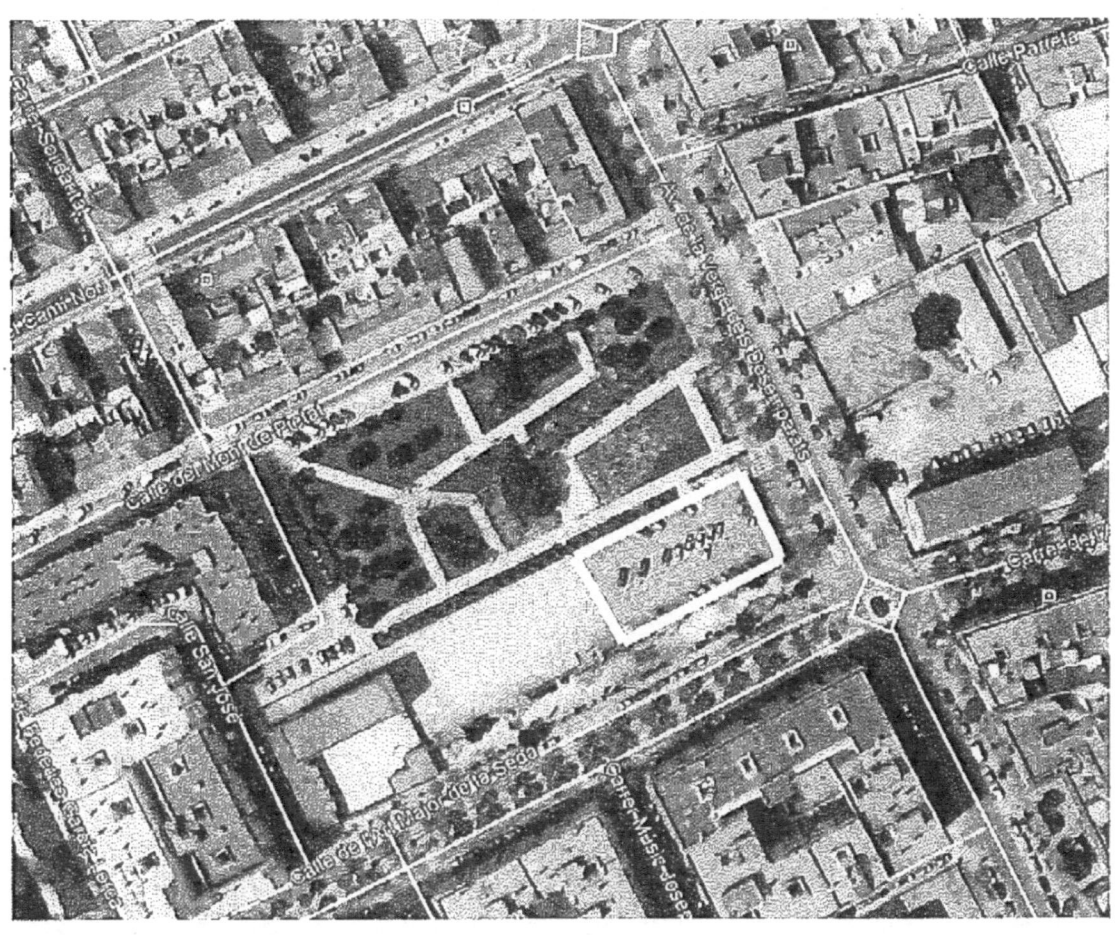

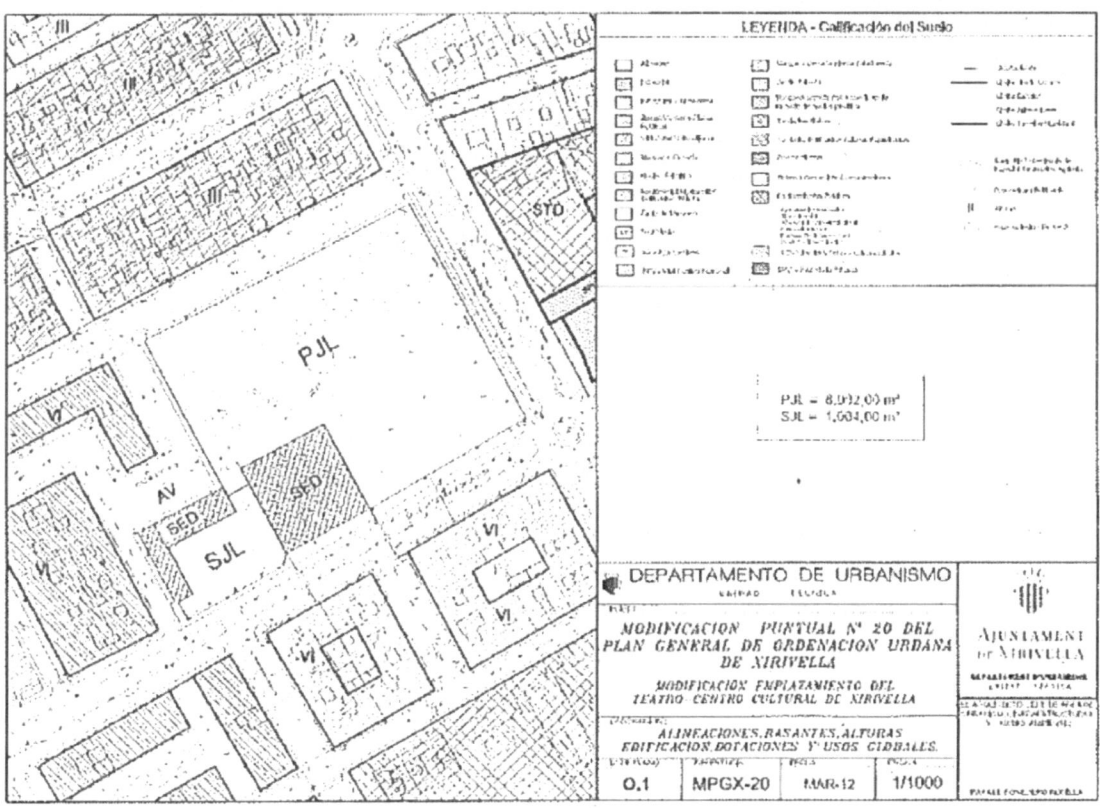

167

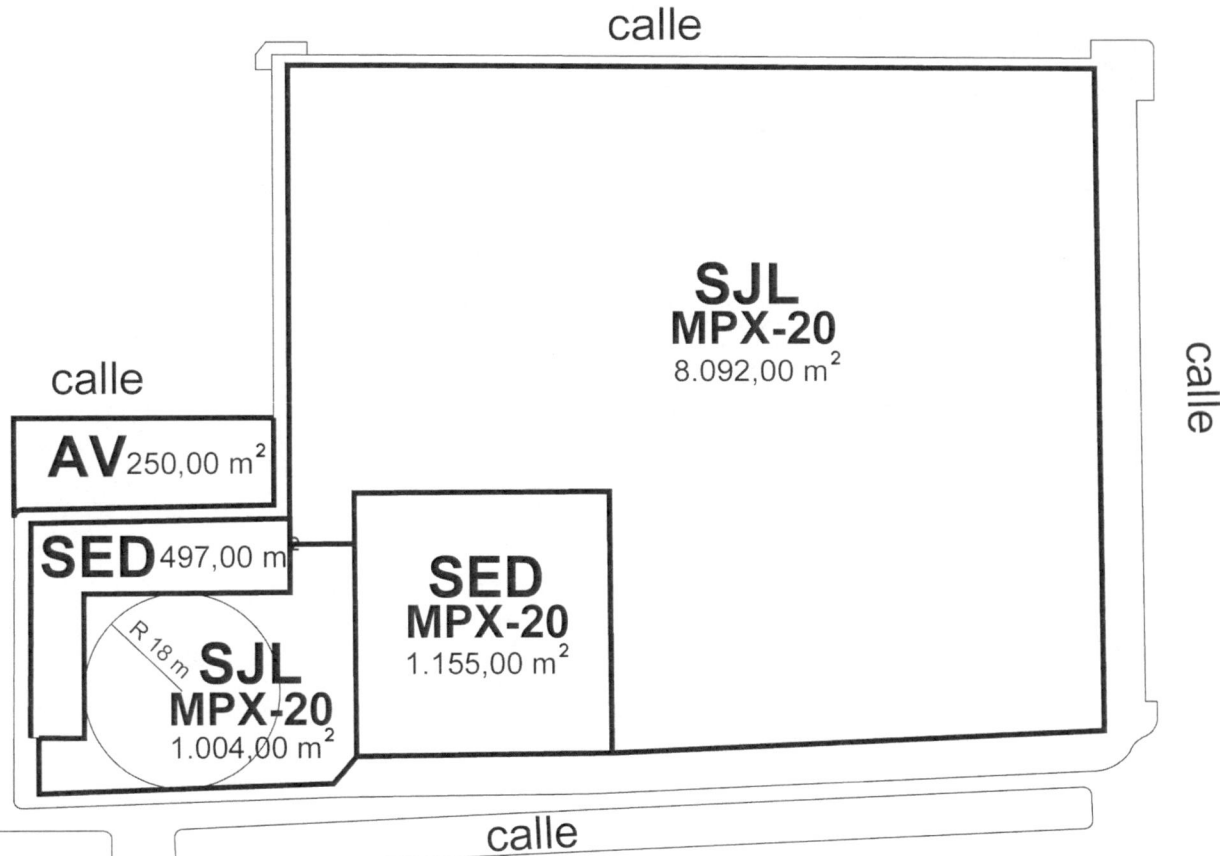

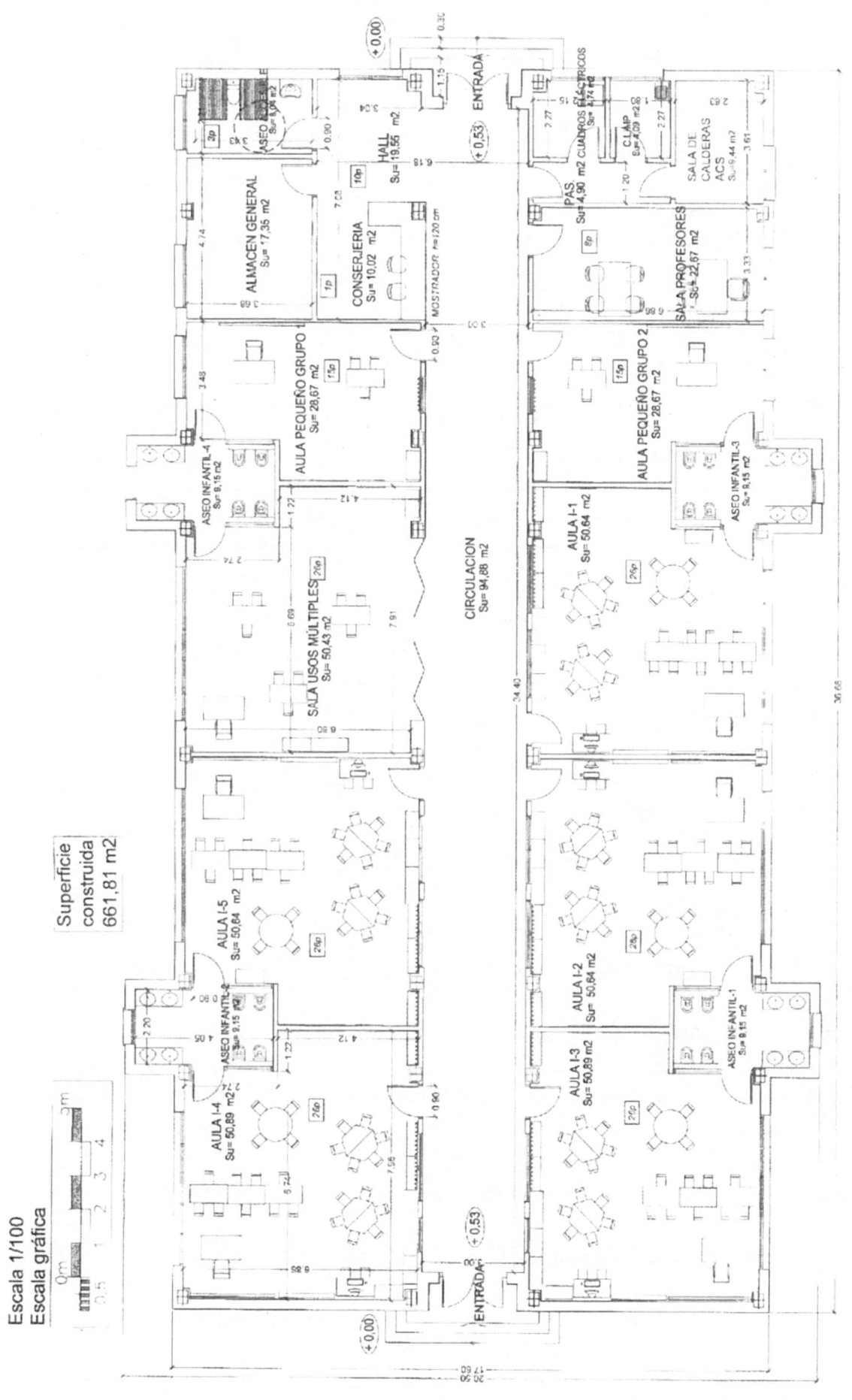

Escala 1/100
Escala gráfica

Superficie construida
661,81 m2

169

CUESTIONES:

APARTADO 1

1.1- Determinar y justificar si el número de los aseos accesibles previsto en el proyecto es suficiente, según el Código Técnico DB SUA-9.

Si no lo fuera, situar sobre el plano la ubicación más adecuada para los aseos adicionales que se necesiten.

1.2- Determinar si el aseo accesible previsto en el proyecto junto al hall de entrada cumple las condiciones que establece el anexo A del DB SUA.

En caso de que incumpla alguna condición, determinar qué aspecto concreto no cumple y dibujar la propuesta para corregirlo.

1.3- Citar los aspectos en los que el edificio no cumple las condiciones de accesibilidad previstas en el DB SUA-9 y en la Orden de 25 de mayo de 2004, de la Conselleria de Infraestructuras y Transportes (CIT) en materia de accesibilidad en edificios de pública concurrencia correspondientes al nivel de accesibilidad adaptado.

En caso de que incumpla alguna condición, determinar qué aspecto concreto no cumple y dibujar la propuesta para corregirlo en el croquis anexo.

1.4- Determinar, de las instalaciones de protección contra incendios que indican abajo, cuáles son estrictamente necesarias y situarlas en el plano:

1. Extintores
2. Bocas de incendio equipadas (BIES)
3. Hidrantes exteriores
4. Instalación automática de extinción
5. Sistema de alarma
6. Columna seca

1.5.- Determinar si el edificio propuesto cumple el programa de necesidades y hacer constar en qué aspectos no cumple.

En caso de que no cumpla, dibujar sobre el plano las modificaciones necesarias.

PROGRAMA DE NECESIDADES PARA PABELLÓN DE EDUCACIÓN INFANTIL

a) 5 aulas de 50 m^2 (con capacidad para 25 niños cada una de ellas)
b) 1 aula de usos múltiples de 50 m^2
c) 2 aulas para pequeños grupos de 12 niños, de 28 m^2 de superficie

d) Cada aula tendrá un aseo infantil dotado de al menos 2 lavabos y 2 inodoros, con acceso directo desde el aula, pudiendo compartirse un aseo para cada dos aulas, en cuyo caso se sumarán las dotaciones

e) Vestíbulo con mostrador

f) Sala de profesores de 21 m²

g) Aseos accesibles suficientes, según normativa; que también podrán ser utilizados por el personal docente

h) Almacén general de 8 m²

i) Cuarto de limpieza de 4 m²

j) Cuarto para caldera de producción de agua caliente sanitaria ACS. 9 m²

k) Cuarto para cuadro eléctrico, contadores eléctricos y armario para rack. 5 m²

l) Escalera de servicio para el acceso a la cubierta

Tolerancias en las superficies y dimensiones anteriores ±10 %, excepto en aulas que será de ±5 %.

El edificio debe ser accesible, con un nivel de accesibilidad adaptado.

Este primer apartado tendrá una valoración máxima de 12,5 puntos, correspondiendo 2,5 puntos a cada uno de los subapartados de las cuestiones planteadas.

RESOLUCIÓN

En primer lugar, debe aclararse que ya no se encuentra vigente la Orden de 25 de mayo de 2004, de la Conselleria de Infraestructuras y Transportes en materia de accesibilidad en edificios de pública concurrencia ni se dividen los niveles de accesibilidad en adaptado y practicable. A nivel autonómico, rige el D 65/2019.

En relación con el número de aseos accesibles, el punto 1.2.6.1.a DB SUA-9 establece que debe haber una dotación de un aseo accesible por cada 10 unidades o fracción de inodoros instalados. La escuela cuenta con 16 inodoros, por lo que se requerirían dos aseos accesibles, en cambio, el centro solo cuenta con uno. Incluso el art. 18.e D 65/2019 impone una condición más estricta, que «se dispondrá al menos un servicio higiénico accesible en cada núcleo de servicios higiénicos», lo cual obligaría, en teoría, a ubicar un aseo accesible en cada núcleo de aseos que se comparte cada dos aulas. El segundo aseo accesible puede ubicarse junto al previsto, restándole espacio al almacén general, el cual, según el programa de necesidades, solo precisa tener una superficie de 8 m².

En cuanto a las condiciones del aseo accesible, el espacio para giro previsto es de 1,20 m, menos que el 1,50 m establecido por el anejo A del DB SUA. Asimismo, la puerta es abatible hacia el interior, lo cual tampoco es correcto, ya que debe abrir hacia el exterior o ser corredera.

Continuando con el resto de condiciones del DB SUA y del D 65/2019, hay que destacar que no existe un acceso accesible, puesto que la diferencia de cota entre el exterior y el interior se salva mediante escalones en las dos entradas, así que que habría que construir una rampa accesible en alguna de ellas. Por otra parte, de la entrada que se convierta en accesible ha de partir un itinerario accesible que la comunique con las zonas de uso público (todas las aulas) y los aseos accesibles (el existente y el que debe preverse, según se ha dicho). En ambos lados de las puertas que dan acceso a estos espacios debe existir un espacio horizontal libre del barrido de las hojas de diámetro 1,20 m, lo cual se cumple en el lado exterior de la puerta, pero no en el lado interior de las aulas, ya que parte del mobiliario se solapa con dicho espacio horizontal, por lo que habría que cambiar la disposición de los muebles.

Por otra parte, de la tabla 1.1 del DB SI 4, se deduce que, de las instalaciones de protección contra incendios indicadas en el enunciado, solo son imprescindibles los extintores, que han de instalarse a 15 m de recorrido en cada planta, como máximo, desde todo origen de evacuación y también en la sala de calderas y el cuarto de cuadros eléctricos por ser locales de riesgo especial.

La pregunta sobre el programa de necesidades no tiene más tarea que ir comprobando uno a uno los requisitos. Además de la insuficiencia de aseos accesibles, el único incumplimiento parece que es la ausencia de la escalera de servicio.

APARTADO 2

2.1- Redactar **informe técnico** describiendo el objeto y justificación de la modificación, así como el procedimiento de elaboración y aprobación del instrumento de planeamiento necesario para el cambio de uso, que permita la construcción de la escuela infantil municipal (5 puntos).

2.2- Para la construcción de la escuela infantil municipal será necesaria la disponibilidad de los terrenos, debiendo adquirirse previamente los mismos. Para ello, en el mismo informe técnico se determinará el **valor económico de la parcela privada** en la que se ubicará la escuela infantil municipal (1 punto).

RESOLUCIÓN

Es un caso que no plantea muchos problemas porque no varían las superficies, simplemente se traslada, dentro de la misma manzana, la superficie de 1155 m² de equipamiento educativo-cultural de red secundaria (SED) a una ubicación calificada como jardín de red primaria (PVJ), y el espacio que ocupaba SED se convierte en PVJ; es como un intercambio. Por si hay dudas de si se trata de cambio de la OE (al modificar la configuración de la parcela de red primaria), el artículo 67.7 TRLOTUP aclara que este tipo de cambios se considera modificación de la OP. Y esta última circunstancia facilita mucho la tramitación porque el órgano ambiental es el ayuntamiento (art. 49.2.a) y la aprobación definitiva de la modificación se aprueba por el pleno del ayuntamiento (art. 44.6 y 61.1.d). Asimismo, véase última frase de nuestro comentario al punto 4 del ejercicio de Mutxamel (pág. 288). Además, parece claro que la tramitación de la evaluación ambiental y territorial estratégica es simplificada por ser modificación menor de un plan (art. 46.3.a), por lo que se seguirá el procedimiento descrito en los art. 52, 53 y 61.

En cuanto al valor de la parcela, y puesto que se nos facilita el VRS de la zona (denominada polígono de gestión-I, PG-I), 200 €/m^{2}t, solo tenemos que multiplicarlo por la edificabilidad permitida en la parcela para obtener el VS. El enunciado no aporta la edificabilidad, pero, si buscamos en las NNUU del municipio, en su art. 21 encontramos que, para el PG-I, la edificabilidad es 1,8806 m^{2}t/m^{2}s, por lo que la edificabilidad de la parcela será 1155 × 1,8806 = 2172,09 m^{2}t. Así pues: VS = 2172,09 × 200 = **434 418 €**.

APARTADO 3

3.- En el caso de que la parcela en la que se pretende la construcción de la escuela infantil fuera zona inundable, indique cuáles serían las **limitaciones de uso**, según la normativa sectorial específica de aplicación (1,5 puntos).

RESOLUCIÓN

La normativa sectorial es el Plan de Acción Territorial sobre Prevención del Riesgo de Inundación en la Comunitat Valenciana (PATRICOVA). En el art. 20 de su normativa, «Condicionantes en suelo urbano y suelo urbanizable con programa de actuación aprobado, afectado por peligrosidad de inundación», se indica que se tomen, cuando proceda, las condiciones de adecuación a las futuras edificaciones, teniendo como referencia las establecidas en el anexo I.

Como el enunciado solo pregunta por las limitaciones de uso, del anexo I no apreciamos más limitación que la de que solo se permiten plantas de sótano y semisótano si son para uso aparcamiento.

Administración	**AYUNTAMIENTO DE CASTALLA**
Tipo de plaza	FUNCIONARIO INTERINO
Año de convocatoria	2019
Observaciones	

El Ayuntamiento de Castalla cuenta en su municipio con una manzana (40 × 20 m) clasificada como suelo urbano urbanizado en todos sus frentes, contando con todos los servicios, y calificada una parte como zona verde de red secundaria de propiedad municipal y otra parte se califica como suelo lucrativo edificable de propiedad particular para poder materializar una edificación de planta baja más 5, con una ocupación del 100 %, donde el aprovechamiento tipo coincide con el aprovechamiento objetivo.

El Ayuntamiento pretende ampliar la zona verde existente, de tal manera que se ocupe toda la manzana, ya que en la parte calificada como suelo lucrativo edificable existe una masa arbórea de elevado interés ambiental.

ELABORE UN INFORME CONTESTANDO A LAS SIGUIENTES CUESTIONES:

1.- ¿Cuál es el instrumento/s de planeamiento y de gestión a tramitar?
  - Elabore esquemáticamente el contenido del documento técnico que permita el inicio del trámite.
  - Explique cuál sería el trámite a seguir hasta la aprobación definitiva y entrada en vigor del mismo.

2.- Posibilidades para la adquisición de la parcela lucrativa privada.

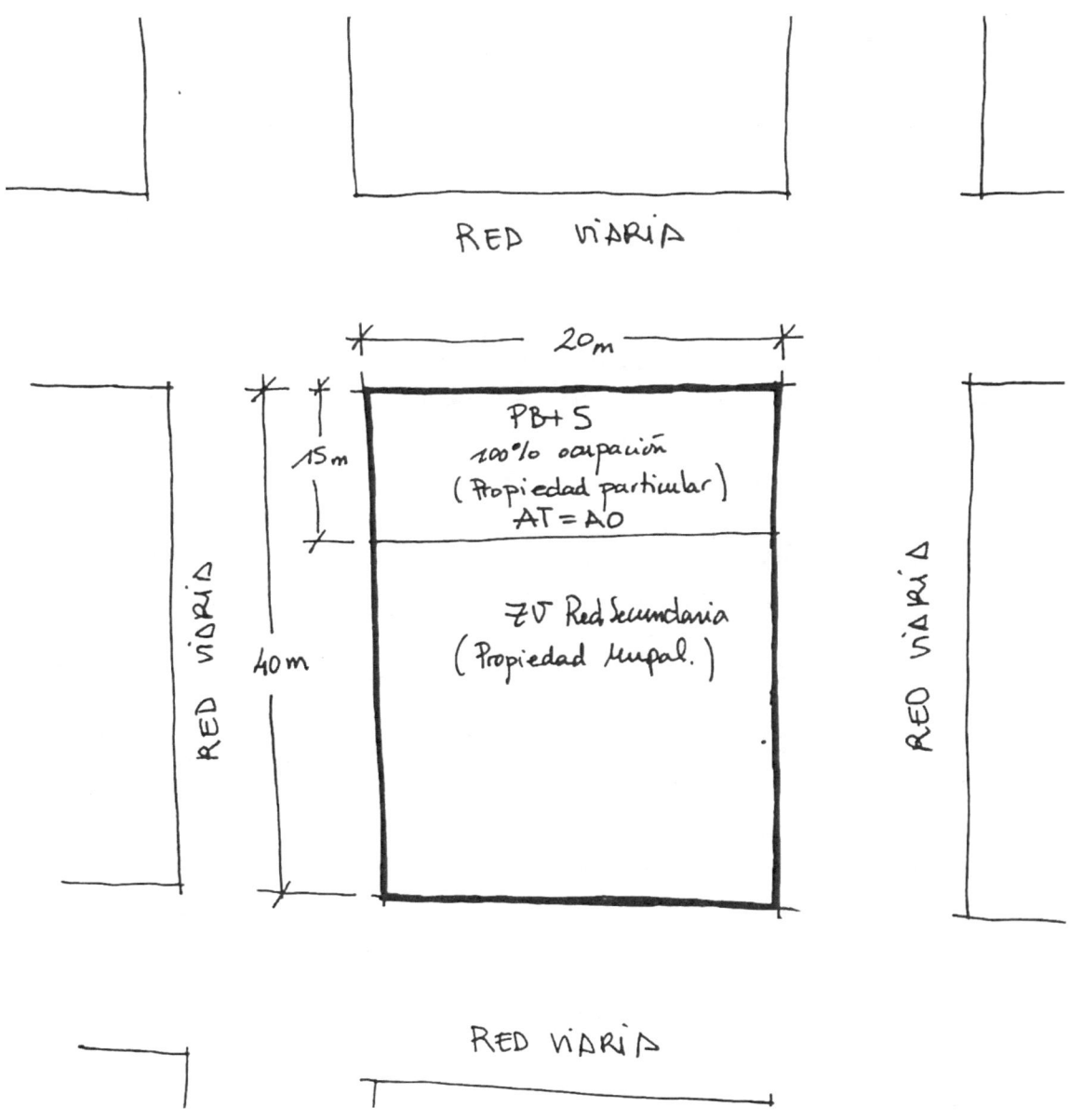

RESOLUCIÓN

1. Podría ser tentador desarrollar un estudio de detalle para modificar la OP de la manzana, ya que el art. 41.3 TRLOTUP dice que dicho instrumento podrá crear nuevos suelos dotacionales. Además, recurrir a un estudio de detalle tiene la ventaja administrativa de que este no está sometido a evaluación ambiental estratégica (2.º párrafo art. 46.4 TRLOTUP). No obstante, creemos que no es adecuado este instrumento de planeamiento porque el objeto de la modificación es eliminar toda la superficie lucrativa y, en consecuencia, la edificabilidad que puede ejecutarse en esta. Hay que tener en cuenta que el fin de un estudio de detalle es definir o remodelar volúmenes y alineaciones (art. 41.1), actuación que no forma parte de la modificación pretendida por el Ayuntamiento. Por otra parte, el punto 2 del mismo artículo especifica que los estudios de detalle «Se formularán para las áreas delimitadas o en los supuestos definidos por los planes de rango superior […]», cuestión que, aparentemente, olvidan muchos planes. En este supuesto no se nos dice que la manzana se encuentre en una de esas áreas, ni se trata de un ámbito concreto del casco urbano de Castalla del que, a través del planeamiento, podamos deducir tal circunstancia. En consecuencia, lo más lógico sería tramitar una modificación del plan general, la cual solo afecta a la OP porque las dotaciones son de RS. Piénsese que esta manzana no constituye un sector, ni siquiera una UE; tampoco se nos dice que exista un AR que supere el ámbito de esta y, aunque así fuera, su modificación supondría alteración de la OP, no de la OE. Así pues, el órgano ambiental es el ayuntamiento (art. 49.2.a) y la aprobación definitiva de la modificación se aprueba por el pleno del ayuntamiento (art. 44.6 y 61.1.d). Asimismo, véase última frase de nuestro comentario al punto 4 del ejercicio de Mutxamel (pág. 288). Finalmente, parece claro que la tramitación de la evaluación ambiental y territorial estratégica es simplificada por ser modificación menor de un plan (art. 46.3.a), por lo que se seguiría el procedimiento descrito en los art. 52, 53 y 61.

2. Compra, permuta o expropiación, en cualquier caso, previa valoración municipal de la parcela que se adquiere.

Administración	**AYUNTAMIENTO DE ALCOY**
Tipo de plaza	FUNCIONARIO DE CARRERA
Año de convocatoria	2019
Observaciones	El supuesto 1 es muy similar a la práctica 19 (pág. 163) de GOZALVO, M. Jesús (coord.) (2018), *Gestión urbanística. Supuestos prácticos*. València: Tirant lo Blanch.

SUPUESTO 1

Un ayuntamiento inicia, el 2 de abril de 2020, un procedimiento de contratación para la rehabilitación integral del pabellón deportivo municipal.

De conformidad con los pliegos de cláusulas del contrato, el presupuesto base de licitación asciende a 1 427 901,31 euros. Se dispone de un proyecto de ejecución, suscrito por un arquitecto, cuyo resumen de presupuesto de ejecución material, con el pertinente desglose en los capítulos de la obra, al que se ha añadido su correspondiente peso porcentual respecto del importe total, es el siguiente:

CAPÍTULO	IMPORTE (EUROS)	PORCENTAJE (%)
1. DEMOLICIONES	19 756	1,99
2. ALBAÑILERÍA	346 296	34,92
3. CARPINTERÍA INTERIOR	40 865	4,12
4. PAVIMENTOS	78 000	7,87
5. REVESTIMIENTOS	71 231	7,18
6. FALSOS TECHOS	23 111	2,33
7. PINTURAS	13 475	1,36
8. APARATOS SANITARIOS	76 987	7,76
9. EQUIPAMIENTO	8501	0,86
10. INSTALACIÓN DE SANEAMIENTO	43 976	4,43
11. INSTALACIÓN DE FONTANERÍA	49 317	4,97
12. PRODUCCIÓN ACS EDIFICIO	73 421	7,40
13. INSTALACIÓN ELÉCTRICA	128 875	13,00
14. PLACAS SOLARES	17 856	1,80
TOTAL	991 667	100

El proyecto contempla una instalación eléctrica singular, derivada de requisitos especiales impuestos para la celebración de campeonatos de deportes y otros eventos especiales, que según el programa de trabajo, se deberá ejecutar en los últimos 3 meses de la obra.

El IVA a considerar es del 21 %, un porcentaje de un 13 % para los gastos generales y del 6 % para el beneficio industrial.

Gran parte del proyecto se ubica sobre una antigua fábrica en desuso en un ámbito urbano y periurbano en el que existen multitud de redes enterradas. En la fase de redacción del proyecto se han conseguido los planos de trazado de los distintos servicios, pero al estar estos enterrados, no se dispone de plenas garantías sobre su ubicación y condiciones exactas.

A tales efectos, tanto en el anuncio de licitación, como en los pliegos, se incluye una "cláusula de modificación" específica, que establece de forma clara, precisa e inequívoca:

a) La posibilidad de incrementar el precio del contrato con motivo de adaptar las instalaciones conforme al estado que se descubra que tienen las que se encuentran enterradas, durante las tareas de movimiento de tierras en ejecución de obra, y únicamente en la medida en que se deriven de esa circunstancia.

b) La posibilidad de incrementar el precio del contrato en un importe máximo del 5 % por tales conceptos, aunque la modificación no podrá suponer el establecimiento de nuevos precios unitarios no previstos en el contrato, para lo cual el proyecto contiene partidas de obra con precios unitarios que se entienden suficientes para definir estas imprevisiones.

El contrato se ha adjudicado a la empresa XYZ SA cuya oferta asciende a 1 070 000 euros (IVA incluido).

Una vez finalizado el contrato, la empresa presenta en el ayuntamiento escrito de entrega de las obras que es rechazado por parte del ayuntamiento, apelando la existencia de distintas deficiencias en acabados, así como distintos defectos en la zona de graderíos. No obstante, pasada una semana, el ayuntamiento procede a la inauguración de las obras a través de la celebración de un campeonato deportivo.

Asimismo y en la fase de liquidación se presenta por la citada empresa contratista una reclamación de 1.230 euros correspondiente a unos suministros de mobiliario urbano que por olvido no se incorporaron en una certificación de obras.

Considerando los citados antecedentes, se formulan las siguientes:

CUESTIONES

1. ¿Se requiere introducir en el PCAP algún requisito de clasificación de las empresas aspirantes?
2. De ser exigible la clasificación, ¿cuál se ha de hacer constar en el PCAP del contrato?
3. ¿Podría acreditarse la clasificación en virtud de la solvencia económica y técnica por medios externos?
4. Determinar cuál es el importe máximo que podría certificarse como exceso de mediciones sin que deba exigirse modificación del contrato?
5. ¿Podría incluirse como exceso de medición una unidad de obra no prevista en el proyecto?
6. ¿Podría admitirse el modificado previsto en los pliegos de cláusulas administrativas y en los anuncios de licitación, derivado de los servicios urbanísticos que no pueden preverse por el ayuntamiento? ¿Cuál sería el importe máximo de la modificación admisible?
7. Durante la ejecución de las obras, la dirección facultativa plantea la necesidad de realizar distintos ajustes consistentes en la modificación del trazado de los colectores, derivado de un error en la redacción del proyecto, ¿podría admitirse dicho modificado?
8. Asimismo, se plantea la necesidad de incorporar una instalación de producción de energía eléctrica fotovoltaica no prevista en el proyecto. ¿Podría admitirse dicho modificado?
9. ¿Qué consecuencias jurídicas pueden derivarse de la inauguración de las obras en cuanto a la denegación de la recepción del contrato?
10. ¿Es admisible el abono en la liquidación del contrato de las unidades de obra correspondientes al mobiliario que no se incluyó en la certificación de obra correspondiente?

RESOLUCIÓN

1. La clasificación del empresario es indispensable al ser el valor estimado del contrato superior a 500 000 euros (art. 77.1.a LCSP).

2. Grupo C (art. 25 RGLCAP).

3. El art. 79 LCSP prescribe que «La clasificación de las empresas se hará en función de su solvencia, valorada conforme a los criterios reglamentariamente establecidos de entre los recogidos en los art. 87, 88 y 90 […]» y estos artículos no prevén la acreditación por medios externos. Además, el art. 75, «Integración de la solvencia con medios externos» pertenece a una subsección anterior a la de «Clasificación de las empresas», lo que parece indicar que la acreditación de la clasificación no puede realizarse por medios externos.

4. Dicho importe máximo tiene como referencia el precio inicial (precio de adjudicación), que es 1 070 000 €. Pero este precio incluye el IVA, mientras que el 10 % al que se refiere el art. 242.4.c.i de la Ley y 160 del Reglamento es sin IVA, por lo que hay que descontárselo:

$$1\ 070\ 000 / 1{,}21 = 884\ 297{,}52\ €$$

Así pues, el importe máximo que podría certificarse como exceso de mediciones es 884 297,52 × 0,10 = 88 429,75 €.

En cualquier caso, aunque se hubiera hecho el cálculo contando el IVA, basta con indicar esta circunstancia (el resultado obtenido habría sido 88 429,75 × 1,21 = 107 000 €).

5. No. Si se incluye una unidad de obra nueva, se considera modificación (art. 242.4.c.i LCSP).

6. Solo si no prevé la introducción de unidades (salvo alguna puntual, última frase art. 204.2), y siempre que la modificación no suponga un incremento mayor del 5 % del precio inicial del contrato (según PCAP), es decir, de 884 297,52 × 0,05 = 44 214,88 €.

7. Que el motivo de la modificación sea un error del proyecto no entraría en ninguno de los supuestos del art. 205, por lo que no sería admisible.

8. Solo si cumpliera alguno de los supuestos del artículo 205.2: el requisito 1.º de la letra a no se cumple porque el cambio de contratista es posible. La letra b tampoco se cumple porque no hay circunstancias sobrevenidas y que fueran imprevisibles. Finalmente, la letra c no encaja, ya que, en atención a lo que expresa en su primer párrafo, es difícil argumentar razones por las que la instalación no se incluyó en el contrato inicial. En definitiva, no es posible la modificación del contrato.

9. Que se producirán los efectos y consecuencias propios del acto de recepción (art. 243.6).

10. Sí, si el contrato se encuentra en la fase de liquidación definitiva (art. 169 RGLCAP).

SUPUESTO 2

La familia García, heredera de un edificio plurifamiliar residencial de 2 alturas, situado en el casco antiguo del municipio X, está interesada en abrir un restaurante en la planta baja y primera del mismo.

La fachada se encuentra en buen estado. No obstante, además de las actuaciones necesarias para la reforma integral de la planta baja y primera del inmueble (nuevo restaurante), se realizarán obras de refuerzo estructural de la cimentación, sustitución de las instalaciones de recogida de aguas residuales, excavación de un pequeño sótano para bodega, reposición de vigas en mal estado y ejecución de nueva escalera, así como todas aquellas actuaciones necesarias para conseguir un nivel óptimo de accesibilidad (entendiéndose viable técnica y económicamente). Se presume la compatibilidad del nuevo establecimiento con el PG del municipio.

Por otra parte, los propietarios están interesados en instalar zona "chill out" con tarima de madera, barra de bebidas, marquesinas y vallado perimetral, en la zona trasera de su parcela, respetando el ornato de la zona.

La edificación, catalogada con un nivel de protección parcial que afecta únicamente a su fachada, se sitúa dentro del perímetro del conjunto histórico de la ciudad (BIC). Dicha zona, que no cuenta con plan especial de protección aprobado, se sitúa dentro del área de vigilancia arqueológica de San José.

CUESTIONES

En el marco del expediente administrativo correspondiente a **las obras**,

1. ¿Qué tipo de autorización ampara la realización de dichas obras? Indique la documentación que considere fundamental para aportar junto con la solicitud de la autorización. (0,5 puntos)

2. En base al proyecto presentado, y con motivo de la emisión del correspondiente informe técnico: (i) indique las posibles **afecciones y sus efectos** en el procedimiento de la autorización de las obras (0,5 puntos), (ii) realice la **revisión técnica del DB-SI (Sección 1.1, 1.2 y 3.1, 3.2, 3.3, 3.4, 3.5 y 3.6) y de la normativa básica de accesibilidad (DB-SUA-1.4, DB SUA-9)**. En caso de detectar deficiencias, se valorará se indique la solución adecuada. (2 puntos)

En cuanto al procedimiento administrativo correspondiente a **la actividad**, y sabiendo que la cocina tiene una potencia instalada de 60 kW,

3. ¿Qué tipo de autorización deben solicitar los propietarios y en base a qué normativa? ¿Qué expediente se debería tramitar en primer lugar, el de obra, o el de actividad? (0,5 puntos)

En relación con la instalación del **chill out**,

4. ¿Podrían los propietarios realizar las obras descritas (tarima, barra de bebidas y vallado perimetral) mediante algún tipo de autorización? De ser así, ¿en qué condiciones? (0,5 puntos)

5. Obtenida la autorización para el chill out (si fuese posible), los propietarios deciden, pasado un año, desmontar la instalación. Urbanísticamente, ¿qué podrían hacer con dicha parte de su parcela para sacarle un rendimiento lucrativo? (0,5 puntos)

Si el ayuntamiento estuviera interesado en adquirir la parte de parcela correspondiente con zona verde para realizar un parque público:

6. Calcule su **valor urbanístico** en euros, conociendo que (0,5 puntos):

    i. Precio de venta de uso residencial = 1500 €/m^2.

    ii. Valor de la construcción = 750 €/m^2.

    iii. Considérese como edificabilidad media del ámbito urbano homogéneo 3 m^{2}t/m^{2}s

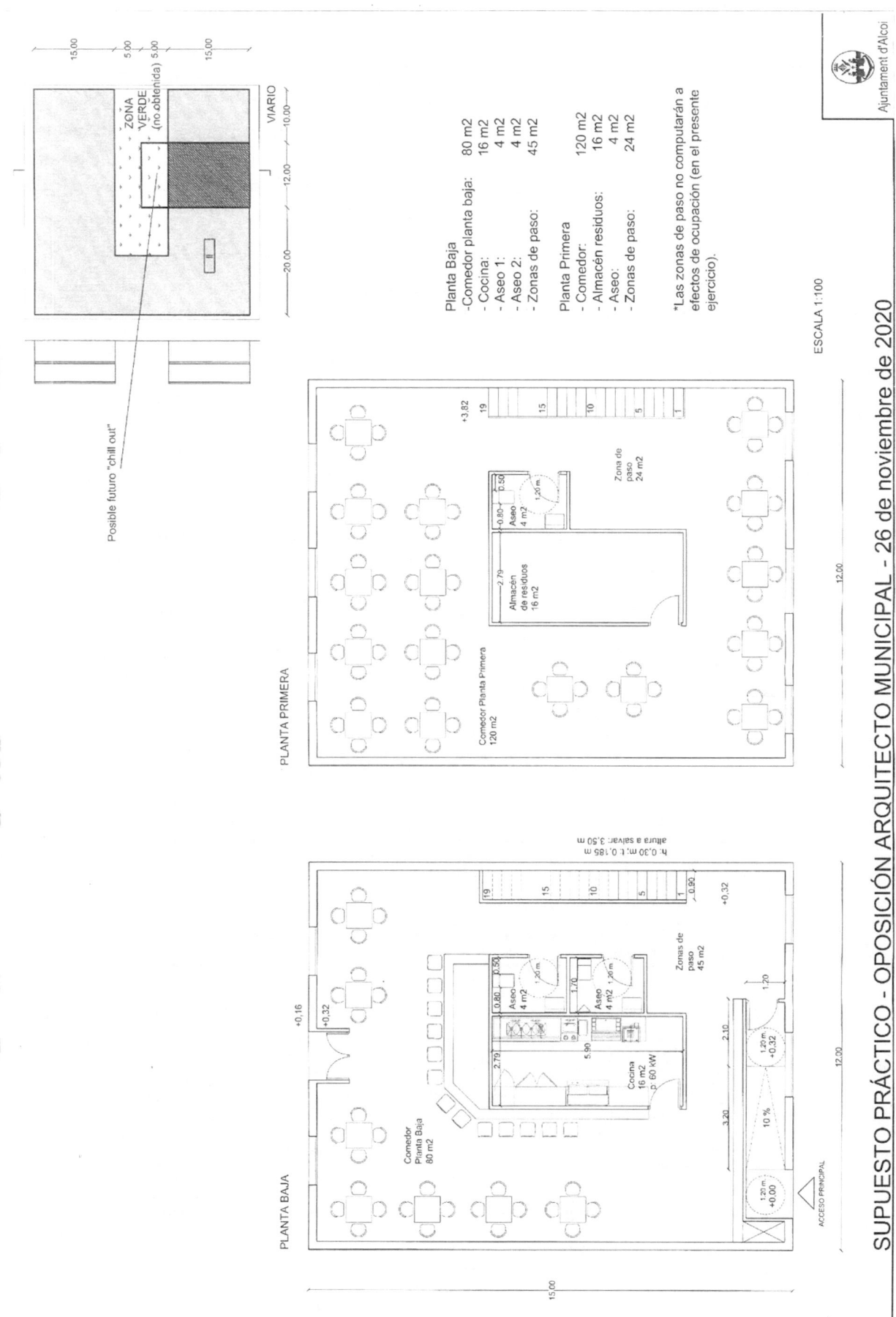

PLANTA PRIMERA

Comedor Planta Primera
120 m2

Almacén
de residuos
16 m2

Aseo
4 m2

Zona de
paso
24 m2

+3.82

PLANTA BAJA

Comedor
Planta Baja
80 m2

Cocina
16 m2
p. 60 kW

Aseo
4 m2

Aseo
4 m2

Zonas de
paso
45 m2

h:0,30 m; t:0,185 m
altura a salvar: 3,50 m

ACCESO PRINCIPAL

12.00

15,00

Posible futuro "chill out"

ZONA
VERDE
(no obtenida)

VIARIO

15,00   5,00   5,00   15,00

20,00   12,00   10,00

Planta Baja
-Comedor planta baja: 80 m2
- Cocina: 16 m2
- Aseo 1:   4 m2
- Aseo 2:   4 m2
- Zonas de paso: 45 m2

Planta Primera
- Comedor: 120 m2
- Almacén residuos: 16 m2
- Aseo: 4 m2
- Zonas de paso: 24 m2

*Las zonas de paso no computarán a
efectos de ocupación (en el presente
ejercicio).

ESCALA 1:100

SUPUESTO PRÁCTICO - OPOSICIÓN ARQUITECTO MUNICIPAL - 26 de noviembre de 2020

Ajuntament d'Alcoi

181

RESOLUCIÓN

1. La reposición de vigas en mal estado puede interpretarse como «sustitución de la estructura portante», que es uno de los casos en los que cabe considerar una intervención como de trascendencia patrimonial, incluso la excavación del sótano también puede estimarse como «alteración de la situación anterior» (art. 35.1.b Ley 4/1998). Al tener trascendencia patrimonial, nos encontramos en el supuesto del art. 232.f TRLOTUP y, por tanto, se requiere licencia, que exigirá la autorización de la conselleria competente en materia de patrimonio por no existir plan especial aprobado y tener trascendencia patrimonial. Deberá cumplirse, en cuanto al área de vigilancia arqueológica, lo que disponga la declaración o el instrumento de ordenación que la desarrolle (art. 35.1.a Ley 4/1998).

2. (i): Cabe hablar sobre todo de las autorizaciones por razón de patrimonio que se han comentado en el punto anterior.

   (ii): • El edificio conforma un solo sector, las medianeras son EI 120 (DB-SI-2.1.1).
   - Almacén de residuos es de riesgo medio (paredes EI 120).
   - La cocina debe contar con un sistema automático de extinción al tener potencia superior de 50 kW y ser uso distinto del hospitalario y residencial público y, en consecuencia, NO es local de riesgo especial (segundo párrafo de la nota 2 de la tabla 2.1 y SI-4.1).
   - Nada reseñable en cuanto a compatibilidad de los medios de ocupación.
   - Ocupación:

	Superficie (m²)	m²/persona	Personas
Planta baja			
Comedor	80	1,5	54
Cocina	16	10	2
Aseo 1	4	-[19]	0
Aseo 2	4	-[19]	0
Zonas de paso	45	-	0
Planta primera			
Comedor	120	1,5	80
Almacén residuos	16	-	0
Aseo	4	-[19]	0
Zonas de paso	24	-	0
TOTAL			136

   - Es suficiente con una sola salida en cada planta porque la ocupación en cada una es menor a 100 personas (ver nota 3 de la tabla 3.1) y la longitud de los recorridos es menor a 25 m.

---

[19] No se ha contado la ocupación de los aseos porque los usuarios son los mismos que los del resto de zonas.

- En cuanto a dimensionado de medios de evacuación, falla la escalera, que ha de tener 1 m de anchura, según tabla 4.1 de DB SUA-1.4.2.2.

- No se requieren escaleras protegidas.

- El sentido de apertura de las puertas en recorridos de evacuación es correcto porque abren en el sentido de evacuación.

- La rampa no cumple pendiente, si bien el 1,20 del desembarco inferior está bien (última frase de DB SUA-1.4.3.2.3). En el desembarco superior, sin embargo, sí que se requiere separación de 1,5 m hasta barrido de la puerta (última frase de DB SUA-1.4.3.3.3).

- Falla la contrahuella, que ha de ser máximo de 17,5 cm al ser zona de uso público y no tener ascensor como alternativa a la escalera (DB SUA-1.4.2.1.1).

- El primer tramo de escalera no es correcto, ya que supera los 2,25 m de altura máxima que se pueden salvar, según establece DB SUA-1.4.2.2.1.

- Haría falta un ascensor accesible al ser la primera planta de uso público y poseer superficie útil superior a 100 m^2 (segundo párrafo DB SUA 9.1.1.2.2).

- Un aseo debe ser accesible.

3. Según el artículo 24.2 del Reglamento de la Ley 14/2010, la cocina constituye un local de riesgo alto (aun cuando posea sistema automático de extinción) y, en consecuencia, la tramitación debe regirse por el art. 10 de la Ley 14/2010, lo que supone que debe solicitarse licencia de apertura.

El punto 2 del mencionado artículo establece que «cuando sea necesaria la realización de obras, la tramitación de la licencia de apertura y la de obras se efectuará conjuntamente».

4. Lo lógico sería tramitar, junto a la licencia de apertura, el correspondiente permiso de terraza de que trata el art. 21 de la Ley 14/2010 y 64 del Reglamento de la Ley 14/2010.

5. Al tratarse de una zona calificada como zona verde, solo podría otorgarse una licencia para usos y obras provisionales. Se puede solicitar también la expropiación rogada, pero no mientras se tenga un rendimiento económico (art. 110.3 TRLOTUP).

6. $\text{VRS} = (1500 / 1,40) - 750 = 321,43$ €/m^2
    $\text{VS} = 321,43 \times 60^{[20]} \times 3 = \textbf{57 857,13 €}$

Como nos piden el valor urbanístico, lo lógico es pensar que se trata de una expropiación, por lo que quedaría sumar a VS el 5 % en concepto de premio de afección (art. 47 LEF).

---

[20] Sup: 12 m × 5 m.

Administración	MANCOMUNITAT DE LA RIBERA ALTA
Tipo de plaza	FUNCIONARIO INTERINO
Año de convocatoria	2019
Observaciones	

En el edificio municipal cuyos planos se adjuntan, el ayuntamiento pretende eliminar las barreras arquitectónicas sin que las obras afecten a la estructura. El edificio es de uso administrativo, con los siguientes datos:

- Superficie del solar: 224,00 m²
- N.º de plantas: PB + III
- Total superficie construida: 835,00 m²
- Aforo: 100 personas

El sistema constructivo es el siguiente:

- Cimentación a base de zapatas aisladas y correas de atado de hormigón armado. Cota superior de las zapatas -0,30 m.
- Relleno de 0,60 m con tierras procedentes de la excavación. Solera de hormigón de 0,10 m.
- Estructura porticada de hormigón con vigas de cuelgue.
- Forjados unidireccionales apoyados a base de viguetas pretensadas de hormigón y bovedillas cerámicas.
- Cerramientos de fábrica cerámica hueca de doble hoja 11+Cámara+4, enfoscado exteriormente con mortero de cemento y guarnecido de yeso interior.
- Divisiones interiores de fábrica de ladrillo hueco cerámico, guarnecido a dos caras.
- Solado de terrazo 40 × 40 cm.
- Carpintería exterior de aluminio anodizado con vidrio simple.
- Carpintería interior de madera contrachapada.
- Falsos techos de escayola lisa.

CUESTIONES

1. Sobre el plano que se adjunta, proponga, de forma esquemática, el diseño para la adaptación del edificio a la normativa de accesibilidad, teniendo en cuenta que es posible modificar la distribución.
2. ¿Qué documentación mínima deberá contener el proyecto? ¿Requiere visado colegial?
3. Desarrolle de forma resumida la justificación del cumplimiento de la normativa relativa a la accesibilidad.
4. Redacte el presupuesto por capítulos y principales unidades de obra a ejecutar (sin mediciones ni presupuesto).

Una vez redactado el proyecto, ha resultado un **PRESUPUESTO BASE DE LICITA-CIÓN** de 168 107,00 € (IVA excluido).

5. ¿Qué procedimiento de adjudicación se puede utilizar para contratar la obra?

Iniciado el procedimiento de contratación, el pliego de cláusulas administrativas particulares establece como único criterio de adjudicación el precio. A la licitación han concurrido ocho empresas, cuyas ofertas son:

- **Construcciones y Reformas C SL:** 168 107,00 €
- **A Obras y Proyectos SLU:** 166 426,04 €
- **R Servicios 2000 SL:** 168 000,00 €
- **Inter Construcciones SL:** 165 375,61 €
- **PR Construcciones SL:** 146 285,00 €
- **MD 2011 SL:** 168 107,11 €
- **E + C SA:** 167 100,00 €
- **Construcciones R Z SL:** 152 720,00 €

6. ¿Qué empresa propondría para adjudicataria de las obras y por qué?

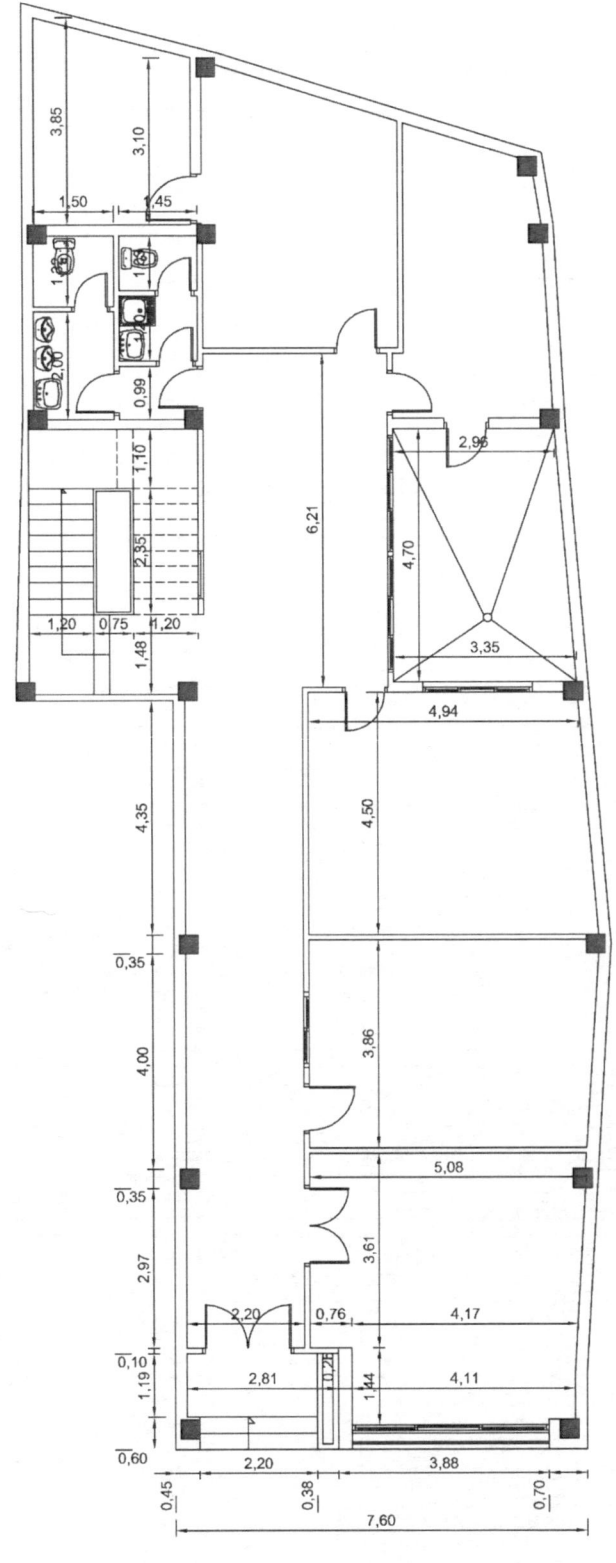

186

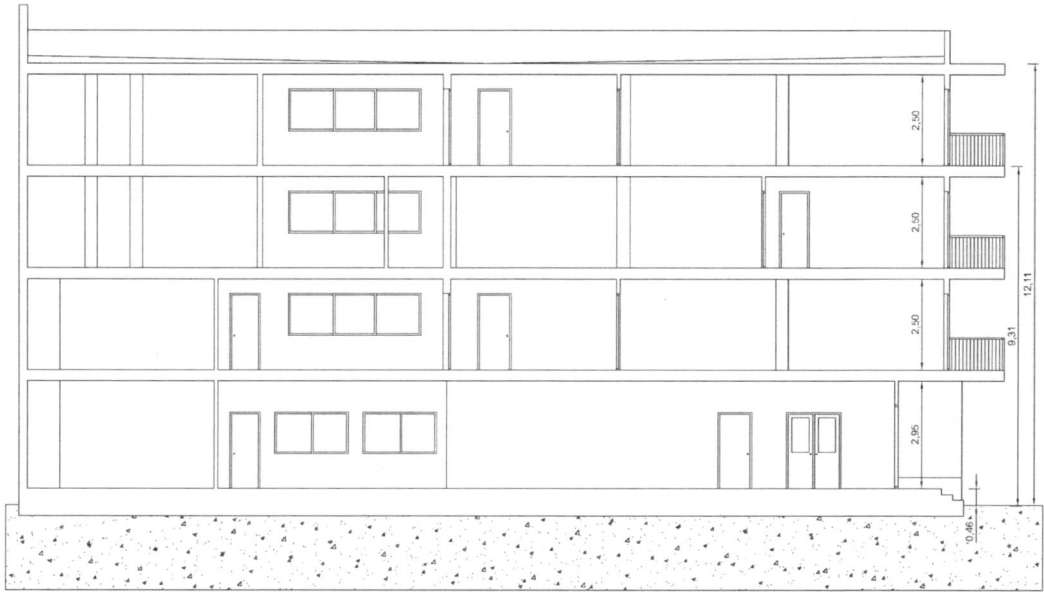

RESOLUCIÓN

Constituye la normativa de accesibilidad el DB SUA 9 y el D 65/2019, en este último caso el capítulo II del título I, «Accesibilidad en la edificación de nueva construcción de uso distinto al residencial vivienda», teniendo en cuenta las tolerancias admisibles o la aplicación de los criterios de flexibilidad establecidos en el anexo II del decreto.

Del plano en planta se deducen las dos principales carencias en cuanto a accesibilidad de que adolece el edificio: por un lado, la entrada no es accesible (lo que incumple el art. 15 D 65/2019 y punto 1.1.1.1 DB SUA 9) y, por otro, no existe ascensor, exigible al haber más de dos plantas desde alguna entrada principal accesible (art. 16.a y punto 1.1.2.2).

Si se prevé rampa accesible en la entrada, esta debe cumplir el apartado 4.3 del DB SUA 1, es decir, que debe tener una pendiente, como máximo del 10 % cuando su longitud sea menor que 3 m, del 8 % cuando su longitud sea menor que 6 m y del 6 % cuando la longitud sea menor que 9 m. Además, su ancho ha de ser de mínimo 1,20 m. En este caso, una rampa al 8 % necesitaría un tramo de 5,75 m para salvar los 0,46 m de diferencia de cota respecto a la calle, lo que parece demasiado largo. Sería mejor dividir la rampa en dos tramos de menos de 3 m y al 10 %, pero hay que contar el mínimo 1,50 m de la longitud de la meseta intermedia. Los 0,60 m de relleno facilitarían rebajar la cota del acceso, lo que permite un tramo de rampa hasta la entrada principal y otro ya en el interior.

En cuanto al ascensor, se necesita uno cuya cabina sea de 1,00 m × 1,25 m (según requerimientos del ascensor accesible del anexo A del DB SUA). Su ubicación podría ser anexa al patio, incluso invadiendo este hasta lo que permitan las condiciones de ventilación.

Asimismo, es evidente que hay que remodelar el núcleo de servicios higiénicos para que, al menos, uno de los servicios sea accesible.

En lo concerniente al procedimiento de adjudicación, y considerando que el PBL sin IVA es equiparable al VE, como este no supera los 2 000 000 €, puede llevarse a cabo mediante el procedimiento abierto simplificado (art. 159 LCSP).

Para realizar una propuesta de adjudicación, debemos identificar si hay ofertas anormalmente bajas. Como el único criterio de adjudicación es el precio, y como no se nos especifican los criterios de los pliegos para las ofertas anormalmente bajas, según el art. 149.2.a LCSP, cabe recurrir a los criterios establecidos reglamentariamente. Por tanto, debemos acudir al art. 85.4 RGLCAP, o sea, al caso en que concurren 4 o más licitadores:

Media aritmética de las ofertas presentadas = 162 765,095 €
10 % superior a la media = 162 765,095 + 16 276,51 = 179 041,605 €
Ofertas superiores al 10 % de la media: no existen
10 % inferior a la media = 162 765,095 − 16 276,51 = 146 488,585 €
Ofertas inferiores al 10 % de la media: PR Construcciones SL

Una vez excluida la oferta mencionada, la oferta con el precio más bajo es Construcciones R Z SL, cuya adjudicación se propone.

Administración	**AYUNTAMIENTO DE ROCAFORT**
Tipo de plaza	FUNCIONARIO DE CARRERA
Año de convocatoria	2019
Observaciones	

EJERCICIO 1

El ayuntamiento pretende expropiar 15 000 m^2_s urbanizados con cargas o deberes que cumplir (G) por importe de 30 €/m^2_s. Está calificado como equipamiento deportivo recreativo (SQD). El planeamiento no asigna edificabilidad alguna a la parcela objeto de expropiación por lo que hemos delimitado un ámbito espacial homogéneo de 70 000,00 m^2_s de superficie que incluye el equipamiento a expropiar, un jardín ya existente de 10 000 m^2_s, los correspondientes viales abiertos al uso público y tres manzanas de 6000 m^2_s cada una con las siguientes características.

- Manzana   A: uso: terciario, IEN = 0,50 m^2_t/m^2_s.
- Manzana   B: uso: residencial, IEN = 2,50 m^2_t/m^2_s.
- Manzana   C: uso: residencial, 3 plantas.

Se trata de un municipio con escasa dinámica inmobiliaria. El estudio de mercado realizado constata un valor en venta de viviendas de primera residencia de 1500 €/m^2t y un valor de repercusión terciario de 675 €/m^2_t. El coste de contrata de la edificación residencial es de 800 €/m^2_t.

Calcular el valor de expropiación del equipamiento deportivo recreativo.

Se acompañan lo siguientes documentos.

Anejos 3 y 4 del Reglamento de Valoraciones (BOE de 9 de noviembre de 2011).

Resolución de 1 de diciembre de 2020 del Banco de España (BOE de 2 de diciembre de 2020).

RESOLUCIÓN

Puesto que el objeto de la valoración es calcular el valor de expropiación, según el art. 34.1.b TRLS, la valoración se rige por este texto legal y, como es suelo urbanizado sin edificar, tendremos en cuenta lo establecido en el art. 37.1. Al tratarse de una parcela que no tiene atribuido uso privado, el enunciado facilita datos para que calculemos la edificabilidad media y el uso mayoritario del ámbito espacial homogéneo. El art. 21 RVLS establece la fórmula

$$EM = \frac{\sum \frac{E_i \cdot S_i \cdot VRS_i}{VRS_r}}{SA - SD}$$

Determinemos cada elemento de la fórmula:

$ET \times Ster = 0,50 \times 6000 = 3000$ m²t

$ER_B \times S_B = 2,50 \times 6000 = 15\ 000$ m²t

$ER_C \times S_C = 3 \times 6000 = 18\ 000$ m²t

$VRSter = 675$ €/m²t

$VRSres = (1500 / 1,4) - (800 \times 1,17^{[21]}) = 135,43$ €/m²t

SA = sup. del ámbito espacial homogéneo = 70 000 m²s

SD = sup. dotacional pública existente afecto a su destino = 70 000 − (6000 × 3) − 15 000 = 37 000 m²s

Así pues, y adoptando como uso de referencia el residencial:

$EM = [(3000 \times 675) + (15\ 000 + 18\ 000) \times 135,43] / 135,43 / (70\ 000 - 37\ 000) = 1,45$ m²t/m²s

Por lo que el valor del suelo objeto de expropiación, según la fórmula del art. 22.1 RVLS, es:

$$VS = 1,45 \times 15\ 000 \times 135,43 = 2\ 945\ 602,5\ €$$

Pero falta descontar las cargas pendientes (G), que ascienden a 30 × 15 000 = 450 000 €, cabe aplicar la fórmula del art. 22.3:

---

[21] Cabe sumar otros gastos como los honorarios profesionales, etc.

$$VSo = VS - G (1 + TRL + PR)$$

Obtenemos la PR del anexo IV del RVLS al ser el uso de referencia primera residencia y teniendo en cuenta que se introduce en la fórmula en tanto por uno, PR = 0,08.

Para conocer la TRL, acudimos a la resolución del Banco de España y vemos que, en tanto por uno, es 0,0032.

BANCO DE ESPAÑA

15481 *Resolución de 1 de diciembre de 2020, del Banco de España, por la que se publican determinados tipos de referencia oficiales del mercado hipotecario.*

Noviembre de 2020

Tipos de referencia[1]	Porcentaje
1. Tipo de rendimiento interno en el mercado secundario de la deuda pública de plazo entre dos y seis años.	−0,302
2. Referencia interbancaria a un año (euribor).	−0,481
3. Permuta de intereses/*Interest Rate Swap (IRS)* al plazo de cinco años.	−0,460
4. Tipo interbancario a un año (mibor)[2]	−0,481

En definitiva:

$$VSo = 2\ 945\ 602,5 - 450\ 000\ (1 + 0,0032 + 0,08) = 2\ 458\ 162,50\ €$$

Finalmente, se le añade el 5 % en concepto de premio de afección que establece la LEF:

$$\text{Valor de expropiación} = 2\ 458\ 162,50 \times 1,05 = \mathbf{2\ 581\ 070,625\ €}$$

EJERCICIO 2

Se recibe en el Departamento de Urbanismo, Novedad n.º 20/1234 en la que se comunica una intervención de daños/desperfectos por desprendimientos a la vía pública. Se detalla que se ha producido el desprendimiento de parte de una cornisa de la cubierta del inmueble situado en la Calle Mayor n.º 13. Se observa que existe peligro de colapso de la cubierta por lo que se procede a cortar el tráfico y colocar vallas y cinta de Policía Local para impedir el paso de personas y vehículos debido a que existe peligro de derrumbe. Se adjunta reportaje fotográfico.

Se trata de una vivienda unifamiliar entre medianeras y según datos catastrales, cuenta con una superficie de suelo de 1018 m² y construida de 373 m², cuyo uso principal es uso residencial. Según consta en la base de datos de Catastro (bienes inmuebles de naturaleza urbana), el inmueble data del año 1906, y consta de dos referencias catastrales, 2787404YJ2728N-0001HD – 2787404YJ2728N0002JF).

El inmueble afectado está enclavado en el ámbito del núcleo histórico tradicional de Rocafort, que tiene la categoría de bien de relevancia local (NHT-BRL), por lo que está protegido en la Sección de Patrimonio Cultural correspondiéndole la ficha C001. Además está protegido individualmente como bien no inventariado correspondiéndole la ficha C087 y se encuentra dentro del área de vigilancia arqueológica del núcleo histórico de Rocafort (AVA 01), correspondiéndole la ficha C154.

Se solicita la redacción del pertinente informe técnico en el que se detalle el/los procedimiento/s a seguir por el Ayuntamiento de Rocafort para resolver la situación acaecida y las actuaciones a seguir por parte de los/as propietarios/as del inmueble hasta la solución final.

RESOLUCIÓN

Puesto que en el enunciado se dice que existe peligro de colapso de la cubierta y, por ello, se ha procedido a cortar el tráfico y colocar vallas y cinta de la Policía Local, se trata de un caso que se enmarca en el art. 203 TRLOTUP, «Amenaza de ruina inminente». Se han tomado las medidas urgentes y cautelares acabadas de describir, pero ahora se requiere decidir sobre las actuaciones definitivas que debemos realizar en el edificio, para cuya ejecución inevitablemente pasará cierto tiempo, el necesario para tramitación de expediente, presentación de proyectos, etc.

Por otra parte, el inmueble tiene una triple afección patrimonial: como bien incluido en el NHT-BRL, como bien no inventariado y como bien incluido dentro de un área de vigilancia arqueológica, sin que se nos faciliten las fichas o normativa correspondiente, de manera que no podemos saber las actuaciones concretas que estas permiten, así que trataremos el asunto de manera más genérica, teniendo en cuenta lo que estipula la Ley 4/1998 y el TRLOTUP. En cualquier caso, se le aplican las medidas de protección que la Ley 4/1998 con carácter general para los bienes del patrimonio cultural, incluido también en su condición de bien no inventariado (art. 2.b). Como bien de relevancia local, cabe tener en cuenta especialmente el art. 50.4 Ley 4/1998, en cuanto a la notificación a la conselleria de las actuaciones que se lleven a cabo. Si, como consecuencia de la intervención, se realizan excavaciones (si se ejecuta nueva cimentación en caso de vaciado interior, por ejemplo), se estará al régimen del art. 62, «Actuaciones arqueológicas o paleontológicas previas a la ejecución de obras» (art. 13 D 62/2011).

Además, como dice el art. 3 y 4 del art. 203 TRLOTUP, la adopción de medidas cautelares para evitar daños supone el inicio del procedimiento para la declaración de ruina, así como el de determinación del eventual incumplimiento por el propietario del deber de conservación. No obstante, aunque se declarase la ruina, al ser un elemento catalogado, solo se podría demoler si su importancia es meramente ambiental (art. 236.1 TRLOTUP).

Administración	**GENERALITAT VALENCIANA**
Tipo de plaza	FUNCIONARIO DE CARRERA
Año de convocatoria	2019
Observaciones	No se incluye el supuesto 4 porque trata de ayudas a la vivienda, que es un tema que solo forma parte del temario de los exámenes de la GVA y, además, se basa en programas de poca vigencia.

SUPUESTO N.º 1

La empresa Z ha presentado en el municipio X de la Comunitat Valenciana una solicitud de autorización ambiental integrada para instalar una fábrica de productos cerámicos mediante horneado, en particular de tejas, ladrillos, ladrillos refractarios, azulejos y gres cerámico con una capacidad de producción de 100 toneladas por día, con una capacidad de horneado de 5 m^3 y de 500 kg/m^3 de densidad de carga por horno.

Indicar: ¿Cuál es el órgano sustantivo ambiental competente, la documentación que debe acompañar a la solicitud y los trámites del procedimiento hasta la obtención de la autorización ambiental integrada?

SOLUCIÓN DEL TRIBUNAL

El opositor debe contestar todos los aspectos planteados en la pregunta y adecuarse a la normativa de aplicación para la resolución del ejercicio, en este caso, la Ley 6/2014, de 25 de julio, de Prevención, Calidad y Control ambiental de Actividades en la Comunitat Valenciana, y de acuerdo con ella, responder a las cuestiones planteadas.

Se valorará la claridad y concreción en la explicación y la adecuación del contenido de la respuesta a la legislación de aplicación:

-Órgano sustantivo ambiental competente: art. 18.1a y 18.2
-Documentación que debe acompañar a la solicitud: art. 27.
-Trámites del procedimiento hasta la obtención de la autorización ambiental integrada: artículos 27 a 44.

COMENTARIOS

Para la contestación a la pregunta, los datos de producción que se dan en el enunciado son indiferentes, no influyen. La dificultad habría sido deducir de dichos datos cuál era el instrumento de intervención ambiental, pero, como el propio enunciado informa de que se trata de una autorización ambiental integrada, solo se trata de resumir lo que establece la Ley 6/2014. Se trata de un ejercicio bastante teórico.

SUPUESTO N.º 2

Sobre una parcela del municipio de Benicarló, se ha iniciado expediente de expropiación forzosa el 8/2/2021, siendo la fecha de iniciación del expediente individualizado del justiprecio el 28/5/2021. Dicha parcela dispone de todos los servicios urbanísticos y tiene pendiente de pago una cuota de urbanización por importe total de 62 307,69 € (actualizado a fecha de inicio del expediente). Se disponen de los siguientes datos:

Superficie parcela	3000 m^2
IEN (uso residencial)	1,6 m^{2}t/m^{2}s
IEN (uso terciario)	0,4 m^{2}t/m^{2}s
Uso	Residencial colectivo y terciario (permitido en planta baja)
Tipología	EDA
Ocupación máxima	50 % sobre rasante y bajo rasante
Altura máxima	4
Sótanos permitidos	2

Se dispone de estudio de mercado de muestras comparables de la zona en la fecha de tasación que contiene los siguientes valores medios:

Uso residencial	2000 €/m^{2}t
Uso terciario	1500 €/m^{2}t

Plaza de aparcamiento	13 000 €/plaza
Dinámica del mercado inmobiliario	K = 1.3
MBC (vivienda)	900 €/m²t
MBC (terciario)	400 €/m²t
MBC (aparcamiento)	250 €/m²t
Plaza de aparcamiento tipo	25 m²t/plaza
Gastos generales, beneficio industrial, honorarios técnicos, estudio geotécnico, tasas y aranceles y otros gastos	40 %

Indicar: El valor del justiprecio en la expropiación del inmueble, la normativa a aplicar y concretar a qué fecha han de referirse las valoraciones.

SOLUCIÓN DEL TRIBUNAL:

Valor del justiprecio en la expropiación del inmueble:

Se valorará el cálculo del justiprecio según el método residual estático:

$$VRS = Vv / K - Vc$$

En dicho cálculo se considerará lo siguiente:

1. Cálculo del valor en venta del producto inmobiliario considerando el cálculo correcto de edificabilidad residencial, terciaria y bajo rasante teniendo en cuenta la ocupación de la parcela.
2. Valor de la construcción según el reglamento de valoraciones de la ley del suelo.
3. Al valor VRS obtenido hay que restarle el coste de urbanización pendiente.
4. Para el cálculo del valor del justiprecio al valor obtenido según la LEF hay que añadirle un 5 % para la obtención del justiprecio.

Normativa a aplicar:
- Artículos 34, 35 y 37 de RDL 7/2015 Texto Refundido de la Ley del Suelo y Rehabilitación Urbana (TRLSRU).
- Artículo 22 del RD 1492/2011 Reglamento de Valoraciones de la Ley del Suelo (RVLS).
- Artículo 47 de la Ley de 16 diciembre de 1954 de Expropiaciones (LEF).

Fecha a la que han de referirse las valoraciones:

Las valoraciones han de referirse a la fecha de inicio del expediente individualizado de justiprecio, 28/05/2021, según art. 34.2 del RDL 7/2015.

COMENTARIOS

Resolvamos el supuesto. Puesto que existen tres usos, residencial, terciario y aparcamiento, hay que calcular el VRS de cada uno de ellos, los cuales van en función del Vv y del Vc. El valor del suelo será el resultado de sumar los productos del VRS de cada uso por su edificabilidad. Obtengamos primero las edificabilidades.

Hay que comprobar qué edificabilidad máxima se puede ejecutar sobre rasante. Si es por los IEN:

$ER = 1,6 \times 3000 =$	4800 m²t
$ET = 0,4 \times 3000 =$	1200 m²t
E total $= 4800 + 1200 =$	6000 m²t

Nótese que la edificabilidad a que remite un IEN siempre es sobre rasante.

Si es por condiciones de ocupación y altura:

$$E \text{ total} = 3000 \times 0,50 \times 4 = 6000 \text{ m}^2\text{t}$$

Por tanto, es la misma.

En cuanto a la superficie de aparcamiento, tenemos: $3000 \times 2 \times 0,50 = 3000$ m²t. Como la plaza de aparcamiento tipo es de 25 m²t, los sótanos albergarían $3000 / 25 = 120$ plazas. El valor en venta del uso aparcamiento sería $120 \times 13\ 000 = 1\ 560\ 000$ €. Por m²t sería $1\ 560\ 000 / 3000 = 520$ €/m²t.

Calculemos los Vc, lo que nos lleva al asunto de mayor controversia del ejercicio, ya que nos dan el dato de costes de construcción a través del MBC, algo muy poco habitual. Si bien los conceptos de que se compone el MBC realmente no están definidos en la norma, ni siquiera catastral, se entiende que no se trata del PEM, que sí es equivalente al MBE del Instituto Valenciano de Edificación. No obstante, la indicación en el enunciado del porcentaje que supone el resto de costes de la construcción distintos del PEM podía llevar a pensar al candidato que los MBC indicados realmente equivalían al PEM. Y, en efecto, parece que esa era la idea del tribunal, por lo que así lo consideraremos, por tanto, los Vc son el resultado de multiplicar MBC × 1,40. Así pues:

$$\text{VRSres.} = (2000 / 1,3) - (900 \times 1,40) = 278,46 \text{ €/m}^2\text{t}$$
$$\text{VRSter.} = (1500 / 1,3) - (400 \times 1,40) = 593,85 \text{ €/m}^2\text{t}$$
$$\text{VRSaparc.} = (520 / 1,3) - (250 \times 1,40) = 50 \text{ €/m}^2\text{t}$$

$$\text{VS} = (278,46 \times 4800) + (593,85 \times 1200) + (50 \times 3000) = 2\ 199\ 228 \text{ €}$$

A este valor hay que restar la cuota de urbanización pendiente. Por simplificar, restaremos directamente el valor de esta, tal y como dice la solución, aunque estrictamente deberíamos aplicar la fórmula del art. 22.3 RVLS y aumentar la carga con la tasa libre de riesgo y la prima de riesgo (datos que necesariamente deberían facilitarnos en un enunciado o, al menos, las tablas de dónde obtenerlos).

$$VSo = 2\ 199\ 228 - 62\ 307{,}69 = 2\ 136\ 920{,}31\ €$$

Finalmente, el justiprecio definitivo lo constituye este valor aumentado un 5 % en concepto de premio de afección:

$$Justiprecio = 2\ 136\ 920{,}31 \times 1{,}05 = \mathbf{2\ 243\ 766{,}33\ €}$$

SUPUESTO N.º 3

Se dispone de los datos de 5 compraventas de pisos realizadas en el último trimestre en el barrio de l'Exposició de la ciudad de València.

Dirección	Sup. construida	Valor de venta
Avenida de Suecia	132 m²	250 800 €
Doctor Moliner	175 m²	350 000 €
Avenida de Suecia	121 m²	254 100 €
Amadeo de Saboya	123 m²	270 600 €
Doctor Rodríguez Fornos	158 m²	363 400 €

Las Normas Técnicas de Valoración Catastral (RD 1020/93), en su norma n.º 16 contiene la expresión:

$$Vv = 1{,}40\ (VR + VC)\ FL.$$

en la que:

VV = Valor en venta del producto inmobiliario, en euros/m² construido.

VR = Valor de repercusión del suelo en euros/m² construido.

VC = Valor de la construcción en euros/m² construido.

FL = Factor de localización = 1.

Se pretende realizar en dicha zona una promoción de viviendas en un solar entre medianeras que ocupa una superficie de 450 m² y en el que se pueden materializar las siguientes edificabilidades:

- Edificabilidad para uso residencial: 2310 m² construidos
- Edificabilidad para uso comercial: 350 m² construidos
- Edificabilidad para uso garaje (en sótano): 920 m² construidos
- Debe considerarse para la zona estudiada, que el valor de repercusión del suelo para uso comercial es el 85 % del valor de repercusión para uso residencial y que el valor

de repercusión del suelo para uso garaje es el 30 % del valor de repercusión para uso residencial.

Las viviendas de la promoción tienen una superficie construida de 165 m².

El valor de la construcción para uso residencial a considerar en la zona (Vc) es de 800 €/m² construido.

Teniendo en cuenta los datos de dichas compraventas y empleando el método residual estático a partir de la fórmula de la Norma Técnica de Valoración n.º 16, Se pide, calcular: el valor de repercusión del suelo para uso residencial en la zona estudiada (VR), el valor del solar cuyos datos constan en el enunciado y el valor en venta para una vivienda de la promoción a realizar en el solar.

NOTA: Deben reflejarse los cálculos matemáticos efectuados para la resolución del ejercicio.

SOLUCIÓN DEL TRIBUNAL:

Valor de repercusión del suelo para uso residencial:

El valor en venta (Vv) será la relación entre la suma de los valores de venta (€) y la suma de las superficies construidas (m²), la cual en este caso coincide con la media aritmética de los valores en venta (Vv) de los cinco inmuebles, expresada en €/m².

El valor en venta medio es: Vv = 1 488 900 / 709 = 2100 €/m².

El valor de repercusión del suelo para uso residencial en la zona estudiada será:

$$VR = (Vv / 1{,}40) - Vc = (2100 / 1{,}40) - 800 = \underline{\mathbf{700\ €/m^2}}$$

Valor del solar:

Valor solar: (2310 m² × 700 €/m²) + (350 m² × 700 €/m² × 0,85) + (920 m² × 700 €/m² × 0,30) = 1 617 000,00 € + 208 250,00 € + 193 200,00 € = **2 018 450,00 €**

Valor en venta de la vivienda:

Valor en venta de la vivienda:

Valor en venta de la vivienda: 1,40 × (700 €/m² + 800 €/m²) = 2100 €/m²
Valor en venta de la vivienda: 165 m² × 2100 €/m² = **346 500,00**

COMENTARIOS

La Norma Técnica de Valoración n.º 16 hace referencia a la metodología para la valoración a los efectos del impuesto de transmisiones y sucesiones, pero, al fin y al cabo, el método residual estático es igual que el del RVLS. Por otra parte, para obtener el valor en venta de la vivienda no hacía falta calcular el Vv por m^2, puesto que ya se había extraído antes mediante la media aritmética.

SUPUESTO N.º 5

En una capital de comarca de la Comunidad Valenciana, se ha previsto la construcción de una escuela de idiomas. Se ha previsto un programa funcional simplificado de 30 aulas, administración, salas de profesores, salón de actos, y aseos con una superficie construida total de 3000 m^2.

El módulo económico estimado de la construcción para este ejercicio es de 1600,00 €/m^2 construido y el importe de todas las asistencias técnicas completas se estiman en un 7,00 % sobre el presupuesto de ejecución material.

Datos Urbanísticos.

Superficie parcela	5000 m^2
Tipología	EDA
Uso	Dotacional educativo
Ocupación máxima	50 % sobre rasante
Altura máxima	4
Sótanos permitidos	2

Con los datos expuestos, indicar: ¿cuáles son los requisitos y consideraciones generales del centro, el valor estimado del contrato y las instrucciones de diseño, construcción e instalaciones de aplicación reseñadas en la ficha de apoyo?

Documentación de apoyo:

- Requisitos y consideraciones generales.

	Justificación de la respuesta
Numero de Accesos del centro.	
Orientación a evitar de las Aulas	
Número de plantas.	
Ascensor. (SI/NO)	
Sótano. (SI/NO)	

- Valor estimado del contrato.

NOTA: deben reflejarse e indicarse los cálculos matemáticos efectuados para la resolución del ejercicio y consignar el resultado final en la tabla resumen:

PRESUPUESTO GENERAL CUADRO RESUMEN		
P.E.M.		€
Gastos Generales.		%
Beneficio Industrial.		%
Presupuesto de licitación.		€
I.V.A.		%
Valor estimado del contrato.		€

Asistencias Técnicas.		€
Presupuesto total para conocimiento de la administración.		€

Instrucciones de diseño.

Aulas		
Diámetro mínimo inscribible libre de obstáculos.		m.
Altura mínima.		m.
Pasillos del centro		
Aulas a un lado.		m.
Aulas a dos lados.		m.
Pasillos sin aulas.		m.
Escaleras		
Ancho mínimo.		m.
Altura entre plantas		m.
Nº de peldaños		Ud.
Huella mínima.		cm.
Contrahuella máxima		cm.
Índice de Resbaladicidad. Según DB-SUA Seguridad de utilización y accesibilidad.		
Puertas		
Ancho mínimo.		m.
Altura mínima.		m.
Aseos y servicios		
Inodoros.		Ud.
Lavabos.		Ud.
Ancho mínimo de la cabina.		m.
Índice de Resbaladicidad. Según DB-SUA Seguridad de utilización y accesibilidad.		

- Instrucciones de construcción. Instalaciones.

Iluminación		
Aulas.		lux
Salas profesores.		lux
Pasillos.		lux
Aseos.		lux

Calidad del aire		
Aulas.		
Salón de actos.		
Renovación de aire en las aulas.		

SOLUCIÓN DEL TRIBUNAL:

El opositor debe indicar cuál es la normativa o reglamento para la resolución del ejercicio y motivo de su elección:

- Código Técnico de la Edificación (CTE)-
- Instrucciones de diseño y construcción para edificios de USO DOCENTE (Programa Edificant) de la Conselleria de Educación de la Generalitat Valenciana.
- Normativa municipal (indicando el municipio)-
- Otras:
    - Decreto 65/2019, de 26 de abril del Consell, de regulación de la accesibilidad en la edificación y en los espacios públicos.
    - Reglamento de Instalaciones Térmicas en los edificios RITE.
    - Legislación vigente sobre contratos del sector público.
    - Otras normativas de aplicación usadas en la resolución del ejercicio.

De acuerdo con la **normativa o reglamento escogida por el opositor**, se deberá especificar como mínimo el guion planteado en el ejercicio práctico, las respuestas deberán estar debidamente justificadas para considerarse válidas.

[Seguidamente, el solucionario enumera los requisitos y consideraciones generales, las instrucciones de diseño y las instrucciones de construcción, tal y como aparecen en la primera columna de las tablas del enunciado, pero sin aportar ningún dato más, por lo que se considera innecesario reproducirlos. Análogamente, en cuanto a la parte del presupuesto, se limita a incluir la tabla tal y como se refleja en el enunciado con la única diferencia de que señala el artículo de la LCSP o del RGLCAP relacionado con cada concepto. Asimismo se indica que la legislación aplicable es la LCSP y el RGLCAP]

COMENTARIOS

Como se observa, el candidato se veía en una primera tesitura de decidir qué norma aplicar, ya que no existe normativa específica para una escuela de idiomas. Las instrucciones del programa Edificant (en adelante, las Instrucciones) están destinadas a centros de educación infantil y primaria, aunque tiene cierta lógica aplicar estas instrucciones por asimilación a una escuela de idiomas. Más difícil era que a un candidato se le ocurriera resolver el ejercicio con base en una normativa municipal. La norma que, en cualquier caso, es de ineludible aplicación es la del CTE y el D 65/2019, o, al menos, si se quería contestar con menos riesgo a equivocarse. Como se aprecia, ante los pocos datos aportados en cuanto a distribución, superficies, dimensiones y programa de necesidades, solo se podía completar las tablas de una manera genérica.

En lo que respecta a la primera tabla, la de requisitos y consideraciones generales, el aspirante debe rellenar las casillas dependiendo de cómo decida distribuir los 3000 m² de superficie construida. Por ejemplo, si cuenta con alguna planta por encima de la baja, lo normal es que haya que contar con un ascensor accesible o, incluso habiendo solo una planta sobre rasante, también si existen plazas de aparcamiento accesible en el sótano.

Pasemos a la tabla de instrucciones de diseño. En las aulas, y basándonos en el DB SUA y el D 65/2019, no se regula un diámetro mínimo inscribible libre de obstáculos; este es un parámetro que concretan las Instrucciones en 6 m. La altura mínima de un aula no se regula en el DB SUA 2, ya que solo se establece la de libre de paso en zonas de circulación. En las Instrucciones sí que se establece una altura mínima libre de 2,85 m, con descuelgues ocasionales de 2,60 m. El ancho de los pasillos principales debe ser de, al menos, 1,20 m, según característica prescrita por el anejo A del DB SUA para el itinerario accesible, sin perjuicio de un ancho mayor por motivos de evacuación por incendio, en función del número de personas que se desalojen por él. De nuevo, la tabla está diseñada para contestar según las Instrucciones, en las cuales se especifica el ancho del pasillo según si hay aulas en uno de sus lados (2,20 m), en ambos (3,00 m) o si no tienen aulas (1,50 m o 1,20 m, según si son accesibles a alumnado o no, respectivamente).

En cambio, de las características de las escaleras, las Instrucciones solo hablan de que el ancho de las principales no será inferior a 2,20 m. Si nos fijamos en el CTE, lo primero es determinar si hay escaleras protegidas o especialmente protegidas, que, en este ejercicio, existirán si se prevé la construcción de sótanos. Si se destinan sótanos a uso aparcamiento, la escalera es especialmente protegida en todo caso y, si se destinan a otro uso, serán escaleras protegidas si la altura de evacuación ascendente es mayor que 6 m o entre 2,80 y 6 m, pero en este último caso solo si el número previsto de personas que hay que evacuar es mayor que 100. El ancho de las escaleras viene determinado, en primer lugar, por el número de personas cuyo paso está previsto por la escalera (en atención a las proporciones fijadas por la tabla 4.1 DB SI 3, según si la escalera es protegida o no protegida), pero cumpliendo siempre el mínimo que establece la tabla 4.1 del punto 4.2.2.4 del DB SUA 1, que, en el caso normal de que la escalera comunique con una zona accesible, es 1,00 m. No existe en la normativa regulación de la altura entre tramos de escalera ni del número de peldaños que no sea en edificio de uso para vivienda o alojamiento. Las características de los peldaños vienen recogidas en el punto 4.2.1.1 del DB SUA 1. Finalmente, el índice de resbaladicidad en escaleras es 2, en el caso normal de escalera en zona interior seca (tabla 1.2 DB SUA 1).

La anchura de las puertas atravesadas por itinerario accesible será de 0,90 m, con una anchura libre de paso en su posición de máxima apertura de 0,85 m en puertas abatibles o 0,80 m en puertas correderas (art. 19.b D 65/2019). Todo ello salvo que se requiera mayor anchura por los ocupantes que evacúan por ella, según proporción establecida en la tabla 4.1 del DB SI 3. En cuanto a la altura mínima de la puerta, encontramos que el punto 1.1.1. del DB SUA 2 la establece en 2,00 m.

El número de inodoros y lavabos para una escuela de idiomas no viene regulado en ningún texto normativo. De nuevo habría que basarse en las Instrucciones, según las cuales la dotación recomendable es de 2 inodoros y 2 lavabos por aula para las primeras 10 aulas. A partir de 10 aulas, se dispondrá de 1,5 inodoros y 1 lavabo por cada aula adicional. Como hay 30 aulas, serían:

Inodoros: $10 \times 2 + 20 \times 1,5 = 50$ inodoros

En el aseo masculino, hasta 12 de los 25 inodoros pueden sustituirse por hasta 24 urinarios murales.

Lavabos: $10 \times 2 + 20 \times 1 = 40$ lavabos

No obstante, parece que son excesivos para una escuela de idiomas, por lo que convendría rebajar bastante. Por su parte, el índice de resbaladicidad es 2, ya que los aseos son zonas interiores húmedas y se entiende que tienen una pendiente menor que el 6 %.

En cuanto a la iluminación, el DB SUA 4 solo indica que, en general, en interiores la iluminancia mínima es de 100 lux. En las Instrucciones sí que se detalla la iluminancia media, que para aulas, salas de profesores, pasillos y aseos sería de 500 lux, 300 lux, 200 lux y 150 lux respectivamente. Y en cuanto a la calidad del aire, suponemos que también han incluido este apartado desde el punto de vista de las Instrucciones, en las cuales encontramos que el nivel de las aulas ha de ser IDA 2 (aire de buena calidad, según nomenclatura del RITE) y, en el salón de actos, IDA 3 (aire de calidad media). Igualmente, en lo que concierne a la renovación del aire, en las Instrucciones se indica que esta se realizará mediante los equipos de filtrado y recuperación, contenidos en los propios climatizadores.

Veamos ahora las cuestiones relativas a la contratación. Al igual que ocurría con el término MBC del supuesto 2, aquí tenemos también un término relacionado con el coste que está lejos de ser inequívoco, nos referimos a «módulo económico estimado de la construcción», que no se encuentra ni en la LCSP, ni en el TRLS ni en la normativa catastral. Sí que descubrimos su definición en las actualizaciones del módulo económico de Edificant, publicadas por la Dirección General de Infraestructuras Educativas: «Este módulo representa el coste por m² de superficie construida del edificio, referido al presupuesto total con el IVA (21 %) incluido y en él se encuentra igualmente incluida la parte proporcional de la urbanización de la parcela, siendo válido únicamente para obra nueva». Es decir, parece que incluye todos los costes, incluido el IVA. Puesto que los honorarios de proyectos y dirección de obra van en contrato de servicios aparte, y si la administración no paga tributos como promotora, prácticamente podemos considerar este módulo como el PEC + IVA, lo cual constituye el PBL, así pues, **PBL** = $1600 \times 3000 =$ **4 800 000 €**. El PEC será 4 800 000 / 1,21 = **3 996 930 €**. Si no se prevén modificaciones, este valor sería el **VE**. Adoptando un 13 % y 6 % como porcentajes de gastos generales y beneficio industrial, respectivamente (dentro del margen que permite el art. 131.1.a RGLCAP), obtenemos un PEM = PEC / 1,19 = 3 996 930 / 1,19 = **3 332 760 €**. Estos cálculos se han efectuado teniendo en cuenta lo que dispone la LCSP en sus art. 100.1 y 101.1.a, esto es, que el PBL incluye el IVA y el VE no. No obstante, conforme está dispuesta la tabla del enunciado, parece que sea al revés.

En cualquier caso, el coste de las asistencias técnicas supondría: 3 332 760 × 0,07 = **233 293,20 €**. Se entiende que estas asistencias las constituye el coste de honorarios de redacción de proyectos, dirección de obra y coordinación de seguridad y salud.

Administración	AYUNTAMIENTO DE VINARÒS
Tipo de plaza	FUNCIONARIO DE CARRERA
Año de convocatoria	2019
Observaciones	

SUPUESTO PRÁCTICO N.º 1

LA MERCANTIL XXX S.A ANUNCIA EL 5 DE OCTUBRE DE 2020 LA VOLUNTAD DE INICIAR LOS TRÁMITES PRECISOS PARA DESARROLLAR LA UNIDAD DE EJECUCIÓN ÚNICA DE UN SECTOR DE SUELO URBANIZABLE EN UN MUNICIPIO DE LA COMUNIDAD VALENCIANA:

ANTECEDENTES:

Superficie del sector (S) = 180 000 m²s

Red primaria adscrita (RPA) = 20 000 m²s

Equipamiento educativo afecto a su destino = 5000 m²s

IEB = 0,70 m²t/m²s

IER = 0,60 m²t/m²s

IET = 0,10 m²t/m²s

Densidad residencial media.

CUESTIONES QUE SE PLANTEAN:

1.- Cálculo de los parámetros urbanísticos del suelo urbanizable residencial: superficie computable del sector, superficie del área de reparto, aprovechamiento tipo, objetivo y subjetivo.

2.- Cálculo de los estándares dotaciones.

3.- Propuesta de ficha de zona unifamiliar.

4.- Realizar un breve comentario o análisis sobre la traslación de la delimitación de las áreas de reparto y determinación de su aprovechamiento tipo a la ordenación pormenorizada.

RESOLUCIÓN

1. Para calcular la SCS, cabe descontar de la superficie del sector la superficie dotacional afecta a su destino: SCS = 180 000 – 5000 = **175 000 m²s**.

En cuanto al AR, hay que sumar la RP adscrita y de nuevo restar la del equipamiento educativo (entendiendo que no se obtuvo de forma onerosa por la administración), todo ello en virtud del art. 78.1 TRLOTUP: AR = 180 000 + 20 000 – 5000 = **195 000 m²s**.

El AO se obtiene multiplicando los IEB por la SCS, teniendo en cuenta que, en este caso, no hay coeficientes homogeneizadores:

AO = 175 000 × 0,70 = **122 500 m²t** (de la que 175 000 × 0,6 = 105 000 m²t es ER y 17 500 m²t, ET)

Como el sector es de SUB, la cesión de aprovechamiento es del 10 % (art. 82.1.a) y, por tanto, el AS = 122 500 × 0,90 = **110 250 m²t**.

Finalmente, AT = 122 500 / 195 000 = **0,628205 m²s/m²t**.

2. Puesto que la edificabilidad mayoritaria es la residencial, el sector se puede considerar como tal, por lo que basándonos en el esquema de estándares:

Sup. ZV + EQ > [(105 000 × 35 / 100) + (17 500 × 4 / 100)] = 36 750 + 700 = **37 450 m²s**, de los que al menos deben ser ZV = [(105 000 × 15 / 100) + (17 500 × 4 / 100)] = 15 750 + 700 = **16 450 m²s**

Por su parte, las plazas de aparcamiento son función del número de habitantes. El enunciado nos indica que la densidad residencial es media, esto es, de entre 35 y 60 viviendas por hectárea (art. 27.b.1º TRLOTUP). Suponiendo que son 45 viv./ha, tendríamos: 45 × (180 000 / 10 000) = 810 viviendas. Y, ante la falta de más información del enunciado, adoptamos el dato de 2,5 habitantes/vivienda del art. 22.1, por lo que: 810 × 2,5 = 2025 habitantes.

Así pues, por la edificabilidad residencial:

Núm. de plazas públicas = 0,25 × 2025 ≃ 507
Núm. de plazas privadas = 0,50 × 2025 ≃ 1013

Por la edificabilidad terciaria:

Núm. de plazas públicas = 17 500 / 100 = 175
Núm. de plazas privadas (considerando «otros usos terciarios») = 17 500 / 100 = 175

Núm. de plazas públicas = 507 + 175 = **682**

Núm. de plazas privadas = 1013 + 175 = **1188**

3. Al tratarse de la ficha de una subzona residencial, no de una zona de ordenación estructural, el modelo no es el de anexo V TROLOTUP. Por tanto, habría que diseñar una ficha al estilo de las del anexo II del Reglamento de Zonas de Ordenación Urbanística de la Comunidad Valenciana (RZOUCV), aprobado por Orden de 26 de abril de 1999, del conseller de Obras Públicas, Urbanismo y Transportes, aunque no es obligatorio seguir su formato. Supondremos que se trata de unifamiliar adosada y establecemos los siguientes parámetros, de los cuales solo los que están destacados en negrita son fijos:

Sistema de ordenación:	**Edificación aislada**
Tipología edificatoria:	**Bloque adosado**
Uso global:	**Residencial**
Uso dominante:	**Residencial unitario**
Usos compatibles:	Comercial
Usos incompatibles:	Industrial
Parcela mínima:	150 m^2
Frente mínimo de parcela:	6 m
Círculo inscrito mínimo:	6 m
Distancia mínima al linde frontal:	4 m
Distancia mínima al linde trasero:	3 m
Coeficiente de edificabilidad neta:	0,7 m^{2}t/m^{2}s
Coeficiente de ocupación:	60 %
Número máximo de plantas:	II
Altura máxima reguladora:	7,50 m
Semisótanos:	Sí
Sótanos:	Sí (sin límite de ocupación)

4. La pregunta es teórica e independiente del supuesto. La OE solo establece los criterios generales para la delimitación de las AR y el AT (art. 21.1.j TRLOTUP) y es la OP la que los establece concretamente (art. 35.1.f). Sin embargo, los ámbitos de planeamiento (sectores) ya vienen fijados por la OE (art. 21.1.h). El comentario debe basarse en el contenido del art. 79, «Reglas generales de equidistribución para los ámbitos de actuaciones integradas».

SUPUESTO PRÁCTICO N.º 2

Emita informe técnico en relación a los criterios urbanísticos y de valoración sobre el siguiente supuesto de hecho:

LA MERCANTIL XXX S.A ANUNCIA EL 5 DE OCTUBRE DE 2020 LA VOLUNTAD QUE POR PARTE DE UN AYUNTAMIENTO DE LA COMUNIDAD VALENCIANA SE

PROCEDA A EXPROPIAR EL APROVECHAMIENTO URBANÍSTICO CORRESPON-
DIENTE A LA CESIÓN DE LOS 23.282,11 M2 DE SUELO.

ANTECEDENTES:

1.- El suelo forma parte de las fincas catastrales 142, 143, 144, 145 y 146 del polígono 7 del catastro.

2.- El suelo se encuentra incluido en el ámbito de un plan especial de reserva de suelo con destino dotacional, en suelo no urbanizable, aprobado el 11 de julio de 2018.

3.- Sobre el suelo se ha implantado y ejecutado la estación depuradora de aguas residuales que da servicio a distintos municipios.

4.- El suelo delimitado por el plan especial no se encuentra adscrito a ninguna área de reparto, sector o desarrollo, por la normativa del mismo.

5.- El aprovechamiento objetivo medio del ámbito urbano homogéneo es de 1,00 metro cuadrado de techo por metro cuadrado de suelo.

6.- En la imagen que se reproduce pueden observarse las características del suelo.

RESOLUCIÓN

El enunciado parece contradictorio. Es decir, por una parte, la Mercantil XXX S. A. (se entiende que propietario de los terrenos) solicita que se le expropie el aprovechamiento, pero, por otra, se dice que el suelo no se encuentra adscrito a ninguna AR, sector o desarrollo. También despista que el enunciado hable del aprovechamiento de un ámbito urbano homogéneo, el cual serviría para calcular el justiprecio de una dotación incluida en un AR.

Tratándose de una EDAR ya ejecutada en suelo no urbanizable parece el caso de que la administración ha llevado a cabo una ocupación directa o, en cualquier caso, se han cedido los terrenos sin que se haya realizado la expropiación. Pero los terrenos no poseen aprovechamiento subjetivo al no adscribirse a ninguna AR, por lo que no ha podido haber reserva de aprovechamiento. A los efectos del pago del justiprecio por la expropiación, solo cabe la valoración de los terrenos como suelo rural, que es la situación básica en la que se encuentran tanto antes como después de la ejecución de la EDAR.

SUPUESTO PRÁCTICO N.º 3

En un sector de uso dominante residencial con compatibilidad de terciario, disponemos de un plan parcial aprobado, que desarrolla su ordenación urbanística pormenorizada. Dicho plan parcial establece varias zonas edificables, dentro del sector, con diferentes usos y tipologías edificatorias, de manera que las características de superficies y edificabilidades son las siguientes:

Superficie del sector: 80 000 m^2

Uso y tipología: coef. o índice de edificabilidad bruto por uso y tipología.

Terciario en bloque adosado: IET = 0,15 m^{2}t/m^{2}s

Residencial manzana cerrada: IERMC = 0,30 m^{2}t/m^{2}s

Residencial viviendas aisladas: IERAIS = 0,20 m^{2}t/m^{2}s

Se ha realizado un estudio de mercado a partir del cual se obtienen para el sector los siguientes valores del suelo (valores de repercusión) para cada uso y tipología:

VR uso terciario bloque adosado = 225 €/m^{2}t

VR uso residencial manzana cerrada = 300 €/m^{2}t

VR uso residencial vivienda aislada = 500 €/m^{2}t

Todo el sector constituye una única área de reparto, no existiendo en su ámbito elementos dotacionales afectados a su destino. Sí existe, sin embargo, una reserva de suelo dotacional externa, destinada a ampliar una depuradora de aguas residuales, calificada como red primaria, que se adscribe al área de reparto a la que pertenece el sector, para su obtención con cargo a éste. Su superficie es la siguiente:

Red primaria adscrita = 5000 m^2

CUESTIONES:

1.- Calcular los coeficientes de homogeneización de uso y tipología

2.- Calcular el aprovechamiento urbanístico del sector

3.- Si un propietario tiene una parcela inicial de 10 000 m² de superficie en el sector, que se desarrolla mediante gestión directa por la administración, y que el porcentaje de cesión de aprovechamiento a dicha administración, establecido por la legislación de la comunidad autónoma de que se trata, es del 10 %. Calcular: ¿a qué aprovechamiento urbanístico tiene derecho el propietario? ¿Qué edificabilidad le corresponderá en caso de que le adjudiquen todo su derecho en la zona de terciario bloque adosado? ¿Y en residencial manzana cerrada? ¿Y en residencial vivienda aislada? ¿Qué valor tendrá en cada uno de los casos anteriores la parcela que se le adjudique?

RESOLUCIÓN

1- Asignamos el coeficiente 1,00 al uso mayoritario (véase comentario del asterisco en el ejercicio 1 del Ayuntamiento de Peñíscola), y calculamos los otros dos coeficientes en función del uso residencial manzana cerrada:

    Coef. res. manz. cerr. = **1,00**
    Coef. terciario = 225/300 = **0,75**
    Coef. res. viv. ais. = 500 /300 = **1,67**

2- El aprovechamiento urbanístico es el AO homogeneizado. La SCS es igual a la del sector:

$$AOhom = (80\ 000 \times 0,15 \times 0,75) + (80\ 000 \times 0,30 \times 1,00) + (80\ 000 \times 0,20 \times 1,67) = \textbf{59 720 UA}$$

3- Para el cálculo del AT, hay que tener en cuenta que el AR se compone del sector más la RP adscrita:

$$AT = 59\ 720 / (80\ 000 + 5000) = \textbf{0,70259 UA/m}^2\textbf{s}$$

4- El aprovechamiento a que tiene derecho el propietario de la parcela inicial de 10 000 m² es de:

$$AS = \text{Sup. parcela} \times AT \times 0,90 = 10\ 000 \times 0,70259 \times 0,90 = \textbf{6323,31 UA}$$

Deshomogeneizando por el coeficiente correspondiente de cada uso, obtenemos las respectivas edificabilidades:

    ET = 6323,31 / 0,75 = **8431,08 m²t**
    ERmanz. cerr. = 6323,31 / 1,00 = **6323,31 m²t**
    ERviv. Ais. = 6323,31 / 1,67 = **3786,41 m²t**

El valor de la parcela ha de ser el mismo, precisamente por ello se realiza el estudio de mercado y se calcula el VR de cada uso y tipología.

Administración	**AYUNTAMIENTO DE LA VALL D'UIXÓ**
Tipo de plaza	FUNCIONARIO INTERINO
Año de convocatoria	2020
Observaciones	

PRIMER SUPUESTO

El Ayuntamiento ha contratado las obras de instalación de ascensor en un edificio municipal, con un plazo de ejecución de seis meses, siendo el director de las obras el arquitecto municipal.

La empresa adjudicataria del contrato de obras se retrasa en la ejecución de las mismas, finalizando estas con dos meses de retraso.

Determinar las actuaciones que deben realizar tanto el director de las obras como la administración, desde el momento que comienza el retraso de la ejecución.

RESOLUCIÓN

En atención al art. 62.2 LCSP, en los contratos de obras, el responsable del contrato es el director facultativo, y este, una vez constata que se ha cumplido el plazo de ejecución del contrato sin que se hayan terminado las obras, realiza una propuesta al respecto elevada al órgano de contratación, que presumiblemente es el alcalde por la poca entidad de la obra (disposición adicional segunda LCSP). El enunciado no especifica la causa del retraso, así que entenderemos que es imputable al contratista. En tal caso, el director de obra puede proponer tanto la resolución como la imposición de penalidades. Puesto que la ejecución del contrato finalizó, se deduce que no hubo resolución, así que habría que aplicar el art. 29.3 LCSP:

> Cuando se produzca demora en la ejecución de la prestación por parte del empresario, el órgano de contratación podrá conceder una ampliación del plazo de ejecución, sin perjuicio de las penalidades que en su caso procedan, resultando aplicables en el caso de los contratos administrativos lo previsto en los artículos 192 y siguientes de esta Ley.

Y en el art. 193.3 LCSP:

> Cuando el contratista, por causas imputables al mismo, hubiere incurrido en demora respecto al cumplimiento del plazo total, la Administración podrá optar, atendidas las circunstancias del caso, por la resolución del contrato o por la imposición de las penalidades diarias en la proporción de 0,60 euros por cada 1.000 euros del precio del contrato, IVA excluido.

A propuesta del director de obra, la penalidad descrita en el artículo podría ser incluso más severa si el daño causado a la administración fuera mayor (art. 194.1).

SEGUNDO SUPUESTO

En el paraje de San José del término municipal de la Vall d'Uixó existen dos bienes de interés cultural, el poblado íbero-romano de Sant Josep, yacimiento n.º 26 y la cova de Sant Josep, yacimiento n.º 58, ambos inventariados en el Catálogo de Yacimientos Arqueológicos del PGOU, así como varios yacimientos también inventariados en el citado catálogo, concretamente la cova Can Ballester, yacimiento n.º 2, la cova dels Orgues, yacimiento n.º 13 y el acueducto-Acequia Mayor, yacimiento n.º 41. Además existe un yacimiento arqueológico no inventariado, que es la Masía Islámica (junto Acequia Mayor).

Todos estos yacimientos arqueológicos están en suelo clasificado por el PGOU como suelo no urbanizable común y calificados como suelo dotacional/espacios libres de parques y jardines de la ordenación estructural. Asimismo, este suelo está en un entorno natural con unas condiciones medioambientales peculiares.

El Ayuntamiento quiere tramitar un plan especial de protección único que englobe todos los yacimientos anteriores, habida cuenta de que todos ellos están próximos entre sí.

Determinar las actuaciones a realizar para el desarrollo de dicho Plan Especial: documentación, tramitación y aprobación.

RESOLUCIÓN

La obligación de elaborar un PEP para un BIC se establece en el art. 34.2 Ley 4/1998:

> La declaración de un inmueble como bien de interés cultural, determinará para el ayuntamiento correspondiente la obligación de aprobar provisionalmente un plan especial de protección del bien u otro instrumento urbanístico, de análogo contenido, que atienda a las previsiones contenidas en el artículo 39, y remitirlo al órgano urbanístico competente para su aprobación definitiva, en el plazo de un año desde la publicación de la declaración. La aprobación provisional deberá contar con informe previo de la conselleria competente en materia de cultura. Dicho informe se emitirá, en el plazo de seis meses, sobre la documentación que vaya a ser objeto de aprobación provisional y tendrá carácter vinculante.

Y el art. 39, «Planes Especiales de Protección», en su punto 1, dispone que:

> Los Planes Especiales de Protección de los inmuebles declarados de interés cultural establecerán las normas de protección que desde la esfera urbanística den mejor respuesta a la finalidad de aquellas provisionalmente establecidas en la declaración, regulando con detalle los requisitos a que han de sujetarse los actos de edificación y uso del suelo y las actividades que afecten a los inmuebles y a su entorno de protección. La memoria justificativa de dichos documentos de planeamiento dará razón expresa del cumplimiento de las determinaciones

establecidas en el presente artículo, en función de las particularidades urbanísticas y patrimoniales del ámbito protegido.

Sin embargo, a diferencia de otros tipos de bienes para los que el art. 39 especifica muchos criterios de elaboración del PEP, para las zonas arqueológicas y paleontológicas, solo dice que «se ordenarán asimismo mediante sus correspondientes planes especiales de protección u otros instrumentos de ordenación que cumplan las exigencias establecidas en esta ley».

Por otra parte, en la medida en que un PEP es un instrumento de planeamiento, el procedimiento de elaboración y aprobación se rige por el título III del libro I del TRLOTUP (art. 45 y ss.), por lo que está sujeto a la evaluación ambiental y territorial estratégica, sin perjuicio de la obligación de solicitar el informe de la conselleria competente en materia de cultura, evidentemente, a que alude el art. 34.2 Ley 4/1998, antes reproducido.

En cuanto a la determinación del órgano ambiental y sustantivo, estimamos que en ambos casos es el órgano autonómico correspondiente y no el ayuntamiento: el art. 44.3.c TRLOTUP establece que corresponde a la conselleria competente en urbanismo, ordenación del territorio y paisaje la aprobación definitiva de los planes que fijen o modifiquen la OE. En el caso que nos ocupa, el plan que debemos aprobar afecta a la OE porque todo el ámbito se califica como tal y una de sus funciones es regularlo. Asimismo, el órgano ambiental es el autonómico en atención al art. 49.1 TRLOTUP, sin que podamos aplicar la excepción del art. 49.2 porque el ámbito no se encuentra ni en SU ni en SUB. En cuanto al tipo de tramitación de la evaluación ambiental y territorial estratégica, en teoría sería ordinaria porque se establece la OE (art. 46.1.c TRLOTUP), no obstante, el órgano ambiental podría determinar que, según el art. 46.3.a, se trata de una modificación menor y resuelva que se tramite simplificadamente.

Finalmente, en lo relativo a la documentación de un plan especial, la Ley 4/1998 no dispone nada específicamente, así que la única referencia es el art. 43.2 TRLOTUP:

> a) Documentos sin eficacia normativa:
> 1.º Documentación informativa gráfica y escrita.
> 2.º Memoria descriptiva y justificativa y estudios complementarios.
> 3.º Estudio ambiental y territorial estratégico y estudio de integración paisajística o, en su caso, estudio de paisaje, conforme a lo establecido en los anexos I y II de este texto refundido, o disposición reglamentaria aprobada mediante Decreto del Consell que lo modifique.
> 4.º Estudio de viabilidad económica y memoria de sostenibilidad económica, si fueren necesarios a la luz de los realizados en el plan general estructural.
> b) Documentos con eficacia normativa:
> 1.º Ordenanzas.
> 2.º Catálogo, cuando sea preciso.
> 3.º Planos de ordenación.

El PEP deberá incorporar la modificación del catálogo para añadir la regulación del yacimiento de la Masía Islámica.

Administración	**DIPUTACIÓN DE CASTELLÓN**
Tipo de plaza	FUNCIONARIO INTERINO
Año de convocatoria	2020
Observaciones	

Tiene entrada por registro una instancia que contiene una petición de asistencia técnica a la Excma. Diputación por parte de un ayuntamiento de la provincia de Castellón, para que se elabore un informe sobre el procedimiento a seguir en una declaración responsable/licencia de obras de uso vivienda aislada y familiar.

El ayuntamiento adjunta la documentación que le presenta el particular: un documento bajo el título Memoria técnica de obras de rehabilitación de edificio para vivienda, siendo PEM 48 000 €.

El municipio es eximido, no cuenta con arquitecto municipal, y su instrumento de planeamiento son normas subsidiarias con régimen transitorio.

Se comprueba que la construcción que se pretende rehabilitar se encuentra ubicada en suelo no urbanizable, y que las obras son de reforma/rehabilitación, una intervención parcial aunque con variación esencial de su composición general exterior.

El edificio no se encuentra patrimonialmente protegido ni catalogado, y no consta expediente de ruina urbanística.

Según la consulta de la referencia catastral en el Visor Cartográfico de la Generalitat, el inmueble se encuentra en el LIC Alt Maestrat, y está afectado por una vía pecuaria.

El ejercicio consiste en la elaboración de un informe técnico de respuesta al ayuntamiento, con una estructura correcta y entendible:

- Establecer el procedimiento (declaración responsable o licencia de obras) y la documentación a presentar, especificando si es o no suficiente la que obra en el expediente. Todo ello justificado convenientemente (5 PUNTOS).

- Explicar los siguientes pasos a realizar en el mismo, tales como petición de informes subsidiarios si fueran necesarios con su justificación pertinente, y toda aquella información legal y técnica que sea reseñable analizar a tenor de los datos presentados, para que el ayuntamiento pueda proseguir con el procedimiento en SNU y, a su vez, dar una respuesta al particular (5 PUNTOS).

RESOLUCIÓN

Como el enunciado informa de que las obras son de reforma/rehabilitación que suponen variación esencial exterior del edificio, pero no dice nada de sustitución o reposición de elementos estructurales principales, la actuación se puede enmarcar dentro de las sujetas a declaración responsable (art. 233.1.b TRLOTUP). Todo ello, sin perjuicio de que, de manera previa a la presentación de la DRO, deban obtenerse informes sectoriales o de consellerias, como suele ocurrir en SNU. En este caso, el hecho de incluirse en un espacio LIC implica que está sujeto a la Ley 11/1994, de Espacios Naturales Protegidos de la Comunidad Valenciana, y a sus normas de gestión. Además, la afección por una vía pecuaria significa que el SNU se considere de especial protección (art. 21.4 Ley 3/2014, de Vías Pecuarias de la Comunitat Valenciana) y, por tanto, se requiere el informe de la conselleria competente en materia de urbanismo (art. 215.2.c TRLOTUP).

Una cuestión que podría suscitarse aquí es si la figura de la DRO opera en SNU: del capítulo que regula las autorizaciones (art. 232 y ss.) y, concretamente de los artículos específicos de la DRO (art. 233 y 241), no se puede deducir que no pueda utilizarse en SNU. Ciertamente en el título sobre el régimen del SNU (art. 210 y ss.) solo se habla de «licencia», pero cabe entender este término de manera genérica e incluir, si procede, la DRO, la cual surte sus mismos efectos.

Sobre si la documentación es suficiente o no, creemos que aquí el tribunal ha recurrido a la denominación *memoria técnica* precisamente para que los opositores destacaran que se necesita proyecto (y no una simple memoria técnica), ya que se ejecuta una variación esencial de la composición general exterior, en atención al art. 2.2.b LOE y 2.2.b LOFCE. Al necesitarse proyecto, este debe contener las partes establecidas en el anejo I de la parte I del CTE. Asimismo, cabe decir que la cantidad del PEM no determina ninguno de los aspectos comentados.

Administración	**AYUNTAMIENTO DE BETXÍ**
Tipo de plaza	FUNCIONARIO DE CARRERA
Año de convocatoria	2020
Observaciones	

CASO N.º 1

Se presenta ante un ayuntamiento de la Comunidad Valenciana una solicitud de licencia de obras para la construcción de una edificación de nueva planta de vivienda entre medianeras, en un solar situado en la zona de ensanche del municipio. En la citada zona de ensanche no hay delimitada por el PGOU ninguna área de vigilancia arqueológica, ni tampoco consta delimitación en el catálogo municipal de protecciones. El ayuntamiento no dispone de servicio de arqueología.

No obstante, en actuaciones recientes en solares colindantes, se ha constatado la existencia de restos arqueológicos de enterramientos de época islámica. Desde la secretaría del ayuntamiento, se solicita a los servicios técnicos que informen sobre la procedencia de la concesión de licencia de obras o sobre la denegación de la misma.

La secretaría del ayuntamiento advierte al técnico municipal que considere, al emitir el informe, que las licencias urbanísticas tienen carácter reglado y de que el municipio no tiene delimitado en el PGOU área de protección arqueológica, ni por tanto restricción alguna que derive del planeamiento.

También se solicita desde la secretaría que el arquitecto emita un informe de calificación urbanística de la parcela, con el fin de que ese departamento pueda tener un informe completo sobre las repercusiones de planeamiento y parámetros urbanísticos que afectan a la zona de ensanche. Realice el informe técnico tipo sobre las principales determinaciones que deberían de incluirse.

RESOLUCIÓN

Que las licencias tienen carácter reglado viene a decir que, si legalmente se pueden conceder, han de concederse y no pueden denegarse discrecionalmente. Entendemos que la secretaría da a entender al arquitecto que, si la parcela no se encuentra incluida en un área de protección arqueológica y, por tanto, no existe afección patrimonial, no hay impedimento legal para otorgar la licencia. No deja de ser curioso que la secretaría «advierta» al arquitecto municipal de que el PGOU no delimita un área de protección arqueológica, ya que, en teoría, es más bien el arquitecto (quien mejor conoce el PGOU) el que informa de esta circunstancia a secretaría.

En cualquier caso, aquí es fundamental el contenido del art. 62 Ley 4/1998, según el cual, previamente a la concesión de la licencia, el promotor debe haber obtenido la autorización de la conselleria competente en materia de cultura tras haber aportado un estudio sobre los efectos que las obras pudieran causar en los restos arqueológicos o paleontológicos, y todo ello porque en el punto 1 del artículo deja claro que tales actuaciones también son necesarias cuando «se conozca o presuma fundamentalmente la existencia de restos arqueológicos o paleontológicos de interés relevante», incluso «en ausencia de Catálogo aprobado según los requisitos de la presente ley». En el caso que nos ocupa, sí que existe catálogo, pero este no ha delimitado área de vigilancia arqueológica en la zona, pero es evidente que es una carencia del documento y que el espíritu del artículo es que ha de primar la realidad arqueológica, por tanto, el técnico debería proponer en su informe que el promotor aporte el estudio previo a que se refiere el art. 62, con independencia de la necesidad de actualizar el catálogo.

CASO N.º 2

Presentadas por Registro de Entrada en un ayuntamiento de la Comunidad Valenciana dos solicitudes de licencias de obras, con posibles afecciones patrimoniales, el secretario de la corporación solicita a los servicios técnicos que emitan un informe sobre la viabilidad y condicionantes de ambas solicitudes:

A) [La solicitud de licencia de la letra A es idéntica al del supuesto anterior, suponemos que es un error material.]

B) Se presenta solicitud ante el ayuntamiento de licencia de obras para reforzar un tabique no estructural y reformar un baño que incluye obras de accesibilidad en la planta segunda de una vivienda unifamiliar entre medianeras. El inmueble se encuentra incluido en el entorno de protección de un bien de interés cultural, el ayuntamiento no dispone de plan especial que regule el régimen de intervención en el BIC y su régimen jurídico. Indique la administración competente y el instrumento urbanístico aplicable para acceder a dicha solicitud.

RESOLUCIÓN

En cuanto a la solicitud de licencia de la letra B, en primer lugar, debemos acudir a las primeras líneas del art. 35.1.b Ley 4/1998:

> Hasta la aprobación o convalidación definitiva del correspondiente plan especial de protección o documento asimilable, en los conjuntos históricos y en los entornos de protección de los bienes de interés cultural requerirán autorización por parte de la conselleria competente en materia de cultura las actuaciones de transcendencia patrimonial que así se determinen en la normativa provisional de protección contenida en la declaración, cuando exista, y que en todo caso incluyen las relativas a obras de nueva planta, de demolición, de ampliación de edificios existentes; y las que conlleven la alteración, cambio o sustitución de la estructura portante y/o arquitectónica y del diseño exterior del inmueble, incluidas las cubiertas, las fachadas y los elementos artísticos y acabados ornamentales.

Puesto que las obras no tienen transcendencia patrimonial, no se requiere autorización de la conselleria competente en materia de cultura. El tipo de obras se enmarca en las del art. 233.1.c TRLOTUP, es decir, obras de mera reforma que no suponga alteración estructural del edificio ni afecten a elementos catalogados o en trámite de catalogación. Cabe matizar que la vivienda unifamiliar tiene una afección patrimonial por encontrarse en el entorno de protección de un BIC, pero no está catalogada en sí. De todas formas, aunque se encontrara catalogada, las obras se encuadrarían en la letra d del art 233.1, actuaciones de intervención sobre edificios, inmuebles y ámbitos patrimonialmente protegidos o catalogados, carentes de trascendencia patrimonial. En definitiva, las obras se tramitan como DRO. Por garantismo, se puede dar traslado de la DRO a la conselleria competente en materia de cultura, en atención al art. 36.4 Ley 4/1998.

CASO N.º 3

El plan parcial del sector de suelo urbanizable industrial denominado PP-IND. AAA de un municipio de la Comunidad Valenciana incluye en su ámbito una superficie total de suelo de 200 000 m², la mayor parte del suelo se encuentra formado por parcelas consolidadas por la edificación, con industrias preexistentes y en funcionamiento, en su mayoría compatibles con la ordenación y los usos previstos en el planeamiento. El Plan Parcial cuenta con ordenación pormenorizada que fue aprobada por la Comisión Territorial de Urbanismo en el 2012. Dicho plan parcial prevé la programación y urbanización conjunta de todos los terrenos incluidos en el sector a partir de una única unidad de ejecución.

Hasta el momento no ha sido aprobado programa de actuación ni proyecto de reparcelación en el ámbito del sector.

Los propietarios de las parcelas incluidas en el ámbito, ante la inactividad municipal, han planteado diversas cuestiones a los servicios técnicos municipales.

Indique brevemente si es viable cada una de las cuestiones planteadas.

1.- Una central hortofrutícola, legalmente implantada, cuyo mercado se encuentra en expansión, plantea la ampliación de la nave existente, ante lo cual solicita que se le informe de qué actuaciones acordes con el planeamiento aprobado podría presentar para que se le concediera licencia de ampliación de la nave.

2.- Los industriales pretenden adelantar las obras de la red de saneamiento conjunta del ámbito, sin acometer, por el momento, el resto de las obras de urbanización pendientes en el ámbito.

3.- Posibilidad de autorizar en el seno de la unidad de ejecución la construcción de industrias de nueva planta como consecuencia de la ejecución anticipada de las obras de la red de saneamiento.

RESOLUCIÓN

Se trata de un suelo urbanizable sin programación, por lo que se rige por el art. 226 TR-LOTUP, del cual se deduce que su régimen es básicamente el del SNU. En este sentido, y comenzando por el punto 2, es evidente que no pueden realizarse obras de urbanización ni siquiera parte de estas, si no existe programación. Precisamente uno de los objetivos de un PAI es urbanizar completamente las unidades de ejecución y ordenar el reparto equitativo de las cargas (entre las cuales, las de urbanización) y beneficios (art. 116 TRLOTUP). Mayor razón para que tampoco puedan construirse industrias de nueva planta, por lo que contesta al punto 3. Si existe un problema con el saneamiento de las parcelas, debe acelerarse el PAI por gestión indirecta de los propietarios o, en caso de que aquel no se desarrolle, que lo gestione directamente el ayuntamiento.

En lo que concierne a la central hortofrutícola, no se puede considerar como edificación, construcción o instalación necesaria para la actividad agropecuaria adecuada para el uso correspondiente relacionado con la explotación para la que se solicita autorización (art.

211.1.a TRLOTUP), sino una actividad de transformación y comercialización de productos del sector primario (2.11.1.e), es decir, que se enmarca dentro de actividades industriales y productivas. Además, dicho tipo de actividad no puede incluirse dentro de las «destinadas a la actividad agraria, forestal, ganadera, cinegética o similar», que son las únicas que se permiten en suelo urbanizable sin programación (art. 226.1.a). Todo ello, sin perjuicio de que la actividad de la nave actual continúe, ya que tiene licencia, pero la ampliación es lo que no podría permitirse.

Administración	**AYUNTAMIENTO DE ALMUSSAFES**
Tipo de plaza	FUNCIONARIO INTERINO
Año de convocatoria	2020
Observaciones	Este examen incluía un supuesto 2 que, por ser idéntico al supuesto 1 del Ayuntamiento de Rocafort (pág. 188), no creemos necesario reproducir aquí.

SUPUESTO 1

El Ayuntamiento XXXX ha procedido a la licitación de un contrato de obras municipales, la misma se rige por un único criterio de adjudicación, el precio.

El presupuesto base de licitación es de 100 000,00 euros, habiéndose presentado cuatro ofertas.

Oferta 1	98 000,00 €
Oferta 2	97 000,00 €
Oferta 3	76 000,00 €
Oferta 4	74 000,00 €

1. Indicar si existe o no una oferta en el supuesto de oferta anormalmente baja, justificando la respuesta.
2. Indicar el procedimiento a seguir desde la presentación de las ofertas hasta la formalización del contrato.

RESOLUCIÓN

1. Como el único criterio de adjudicación es el precio, y como no se nos especifican los criterios de los pliegos para las ofertas anormalmente bajas, según el art. 149.2.a LCSP, cabe recurrir a los criterios establecidos reglamentariamente. Por tanto, debemos acudir al art. 85.4 RGLCAP, o sea, al caso en que concurren 4 o más licitadores:

Media aritmética de las ofertas presentadas = 86 250 €

10 % superior a la media = 86 250 + 8625 = 94 875 €

Ofertas superiores al 10 % de la media: Oferta 1 y 2

Nueva media excluyendo la oferta 1 = 82 333,33 €

10 % inferior a la nueva media = 82 333,33 − 8233,33 = 74 100 €

Cabe considerar anormalmente baja la oferta 4 por ser inferior a 74 100 €.

2. Cuestión meramente teórica en la que cabe sintetizar el contenido de la sección «De la adjudicación de los contratos de las Administraciones Públicas de la LCSP» (art. 131 y ss.).

Administración	**AYUNTAMIENTO DE CALP**
Tipo de plaza	FUNCIONARIO DE CARRERA
Año de convocatoria	2020
Observaciones	

Por una parte, la familia García, heredera de un solar situado en el municipio de Calpe (véase plano adjunto), está interesada en realizar un edificio plurifamiliar de 7 alturas con planta semisótano (planta semisótano, planta baja y 6 alturas de piso idénticas) en la zona de los Baños de la Reina. Considérese una planta tipo de 280 m². Los elementos comunes ascienden a 60 m² por planta.

La parcela tiene una superficie de 1200 m² y la edificabilidad de la parcela es de 1,36 m²t/m²s.

Por otra parte, en el edificio colindante, desean abrir un restaurante en la planta baja, así como instalar una zona "chill out" con tarima de madera, barra de bebidas, marquesinas y vallado perimetral, en la zona trasera de su parcela afectada por costas. Se presume la compatibilidad del nuevo establecimiento con el PG del municipio. Para adecuar el local, se precisan obras de reforma integral y un refuerzo estructural en la cimentación, sustitución de instalaciones de recogida de aguas residuales y excavación de un pequeño sótano para bodega.

CUESTIONES

En el marco del expediente administrativo correspondiente a **las obras**,

1. En cuanto a la autorización para la construcción del edificio de nueva planta: (i) ¿Qué tipo de autorización ampara la realización de dichas obras? Indique la documentación que considere fundamental para aportar junto con la solicitud de la autorización; (ii) Indique las posibles afecciones y sus efectos en el procedimiento de la autorización de las obras.

2. En base al proyecto presentado, realice la **revisión técnica que como mínimo debería tener el informe técnico municipal**. En caso de detectar deficiencias, se valorará que se indique la solución adecuada.

3. Calcule el excedente de aprovechamiento, si lo hubiera y cuánto debería pagar para realizar el edificio.

En cuanto al procedimiento administrativo correspondiente a **la actividad del restaurante**, y sabiendo que la cocina tiene una potencia instalada de 60 kw,

4. ¿Qué tipo de autorización deben solicitar los propietarios y en base a qué normativa? ¿Qué expediente se debería tramitar en primer lugar, el de obra, o el de actividad?

En relación con la instalación del **"chill out"**,

5. ¿Podrían los propietarios realizar las obras descritas (tarima, barra de bebidas y vallado perimetral) mediante algún tipo de autorización? De ser así, ¿en qué condiciones?

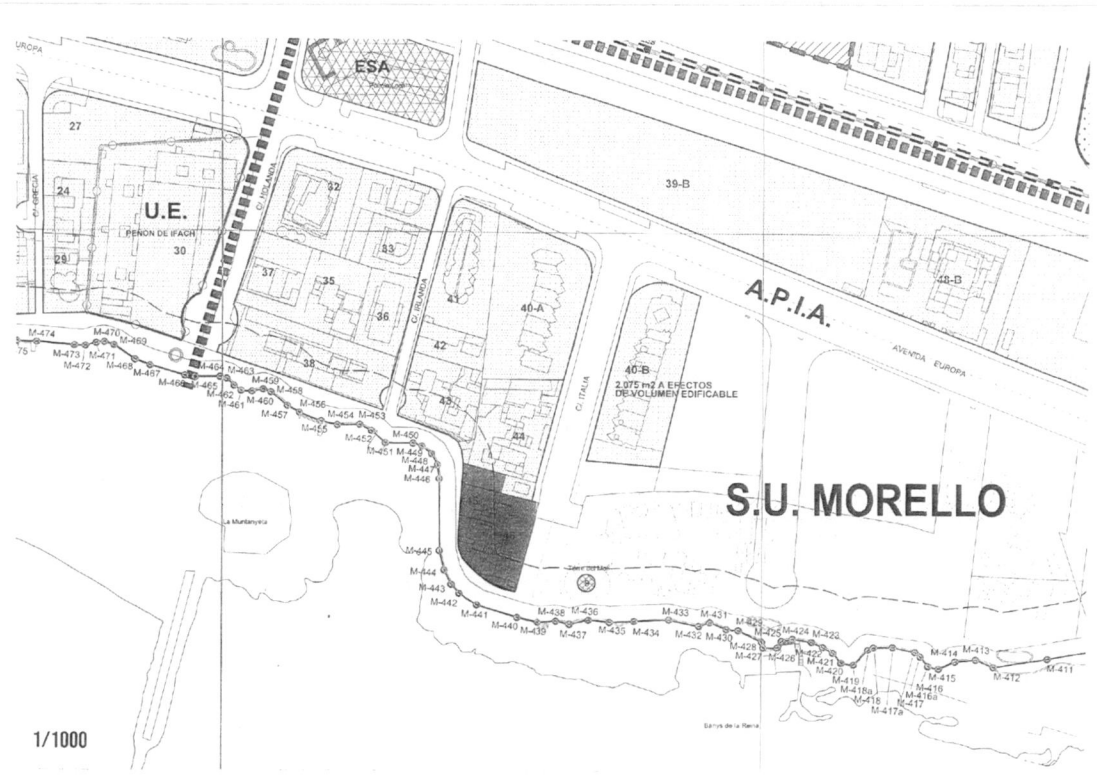

RESOLUCIÓN

1. Tratándose de un edificio de nueva planta, es evidente que el tipo de autorización es la licencia urbanística (art. 232.b TRLOTUP) y la documentación que hay que aportar es básicamente la del anejo I de la parte I del CTE, «Contenido del proyecto», al menos la correspondiente al proyecto básico; para la ejecución de las obras, el proyecto de ejecución (incluido el estudio de gestión de residuos de construcción y demolición) y el estudio de seguridad y salud.

La afección principal es la de la zona de servidumbre de protección del dominio público marítimo terrestre, que no es de 100 m, sino de 20 m, seguramente en aplicación del punto 3 de la disposición transitoria tercera de la Ley de Costas. La parte de la parcela afectada por esta servidumbre no puede ser ocupada por la edificación (art. 25 Ley de Costas).

2. El informe técnico debe revisar la compatibilidad con la normativa municipal, así como con la normativa técnica que obligatoriamente ha de constar en el proyecto básico, es decir, el DB-SI, accesibilidad, así como las DC-09. De los datos que nos aportan, comprobamos que la edificabilidad máxima de la parcela es de $1200 \times 1,36 = 1632$ m^2. El edificio propuesto tiene 7 plantas de 280 m^2 cada una, es decir, 1960 m^2, por lo que sobrepasaría la edificabilidad permitida.

3. El excedente de aprovechamiento es la «Diferencia positiva que resulta de restar del aprovechamiento objetivo de los terrenos el aprovechamiento subjetivo que corresponde a las personas propietarias» (art. 72.4.f TRLOTUP). En SU, no es muy habitual; algunos planes utilizan esta técnica para obtener patrimonio municipal de suelo o para obtener dotaciones públicas. En el ejercicio que nos ocupa, y ante la ausencia de más datos en el enunciado, hemos encontrado que en el art. 107 de las NNUU del Plan General de Calp se concreta que para la zona en que se encuentra el solar el excedente de aprovechamiento es de 0,136; no se indican unidades, pero se deduce que es m^{2}t/m^{2}s, puesto que se entiende que el coeficiente ya está deshomogeneizado al uso y tipología de la zona. En definitiva, el excedente sería de $0,136 \times 1200 = 163,20$ m^{2}t.

En el punto 3 del artículo siguiente de las NNUU, se dice:

> Los excedentes de aprovechamiento se adquieren, previamente a la obtención de la correspondiente licencia de obras, mediante:
> [...]
> 2ª- El abono de su valor en metálico, destinado igualmente al Patrimonio Municipal del Suelo.
> [...]

Y en el punto 5, se establece:

> La adquisición onerosa del excedente de aprovechamiento requiere la valoración técnica del excedente y de su contraprestación. Para efectuar dicha valoración se utilizará el cuadro indicativo de valores de suelo para el patrimonio municipal vigente en cada momento en el Municipio de Calp.

Sin embargo, el enunciado no aporta el mencionado cuadro, por lo que no podemos calcular el valor del excedente.

4. La actividad de restaurante se recoge explícitamente (punto 2.8.2) en el anexo de la Ley 14/2010, por lo que su autorización se rige por dicha ley. En atención al segundo párrafo del art. 24.2 del Reglamento de la Ley 14/2010, «Las cocinas que, de acuerdo lo establecido en el CTE-DB SI, sobrepasen una potencia instalada de 50 kW se considerarán a los efectos

de este Reglamento como local de riesgo alto, aun cuando dispongan del preceptivo sistema automático de extinción». En el punto anterior, se dice que, de acuerdo con lo establecido en el punto 10 de la ley, el procedimiento de apertura será mediante autorización administrativa en cuatro supuestos, entre los cuales el de establecimientos con recinto o espacio calificado de riesgo alto. Así pues, el procedimiento se rige por el art. 10 Ley 14/2010. Por otra parte, en este artículo se especifica que la tramitación de la licencia de apertura y la de obras se efectúa conjuntamente.

5. Lo lógico sería tramitar, junto a la licencia de apertura, el correspondiente permiso de terraza de que trata el art. 21 de la Ley 14/2010 y 64 del Reglamento de la Ley 14/2010. No obstante, como se ubica en zona de servidumbre de costas, según dice el enunciado, se requiere también la autorización del órgano competente de la conselleria competente en costas, según art. 49 del Reglamento General de Costas (Real Decreto 876/2014).

Administración	**AYUNTAMIENTO DE BENIPARRELL**
Tipo de plaza	FUNCIONARIO DE CARRERA
Año de convocatoria	2020
Observaciones	Debe elegirse uno de los dos casos prácticos, A o B, y uno de los dos informes, A o B. Se dispone de 2 h para cada uno de ellos.

Caso práctico. Opción A

El colapso de un edificio ha causado daños sobre el colindante, motivo por el que se dispone que por parte de los servicios técnicos municipales se realice una visita de inspección y se informe al respecto.

DATOS

El edificio en cuestión se encuentra situado sobre suelo urbano, calificación residencial, zona de ordenación urbanística protección histórico-artística, protección arqueológica, de acuerdo al plan general vigente. La edificación no se encuentra incluida en el catálogo de bienes y espacios protegidos, ni es objeto de un procedimiento de catalogación. La edificación no se encuentra en situación de fuera de ordenación.

El edificio tiene una longitud de fachada de aproximadamente 8,06 metros y una profundidad de 5,58 metros. Dispone de una superficie construida total de 90 m² distribuida en dos plantas de 45 m² cada una, de uso residencial. La planta baja tiene una altura de 4,5 metros aproximadamente y una altura de cornisa de 7 metros aproximadamente. Su estructura está formada por muros de carga y pilares de ladrillo, vigas y viguetas de madera. De acuerdo a la información catastral, data de 1951.

En las fotografías siguientes se puede observar el estado actual del inmueble:

Contesta de forma independiente a los siguientes supuestos:

1.- Evaluación del estado del edificio y procedencia de declaración de ruina del inmueble y medidas eventuales para evitar riesgos (4 puntos).

2.- Determinar el coste económico del derribo del inmueble como consecuencia de la declaración de ruina y orden de ejecución dictada por el Ayuntamiento y la solicitud del propietario sobre la ejecución subsidiaria de lo ordenado por parte de la administración (4 puntos).

3.- Realiza propuesta de contratación de la ejecución de las obras en el caso de ejecución subsidiaria del ayuntamiento y describe la documentación necesaria para la aprobación y adjudicación, así como la de la fase de ejecución y comprobación del cumplimiento del contrato (2 puntos).

RESOLUCIÓN

Por el deterioro de la edificación que muestran las imágenes, parece que debe enmarcarse este supuesto en el ámbito del art. 203 TRLOTUP, «Amenaza de ruina inminente». La primera actuación que se debe realizar es la de tomar medidas urgentes y cautelares, como, por ejemplo, ordenar el apuntalamiento y/o crear un perímetro de seguridad en la calle mediante vallado; todo ello como paso previo a la determinación de las medidas definitivas que hay que llevar a cabo en la edificación, ya que estas pueden implicar que transcurra cierto tiempo por los trámites legales ineludibles del expediente.

El procedimiento, que parece lógico y que impone el propio art. 203.3 y 4, es el de inicio de declaración de ruina, así como el de determinación del eventual incumplimiento por el propietario del deber de conservación. La incoación de ruina implica, en primer lugar, la justificación de su procedencia mediante el valor de reposición de edificación de nueva planta, de igual superficie y características que la existente a fin de comprobar si se supera el límite del deber de conservación (art. 191). No nos dan datos para realizar la valoración, pero, de las imágenes y por el cariz de las preguntas, parece claro que se da por justificada la ruina. De la pregunta 2, se deduce que se determina la demolición del edificio, lo que resulta lógico por las imágenes, pero cabe recordar que, según el TRLOTUP (art. 202.5), el dueño puede elegir rehabilitarlo, si bien, para ello, seguramente sea también necesaria la demolición siquiera parcial.

En cualquier caso, la pregunta 2 es un poco confusa porque habla de orden de ejecución, pero al mismo tiempo de ejecución subsidiaria. Se entiende que el ayuntamiento emite la orden y su destinatario solicita la ejecución subsidiaria, a lo que el ayuntamiento no tiene por qué acceder, pero, dada la urgencia de actuaciones, puede ser recomendable. En cuanto al coste de la demolición, tampoco se nos dan datos para calcularlo, por lo que debemos adoptar un coste unitario razonable, por ejemplo, 30 o 35 €/m^3, lo que da un PEM de 30 × [45 (ocupación en planta) × 7 (altura de cornisa)] = 9450 €. Ni que decir tiene que el problema aquí es estar familiarizado con este tipo de orden de magnitud.

En lo que respecta a la contratación del derribo por parte de la administración: el PEC es de 9450 × 1,19 = 11 245,50 €, por tanto, inferior a 40 000 €, así que se puede tramitar como contrato menor (art. 118 LCSP).

Caso práctico. Opción B

En el municipio de menos de 50 000 habitantes, el planeamiento vigente está constituido por el PGOU, el cual define el sector de suelo urbanizable número 5. Este sector está ordenado pormenorizadamente por el vigente PGOU.

Los parámetros urbanísticos que establece el PGOU son los siguientes:

Superficie ámbito	126 392 m^2 suelo
Equipamiento deportivo estructural	80 131 m^2 suelo
Equipamiento secundario (escolar)	6249 m^2 suelo
Equipamiento secundario (zona verde)	10 791 m^2 suelo
Viario secundario	14 312 m^2 suelo
Parcela lucrativa	14 909 m^2 suelo

Edificabilidad residencial RPB	24 331 m^2 techo
Edificabilidad terciario TCO	10 000 m^2 techo

Coeficientes de homogeneización	
1 m^2 techo RPB equivale a 0,8750 m^2 techo TCO	

En la ordenación del sector se define un equipamiento dotacional deportivo que forma parte de la red primaria. Dicho equipamiento se ha ejecutado en otro sector por lo que el ayuntamiento decide cambiar la ordenación del sector n.º 5, cuyos objetivos son:

- Sustituir el dotacional estructural deportivo por dotaciones de la red secundaria definidos como dotacional de servicios urbanos (SMD).
- Ampliar el suelo lucrativo en 5000 m² suelo, debido a que todo el aprovechamiento lucrativo (los 24 331 m² techo residencial más los 10 000 m² techo terciario) del sector se concentra en una única parcela de 14 909 m² suelo.
- Incrementar la edificabilidad residencial sin incrementar el aprovechamiento tipo del sector.

Cuestiones que se plantean:

1.- Indicar el procedimiento que se debe seguir para tramitar dicha modificación. Qué órgano competente en cada fase, si el ayuntamiento tiene la competencia de órgano sustantivo (3 puntos).
2.- Indicar si es posible ampliar el suelo lucrativo. Justificar en caso afirmativo o negativo (4 puntos).
3.- Indicar si es posible el incremento de la edificabilidad residencial y, en caso afirmativo, justificar y calcular qué edificabilidad se podría incrementar, así como el cumplimiento de estándares (3 puntos).

RESOLUCIÓN

1. Se nos dice como premisa que el ayuntamiento es el órgano sustantivo, es decir, el que aprueba definitivamente el plan; suponemos que ello es así porque se aplica el art. 67.7 TRLOTUP, según el cual «tendrá, en todo caso, la consideración de modificación de la OP de planeamiento, a los efectos de este texto refundido, el cambio de un uso dotacional de la red primaria o secundaria de los previstos en el plan, por otro igualmente dotacional público, destinado a la misma o distinta administración pública», aunque el cambio implica modificación de ordenación estructural y teóricamente correspondería a la conselleria (art. 44.3.c TRLOTUP). El órgano ambiental puede ser también el ayuntamiento, según lo que establece el art. 49.2.c, ya que no se modifica el uso dominante de la zona. Dicho órgano decidirá si la tramitación es ordinaria o simplificada en atención a los criterios del anexo VIII. Ante la poca trascendencia del cambio, entendemos que sería simplificada, por lo que se seguirá el procedimiento descrito en los art. 52, 53 y 61. Asimismo, véase última frase de nuestro comentario al punto 4 del ejercicio de Mutxamel (pág. 288).

2. Nada impide aumentar el suelo lucrativo, pero será en detrimento de suelo dotacional. Si es viario, el TRLOTUP no exige una superficie mínima de este tipo de dotación, por lo que no habría problema. Si lo que se reduce es superficie de equipamiento o zona verde, tampoco habría problema porque se superan sobradamente los estándares mínimos dotacionales para sectores de uso residencial.

3. Se entiende que, si se puede incrementar la edificabilidad residencial, ha de ser sin ampliar la superficie del sector, en cuyo caso es imposible mantener el mismo aprovechamiento tipo, salvo que, por ejemplo, se adscriba al sector una dotación de red primaria de forma que aumente el área de reparto o, por ejemplo, eliminando la edificabilidad terciaria.

Adoptando esta última posibilidad, debe calcularse el aprovechamiento tipo, considerando que el área de reparto coincide con el sector.

$$AT = (24\ 331 \times 1 + 10\ 000 \times 0,875) / 126\ 392 = 0,26173\ UA/m^2s$$

Ahora introducimos de nuevo la fórmula del AT (ya conocido), pero con la ER como incógnita:

$AT = 0,26173 = ER / 126\ 392 \rightarrow ER = 33\ 081\ m^2t$, por lo que solo se podría incrementar la ER en $33\ 081 - 24\ 331 = 8750\ m^2t$

Como hay que contar necesariamente con un mínimo de edificabilidad terciaria, esta se puede conseguir compatibilizando el uso residencial con el terciario (art. 36.3), por ejemplo, en las plantas bajas de los edificios.

Con esta ER, los estándares serían:

$$ZV + EQ = (33\ 081 \times 35) / 100 = 11\ 578,35\ m^2s$$
$$ZV = (33\ 081 \times 15) / 100 = 4962,15\ m^2s$$

Emisión de informe. Opción A

El ayuntamiento pretende llevar a cabo la apertura de un vial en suelo urbano previsto en el PGOU vigente, así como la obtención de parte de la zona verde. Dichos terrenos están actualmente ocupados por una construcción de almacén en ruina, cuyo derribo ha sido realizado subsidiariamente por el ayuntamiento con un coste total de 7000 euros.

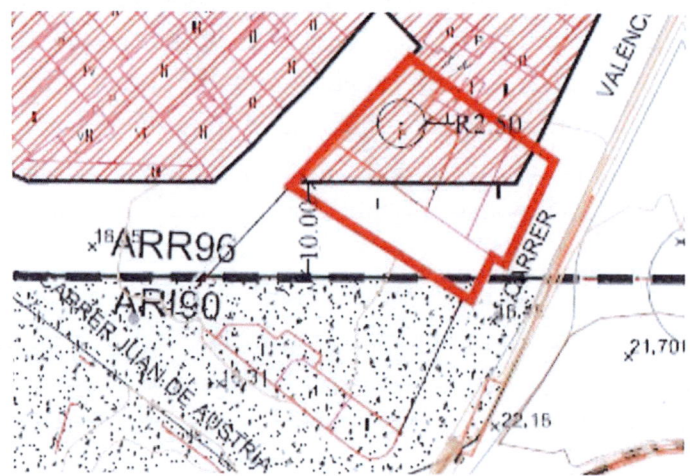

En rojo se indica el almacén existente.

La superficie total de suelo ocupada por el almacén es de 347 m^2 de los cuales 332,43 m^2 se encuentran en el área de reparto ARR96 y 14,57 m^2 en el área de reparto ARI90.

La superficie destinada a vial y zona verde es de 169,89 m^2 y 14,57 m^2 respectivamente, el resto del suelo tiene la calificación de residencial histórico.

Los valores en venta de viviendas con la tipología de RHC (residencial histórico) en el entorno se fijan en:

Testigo		valor	sup	euros/m^2
1		139 000	105	1324
2		215 250	105	2050
3		99 000	75	1320
4		95 000	90	1056
5		130 000	108	1204
6		135 000	110	1227
7		129 000	135	955
8		143 000	120	1192

Según IVE (Instituto Valenciano de la Edificación), el valor de unitario de ejecución es de 605 €/m^2 techo.

Los gastos de urbanización en el entorno son de 90 euros/m^2 suelo.

La tasa libre de riesgo en tanto por uno de la última referencia publicada por el Banco de España del rendimiento interno en el mercado secundario de la deuda pública de plazo entre dos y seis años es de 0,0252 %.

Prima de riesgo 8 %.

[El enunciado reproduce las fichas de características de las áreas de reparto ARR96 y ARI90, de las cuales solo nos interesa el dato de sus AT, que son, respectivamente: 2,741819 m^{2}t-RHC eq./m^{2}s y 0,787039 m^{2}t-IAP eq./m^{2}s.]

El coeficiente de homogeneización establecido en el PGOU es 1 m^{2}techo industrial equivalente a 0,52 m^{2}techo residencial histórico.

Emítase informe sobre los siguientes aspectos:

1.- Valor de la expropiación (8 puntos).

2.- Se debería expropiar todo el suelo ocupado por el almacén? Justificar (2 puntos).

RESOLUCIÓN

1. Parece que el orden lógico de las preguntas debería ser el inverso, es decir, justificar primero el ámbito de expropiación y luego valorarla. Consideramos que lo sensato aquí es responder a las preguntas en ese orden. En este sentido, salvo si la parcela sobrante es inedificable, debería expropiarse solo la superficie que abarca el espacio calificado como público.

El valor de la expropiación de un suelo urbanizado sin edificar o cuya edificación se encuentra en ruina se calcula mediante el método residual estático, para lo cual cabe hallar la edificabilidad potencial de la superficie del almacén situada en el espacio dotacional, de la cual 169,89 m^2 se sitúa en la ARR96 (calificada como vial) y 14,57 m^2 en la ARI90 (calificada como zona verde). Dicha edificabilidad potencial es el AS de cada parte de la superficie, que en este caso coincide con el AT al no haber cesión de porcentaje a la administración por encontrarnos en suelo urbano sin aumento de aprovechamiento.

$$AS_{ARR96} = 2,741819 \times 169,89 = 465,81 \text{ m}^2\text{t-RHC eq.}$$
$$AS_{ARI90} = 0,787039 \times 14,57 = 11,47 \text{ m}^2\text{t-IAP eq.}$$

Pasamos todo a edificabilidad de residencial histórico:

$$E_{ARR96} = 465,81 \times 1 = 465,81 \text{ m}^2\text{t-RHC}$$
$$E_{ARI90} = 11,47 \times 0,52 = 5,96 \text{ m}^2\text{t-RHC}$$
$$E_{total} = 465,81 + 5,96 = 471,77 \text{ m}^2\text{t-RHC}$$

Para obtener el valor en venta, Vv, calculamos la media aritmética del Vv de los testigos, que es 1291 €/m^{2}t. Cabe suponer que todos los testigos son idóneos y, como mucho, podríamos aplicar coeficientes de homogeneización en cuanto a la superficie, ya que no disponemos de otros datos, como la antigüedad.

Por su parte, Vc sería el resultado de añadir al PEM que nos indica el enunciado el beneficio industrial (6 %), gastos generales (13 %) y otros gastos (20 %), porcentajes que no nos facilitan, así que tenemos que adoptar nosotros dentro de una horquilla razonable:

$$Vc = 605 \times 1,39 = 840,95 \text{ €/m}^2\text{t}$$
$$VRS = 1291 / 1,40 - 840,95 = 81,19 \text{ €/m}^2\text{t}$$
$$VS = 471,77 \times 81,19 = 38\ 303,01 \text{ €}$$
$$VSo = VS - G (1 + TLR + PR)$$
$$G = 90 \times (169,89 + 14,57^{22}) = 16\ 601,40 \text{ €}$$
$$VSo = 38\ 303,01 - 16\ 601,40 (1 + 0,000252 + 0,08) = 20\ 369,31 \text{ €}$$

---

[22] Aquí se puede dudar de si la parte correspondiente a zona verde se añade a la superficie que hay que urbanizar.

228

Solo faltaría añadir el 5 % por premio de afección:

$$\text{Valor de expropiación} = 20\,369{,}31 \times 1{,}05 = \mathbf{21\,387{,}78\,€}$$

De este justiprecio, la administración podría deducirse los 7000 € del coste de derribo del almacén si se había declarado en ruina y el propietario no había procedido a su demolición. Téngase en cuenta que no podría haberla rehabilitado al encontrarse en fuera de ordenación.

Emisión de informe. Opción B

La alquería Huerto la Torre / Masía de Chambero está ubicada en la parcela 9, 10, 10 (I) del polígono 11 del Catastro de rústica.

Las citadas parcelas se encuentran ubicadas en suelo no urbanizable agrícola, según las vigentes Normas Subsidiarias de Planeamiento de Beniparrell, aprobadas por la Comisión Territorial de Urbanismo de Valencia en fecha 28 de noviembre de 1989.

La citada alquería se encuentra ubicada a 75 metros del Barranco de Picassent.

La alquería Huerto la Torre / Mas de Chambero se encuentra recogida en el Catálogo de Bienes y Espacios Protegidos del Plan General de Beniparrell. El citado plan se encuentra con aprobación provisional municipal, y pendiente de la aprobación definitiva. Si bien, el catálogo de bienes y espacios protegidos se encuentra informado favorablemente por la Conselleria de Cultura.

La finca Alquería de Chambero comprende tres parcelas catastrales:

a) Ref. catastral 46066A011000100000YX; de superficie de 66 669 m² y uso agrario.
b) Ref. catastral 46066A011070020000YS; de superficie de 4932 m² y uso residencial con las siguientes edificaciones legalmente construidas:

Uso	Superficie m²
Almacén 1	181,00 m²
Vivienda	412,00 m²
Porche 100 %	21,00 m²
Almacén 2	1055,00 m²
Almacén 3	181,00 m²

c) Ref. catastral 46066A011000090000YX; de superficie de 20 886,00 m² y uso agrario.

En fecha 07.04.2020 por D. XXX por registro de entrada electrónico presenta solicitud de informe urbanístico municipal para desarrollar actividad de salón de banquetes en la citada masía.

Por D. XXX, en fecha 20.10.2020, por registro de entrada electrónico, se presenta declaración responsable para actividad de restauración, con obras. Acompaña la solicitud con proyecto de actividad de restauración con usos de baños y cocinas en el edificio de la Alquería; y la carpa que se pretende instalar; justificando en su conjunto no tener locales de riesgo especial alto, ni recintos o espacios con carga térmica que sobrepase los 400 megajulios/m^2; con aforo menor de 500 personas se destinará a salón para eventos, incluye un aparcamiento de 600 m^2.

En relación con estos antecedentes, emítase un único informe técnico sobre los siguientes aspectos:

1.- Compatibilidad urbanística de la actividad de restauración, en el suelo no urbanizable agrícola. Se deberá indicar planeamiento a que está sujeto, clasificación y calificación del suelo, usos urbanísticos admitidos y en su caso, existencia de limitaciones estrictamente urbanísticas. Puntos 7/10.

2.- Fundaméntese procedimiento para la tramitación de la actividad y obra solicitada. Puntuación 3/10.

RESOLUCIÓN

1. Para elaborar el informe debemos conocer el régimen establecido por el planeamiento municipal para el suelo no urbanizable agrícola. El enunciado facilita extracto de la normativa municipal, entre la cual el régimen de dicho suelo, del que destacamos lo siguiente:

> Solo se permitirán las edificaciones destinadas a explotaciones agrícolas que guarden relación con la naturaleza y destino de la finca, las construcciones e instalaciones vinculadas a la ejecución, entretenimiento y servicios de las obras públicas, así como edificaciones e instalaciones de utilidad pública o interés social que haya de emplazarse en el medio rural y edificios aislados destinados a vivienda […]

También se permiten ciertas instalaciones industriales, granjas e instalaciones de acampada, pero no hay referencia explícita al uso de restauración o terciario en general. Esto implica que el informe de compatibilidad urbanístico, en teoría, debería ser negativo, aunque del enunciado parece deducirse que la actividad se puede llevar a cabo, sobre todo por el punto 2, que pide explicar el procedimiento para la tramitación de la actividad y obra. Desconocemos si el Ayuntamiento de Beniparrell, por asimilación, incluye el uso de restauración dentro del de «de interés social», que es un uso para el que prescribe más limitaciones:

a) Edificabilidad máxima de 0,4 m^2/m^2.
b) Accesos rodado desde la vía pública y dotación de agua potable y energía eléctrica en proporción adecuada a sus fines, que deberán ser justificados con carácter previo al otorgamiento de la licencia.

c) Ocupación máxima de parcela del 40 %.

d) Retranqueos a lindes y fachadas de 10 m.

Desde luego, si no se ha trabajado como técnico en este ayuntamiento, mi consejo es no escoger este supuesto por la inseguridad que presenta la interpretación del planeamiento municipal. Si comentamos el supuesto de manera genérica, basándonos en el art. 210 y siguientes del TRLOTUP (régimen del suelo no urbanizable), hay que decir que el salón de banquetes se incluye en el uso restauración, el cual está previsto para el suelo no urbanizable en el art. 211.1.f.1º. Como el enunciado nos dice que en el informe hablemos de las «limitaciones estrictamente urbanísticas», habría que comentar si cumple parcela mínima, retranqueos, ocupación, alturas o edificabilidad, parámetros de los cuales el TRLOTUP solo establece la parcela mínima de media hectárea y que quede libre de ocupación de la actividad al menos el 50 % de la superficie de parcela (art. 211.2). Parece evidente que el tribunal ha querido probar a los opositores al indicar una superficie de la parcela donde se ubica la construcción que no llega a la media hectárea. En este sentido, se entiende que el informe se solicita sobre las tres parcelas, y no únicamente sobre la de la construcción, así que el ámbito de las tres cumple sobradamente el art. 211.2. En relación con ello, cabe recordar aquí lo dispuesto en el art. 214.4:

> Las licencias que autoricen actos de edificación en el suelo no urbanizable se otorgarán condicionadas a la inscripción en el registro de la propiedad de la vinculación de la superficie mínima de parcela, parcelas o parte de ellas, exigible urbanísticamente para la construcción que se autoriza, así como la consecuente indivisibilidad de la misma, las demás condiciones impuestas en la licencia y, en su caso, en la declaración de interés comunitario. […]

2. En cuanto al procedimiento, debe decirse en primer lugar que podemos entender exenta la actividad de obtener DIC en virtud del art. 219.1 TRLOTUP, ya que se reutiliza arquitectura tradicional, sin perjuicio de la emisión de los informes vinculantes de las consellerias competentes en turismo y urbanismo, que habrán de constar en el expediente antes del otorgamiento de la licencia (214.2 TRLOTUP). El art. 219.1 no menciona la conselleria competente en patrimonio, pero aquí se presenta la duda de si se requiere su informe al ser un elemento catalogado. Entendemos que, al estar informado favorablemente por el órgano autonómico, y tratándose de un BRL, no se necesita informe de aquella conselleria, sin perjuicio de que deba comunicársele la concesión de la licencia.

La licencia para la actividad sería de apertura, es decir, la regulada en la Ley 14/2010, ya que en el punto 2.8.1 de su anexo se incluyen específicamente los salones de banquetes. De entre los dos tipos de licencia de apertura que recoge esta ley, el supuesto se ajusta al que corresponde con declaración responsable (art. 9 de la Ley, y 13 y ss. de su reglamento), ya que la actividad no se encuentra entre ninguno de los casos recogidos en el art. 10.1 de la Ley 14/2010 ni 24.1 de su reglamento. No obstante, si se asocia a la actividad más de 1500 m^2 de las construcciones (por ejemplo, sumando la superficie del almacén 2, la vivienda y otro espacio), la autorización ya no se regularía por la Ley 14/2010, sino por la 6/2014, según consta en el punto 13.2.7 de su anexo II, y se requeriría licencia ambiental, por lo que las obras y actividad se tramitarán conjuntamente (art. 53.3 Ley 6/2014).

El enunciado aporta también la ficha del catálogo de bienes, pero el enunciado no describe en qué consisten las obras. Asimismo, debería obtenerse autorización del organismo de cuenca, al menos, por la instalación de la carpa, ya que la alquería se encuentra en zona de policía (art. 6.1.b Ley de Aguas y 9.4 RDPH).

Administración	**AYUNTAMIENTO DE ALBATERA**
Tipo de plaza	FUNCIONARIO DE CARRERA
Año de convocatoria	2021
Observaciones	

El Plan General de Albatera adaptado a la LOTUP vigente delimita un sector de suelo urbanizable de uso residencial, tal y como se muestra en el croquis que se adjunta, el cual se encuentra pendiente de desarrollo. Dicho sector es colindante por uno de sus frentes con suelo clasificado como urbano y el resto limita con suelo no urbanizable. La red viaria estructurante del sector es la que se muestra en amarillo y pretende conectarse con la red viaria estructurante del municipio a través de solar vacante existente. El sector es atravesado por una cañada real de 75 m de ancho, siendo la superficie de la citada vía pecuaria incluida en el sector de 13 600 m². En el interior del ámbito del sector existen 2 parcelas con sendas viviendas unifamiliares legalmente emplazadas. El sector cuenta con un parque público de red primaria (PVP) externo adscrito de 24 000 m².

Datos del SECTOR

Uso dominante:	Residencial (única tipología edificatoria: vivienda plurifamiliar en edificación abierta)
Usos compatibles:	Terciario y dotacional
Usos incompatibles:	Industrial
Edificabilidad total:	80 000 m²t

En base a lo expuesto se solicita:

1. Completar los parámetros urbanísticos que se indican a continuación de la ficha del sector justificando y argumentando los cálculos efectuados y respuestas: **(5 PUNTOS)**
   - Superficie del sector (m²s).
   - Superficie computable del sector (m²s).
   - IEB (m²t/m²s), desglosando, en su caso, IET y IER.
   - Edificabilidad viviendas VPP (m²t) y porcentaje mínimo legal de reserva (%), teniendo en cuenta que el aprovechamiento tipo que se solicita será en m²t/m²s.
   - Número estimado de viviendas según el tamaño habitual de la vivienda plurifamiliar.
   - Número de habitantes estimado.
   - Número de viviendas por hectárea.

2. Describir el régimen que le sería de aplicación a las parcelas consolidadas que contiene el sector, a la vista de la situación de cada una de ellas **(5 PUNTOS)**.

3. Establecer la forma de obtención del solar vacante calificado por el planeamiento como red viaria que posibilitará la conexión de la red viaria de red primaria del sector **(5 PUNTOS)**.

4. Identificar cuál sería el área de reparto y el aprovechamiento tipo **(5 PUNTOS)**.

5. Se identifica un propietario de un terreno de 25 000 m^2 de los cuales 20 000 m^2 se enclavan dentro del sector, siendo el resto de los terrenos suelo no urbanizable. En base a los datos calculados en apartados anteriores, determinar ¿cuál sería el aprovechamiento subjetivo que le correspondería al citado propietario y cuántos metros cuadrados de techo? **(5 PUNTOS)**.

6. ¿Cabría implantar algún tipo de uso antes de iniciar el desarrollo y, después de someter a información pública la alternativa técnica? **(5 PUNTOS)**.

7. Realizar propuesta de ordenación pormenorizada del sector, tomando en consideración los datos de partida, justificar el cumplimiento de estándares y la ubicación de las dotaciones dentro del sector, aplicando perspectiva de género **(7 PUNTOS)**.

8. Calcular los IEN de las manzanas resultantes **(3 PUNTOS)**.

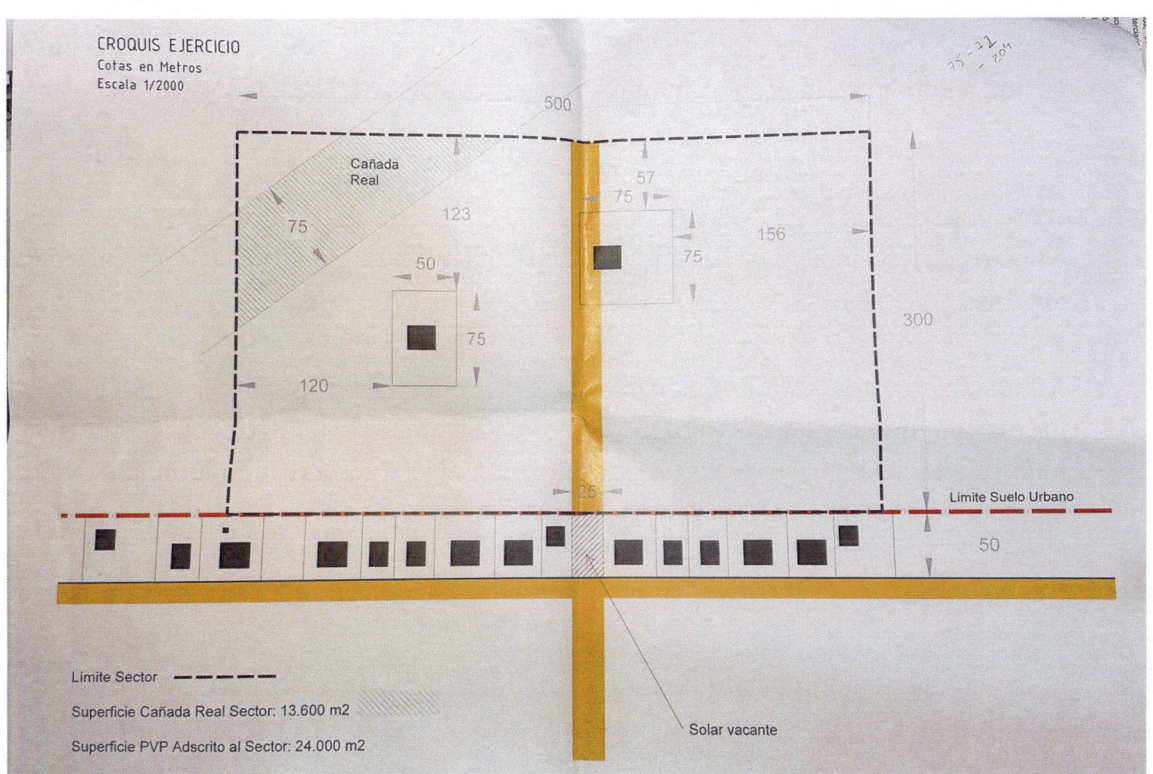

RESOLUCIÓN

1. Parámetros urbanísticos:

- Superficie del sector: $300 \times 500 = \textbf{150 000 m}^2\textbf{s}$.

- SCS $= 150\ 000 - 13\ 600^{23} - (50 \times 75)^{24} = \textbf{132 650 m}^2\textbf{s}$.

- IEB = EB/SCS $= 80\ 000 / 132\ 650 = \textbf{0,60309 m}^2\textbf{t/m}^2\textbf{s}$.
  En el enunciado no se desglosa la ER de la ET, por lo que suponemos que toda la edificabilidad es residencial, pero, como la ley exige un mínimo de edificabilidad terciaria, esta puede conseguirse con el destino de plantas bajas de los edificios al uso terciario (es decir, que los m² de dicha edificabilidad terciaria no están definidos *a priori*).

- Edificabilidad de VPP: **30 %** de la edificabilidad residencial (art. 33.1.a TRLOTUP), por tanto, $80\ 000 \times 0,30 = \textbf{24 000 m}^2\textbf{t}$.

- Número estimado de viviendas: al no indicar el enunciado la densidad, se adopta discrecionalmente una superficie de vivienda de 100 m²t/viv. (esta proporción es la que establece, por ejemplo, el Decreto 104/2014, del Consell, por el que se aprueba la norma técnica en materia de reservas dotacionales educativas):

$$\text{N.}^o \text{ viv.} = 80\ 000 / 100 = \textbf{800 viviendas}$$

- Número de habitantes: al no facilitar el enunciado el número de habitantes por vivienda, adoptamos la proporción indicada en el art. 22.1 TRLOTUP, 2,5 hab./viv.:

$$\text{Núm. hab.} = 800 \times 2,5 = \textbf{2000 habitantes}$$

- Número de viviendas por hectárea: N.º viv./ha $= 800 / (150\ 000 / 10\ 000) = \textbf{53,33 viv./ha}$.

Aunque para estos tres últimos parámetros, cabría matizar que no se pueden dedicar los 80 000 m² a residencial, como se ha dicho, ya que una parte no concreta se destinará a terciario, por lo que, una vez realizado el sector, el resultado de los tres será teóricamente menor.

2. Régimen de las parcelas consolidadas:

Como ya se ha adelantado cuando se ha calculado el SCS, la parcela de la izquierda se sometería al régimen de las semiconsolidadas (art. 207 TRLOTUP), siempre que pudiera integrarse en la nueva ordenación. La parcela de la derecha se encontraría en fuera de ordenación.

---

[23] Se entiende que la cañada real se mantiene en el nuevo plan. En cualquier caso, se debe dejar claro en la resolución el criterio que seguimos

[24] Suponemos también que la parcela de 50 × 75 es compatible con la OP y, por tanto, la descontamos de la superficie del sector. No es compatible, en cambio, la otra, ya que es atravesada por el vial estructurante.

3. Forma de obtener el solar:

La forma de obtención debería estar prevista en el planeamiento; la más evidente es por expropiación. También puede recurrirse a la ocupación directa.

4. Área de reparto y aprovechamiento tipo:

Área de reparto = SCS + PVP adscrito al sector = 132 650 + 24 000 = **156 650 m²s**

AT = 80 000 / 156 650 = **0,51069 m²t/m²s**

5. Aprovechamiento subjetivo del propietario:

AS = Sup. parcela × AT × 0,9 = 20 000 × 0,51069 × 0,9 = **9192,42 m²t**

6. Posibilidad de usos antes del desarrollo:

Solo usos provisionales (art. 227.2 TRLOTUP).

7. Propuesta de ordenación y cumplimiento de estándares, según esquema:

ZV + EQ = (80 000 × 35) / 100 = 28 000 m²s, de la que ZV = (80 000 × 15) / 100 = 12 000 m²s.

El número de plazas de aparcamiento mínimo: 2000 × 0,25 = 500 plazas públicas y 2000 × 0,50 = 1000 plazas privadas.

Con estos mínimos de dotaciones, debe diseñarse una ordenación que tenga en cuenta, sobre todo, el punto 1.2 del apartado III del anexo IV TRLOTUP en cuanto a la calidad del diseño y, en lo referente a la perspectiva de género, el anexo XII.

Administración	**AYUNTAMIENTO DE ALICANTE (concurso-oposición)**
Tipo de plaza	FUNCIONARIO DE CARRERA
Año de convocatoria	2021
Observaciones	Se reproducen las soluciones facilitadas por el tribunal en cursiva. Entre corchetes, indicamos nuestros comentarios.

SUPUESTO PRÁCTICO 1

1.- Un particular pretende implantar un campamento de turismo sobre parcela situada en suelo clasificado como no urbanizable en el término de Alicante con la calificación de suelo no urbanizable común - rústico. La parcela se encuentra dividida por un camino rural de titularidad pública, formando dos porciones: A y B. Ambas porciones se encuentran incluidas en una única finca registral aunque se trata de dos parcelas catastrales diferentes. La actividad pretende implantarse en la porción B de la parcela. Los terrenos descritos no cuentan con afecciones sectoriales de ningún tipo.

CROQUIS

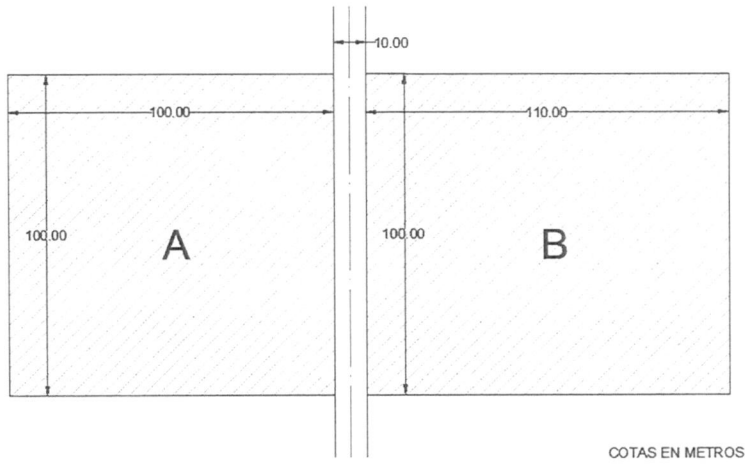

En base a lo expuesto conteste a las siguientes preguntas:

A. ¿Puede implantarse la actividad que se pretende por el particular atendiendo a la legislación vigente? Justifique la respuesta y los condicionantes que deban darse, así como procedimiento a seguir, en su caso. Puntuación máxima: 2 puntos.

Normativa de aplicación:

- *PGMO 1987 vigente Ayuntamiento de Alicante (art. 47 fund. suelo no urbanizable común-rústico)*
- *LOTUP (art. 211 TRLOTUP fund.)*

Se estará a la regulación más restrictiva, excepto salvedad expresa.

No se trata de un campamento de turismo de un uso propio del suelo no urbanizable, por lo que nos encontramos, dentro de los usos excepcionales que contempla la legislación.

Compatibilidad de uso y parámetros urbanísticos de aplicación:

	TRLOTUP	PGMO 1987	Resultado
Uso compatible	SI (Art. 211.f.3)	SI (Art. 47.2)	SI
Parcela min. exigible (m2)	5.000	20.000	20.000
Ocupación max. actividad	50% (No es exigible caso concreto)	No se establece	Puede ocuparse hasta el 100%
Ocupación max. edificaciones	No se establece	5%	5%
Altura máxima	2 plantas (Mientras no exista plan)	3 plantas y 10 m	3 plantas y 10 m
Retranqueos mínimos	No se establece	10m. a eje de caminos y al resto de linderos	10m. a eje de caminos y al resto de linderos

236

- *No se considera que el perímetro queda interrumpido si la parcela está dividida por caminos rurales o vías pecuarias (art. 211.2 TRLOTUP)*

Sí es posible, por tanto, desarrollar la actividad de campamento de turismo que se pretende sobre la porción B, no obstante, en base a la parcela mínima requerida, será necesario vincular la totalidad de la parcela registral, o al menos 20 000 m²s, al uso y aprovechamiento pretendidos, debiendo cumplir además con el resto de parámetros indicados, así como con lo estipulado en la legislación sectorial de turismo que resulta de aplicación, en este caso.

[La principal dificultad de esta pregunta era ser conocedor del planeamiento municipal, sobre todo de la restricción de los 20 000 m² de parcela mínima. Como hay que cumplir la regulación más restrictiva, la ocupación máxima de las edificaciones es del 5 % y los retranqueos son de 10 m. En cuanto a las alturas máximas, el TRLOTUP sí que permite más de dos si hay un plan que las autorice, así que se pueden edificar 3 plantas y 10 m.]

Se trata de una actividad que requiere DIC previa licencia municipal conforme a lo establecido en el art. 216 TRLOTUP. Su regulación se establece en los art. 220 y siguientes. Cuestiones sustanciales: oportunidad territorial, canon y plazo a propuesta municipal. Procedimiento a seguir según art. 223 TRLOTUP.

B. ¿Puede segregarse la porción B del resto? Justifique la respuesta y motívela de forma previa y posterior a la concesión de implantación de una actividad terciaria. Puntuación máxima: 2 puntos.

- *De forma previa a la implantación de actividad terciaria:*
  La segregación atenderá a lo dispuesto en el art. 249 TRLOTUP, «Parcelaciones de fincas rústicas», en el que se indica que «en ningún caso podrán autorizarse actos de división o segregación de fincas o terrenos rústicos en contra de lo dispuesto en la normativa agraria o forestal, o de similar naturaleza, que le sea de aplicación».
  La legislación agraria de la Comunitat Valenciana establece la extensión de la unidad mínima de cultivo en 0,5 ha regadío y 2,5 ha secano.
  La porción B solo podrá segregarse del resto si se trata de un terreno de regadío y así se acredita mediante informe de la conselleria competente en materia de agricultura.

[Dicha legislación es la que determina la extensión de las unidades mínimas de cultivo y es el Decreto 217/1999, de 9 de noviembre, del Gobierno Valenciano. No suele aparecer explícitamente nunca en los temarios de las convocatorias para selección de arquitectos.]

- *De forma posterior a la concesión de implantación de actividad terciaria:*
  Vinculación mínima requerida a la actividad sujeta a DIC: la totalidad de la finca o, al menos, 20 000 m².

En base a la vinculación requerida de la parcela a la actividad, no es posible, en este caso, la segregación de la porción B del resto.

Nota:
En base a lo dispuesto en el art. 247 TRLOTUP, la declaración de interés comunitario es un supuesto de innecesariedad de otorgamiento de licencia por lo que, si se vinculan a la DIC exclusivamente los 20 000 m² requeridos, el ayuntamiento puede declarar la innecesariedad de licencia, quedando estos automáticamente segregados del resto.

[Lógicamente se refiere solo a innecesariedad de licencia de parcelación o segregación.]

2. Nos encontramos ante parcelas situadas en suelo clasificado como urbano en zona urbanizada (caracterizadas por tratarse de terrenos que cuentan con servicios urbanísticos). Se trata de parcelas, de propietarios diferentes, sujetas al régimen de actuaciones aisladas no incluidas en ningún ámbito sujeto a incremento de aprovechamiento ni tampoco en unidad de ejecución ni ámbito de reforma interior.

El plan general del municipio otorga a todo el suelo clasificado como urbano el mismo aprovechamiento (AT = 0,5 UA/m²s). El coeficiente corrector según la tipología residencial edificatoria prevista de aplicación en este caso es 1,00.

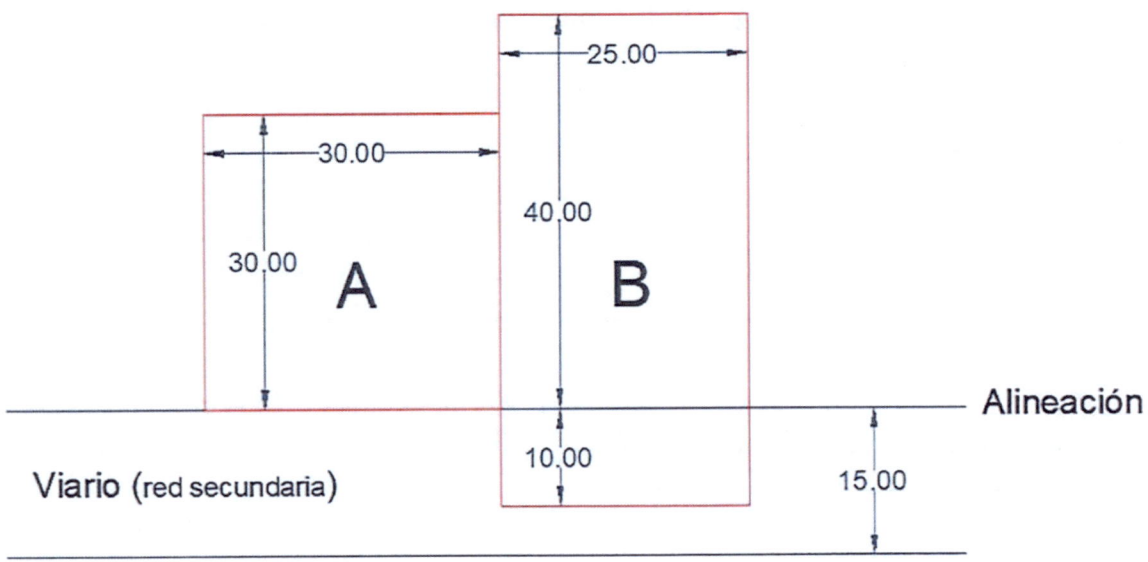

límite parcelas existentes

COTAS EN METROS

En base a lo expuesto conteste a las siguientes preguntas:

C. Delimitación del área o áreas de reparto (realice delimitación gráfica sobre croquis del propio enunciado) y calcule su superficie en m². Calcule el aprovechamiento en UA (unidades de valor) del área o áreas de reparto delimitadas. Puntuación máxima: 2 puntos.

Art. 80.1 TRLOTUP: Las parcelas sujetas a AA, siempre y cuando el plan o su modificación no establezca un incremento del aprovechamiento objetivo, forman un área de reparto junto al ámbito de su vial de servicio, que es el terreno adyacente necesario para dotarlas de la condición de solar, o la parte proporcional de él.

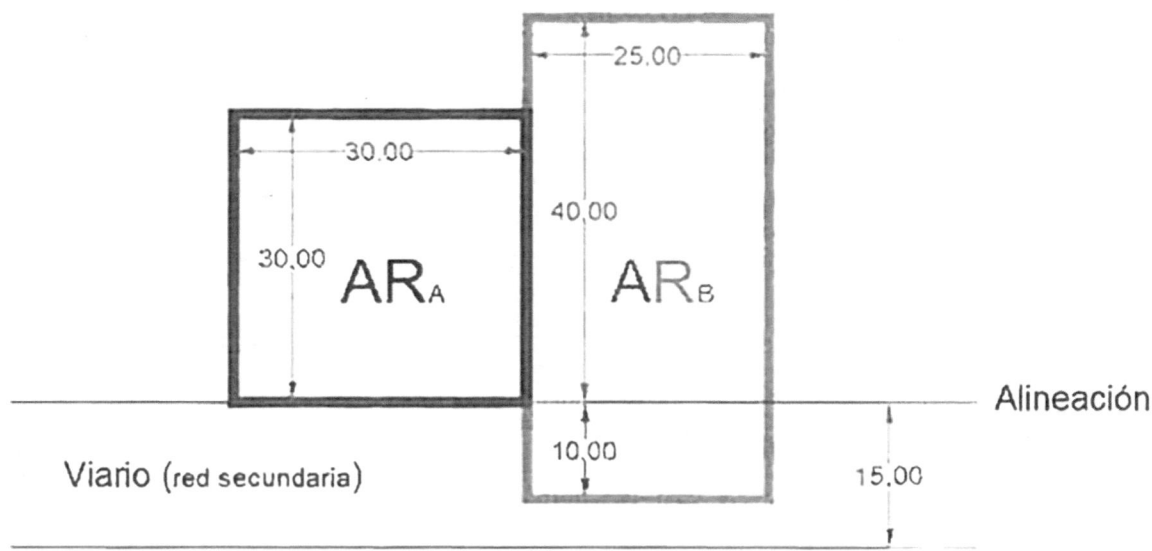

$AR\text{-}A\ (1)\text{: } 30 \times 30 = 900\ m^2s$
$AR\text{-}A\ (2)\text{: } 25 \times 50 = 1250\ m^2s$

Aprovechamiento:

Definición AT: art. 72 TRLOTUP

$Aprovechamiento\ AR\text{-}A\ (1) = 900\ m^2s \times 0,5\ UA/m^2s = 450\ UA$
$Aprovechamiento\ AR\text{-}B\ (1) = 1250\ m^2s \times 0,5\ UA/m^2s = 625\ UA$

[La delimitación de las AR es la clave para obtener un buen resultado en este ejercicio porque de ello dependen los cálculos posteriores. En este sentido, el candidato podía tener dudas razonables sobre la delimitación, en especial del AR$_A$, ya que se podía dudar de si el viario está urbanizado o no. Por una parte, el enunciado dice que el ámbito está urbanizado y que cuenta con servicios urbanos, pero, por otra, existe una parcela (la B) que invade dicho vial en más de la mitad de su ancho, lo que parece indicar que el vial no está consolidado y que, por tanto, el dato sobre el ámbito y los servicios dado por el enunciado se refiere en general y que solo sirve a la hora de considerar la actuación como aislada o integrada. El opositor podía plantearse, por ejemplo, incluir en el AR_A la superficie de vial suficiente para convertirse en solar; en estos casos, lo normal sería adoptar una superficie adscrita igual al ancho de la parcela y hasta la mitad del ancho del vial. Como se ve en la solución, la interpretación era más sencilla y solo había que incluir como área de reparto la parte de la parcela B incluida en el viario.]

D. ¿Cuál es el aprovechamiento subjetivo (AS) de cada uno de los propietarios (el propietario de la parcela A y el propietario de la parcela B)?
En este caso el aprovechamiento objetivo (AO) coincide con el aprovechamiento subjetivo (AS). ¿Existe excedente de aprovechamiento? ¿Cuál es la edificabilidad en m²techo que le corresponde a cada propietario? Puntuación máxima: 2 puntos.

Definición A. Subj: art. 72 TRLOTUP

Art. 802 TRLOTUP: AT = A. subj (no hay aprovechamiento para la administración, en este caso) = 0,5 UA/m²s
A. Sub (propietario parcela A) = 900 m²s × 0,5 UA/m²s = 450 UA
A. Sub (propietario parcela B) = 900 m²s × 0,5 UA/m²s = 625 UA

Excedente de aprovechamiento: definición art. 72 TRLOTUP
No existe excedente de aprovechamiento en este caso al ser AO = A. subj

Edificabilidad (m²t):
División de las UA por coeficiente corrector (conversión)
Propietario parcela A = 450 UA/1,00 = 450 m²t
Propietario parcela B = 625 UA/1,00 = 625 m²t

E. Calcule el índice de edificabilidad neta (IEN) de cada parcela y comente su respuesta. ¿A qué condiciones está sujeta la licencia urbanística para la construcción de la parcela B? Puntuación máxima: 2 puntos.

Definición IEN: anexo IV TRLOTUP
Parcela A = 450 m²t/parc. neta (900 m²s) = 0,5 m²t/m²s
Parcela B = 625 m²t/parc. neta (1000 m²s) = 0,625 m²t/m²s

Comentarios diferencia IEN:
IEN mayor del propietario de la parcela B debido al aprovechamiento otorgado al suelo dotacional viario. Según art. 185.2.c TRLOTUP obligación de cesión del suelo dotacional preciso para urbanizar dotando así a la parcela de la condición de solar, sin perjuicio de servirse de esa cesión para reservarse el aprovechamiento o adquirir excedentes: cesión por tanto, NO GRATUITA.

SUPUESTO PRÁCTICO 2

1.- En relación con el expediente PL-20220001, iniciado a solicitud de la mercantil PRO-MOTOR, S.L., en la que solicita licencia de obra nueva para la construcción de un edificio plurifamiliar entre medianeras a realizar en pl. Dr. Gómez Ulla n.º 5 de Alicante, situado en clave ES2A, se aportan planos de planta, alzado y sección (anexo 1):

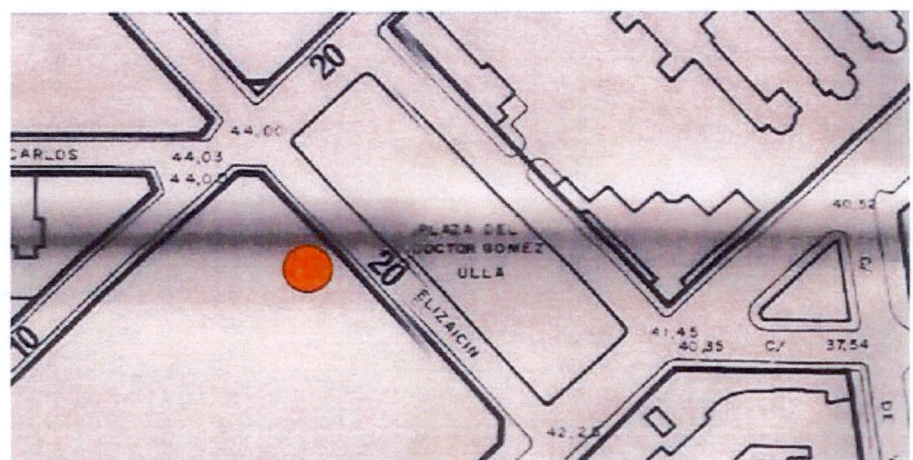

PGOU Alicante. Alineaciones

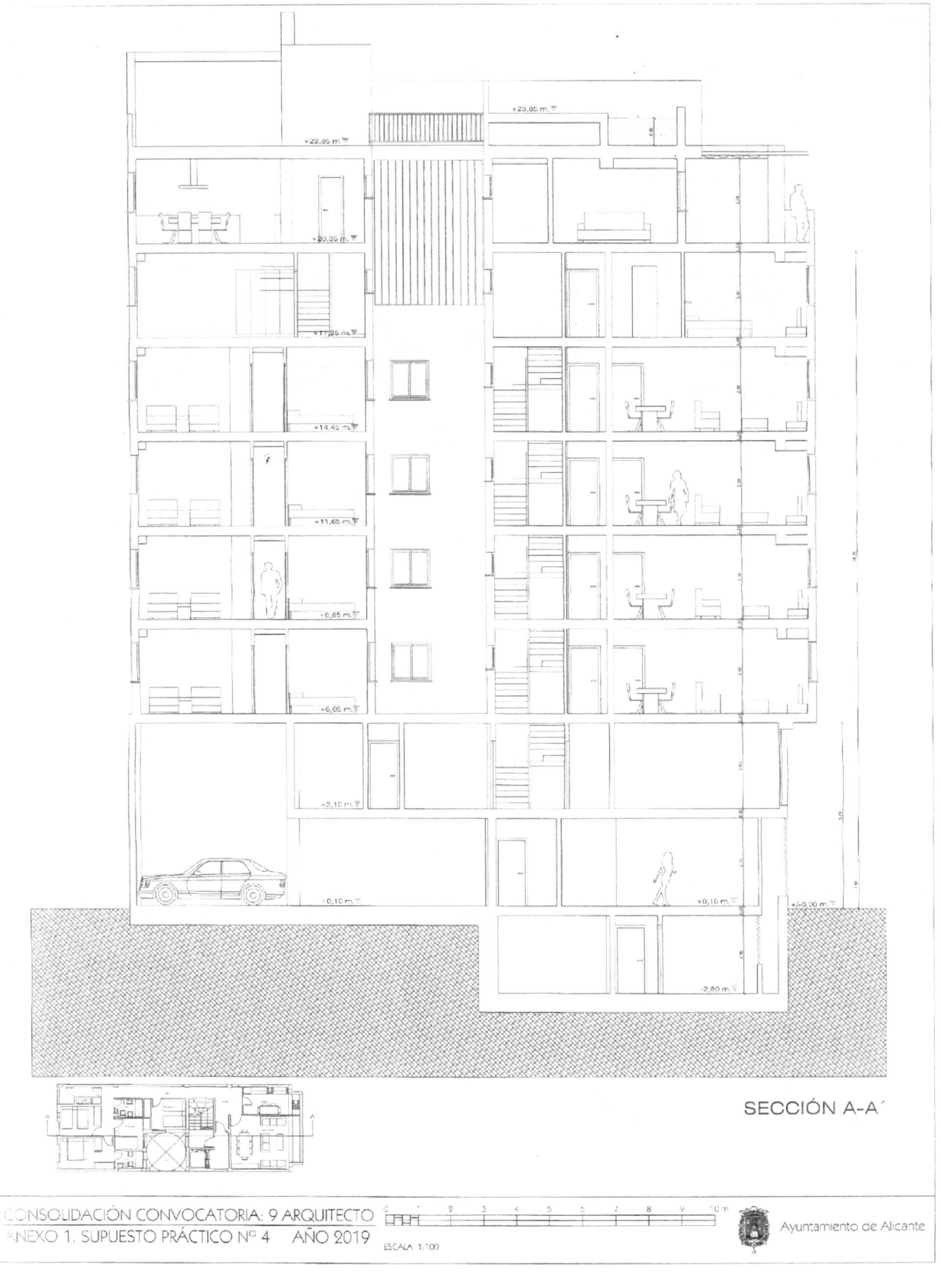

+23,85 m.

+22,85 m.

+20,05 m.

+17,25 m.

+14,45 m.

+11,65 m.

+8,85 m.

+6,05 m.

+3,10 m.

+0,10 m.

+0,10 m.

+/-0,00 m.

-2,80 m.

SECCIÓN A-A´

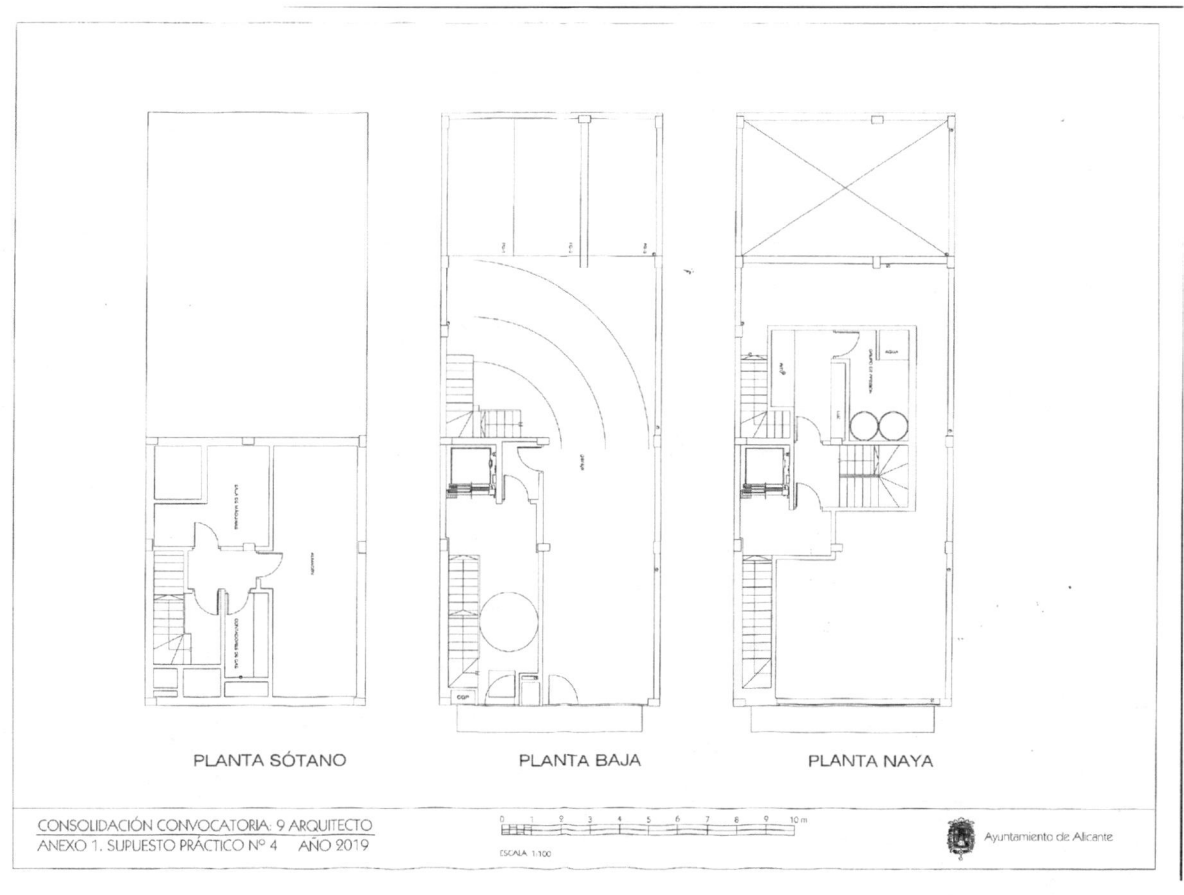

PLANTA SÓTANO PLANTA BAJA PLANTA NAYA

CONSOLIDACIÓN CONVOCATORIA: 9 ARQUITECTO
ANEXO 1. SUPUESTO PRÁCTICO Nº 4   AÑO 2019

ESCALA 1:100

Ayuntamiento de Alicante

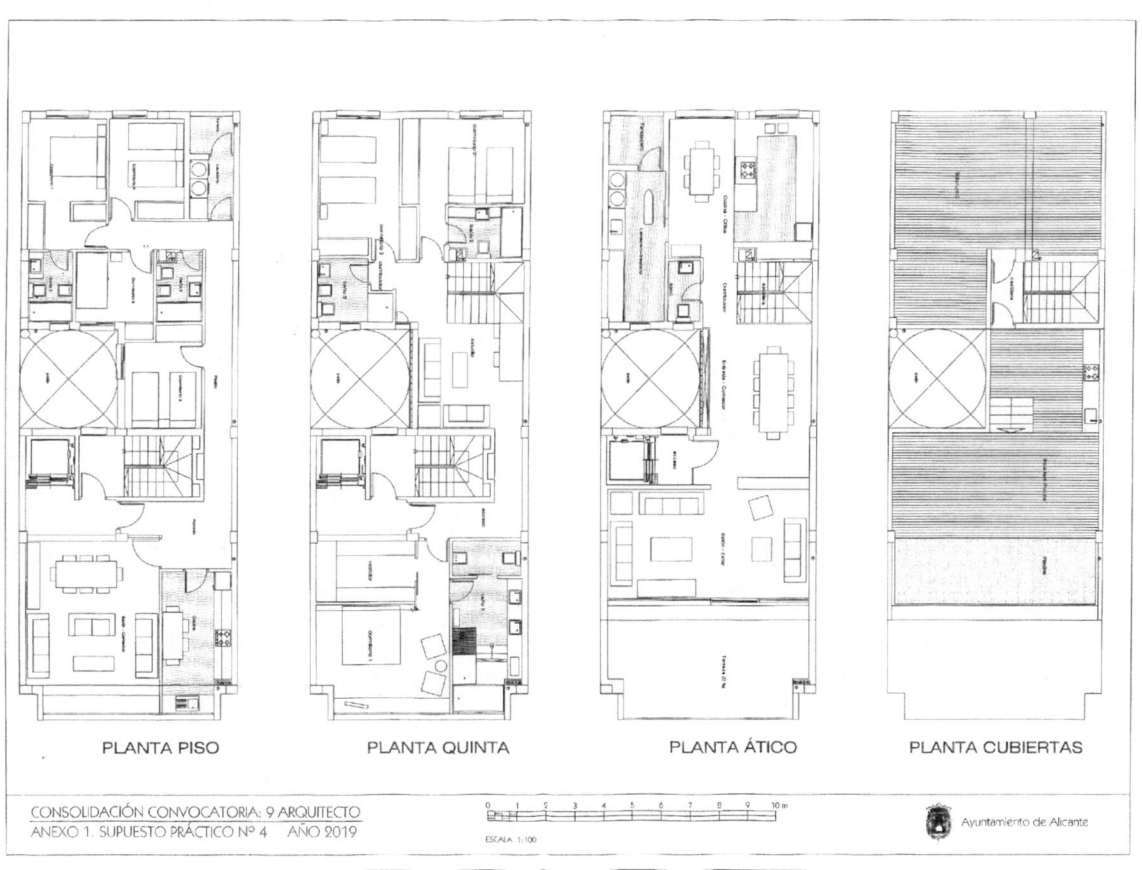

PLANTA PISO PLANTA QUINTA PLANTA ÁTICO PLANTA CUBIERTAS

CONSOLIDACIÓN CONVOCATORIA: 9 ARQUITECTO
ANEXO 1. SUPUESTO PRÁCTICO Nº 4   AÑO 2019

ESCALA 1:100

Ayuntamiento de Alicante

A. **Redacte un informe de evaluación del cumplimiento de las condiciones urbanísticas, teniendo en cuenta que las dimensiones totales de parcela son 7,5 m × 24 m. Puntuación máxima: 2 puntos.**

Se solicita un informe, por lo que la respuesta debe estar redactada como tal.
[Efectivamente, conviene dar a la resolución el carácter formal de informe, pero sin dejar de motivar, explicar o matizar aquello que creamos conveniente para argumentar algún cálculo o interpretación, aunque ello no lo hiciéramos en un informe real.]
Se deberá comprobar el cumplimiento de las Condiciones Generales de la Edificación del Título III de las Normas Urbanísticas del PGOU de Alicante (artículos 50 a 82), así como las Condiciones Particulares para la Clave ES-2A (artículos 121 a 126).

Los principales parámetros urbanísticos que se deben evaluar son los siguientes:

Frente mínimo de parcela 6 m	Cumple
Superficie de parcela mínima 250 m2	Cumple (parcela existente)
Ocupación no superior al 85% de la manzana	Se necesitan datos
Fondo máximo edificable 20 m	Cumple
Altura admisible 6 plantas/18,25 m	Cumple
Planta ático retranqueada 3 m.	Cumple
Cota de referencia 1,5 m	Nombrar
Altura míma PB 5,75 m	Cumple
Cuerpos cerrados volados (vuelo 0,9 / dist. Lateral 0,6)	Cumple
Patio (tipo 2) 3,36 m de diámetro	Cumple
Usos	Cumple
Altura libre	Cumple
Antepecho planta ático	Cumple
Circulaciones horizontales y verticales	Cumple
Aparatos elevadores	Cumple
Antepechos y barandillas	Cumple
Evacuación de humos y gases	No cumple
Garajes en edificios	No obligatorio (parcela inf. 250 m2)
Distribución interior de garaje	Cumple

La evaluación de cada uno de los parámetros deberá justificarse mediante el desarrollo de la respuesta.

B. **Redacte un informe de evaluación del cumplimiento de la ORDEN de 7 de diciembre de 2009, de la Conselleria de Medio Ambiente, Agua, Urbanismo y Vivienda, por la que se aprueban las condiciones de diseño y calidad en desarrollo del Decreto 151/2009 de 2 de octubre, del Consell. Puntuación máxima: 1,5 puntos.**

[Una de las dificultades de este apartado y del siguiente es que el opositor tenía que realizar todas las comprobaciones con el escalímetro. El solucionario del tribunal se remite a las DC-09 y, si no decimos lo contrario, sirve la respuesta también para las DC-23.]

Se solicita un informe, por lo que la respuesta debe estar redactada como tal.

SECCIÓN PRIMERA. CONDICIONES DE FUNCIONALIDAD
SUBSECCIÓN PRIMERA. LA VIVIENDA

Artículo 1. <u>Superficies útiles mínimas</u>:
Las viviendas y sus estancias interiores cumplen el parámetro de sup. útil mínima.

El número de espacios para la higiene personal (baños/aseos) cumple.

Artículo 2. <u>Relación entre los distintos espacios o recintos</u>:
Todos los parámetros que se pueden comprobar cumplen.

Artículo 3. <u>Dimensiones lineales</u>:
Se cumple la altura mínima de 2,50 m. Se pueden inscribir las figuras mínimas salvo en los baños (diám. 1,2 m). No se cumple la zona de uso en baño 1 y 2 de los apartamentos de planta tipo.

Artículo 4. <u>Circulaciones horizontales y verticales</u>:
Las dimensiones que se pueden comprobar según los datos aportados cumplen.
No es exigible vivienda con entrada accesible.
[Esta afirmación puede suscitar dudas si se examina la normativa: las DC-23 remiten al D 65/2019 y este, del segundo párrafo de su art. 6.1 se deduce que solo han de contar con entrada accesible las viviendas unifamiliares en promociones de más de 6 viviendas. Sin embargo, la redacción del art. 9.1 puede dar lugar a plantearnos la anterior deducción en la medida en que habla de un itinerario sin escaleras ni peldaños aislados (nótese que no se incluye la palabra *accesible*) en zonas del interior de toda vivienda en edificios de más de una vivienda, ya que parece lógico que, si ha de existir un itinerario así, la entrada deba ser accesible, pero no hay tal obligación. Tan es así que no hay impedimento legal para que exista, por ejemplo, un escalón en la entrada, a pesar de contar con este tipo de itinerario interior, ya que el art. 6.4 solo obliga al acceso a cota cero en las viviendas con entrada accesible (o, alternativamente, un desnivel menor o igual a 5 cm salvado con una pendiente que no exceda del 25 %). Por otra parte, el artículo 9 Decreto 65/2019 y 1.1.3.1 DB SUA-9 establece que existirá un itinerario accesible que comunique el acceso accesible a toda planta con las viviendas, lo cual no significa que la entrada de las viviendas deba ser accesible.]

Artículo 5. <u>Equipamiento</u>:
Todos los parámetros que se pueden comprobar cumplen.

SUBSECCIÓN SEGUNDA. EL EDIFICIO

Artículo 6. <u>Circulaciones horizontales y verticales</u>:
El acceso cumple en anchura, la altura no se puede comprobar. De la sección se deduce que existe un desnivel de 10 cm en el acceso que no cumple.

El resto de dimensiones que se pueden comprobar en acceso, zaguán y espacios de circulación cumplen.

La escalera no cumple ya que no se admiten mesetas compensadas.
[Por remisión del art. 6 a las condiciones establecidas en el DB SUA. En este sentido, cabe aclarar que el apartado 4.2 del DB SUA-1, «Escaleras de uso general», no prohíbe explícitamente las mesetas partidas, pero, aun considerando este tipo de mesetas como una escalera curva (que se combinara con el tramo recto, convirtiéndose en uno mixto, que sí está permitido, según 4.2.2.2), no podría cumplir las condiciones geométricas de 4.2.1.3 por el escaso radio de giro.]

Frente al ascensor se dispone de espacio para giro de diámetro 1,50 m.

Artículo 7. Patios del edificio:
El patio (tipo 2) debería tener un diámetro de 0,25 H = 4,2. No cumple ya que el diámetro es de 3,4 m.

[En las DC-23 ha cambiado la tabla de dimensiones de los patios. Sigue siendo tipo 2 (art. 47.1) y, por tanto, el diámetro es de 1/3 H = 5,6 m.]

Artículo 8. Huecos de servicio.

Artículo 9. Huecos exteriores:
Todos los parámetros que se pueden comprobar cumplen.

Artículo 10. Aparcamientos:
Las plazas 1 y 3 no cumplen la anchura.
El resto de dimensiones cumple.

Artículo. 11 Locales del edificio:
Todos los parámetros que se pueden comprobar cumplen.

SECCIÓN SEGUNDA. CONDICIONES DE HABITABILIDAD
SUBSECCIÓN PRIMERA. LA VIVIENDA

Artículo 12. Iluminación natural:
No se pueden comprobar al carecer de alzado de fachada.

Artículo 13. Ventilación:
El estudio de planta quinta carece de ventilación ya que dispone de un cerramiento exterior fijo (u-glass).

SUBSECCIÓN SEGUNDA. EL EDIFICIO

Artículo 14. Iluminación natural:
Las ventanas de la escalera no tienen una superficie de 1 m². No cumple.

Artículo 15. Ventilación:
La escalera es protegida, el artículo hace referencia al DBSI.
[Y la de evacuación ascendente que procede del sótano es especialmente protegida.]

C. **Redacte un informe de evaluación del cumplimiento del Documento Básico de Seguridad en caso de incendio (DBSI) y del Documento Básico de Utilización y Accesibilidad (DBSUA) del CTE. Puntuación máxima: 1,5 puntos.**

Se solicita un informe, por lo que la respuesta debe estar redactada como tal.

DBSI

SI 1 Propagación interior
El garaje deberá constituir un sector de incendio diferente, la resistencia al fuego de sus paredes y techo será EI 120. Los elementos que separan las viviendas entre sí deben ser EI 60 al menos.
[Y se ha previsto un vestíbulo de independencia, que no parece cumplir la condición de que pueda contener un círculo de diámetro 1,20 m libre de obstáculos y del barrido de las puertas, ya que se encuentra en itinerario accesible.]

Los locales de contadores de electricidad y de cuadros generales de distribución tienen consideración de locales de riesgo bajo, sus paredes serán EI 90 y sus puertas EI245-C5.

SI 2 Propagación exterior
Los elementos verticales separadores de otro edificio deben ser al menos EI 120.

SI 3 Evacuación de ocupantes
La longitud de los recorridos de evacuación no excede a 25 m en vivienda y 35 en aparcamiento.
[Siendo estrictos, habría que comprobar que la ocupación del edificio no excede de 500 personas, a razón de 20 m²/persona, ni de 50 personas la planta sótano. Además, el cálculo de la ocupación sirve para la comprobación de las dimensiones de puertas, pasillos y escaleras, así como para la comprobación del sentido de apertura de las puertas de los recorridos de evacuación, máxime cuando la puerta de entrada al edificio abre en sentido contrario al de evacuación. No obstante, en este caso, ya se percibe que la baja ocupación no influye en ninguno de estos parámetros.]

Las dimensiones de puertas, pasillos y escalera cumplen.

El edificio tiene una altura de evacuación descendente superior a 14 m, dispone de escalera protegida.

Los recorridos deberán señalizarse adecuadamente.
[Podría mencionarse también la obligación de que el aparcamiento cuente con un sistema de control del humo de incendio.]

SI 4 <u>Instalaciones de protección contra incendios</u>
Se deberá contar con extintores portátiles de eficacia 21A-113B a 15 m de recorrido en cada planta, como máximo, desde todo origen de evacuación.

SI 5 <u>Intervención de los bomberos</u>
Faltan datos.

SI 6 <u>Resistencia al fuego de la estructura</u>
La resistencia al fuego de la estructura será R120 en sótano y R90 en viviendas.

DBSUA
La altura de las barreras de protección en planta ático y cubierta no cumplen ya que no alcanzan la altura de 1,10 m.

La escalera del edificio no cumple al disponer de meseta partida.

El ascensor dispone de espacio frente al embarque de diámetro 1,5 m.

De la sección se deduce que existe un desnivel de 10 cm en el acceso que no cumple las condiciones de itinerario accesible.

2. El Palacio del Conde de Lumiares, actual sede del Museo de Bellas Artes de Gravina (MUBAG), propiedad de la Diputación de Alicante, pretende acometer unas obras destinadas a la recuperación de un acceso exterior a través de un arco situado en la fachada de la calle Niágara, descubierto recientemente. El valor estimado de las obras asciende a 115 000 €. Teniendo en cuenta que el monumento está inscrito en la sección 1.ª del Inventario General del Patrimonio Cultural Valenciano, y que carece de plan especial de protección:

A. **Describa los trámites a realizar para obtener las autorizaciones necesarias para iniciar las obras, así como la documentación a presentar y su contenido. Puntuación máxima: 1 punto.**

Según el art. 35. LPCV 04/98, toda intervención que afecte a un monumento, jardín histórico o a un espacio etnológico deberá ser autorizada por la conselleria competente en materia de cultura, previamente a la concesión de la licencia municipal, que deberá ajustarse a lo que disponga la ordenanza municipal en cuanto a concesión de licencias de intervención.
[Nótese la diferencia que se deduce del art. 35 entre el régimen de intervención según los tipos de BIC: si es un monumento, jardín histórico o espacio etnológico, se requiere autorización de la conselleria, aunque se haya aprobado un PEP para el bien. Si es un sitio histórico, zona arqueológica, zona paleontológica o parque cultural, se está a lo dispuesto en la norma-

tiva contenida en la declaración e instrumentos de ordenación que los desarrollen. Finalmente, si se interviene en un conjunto histórico o en el entorno de protección del BIC, se requiere autorización de la conselleria solo si no se ha aprobado PEP (salvo intervenciones carentes de trascendencia patrimonial). Si se ha aprobado PEP, se está a lo dispuesto en este, es decir, que en general no se requiere autorización de la conselleria, con la excepción de los ámbitos o intervenciones señalados en el informe previo sobre la aprobación provisional del BIC.]

Se entenderá aquélla concedida por el transcurso de tres meses desde que se solicitó sin haberse dictado resolución. [Si con «aquella» se refiere a la autorización, no se concede por silencio administrativo, sino lo contrario, se considera denegada (art. 35.2 Ley 4/1998).]

Los proyectos de intervención en bienes inmuebles declarados de interés cultural contendrán un estudio acerca de los valores históricos, artísticos, arquitectónicos o arqueológicos del inmueble, el estado actual de éste y las deficiencias que presente, la intervención propuesta y los efectos de la misma sobre dichos valores. El estudio será redactado por un equipo de técnicos competentes en cada una de las materias afectadas e indicará, en todo caso, de forma expresa el cumplimiento de los criterios establecidos en el artículo 38.

Según el art. 41 LPCV 04/98, la solicitud de autorización deberá ir acompañada, al menos, de la siguiente documentación:
a) Memoria del estado de conservación del bien y estudio relativo de los valores históricos y culturales redactados por técnico competente.
b) Proyecto de intervención en el que se indiquen las técnicas, materiales y procesos a utilizar y el lugar donde se efectuará aquélla.
c) Acreditación de la capacidad técnica y profesional de las personas que hayan de dirigir y llevar a cabo la intervención.

B. Indicar de forma justificada el tipo de contrato y el procedimiento de contratación. Puntuación máxima: 1 punto.

Según la Ley 9/2017, de 8 de noviembre, de Contratos del Sector Público, por la que se transponen al ordenamiento jurídico español las Directivas del Parlamento Europeo y del Consejo 2014/23/UE y 2014/24/UE, de 26 de febrero de 2014 en adelante LCSP el tipo de contrato del que trata el enunciado es un contrato de obras (artículo 13 LCSP).
Con respecto al procedimiento de contratación, sabiendo que el valor estimado de la obra según el enunciado es de 115 000€, no se puede realizar una contratación menor (para contratos de obra de valor estimado inferior a 40 000 según artículo 118 LCSP), siendo, por tanto, la forma de contratación mediante procedimiento abierto, y al ser su valor estimado igual o inferior a 2 000 000 de euros se puede realizar con procedimiento abierto simplificado (Artículo 159. Procedimiento abierto simplificado) siempre que entre los criterios de adjudicación previstos en el pliego no haya ninguno evaluable mediante juicio de valor o, de haberlos, su ponderación no supere el veinticinco por ciento del total.

La adjudicación del contrato de obras requerirá la previa elaboración, supervisión, aprobación y replanteo del correspondiente proyecto que definirá con precisión el objeto del contrato. La aprobación del proyecto corresponderá al órgano de contratación salvo que tal competencia esté específicamente atribuida a otro órgano por una norma jurídica.

Las obras que nos ocupan se tratan de restauración, ya que tienen por objeto reparar una construcción conservando su estética, respetando su valor histórico y manteniendo su funcionalidad (Artículo 232. Clasificación de las obras LCSP)

El contenido mínimo del proyecto será el indicado en el art 233 de LCSP:

Con respecto a la supervisión del proyecto, no sería necesaria al tener un presupuesto base de licitación IVA excluido inferior al 500 000 €, pero en este caso se requiere al tratarse que de una intervención donde se ve afectada la estructura y la estanqueidad, según el artículo 235 LCSP.

Deberá incluir el replanteo del proyecto según el artículo 236 LCSP.

C. Relacione los criterios de intervención a tener en cuenta en la obra de que se trata, así como los trámites y documentos que se generan al finalizar la ejecución de las mismas y a la finalización de su plazo de garantía. Puntuación máxima: 3 puntos.

[El tribunal reproduce íntegramente el artículo 38 Ley 4/1998.]

Se valora que el aspirante añada criterios de intervención según las Cartas Internacionales.

Al finalizar la obra se dispondrá, al menos, de la siguiente documentación: acta de recepción de obra, libro de órdenes, libro de incidencias, libro de gestión de calidad de obra, proyecto final (con sus anejos y modificaciones debidamente autorizados por el director de la obra, incluyendo los planos finales) y la documentación administrativa de la obra (licencias y autorizaciones).

Según el art. 41.5. LPCV 04/98, dentro del mes siguiente a la conclusión de la intervención, el promotor del proyecto (en este caso la Diputación) presentará ante la conselleria competente en materia de cultura una memoria descriptiva de los trabajos realizados y de los tratamientos aplicados, con la documentación gráfica del proceso de intervención elaborada por quien haya realizado la actuación.

A la finalización plazo de garantía, según establece la LCSP: dentro del plazo de quince días anteriores al cumplimiento del plazo de garantía, el director facultativo de la obra, de oficio o a instancia del contratista, redactará un informe sobre el estado de las obras. Si este fuera favorable, el contratista quedará exonerado de toda responsabilidad, salvo lo dispuesto en el artículo siguiente, procediéndose a la devolución o cancelación de la garantía, a la liquidación del contrato y, en su caso, al pago de las obligaciones pendientes que deberá efectuarse en el plazo de sesenta días. En el caso de que el informe no fuera favorable y los defectos observados se debiesen a deficiencias en la ejecución de la obra y no al uso de lo construido, durante el plazo de garantía, el director facultativo procederá a dictar las oportunas instrucciones al contratista para la debida reparación de lo construido, concediéndole un plazo para ello durante el cual continuará encargado de la conservación de las obras, sin derecho a percibir cantidad alguna por ampliación del plazo de garantía.

Administración	**AYUNTAMIENTO DE ALICANTE (oposición)**
Tipo de plaza	FUNCIONARIO DE CARRERA
Año de convocatoria	2021
Observaciones	Se reproducen las soluciones facilitadas por el tribunal en cursiva. Entre corchetes, indicamos nuestros comentarios.

SUPUESTO PRÁCTICO 1

Un municipio pretende intervenir en un edificio cultural existente de titularidad municipal en cuyo proyecto básico y de ejecución constan entre otros los siguientes datos: presupuesto de ejecución material (PEM) de 300 000 €, y plazo de ejecución de la obra de un año. Los pliegos no contemplan modificaciones del contrato ni prórrogas del plazo de ejecución. La obra se ha adjudicado mediante el procedimiento abierto, con un único criterio de adjudicación, el de menor precio, publicándose la resolución de la licitación en la plataforma de contratación del sector público. La empresa que ha resultado adjudicataria ha realizado una baja de un 12 %.

Una vez iniciados los trabajos y tras la demolición del falso techo en diferentes plantas del edificio se detecta que las canalizaciones principales de calefacción se encuentran en muy mal estado, comprometiendo los trabajos posteriores en acabados por posibles roturas inesperadas. El coste de esos trabajos se calcula en 24 000 € de PEM, e implica la introducción de unidades nuevas de obra.

1.-Se plantean las siguientes cuestiones.

* ¿Es preceptiva la supervisión del proyecto?

Según el art. 235 de la LCSP será preceptiva la supervisión cuando el presupuesto base de licitación del contrato de obras sea igual o superior a 500 000 euros, IVA excluido.

En este caso con un PEM de 300 000 € el presupuesto base de licitación sin IVA será de 357 000 € por lo que en principio no sería necesaria la supervisión del proyecto previa a la licitación.

PEM	*300 000,00 €*
13 % PEM	*39 000,00 €*
6 % PEM	*18 000,00 €*
PBL sin IVA	***357 000,00 €***

Si bien, como en la información aportada no se indica, si las obras a realizar en el edificio existente afectaran a la estabilidad, seguridad o estanqueidad de la obra, aun siendo el presupuesto inferior a 500 000 €, el informe de supervisión sería igualmente facultativo.
[Entendemos que se ha querido decir «igualmente preceptivo»].

- ¿Es obligatoria la clasificación del contratista?

Según el art. 77 de la LCSP la clasificación de contratista de obra será exigible cuando el valor estimado del contrato sea igual o superior a 500 000 euros.
Con los datos que figuran en el enunciado, el valor estimado del contrato será igual al PEM más los gastos generales y beneficio industrial, con lo que no supera los 500 000 € (357 000€).
Por lo que NO es obligatoria la clasificación del contratista.

[En la solución se reproduce el segundo párrafo del art. 77.1.a LCSP.]

- ¿Cuál es el importe del presupuesto base de licitación?

Según el art. 100 de LCSP el presupuesto base de licitación es: «el límite máximo de gasto que en virtud del contrato puede comprometer el órgano de contratación, incluido el Impuesto sobre el Valor Añadido, salvo disposición en contrario».
[Disposición en contrario que se ha visto, por ejemplo, en la resolución de la primera pregunta, en que la referencia para saber si un proyecto necesita supervisión es el PBL, pero sin IVA.]

PEM	*300 000,00 €*
13 % PEM	*39 000,00 €*
6 % PEM	*18 000,00 €*
Valor estimado	**357 000,00 €**
IVA 21 %	*74 970,00 €*
Presupuesto Base de Licitación	**431 970,00 €**

- ¿Cuál es el importe del valor estimado del contrato?

Según el art. 101 de la LCSP, el valor estimado del contrato: «En el caso de los contratos de obras, suministros y servicios, el órgano de contratación tomará el importe total, sin incluir el Impuesto sobre el Valor Añadido, pagadero según sus estimaciones».

Con los datos de los que se dispone y situándonos en el momento de la contratación del proyecto (previo al modificado, que no se recogía en los pliegos iniciales), el valor estimado del contrato es:

PEM	*300 000,00 €*
13 % PEM	*39 000,00 €*
6 % PEM	*18 000,00 €*
Valor estimado	**357 000,00 €**

[Lo indicado entre paréntesis en el segundo párrafo está en relación con lo señalado en el enunciado, en el sentido de que los pliegos no contemplan modificaciones ni prórrogas y, a su vez, con el art. 101.2.a y c. Véase, por ejemplo, el supuesto 2 de la Generalitat Valenciana (2009, pág. 77).]

- ¿Cuál es el precio de adjudicación del contrato?

En el enunciado se indica que la baja realizada por la empresa adjudicataria es del 12 %, por lo que el importe de adjudicación será:

PEM	*300 000,00 €*
GG (13 % PEM)	*39 000,00 €*
BI (6 % PEM)	*18 000,00 €*
Valor estimado	***357 000,00 €***
12 % BAJA	*42 840,00 €*
Importe de adjudicación SIN IVA	*314 160,00 €*
	65 973,60 €
Importe de adjudicación	***380 133,60 €***

[En principio la baja cabría calcularla respecto del PBL sin IVA, no del VE, ya que este último puede prever las posibles prórrogas o modificaciones, por ejemplo. En el caso que nos ocupa, el resultado no varía porque el PBL sin IVA y el VE son iguales. De hecho, en la propuesta técnica motivada de la siguiente pregunta, se especifica que la baja es del PBL sin IVA, por lo que cabe interpretar que aquí se ha escrito «Valor estimado» por un mero error material.]

2.- ¿Es posible la modificación del contrato? En caso afirmativo, elabore la propuesta técnica motivada para la solicitud de la modificación del contrato de obras al órgano de contratación e indique los trámites necesarios para proceder a la modificación de dicho contrato.

Según la LCSP, y no estando contemplada en los pliegos la modificación del contrato según se cumplan las condiciones del artículo 205.

Y como se justifica en la propuesta técnica motivada que sigue, la modificación sí es posible.

> *[...]Artículo 203. Potestad de modificación del contrato.*
> *2. Los contratos administrativos celebrados por los órganos de contratación solo podrán modificarse durante su vigencia cuando se dé alguno de los siguientes supuestos:*
> *a) Cuando así se haya previsto en el pliego de cláusulas administrativas particulares, en los términos y condiciones establecidos en el artículo 204;*
> *b) Excepcionalmente, cuando sea necesario realizar una modificación que no esté prevista en el pliego de cláusulas administrativas particulares, siempre y cuando se cumplan las condiciones que establece el artículo 205. [...]*

Como en este caso se indica en el enunciado que la modificación del contrato no está contemplada en los pliegos, se deberán cumplir las condiciones que establece el art. 205. Elaborándose el siguiente INFORME PROPUESTA:

En relación con la tramitación de un proyecto modificado de las "OBRAS DE REFORMA EN EDIFICIO CULTURAL EXISTENTE", con expediente de contratación O-xx/2023, adjudicadas por este Ayuntamiento a la empresa NOMBRE EMPRESA, S.L., D. Nombre director, director de las citadas obras, emiten el siguiente informe:

PROPUESTA TÉCNICA MOTIVADA

1. El presente documento pretende dar testimonio de las circunstancias que motivan la solicitud de autorización para la redacción de un proyecto modificado.

2. El proyecto aprobado definía las obras necesarias para la reforma del edificio cultural existente.

3. Los datos relativos a la formalización del contrato O-xx/2023 son:

Presupuesto Base de Licitación:	431.970,00 €
Importe de Adjudicación:	380.133,60 €
Baja de Licitación	12,00 %
Empresa Adjudicataria	NOMBRE EMPRESA, S.L.

4. Las obras del expediente de referencia comenzaron __fecha de inicio__, según establecía el acta de comprobación del replanteo, en la cual se fijaba que las obras tendrían una duración de __plazo según pliego__.

5. Durante el desarrollo de las obras se han producido las siguientes circunstancias sobrevenidas e imprevisibles en el momento en que tuvo lugar la licitación del contrato, que se encuadran dentro de las modificaciones previstas en el artículo 205.2, b) de la Ley 9/2017 de Contratos el Sector Público:

-Tras la demolición del falso techo del pasillo de la planta primera y segunda se detectó que las canalizaciones de calefacción se encontraban en muy mal estado, comprometiendo los trabajos posteriores por posibles roturas inesperadas de dichas canalizaciones.

6. En relación con lo anterior, se solicita la autorización para la redacción del proyecto modificado correspondiente que recoja los trabajos necesarios para poder ejecutar las obras conforme al objeto finalmente previsto, ya que las modificaciones propuestas:

-Según el artículo 205.2.b) de la Ley 9/2017 de Contratos del Sector Público se han producido por circunstancias sobrevenidas e imprevisibles en el momento en el que tuvo lugar la licitación del contrato y se cumplen las tres condiciones siguientes:

1.º La necesidad de la modificación no se deriva de circunstancias que una administración diligente hubiera podido prever.

2.º La modificación no altera la naturaleza global del contrato.

3.º La modificación del contrato no implica una alteración en su cuantía que exceda, aislada o conjuntamente con otras modificaciones acordadas conforme a este artículo, del 50 por ciento de su precio inicial, IVA excluido.

-Según el artículo 205.2.c) de la Ley 9/2017 de Contratos del Sector Público se considera una modificación no sustancial, ya que:

*1.º La modificación **no** introduce condiciones que, de haber figurado en el procedimiento de contratación inicial, habrían permitido la selección de candidatos distintos de los seleccionados inicialmente o la aceptación de una oferta distinta a la aceptada inicialmente o habrían atraído a más participantes en el procedimiento de contratación.*

*2.º La modificación **no** altera el equilibrio económico del contrato en beneficio del contratista de una manera que no estaba prevista en el contrato inicial, ya que el importe de las unidades de obra nuevas no representa más del 50 por ciento del presupuesto inicial del contrato.*

*3.º La modificación **no** amplía el ámbito del contrato.*

(i) El valor de la modificación no supone una alteración en la cuantía del contrato que exceda, aislada o conjuntamente, del 15 por ciento del precio inicial del mismo, IVA excluido (en nuestro caso es de un 8%), ni supera el umbral que resulta de aplicación del artículo 20.

(ii) Las obras objeto de modificación no se hallan dentro del ámbito de otro contrato.

[Si bien el art. 205 no es rápidamente descifrable, según la letra a del punto 1, solo haría falta justificar uno de los tres supuestos del punto 2. En esta solución, se justifican dos de ellos.]

*7. En la actualidad los funcionarios que ocupaban el edificio se encuentran realojados de forma provisional en otro edificio, por esta razón y atendiendo a **razones de interés público** según el artículo 242.5 LCSP se solicita la continuación de la ejecución de la obra mientras se redacte el proyecto modificado, ya que el importe máximo previsto no supera el 20 por ciento del precio del contrato, IVA excluido, y existe crédito adecuado y suficiente para su financiación.*

*8. Se estima un **coste máximo total** de las actuaciones mediante partidas nuevas no contempladas en el proyecto inicial de TREINTA MIL CUATROCIENTOS DIEZ EUROS CON SESENTA Y NUEVE CÉNTIMOS (30 410,69 €), IVA incluido, y según las condiciones del actual contrato.*

9. El presupuesto base de licitación sin IVA del proyecto original es de 357 000 €, y el incremento estimando, resultante de la presente propuesta técnica motivada, es de 28 560 € [esto es, 24 000 € × 1,19, es decir, el PEC.] (IVA no incluido), finalmente: El importe de adjudicación sin IVA (a precio del proyecto de licitación) de las obras de la modificación, ascendería a 385 560 €, que supone un incremento del 8 por ciento del presupuesto original.

Dado que el expediente de obra se adjudicó con una baja del 12 por ciento del presupuesto base de licitación sin IVA, dicha baja se aplicará como condición del contrato sobre el incremento estimado anteriormente de 28 560 €.

Con ello el sobrecoste final debido a la actual propuesta técnica motivada (IVA no incluido), será de 30 410,69 €, que corresponde a un 8 % del precio de adjudicación del contrato, sin llegar al 15 % del presupuesto de adjudicación establecido en el artículo 205.2 c) de la Ley 9/2017 de Contratos del Sector Público.

Las cantidades expresadas en los párrafos anteriores se recogen en la siguiente tabla:

	Proyecto Inicial	Partidas nuevas	Proyecto Modificado
Presupuesto Ejecución Material (PEM)	300.000,00 €	24.000,00 €	324.000,00 €
Presupuesto Base de Licitación (IVA no incluido)	357.000,00 €	28.560,00 €	385.560,00 €
Baja 12 %	-42.840,00 €	-3.427,20 €	-46.267,20 €
Importe de adjudicación (sin IVA)	314.160,00 €	25.132,80 €	339.292,80 €
Importe de adjudicación (IVA incluido)	380.133,60 €	30.410,69 €	410.544,29 €

El aumento del presupuesto se produce por la incorporación de las partidas de obra necesarias para conseguir el objeto del contrato.

10. De acuerdo con el artículo 195 de la Ley de Contratos del Sector Público, se propone un incremento en el plazo de ejecución de la obra de 1 MES por los precios nuevos incorporados.

11. Los precios nuevos incluidos en la presente propuesta técnica motivada son adecuados para el efectivo cumplimiento del contrato, estimando que sus importes son precios generales de mercado, de conformidad con lo establecido en el apartado 3 del artículo 102 de la Ley 9/2017, de 8 de noviembre, de Contratos del Sector Público.

Por lo que, se considera procedente remitir al Departamento de Contratación la presente propuesta técnica motivada, relativa a autorización para la redacción del oportuno proyecto modificado que recoja las variaciones que necesariamente se han de materializar en la ejecución de las obras de referencia para conseguir el objeto del contrato inicialmente previsto.

Lo que se informa a los efectos oportunos.

En Alicante, a la fecha de la firma electrónica
EL/LA DIRECTOR/A DE OBRA

TRÁMITES
Conforme a lo indicado en el art. 242 de la LCSP:

Los trámites a seguir serán:

1.- Cuando las modificaciones supongan la introducción de unidades de obra no previstas en el proyecto o cuyas características difieran de las fijadas en este, y no sea necesario realizar una nueva licitación, los precios aplicables a las mismas serán fijados por la Administración, previa audiencia del contratista por plazo mínimo de tres días hábiles.

2.- Cuando la modificación contemple unidades de obra que hayan de quedar posterior y definitivamente ocultas, antes de efectuar la medición parcial de las mismas, deberá comunicarse a la Intervención de la Administración correspondiente, con una antelación mínima de cinco días, para que, si lo considera oportuno, pueda acudir a dicho acto en sus funciones de comprobación material de la inversión, y ello, sin perjuicio de, una vez terminadas las obras, efectuar la recepción, de conformidad con lo dispuesto en el apartado 1 del artículo 243, en relación con el apartado 2 del artículo 210.

3.- Autorización al Director Facultativo por parte del órgano de contratación para la redacción del proyecto modificado.

4.- Aprobación técnica del mismo.

5.- Audiencia del contratista y del redactor del proyecto, por plazo mínimo de tres días.

6.- Aprobación del expediente por el órgano de contratación, así como de los gastos complementarios precisos.

Cuando la tramitación de una modificación exija la suspensión temporal total de la ejecución de las obras y ello ocasione graves perjuicios para el interés público se podrá acordar que continúen provisionalmente las mismas tal y como esté previsto en la propuesta técnica que elabore la dirección facultativa, siempre que el importe máximo previsto no supere el 20 por ciento del precio inicial del contrato, IVA excluido, y exista crédito adecuado y suficiente para su financiación.

El expediente de continuación provisional a tramitar al efecto exigirá exclusivamente la incorporación de las siguientes actuaciones:

a) Propuesta técnica motivada efectuada por el director facultativo de la obra, donde figure el importe aproximado de la modificación, la descripción básica de las obras a realizar y la justificación de que la modificación se encuentra en uno de los supuestos previstos en el apartado 2 del artículo 203.

b) Audiencia del contratista.

c) Conformidad del órgano de contratación.

d) Certificado de existencia de crédito.

e) Informe de la Oficina de Supervisión de Proyectos, en el caso de que en la propuesta técnica motivada se introdujeran precios nuevos. El informe deberá motivar la adecuación de los nuevos precios a los precios generales del mercado, de conformidad con lo establecido en el apartado 3 del artículo 102.

En el plazo de seis meses contados desde el acuerdo de autorización provisional deberá estar aprobado técnicamente el proyecto, y en el de ocho meses el expediente de la modificación del contrato.

Dentro del citado plazo de ocho meses se ejecutarán preferentemente, de las unidades de obra previstas, aquellas partes que no hayan de quedar posterior y definitivamente ocultas.

SUPUESTO PRÁCTICO 2

Dentro de un municipio de la provincia de Alicante se sitúa una torre defensiva de época medieval cuya planta y entorno se entrega en el plano adjunto. El ayuntamiento pretende la redacción del plan especial de protección de la torre en el que se van a limitar el número de plantas a planta baja más dos plantas de piso:

1. En base a lo expuesto conteste las siguientes cuestiones:

- **Proponer el entorno de protección de la torre de forma gráfica sobre el plano adjunto, según la normativa de aplicación.**

Tratándose una torre defensiva de época medieval (BIC), en base al art. 39.3 de la Ley 4/1998, de 11 de junio, del Patrimonio Cultural Valenciano donde se indican los criterios para la delimitación del entorno de protección dentro de un plan especial, se propone el siguiente.

[Aquí lo importante era seguir los criterios del art. 39.3.b. Se puede considerar un ámbito periurbano, ya que se encuentra en el borde urbano, por lo que, en la parte recayente al núcleo urbano, se siguen los criterios de los ámbitos urbanos (parcelas que limitan con el bien, las que recaen al mismo espacio público que el bien, etc.), mientras que, en la parte que da a la ladera, se incluye esta hasta el camino al considerar aquella como su paisaje consustancial.]

- **De la descripción gráfica anterior, proceder a su descripción literal.**

La delimitación gráfica del entorno de protección se inicia en el punto de origen (1) situado Intersección de calle Moreres con Calle Ravalet Tercer. Desde el origen, la línea recorre las fachadas e incluye la totalidad de las parcelas catastrales 0038101YH3903N0001ZR (calle Moreres 2), 0038102YH3903N0001UR (calle Moreres 4), 0038103YH3903N0001HR (calle Moreres 6), […]

[No consideramos necesario reproducir toda la descripción literal hasta el punto 20.]

- **En relación a la tramitación del plan especial indicar, de forma justificada, si será necesaria la evaluación ambiental y territorial estratégica, y si así fuera, quién ejercerá las funciones de órgano sustantivo, órgano promotor y órgano ambiental y territorial, justificando la respuesta.**

Será necesaria la evaluación ambiental y territorial estratégica (EATE), ya que el caso que nos ocupa no está incluido en los supuestos contemplados en el art. 46.2 del TRLOTUP. Con respecto a la tramitación, el órgano ambiental y territorial decidirá en base a los criterios indicados en el Anexo VIII si será procedimiento ordinario o simplificado. Considerando que en este caso y con la información de la que se dispone se podría tratar de procedimiento simplificado.

Al tratarse de ordenación estructural según el art. 21.1. e) Delimitación de los perímetros de afección y protección, exigidos por la legislación sectorial, el órgano sustantivo será la conselleria competente en materia de urbanismo, el órgano promotor será el ayuntamiento y el órgano ambiental y territorial será la conselleria competente en materia de medio ambiente, todo ello según lo incluido en el art. 48 a), b) y c). y 49 de la TRLOTUP.

[Quizás cabría añadir que es en virtud del art. 44.3.c TRLOTUP que, si un plan afecta a la OE, el órgano sustantivo es la conselleria. Asimismo, entendemos que el ayuntamiento no puede ser el órgano ambiental con base en el art. 49.2.c porque parte del entorno de protección incluye suelo presumiblemente no urbanizable (la ladera).]

2. Una vez iniciada la evaluación ambiental y territorial estratégica del plan especial, se solicita licencia de obra en una edificación existente incluida en el entorno de protección propuesto en el borrador del plan especial de protección de la torre. Indicar de forma justificada los condicionantes que afectarían a la concesión de dicha licencia, sabiendo que las plantas de la edificación objeto de la obra son planta baja más tres plantas de piso.

Apartados a tener en cuenta en el desarrollo del ejercicio adecuadamente justificados:

- *Suspensión del otorgamiento de licencias (art. 68 TRLOTUP).*
- *Si no existiera suspensión de licencias por parte del ayuntamiento.*
- *Régimen de autorizaciones en intervenciones en inmuebles y ámbitos patrimonialmente protegidos según el art. 35 de la Ley de Patrimonio Cultural Valenciano.*
- *Casos en los que será necesario informe de conselleria competente en materia de cultura.*

[La suspensión de licencias es potestativa hasta, al menos, la exposición al público del plan, pero, tras esta, es obligatoria, por lo que parece que la suspensión de licencias será inevitable. Por otra parte, el hecho de que en el plan se vaya a limitar el número de plantas a planta baja más dos implica que la edificación objeto de la solicitud de reforma se encontrará parcialmente en fuera de ordenación o no será plenamente compatible con el plan cuando se apruebe, ya que la edificación cuenta con planta baja más tres. Esta circunstancia no significa que no pueda ejecutarse la reforma, sino que su viabilidad depende de si encuentra acomodo en el régimen transitorio de obras permitidas en edificios no plenamente compatibles con el planeamiento y, en su caso, de lo previsto en el acuerdo de suspensión.

En cuanto al régimen de autorizaciones de la Ley 4/1998, y sin perjuicio de la suspensión de licencias, mientras no se apruebe el PEP, se requiere la autorización de la conselleria competente en materia de cultura, salvo que la reforma no tenga trascendencia patrimonial (art. 35.1.b), lo cual no se puede determinar con los pocos datos facilitados por el enunciado.]

Administración	**AYUNTAMIENTO DE MANISES**
Tipo de plaza	FUNCIONARIO INTERINO
Año de convocatoria	2021
Observaciones	Supuesto 2 muy parecido al examen del Ayuntamiento de Sueca

SUPUESTO 1

En un determinado municipio, los propietarios de una parcela de 15 250 m²s de suelo clasificado como suelo no urbanizable común por el plan general, en el que se admite el uso terciario, quieren construir un hotel, para lo que pretenden rehabilitar un edificio existente con ciertos valores arquitectónicos. Se encuentra situado a 2,5 km de suelo urbano en el que también se permite el uso terciario. El edificio existente cuenta con una superficie construida con posibilidad para 15 habitaciones y los servicios que correspondan.

PREGUNTAS

1. ¿Es posible el uso pretendido según el plan general? Motiva la respuesta.

2. ¿Es posible el uso pretendido según la LOTUP? Motiva la respuesta.

3. En caso de permitirse, indicar qué condicionantes y requisitos tendría por ubicarse en suelo no urbanizable.

4. La actuación pretendida ¿cumple todos ellos? ¿Puede exceptuarse alguno?

5. Señalar (por orden en que deben obtenerse) qué autorizaciones se requerirán para poderse llevar a cabo el proyecto, y qué administraciones serán las competentes para su concesión.

6. ¿Puede eximirse de obtener la DIC?

7. ¿Existe algún requisito jurídico posterior tras la obtención de las autorizaciones preceptivas? ¿Qué plazo habría para ello?

8. ¿Procede establecer plazo de vigencia de la DIC? En caso que proceda:
¿Quién lo establece?
¿Qué plazo máximo podría establecerse?

9. ¿Procede establecer canon de la DIC? En caso de que proceda:
¿En qué momento se devengará?
¿Puede fraccionarse?
¿Puede eximirse en este caso?
¿Y reducirse?

10. ¿Qué documentación técnica es necesaria para tramitar la DIC?

RESOLUCIÓN

La pregunta 1 y 2 están relacionadas: *a priori*, el plan general puede permitir un determinado uso sobre el tipo de suelo que considere, siempre que supere la evaluación ambiental y estratégica. Otra cuestión son los condicionantes urbanísticos, como la parcela mínima, que no pueden ser menos severos que la legislación jerárquicamente superior, como es el TRLOTUP. En este caso, el art. 211.2 de dicho texto refundido dispone que se necesita media hectárea, es decir, 5000 m^2, para instalar actuaciones terciarias o de servicios en SNU. Como la parcela tiene una superficie mayor, la actuación es posible, en principio, a través de una DIC, según lo que establece el art. 216.1 (por ser uso terciario), pero puede eximirse de esta en la medida en que la intervención tiene por objeto la reutilización de arquitectura tradicional para la implantación de alojamiento turístico, aunque sujeta a los informes vinculantes de las consellerias competentes en materia de turismo, urbanismo, agricultura y, en su caso, carreteras, además de la licencia municipal (art. 219.1). Esta última apreciación parece contestar la pregunta 6, si bien las siguientes preguntas, al hablar de DIC, pueden confundir al opositor en el sentido de que la respuesta debiera ser que se requiere la DIC. Creemos que la parte del enunciado que expresa «rehabilitar un edificio existente con ciertos valores arquitectónicos» no deja lugar a duda de que se trata de reutilizar arquitectura tradicional. Asimismo, por esta razón, o sea, recuperación del patrimonio arquitectónico radicado en el medio rural, podría exceptuarse el requisito de distancia de 5 km a suelo vacante con calificación apta para terciario de que habla el art. 211.1.f, previo informe favorable del órgano competente en materia de turismo.

En caso de que hiciera falta obtener la DIC, la solicitud del instrumento de intervención ambiental se formalizaría una vez resuelta aquella favorablemente (art. 11.1 Ley 6/2014). La cierta ambigüedad del enunciado no deja claro, como se ha comentado, si la edificación se encuentra catalogada. En caso de que así fuera, requeriría necesariamente de licencia ambiental, según 13.1.4 del anexo II, «Categorías de actividades sujetas a licencia ambiental», de la Ley 6/2014. Aun no estando catalogada, necesitaría tal instrumento si el hotel tuviera una superficie de construcción superior a 1500 m^2 (punto 13.2.7 Ley 6/2014), lo cual no parece que se dé en el hotel planteado, ya que cuenta solo con 15 habitaciones. Si la edificación no está catalogada, se precisaría solamente una declaración responsable ambiental. En el supuesto de licencia ambiental, se tramitará conjuntamente la licencia de obras y dicho instrumento de intervención ambiental (art. 53.3 Ley 6/2014); una vez obtenido este último, y terminadas las obras, el inicio de la actividad requiere de la previa presentación de la comunicación de puesta de funcionamiento (art. 61.1). En el caso de declaración responsable ambiental, primero se tramita la licencia de obras (art. 68.1). Estas autorizaciones son independientes de la tramitación establecida en el Decreto 10/2021, de 22 de enero, del Consell, de aprobación del Reglamento Regulador del Alojamiento Turístico en la Comunitat Valenciana.

El requisito jurídico de que habla la pregunta 7 probablemente se refiere al plazo para iniciar las obras, aunque también se puede mencionar la condición de indivisibilidad de la parcela que establece el art. 214.4 TRLOTUP.

Las respuestas a las preguntas sobre el plazo de la DIC se encuentran en el art. 222 TRLOTUP; las del canon, en el art. 221 y, en cuanto a la documentación técnica, en el art. 223.1. y, más detalladamente, en la página web de la Generalitat Valenciana.

SUPUESTO 2

El propietario de un edificio en el casco urbano pretende solicitar autorización para realizar las siguientes actuaciones:

- Elevación de una planta.
- Reparación de los problemas de humedades que existen en la fachada del inmueble y sustitución de algunas de las instalaciones.
- Decoración de la fachada.
- La reforma de un trastero ubicado en el patio en planta baja construido en el año 2013 sin licencia que incumple la normativa vigente actual.

El edificio existente consta de dos plantas y fue edificado con licencia de obras concedida en fecha 01/01/1971, que permitía la construcción de tres plantas. El solar colindante se encuentra sin edificar.

El PGOU de la zona donde se ubica fue aprobado definitivamente en fecha 16/11/2001 modificando las determinaciones en los siguientes aspectos;

- Con las nuevas alineaciones el inmueble invade la acera en 50 cm.
- Se permite un aprovechamiento máximo de tres plantas más ático retranqueado de 3 m.
- No cumple parcela mínima según las ordenanzas actuales (en las normas se exceptúa de esta obligación si dicha parcela se encuentra con colindantes consolidados por la edificación ante la imposibilidad de ampliación)
- Se encuentra ubicado en NHT-BRL por aplicación de la disposición adicional quinta de la Ley 4/1998 del LPCV, aunque el planeamiento no está adaptado y el edificio no está catalogado.

PREGUNTAS CORTAS

1.- ¿Se puede autorizar la elevación de una planta sobre la edificación existente? Razona la respuesta. (1 pto.)

2.- ¿Se pueden autorizar obras de decoración de fachada del edificio existente? (1 pto.)

3.- Si finalmente decide actuar en la edificación existente ajustándose a las alineaciones que marca el nuevo plan general, ¿qué documentación deberá presentar? ¿Requiere de algún paso previo? Explícalo. (3 ptos.)

4.- ¿Cuándo se puede obtener la licencia ocupación? (1 pto.)

5.- Si se opta por demoler el edificio para construir una nueva edificación, ¿cuáles son los condicionantes a tener en cuenta para poder edificar? (1 pto.)

6.- Indicar qué informes sectoriales resultarían necesarios en el caso anterior. (1 pto.)

7.- ¿Son autorizables las obras de reforma de la edificación auxiliar (paellero) que existe en el patio del edificio? Razona la respuesta. (1 pto.)

8.- ¿Sería posible autorizar la demolición y vallado dejando para un momento posterior la ejecución de la edificación? (1 pto.)

RESOLUCIÓN

Este supuesto es de redacción muy parecida a la del examen realizado por el Ayuntamiento de Sueca (pág. 288). Conviene compararlo con aquel. Es muy interesante y complejo, y su resolución se basa en la cuestión de las edificaciones en fuera de ordenación. El enunciado no expone el régimen que el plan general establece para este tipo de edificaciones, por lo que, en su defecto, solo tenemos el art. 206 TRLOTUP.

El alcance de la intervención en las edificaciones en fuera de ordenación puede variar según el criterio del técnico municipal. Siendo estrictos, y a falta de un régimen transitorio que lo permitiera, cualquier incumplimiento de las condiciones urbanísticas dispuestas por el planeamiento supone la imposibilidad de otorgar licencia, salvo obras de mera conservación o, como mucho, las contempladas en el art. 206.3 (reforma y mejora que no acentúen la inadecuación al planeamiento vigente). En el caso que nos ocupa, existiendo una ocupación del dominio público e incumplimiento de la parcela mínima, parece evidente que no se puede otorgar licencia para elevar una planta más a pesar de que la licencia original lo permitiera, ya que es claro que esta no se encuentra en vigor. Sí se puede permitir la reparación de la fachada al incluirse en el supuesto de mera conservación. La decoración de fachada sobrepasa la mera conservación y, puesto que se trata de la fachada que se encuentra ocupando el viario público, la aplicación estricta del art. 206.2.a impediría su autorización. La circunstancia de que la edificación se encuentre incluida en núcleo histórico tradicional (NTH) no supone una excepción.

En cuanto a la pregunta 3, lo importante es que quede claro cuál es la nueva alineación. En algunos ayuntamientos existe la figura del certificado de alineaciones oficiales o documento similar, emitido por la administración. Asimismo, normalmente en el replanteo de la obra de urbanización asistirá un técnico del ayuntamiento para comprobar que la alineación se ajusta al planeamiento.

Respecto a la pregunta 5 y 6, el condicionante principal es que el ámbito de la nueva edificación ocupe al menos la superficie de parcela mínima, para lo cual la parcela vacante contigua debe agruparse a la de la edificación existente o, al menos, que se segregue de aquella parte suficiente y agruparse a la parcela de la licencia de forma que se cumpla tal condición. En este último caso, la parcela que quede de la segregación no puede ser inferior a la mínima establecida por el nuevo planeamiento. Sería una cuestión jurídica si es necesaria la efectiva agrupación registral o basta con que la parcela urbanística vinculada al proyecto y la licencia cumpla la superficie mínima, con independencia de las parcelas catastrales o fincas registrales que ocupe. Y en lo concerniente a los informes sectoriales, al no existir regulación municipal del NTH, entendemos que la demolición debe ser autorizada por la conselleria competente en materia de cultura. Si hubiera tal regulación, la licencia debería ajustarse a ella y el ayuntamiento debería comunicar a dicha conselleria la actuación, pero sin depender de su informe previo.

La licencia de ocupación (pregunta 4) puede obtenerse una vez terminadas las obras (art. 33.1 LOFCE).

Por su parte, la respuesta a la pregunta 7 es clara: no puede permitirse la reforma de una edificación ilegal aun cuando haya transcurrido el plazo de prescripción para iniciarse expediente de protección de la legalidad urbanística (art. 256) y con independencia de si se encuentra en fuera de ordenación o no.

Finalmente, en general y salvo que el planeamiento municipal disponga otra cosa, en teoría se puede solicitar la licencia de demolición sin la simultánea licencia de edificación. El tercer párrafo del art. 188.1 TRLOTUP establece que «Los planes fijarán los plazos de edificación de solares y, en su caso, urbanización de actuaciones aisladas en suelo urbano atendiendo a las circunstancias económicas, sociales y de ordenación urbana, sin que en ningún caso este plazo pueda ser superior a seis años». No obstante, como el inmueble se ubica en un NHT-BRL, debemos tener en cuenta el Decreto 62/2011, de 20 de mayo, del Consell, por el que se regula el procedimiento de declaración y régimen de protección de los bienes de relevancia local. El art. 13.7 dispone que:

> El Ayuntamiento deberá garantizar, en los núcleos históricos tradicionales, con la consideración de bienes de relevancia local (NHT-BRL) y en los entornos de los bienes inmuebles de relevancia local, con carácter general, la edificación sustitutoria conforme a los criterios establecidos en los artículos 8 y 12 del presente decreto.

Por lo cual debe solicitarse al mismo tiempo la licencia de demolición y obra nueva.

Administración	**AYUNTAMIENTO DE LLÍRIA**
Tipo de plaza	FUNCIONARIO INTERINO
Año de convocatoria	2021
Observaciones	

SUPUESTO 1

A la vista del plano aportado, redacte un informe de cumplimiento, o no, de las normas de diseño de calidad del 2009 (DC-09) de la planta baja de una vivienda unifamiliar, teniendo en cuenta los siguientes aspectos:

- La planta primera, donde se encuentran tres dormitorios y dos baños, cumple la normativa.
- La planta sótano también cumple.
- En la planta baja se ha debido aislar el suelo, con lo cual se han recrecido 5 cm, y se ha debido poner falso techo para el paso de instalaciones, y por tanto la altura libre de la planta baja se ha reducido a 2,42 m en toda la superficie.
- La escalera que se ve sube del sótano, con puerta al salón. Y se ve la proyección de la escalera que sube a planta primera.
- Se presupone que la vivienda cumple el resto de normativa de aplicación, no es necesario comprobarla ni mencionarla.

CONSIDERACIONES:

La escala gráfica no ha salido bien, no la tengáis en cuenta. La planta está a 1:50.

Las líneas que unen la isla con la cocina son del pavimento, que han salido demasiado fuertes, no son aristas.

RESOLUCIÓN

El supuesto es sencillo. El primer incumplimiento casi nos lo dice el enunciado al informar de que la altura libre es 2,42 m, inferior a los 2,50 m que establece el art. 55 DC-23, salvo para el aseo, la cocina y un 10 % de la superficie útil del resto de recintos. Para la comprobación de las figuras mínimas inscribibles y de las zonas de uso de los sanitarios y aparatos de los lavaderos, se requiere escalímetro y compás. Asimismo, habría que comprobar que el hueco libre de la puerta de entrada a la vivienda es igual o superior a 80 cm y, el del resto de puertas, de 70 cm. También que el ancho de la escalera tenga el ancho mínimo de 80 cm de las escaleras de uso restringido (DB SUA 1-4.1.1). Entendemos que no cabe destacar nada sobre las condiciones de habitabilidad de la vivienda (art. 62 y ss.), entre otras cosas, porque se desconoce la superficie de los huecos de iluminación.

SUPUESTO 2

Se aporta plano en planta y sección de un local en planta baja; se pretende su adecuación a uso oficinas (los aparatos de climatización están en el propio local, con potencia inferior a 4 Kw; el forjado del local está elevado 10 cm respecto del acceso de la vía pública). El local está completamente diáfano, con fachada y estructura simplemente. Dispone de un altillo.

- ¿Cuál sería el procedimiento administrativo para poner en marcha la actividad?
- Analizar el local desde el punto de vista del cumplimiento del SUA-1-seguridad frente al riesgo de caídas, y del SUA-9-Accesibilidad, del CTE.

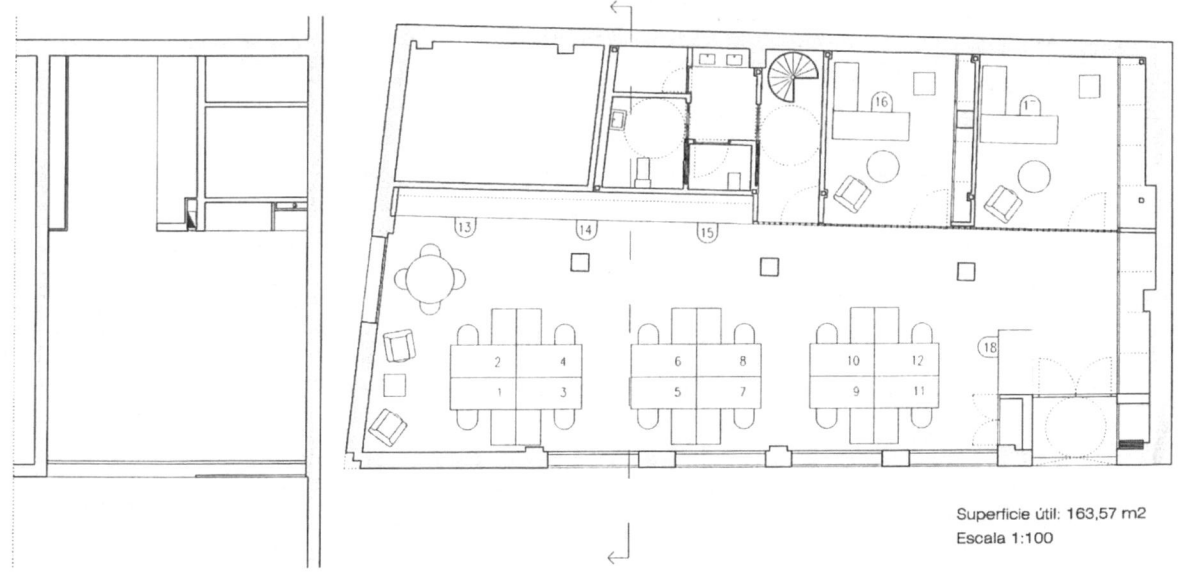

Superficie útil: 163,57 m2
Escala 1:100

RESOLUCIÓN

La actividad cumple todas las condiciones del anexo III de la Ley 6/2014, así que se tramita mediante comunicación de actividades inocuas, es decir, que, a partir de su presentación, puede iniciarse la actividad (art. 73 Ley 6/2014).

En lo que respecta al cumplimiento del DB SUA 1, solo podemos destacar que, en puridad, la escalera de caracol del plano no cumple las condiciones ni siquiera como escalera de uso restringido. En cuanto al DB SUA 9, el incumplimiento principal es el escalón de acceso al local, ya que la entrada forma parte del itinerario accesible, el cual no admite escalones. Dicho itinerario, en atención al punto 1.1.3.2 DB SUA 9, debería comunicar el acceso con las zonas de uso público, con todo origen de evacuación de las zonas de uso privado (exceptuando las zonas de ocupación nula) y con los elementos accesibles, como los servicios higiénicos accesibles. No podemos considerar los dos despachos como zonas de uso público y, además, puesto que su densidad no excede de 1 persona/5 m² ni su superficie los 50 m², tampoco ningún punto de estos como origen de evacuación. En cambio, la sala central, al tener más de 50 m², sí que debe permitir un itinerario accesible desde el acceso a todo punto ocupable, lo que plantea como única duda si se respeta el paso libre mínimo de 1,20 m. Lógicamente el itinerario ha de alcanzar la entrada del núcleo de servicios higiénicos y que exista en ambas caras de las puertas un espacio horizontal libre del barrido de las hojas de diámetro 1,20 m, si bien el del vestíbulo debe ser de 1,50 m. El círculo inscrito en el aseo accesible también debe ser de 1,50 m.

Administración	AYUNTAMIENTO DE PICANYA
Tipo de plaza	FUNCIONARIO INTERINO
Año de convocatoria	2021
Observaciones	Enunciado idéntico al del supuesto 1 del Ayuntamiento de l'Olleria. La diferencia es que este último no incluye las preguntas 3, 4 y 5.

El Pla General Estructural de XXX delimita un sector A de sòl urbanitzable d'ús dominant residencial, i compatible amb ús terciari.

Els paràmetres del sector residencial són els que se citen a continuació:

- Superfície del sector A: 100 000 m^{2}s
- Sostre edificable sector A: 80 000 m^{2}t, repartits conforme a les següents dades:
- 60 000 m^{2}t residencial, dels quals 20.000 m^{2}t són reservats a habitatge de protecció pública.
- 20 000 m^{2}t terciari.
- Nombre màxim d'habitatges: 35 viv./ha.

En la memòria justificativa del Pla General Estructural, s'estableix una densitat de 2,5 habitants per habitatge i s'estimen els següents valors de repercussió, en funció dels diferents usos assignats al sector A:

- 550 €/m^{2}t residencial lliure
- 400 €/m^{2}t residencial VPP
- 475 €/m^{2}t terciari compatible amb residencial

El sector A posseeix una superfície adscrita al mateix de 10 000 m^{2}s destinada a integrar-se en un futur parc públic perimetral del municipi.

Existeixen camins públics municipals que discorren per l'interior del sector i van ser obtinguts per l'Ajuntament de manera onerosa, que sumen un total de 200 m^{2}s, i que seran substituïts per nous vials de la xarxa secundària. També existeix un centre de salut de 500 m^{2}s que s'integrarà en el nou pla. El Pla General Estructural estableix un percentatge de cessió obligatòria i gratuïta de l'aprofitament a l'administració amb destinació lucrativa que ascendeix al 10 %.

QÜESTIONS A CONTESTAR:

1) Calcular els següents paràmetres per al sector A:
   - Aprofitament tipus
   - Índex d'edificabilitat bruta
   - Aprofitament subjectiu a materialitzar per cada propietari

2) Establir els següents paràmetres relatius a dotacions públiques:
   - Superfície de zona verda de xarxa secundària necessària per al desenvolupament del sector, i la superfície de xarxa primària corresponent.
   - Amplària mínima dels vials.

3) Una vegada aprovat el PGE, per part d'una mercantil es mostra interès a desenvolupar el sector A (el sector està ordenat detalladament), presentant a l'Ajuntament una iniciativa de programa per gestió dels propietaris. En aquest sentit se sol·licita que es descriguen els requisits, tràmits i documents a presentar en el programa (sense modificació de planejament).

4) En la proposició jurídic-econòmica (memòria de programació) s'estableixen els següents paràmetres:
   - Costos d'urbanització del sector: 2 000 000 €/m^{2}t adjudicat
   - Coeficient de bescanvi: 0,40

   Un propietari YYY posseeix en el sector una parcel·la d'aportació la superfície de la qual ascendeix a 7222 m^{2}s.

   Concrete els metres quadrats de sostre que li correspondrien en el desenvolupament urbanístic del sector, distingint els metres quadrats de sostre adjudicats en funció si el seu aprofitament es concreta en residencial o terciari. Calcule al seu torn els metres quadrats que li correspondrien en la reparcel·lació del sector si decideix retribuir a l'agent urbanitzador la labor urbanitzador en terrenys.

5) Finalment, tenint en compte que el sector destina un 40 % de la seua superfície a dotacions públiques, indique com és l'índex d'edificabilitat neta (IEN) d'aquest. Partint de l'IEN anterior, calcule les superfícies de parcel·les resultants que li correspondrien al propietari YYY.

RESOLUCIÓN

1. Para obtener el AT (art. 78 TRLOTUP), debemos calcular el valor del numerador (AO homogeneizado) y del denominador (AR). En cuanto al primero, tenemos las edificabilidades dadas por el enunciado, pero debemos afectarlas por los coeficientes de homogeneización a través de la ponderación de los valores de repercusión de suelo de cada uso. Adoptando el coeficiente 1,00 para el uso mayoritario (véase comentario de la nota a pie 3 del ejercicio 1 del Ayuntamiento de Peñíscola, pág. 61), tenemos:

Coef. res. =   1,00
Coef. res. VPP = 400 / 550 =   0,7273
Coef. ter. = 475 / 550 =   0,8636

AOhom. = [(40 000 × 1) + (20 000 × 0,7273) + (20 000 × 0,8636)] = 71 818 UA

Con relación al AR, esta será el resultado de sumar a la superficie del sector la RP adscrita (10 000 m²) y de restarle los 500 m² de la dotación, la cual, como no se especifica lo contrario, se entiende que no fue obtenida onerosamente:

$$AR = 100\ 000 + 10\ 000 - 500 = 109\ 500\ \text{m}^2\text{s}$$
$$AT = 71\ 818\ /\ 109\ 500 = \textbf{0,6559 UA/m}^2\textbf{s}$$

Para obtener el IEB, debemos dividir la EB entre la SCS. En cuanto al segundo parámetro, hemos de restar de la superficie del sector la dotación pública existente (no viaria) que se integra en el nuevo plan (el centro de salud): SCS = 100 000 − 500 = 99 500 m²s

$$IEB = 80\ 000\ /\ 99\ 500 = \textbf{0,8040 m}^2\textbf{t/m}^2\textbf{s}$$

El AS supone el 90 % del AT, por tanto: 0,6559 × 0,90 = **0,5903 UA/m²s**

2. La superficie de ZV, según el esquema de cesiones dotacionales, será de, al menos:

$$(15 \times 60\ 000)\ /\ 100 + (4 \times 20\ 000)\ /\ 100 = \textbf{9800 m}^2\textbf{s}$$

En lo que concierne a la superficie interna de red primaria, la ley no establece ningún mínimo. El art. 24.1.c habla de un mínimo de 5 m² por habitante de parque público, pero especifica que «con relación al total de población prevista en el plan». Se entiende que se refiere al plan general, el cual puede distribuir el parque público entre los sectores previstos, sin que cada uno de ellos cumpla necesariamente la proporción de los 5 m² por habitante. Sin perjuicio de que realicemos esta explicación en el examen, conviene finalmente calcular la superficie de parque público como si el plan los hubiera distribuido proporcionalmente a la población de cada sector, en cuyo caso:

Núm. viv. = 35 × (100 000 / 10 000) = 350
Núm. hab. = 350 × 2,5 = 875
Sup. VP = 875 × 5 = **4375 m²s**

3. Cuestión meramente teórica que se debe extraer del título II del libro II del TRLOTUP (art. 114 y ss.).

4. Aplicamos el AS a la superficie del propietario para obtener su aprovechamiento:

$$AS = 7222 \times 0,5903 = 4263,15\ \text{UA}$$

Para calcular la edificabilidad que le corresponde en función del uso, deshomogeneizamos con los coeficientes:

ER = 4263,15 / 1,00 = **4263,15 m²tr**
ERvpp = 4263,15 / 0,7273 = **5861,61 m²tr$_{vpp}$**
ET = 4263,15 / 0,8636 = **4936,49 m²tt**

Para saber la edificabilidad que le queda a este propietario si decide retribuir al urbanizador en terrenos, nos hace falta el coeficiente de canje, que es «La correlación entre el coste dinerario de las cargas y el valor del suelo» (art. 149.1 TRLOTUP), dicho de otra forma, es el porcentaje de suelo (o aprovechamiento) que el propietario transmite al urbanizador. Con este método de pago, al urbanizador se le retribuye con el 40 % (coeficiente de canje: 0,4) del suelo adjudicado (o del aprovechamiento), por lo que al propietario le queda el 60 %. Por tanto, dependiendo del uso de la edificabilidad, al propietario le correspondería:

$$ER = 4263,15 \times 0,60 = \qquad \mathbf{2557,89 \ m^2tr}$$
$$ERvpp = 5861,61 \times 0,60 = \qquad \mathbf{3516,97 \ m^2tr_{vpp}}$$
$$ET = 4936,49 \times 0,60 = \qquad \mathbf{2961,89 \ m^2tt}$$

5. Como el 40 % de los 100 000 m^2s de superficie del sector se destina a dotaciones públicas, la superficie lucrativa es de 60 000 m^2s. Puesto que la EB es 80 000 m^2t:

$$IEN = 80\ 000 \ / \ 60\ 000 = \mathbf{1,333 \ m^2t/m^2s}$$

Claro está que esto es si se estipula un IEN igual con independencia del uso de la parcela.

Convertimos ahora, a través del IEN, las edificabilidades asignadas al propietario según el uso en superficie de parcela final:

$$\text{Sup. parc. res.} = 4263,15 \ / \ 1,333 = \qquad \mathbf{3198,16 \ m^2s}$$
$$\text{Sup. parc. res.}_{vpp} = 5861,61 \ / \ 1,333 = \qquad \mathbf{4397,31 \ m^2s}$$
$$\text{Sup. parc. ter.} = 4936,49 \ / \ 1,333 = \qquad \mathbf{3703,29 \ m^2s}$$

Administración	**AYUNTAMIENTO DE LA POBLA DE VALLBONA**
Tipo de plaza	FUNCIONARIO DE CARRERA
Año de convocatoria	2021
Observaciones	

SUPUESTO PRÁCTICO NÚM 1

El arquitecto municipal recibe una llamada de la policía local un jueves a las 17:30 h, fuera de su jornada laboral. Le comunican que se ha producido un hundimiento en el interior de una vivienda deshabitada de la calle Peris y Valero, 26.

Se solicita:

a) **Notas tomadas durante su intervención in situ indicando las medidas cautelares adoptadas, en su caso.**
b) **Informe con propuesta de resolución redactado a la mañana siguiente.**

Datos catastrales del inmueble:

Fecha de construcción: 1920

Uso	Superficie ocupada m²s	Superficie construida m²t
Residencial	90,00	180,00
Cobertizo trasero	35,00	35,00
Patio cubierto	30,00	30,00
Patio descubierto	31,00	31,00
Superficie total	186,00	276,00

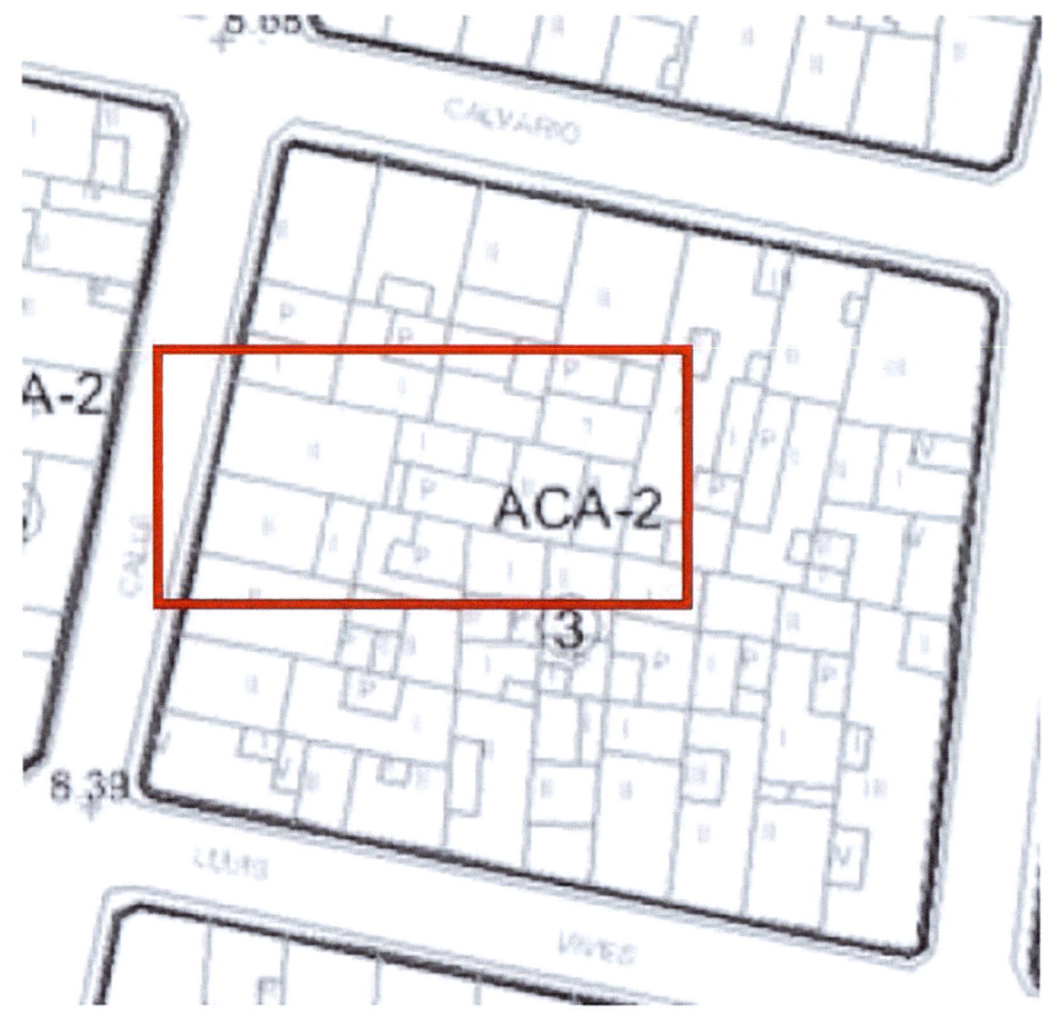

Plano de la parcela (sin escala)

Datos de la ficha del catálogo de bienes y espacios protegidos.

Nivel de protección: ambiental.

OBJETIVACIÓN DE INTERÉS				
SOLUCIONES ORNAMENTALES				
INTERÉS TIPOLÓGICO:.................	X	CARPINTERÍA:...................		X
VALOR AMBIENTAL....................		REJERÍA:........................		X
VIGENCIA DE LA TRAMA...............		CUBREPERSIANAS:...............		0
COMPOSICIÓN DE LA FACHADA:.....	X	ALICATADOS:....................		
MATERIALES, COLOR, TEXTURA:....		ORNAMENTOS:...................		
SOLUCIONES CONSTRUCTIVAS		INTERÉS PAISAJÍSTICO		
ESTRUCTURA:...................		INCIDENCIA VISUAL:.............		
ALEROS:.........................		CARÁCTER ARTICULADOR:........		
CORONACIÓN:...................	X	ORGANIZACIÓN:.................		
JAMBAS:.........................		INTERÉS CULTURAL:.............		
DINTELES:.......................		CARÁCTER REPRESENTATIVO:		

IDENTIFICACIÓN FOTOGRÁFICA

OBSERVACIONES:
El material utilizado en el zócalo de planta baja no se corresponde con las características tradicionales.

INTERVENCIONES EN LA EDIFICACION:
1. Deberán ajustarse a las normas urbanísticas del núcleo histórico.
2. Se permite la sustitución parcial o total con licencia de obras simultánea de derribo y edificación.
3. Las actuaciones en estos edificios que supongan la demolición total con sustitución serán informadas por la Comisión de Patrimonio.
4. En caso de restauración o modificación no será preceptivo el dictamen previo de la comisión de Patrimonio, pero será notificada de las licencias otorgadas en su próxima sesión.
5. Las fachadas serán pintadas en colores claros y los zócalos tratados con revestimientos continuos.
6. La cerrajería y los antepechos de balcones serán necesariamente de forja o fundición, pintados en negro o plata.
7. Se permite la sustitución de carpinterías con diseños adecuados, y acabado exterior de madera lacada o barnizada.
8. Los desagües serán vistos, con canalón metálico y bajantes en fachadas exentas o canjeadas, admitiéndose fundición en la planta baja.
9. El cableado de fachada deberá quedar oculto, bien mediante su enterramiento en acera, o bien mediante ejecución de pasatubos empotrados en fachada.

Ficha del catálogo de bienes y espacios protegidos.

[Por razón de espacio, no se han reproducido algunas fotos cuya perspectiva varía poco respecto a estas, así como el plano de clasificación porque no aporta más información que el de parcela. El enunciado también incluía la ficha de la zona de ordenación urbanística en que se encuentra el inmueble y que no se ha creído necesario incluir por su irrelevancia para la resolución. Tampoco se aporta aquí el extracto de las normas urbanísticas del catálogo de bienes y espacios protegidos que se facilitaba junto al enunciado, sino que se reproducen extractos de estas en la resolución.]

RESOLUCIÓN

Este supuesto refleja una situación bastante habitual para el arquitecto municipal de una población pequeña. De las fotos, se deduce que la inspección se ha realizado desde el inmueble colindante, por lo que no se pueden valorar todos los daños. Aun así, se aprecia que se ha venido abajo uno de los dos faldones de cubierta, lo que ha provocado la caída de parte del paño trasero en primera planta, pero no del forjado, porque parece que las viguetas del faldón apoyan en él. La estructura de la cubierta es la original de madera. Aparentemente también se ha derrumbado el forjado de la terraza que conecta con, probablemente, el cobertizo, si bien, en tal caso, en la última imagen deberían apreciarse más escombros en el suelo, incluidas las viguetas de madera. No se aportan imágenes de la fachada, por tanto, cabe deducir que los daños se circunscriben a la crujía posterior.

Este caso se ajusta a lo establecido en el art. 203 TRLOTUP, «Amenaza de ruina inminente». Aunque la fachada principal no tiene riesgo inminente de derrumbarse, el hundimiento del otro faldón podría provocar caída de material de cubierta a la calle e incluso el hundimiento del forjado de planta primera por el aumento de sobrecarga. Por tanto, deben tomarse unas medidas cautelares antes de resolver sobre las actuaciones definitivas que realizar en el edificio, para cuya ejecución inevitablemente pasará cierto tiempo, el necesario para tramitación de expediente, presentación de proyectos, etc. Una medida razonable puede ser el apuntalamiento, tanto en planta primera como en primera baja, para asegurar lo que queda de cubierta y que no se hunde el forjado.

Además de las medidas más urgentes, cabe iniciar expediente sobre la situación de la edificación. Como indica el punto 3 del precitado artículo, habría que iniciar el expediente para determinar si se declara o no la ruina del edificio, además de un procedimiento contradictorio a fin de determinar si el propietario ha incumplido su deber de conservación. Lo ideal sería que la propuesta de resolución de que habla el enunciado versara sobre si se declara o no la ruina, además de indicar las condiciones de la restauración. Para averiguar si se cumplen los requisitos para la declaración de ruina que establece el art. 202.1, habría que calcular los costes de las reparaciones y comprobar si estos superan la mitad del valor de un edificio de nueva planta de similares características e igual superficie que el preexistente, lo cual no parece que proceda realizar en el presente ejercicio por la insuficiencia de datos que ofrece para el cálculo, así como por la premura con que debe hacerse el informe. Por tanto, creemos que lo importante es especificar bien las actuaciones que cabe llevar a cabo en el inmueble y, para ello, nos basaremos en el articulado extraído de las normas del catálogo, así como de la ficha de este documento relativo al inmueble.

En la ficha se señala que el nivel de protección es el ambiental. Reproducimos el art. 11 de las precitadas normas, «Obras posibles en edificios objeto de Protección Ambiental (PA)»:

1. Los edificios identificados como objeto de Protección Ambiental podrán ser sustituidos por otros de nueva planta con arreglo a los parámetros de la edificación determinados en la ordenación pormenorizada contenida en el Plan General para cada zona de ordenanza. No obstante, el grado de las obras posibles recomendado será el de reestructuración o el de reestructuración con sobre elevación.

2. Cuando el Ayuntamiento aprecie especiales cualidades de valoración ambiental, las operaciones de sustitución deberán mantener las características esenciales de la edificación sustituida que se señalen, tales como parcelación, altura, altura de entre-plantas, volúmenes, distribución de huecos, proporciones, colores, texturas u otras.

Por otra parte, el art. 7.d de estas normas define las obras de reestructuración como

Son las de adecuación o transformación del espacio interior del edificio, incluyendo la posibilidad de demolición o sustitución parcial de elementos estructurales, sin afectar, en ningún caso, a la envolvente del edificio. El caso extremo de obra de reestructuración sería el vaciado del edificio con mantenimiento de la fachada o fachadas exteriores y sus remates.

Un caso particular de estas obras serían las *Obras de reestructuración con sobre elevación*: Son aquellas obras de reestructuración que comportan el grado máximo de las mismas pudiéndose efectuar, cuando el techo de aprovechamiento del Plan así lo autorice, la sobre elevación de una planta sin afectar compositiva o tipológicamente la estructuración formal de la fachada y su remate, resultando un cuerpo sobreelevado, sin que ello suponga incremento del número de viviendas.

Finalmente, debe tenerse en cuenta que en la ficha del catálogo se destaca de la edificación su interés tipológico, la composición de fachada, la coronación, la carpintería y la rejería.

Según se desprende del articulado y de la ficha, parece que lo más razonable es la reestructuración, es decir, mantener la fachada, pero sustituyendo todo el interior, incluso con posibilidad de sobreelevar, ya que se permiten tres plantas en la zona de ordenación urbanística.

SUPUESTO PRÁCTICO NÚM 2

Se pretende la expropiación de una parcela libre de edificación, clasificada como urbana y calificada como equipamiento integrante de la red secundaria de dotaciones [QM-1] por el plan general de un municipio del área metropolitana de Valencia.

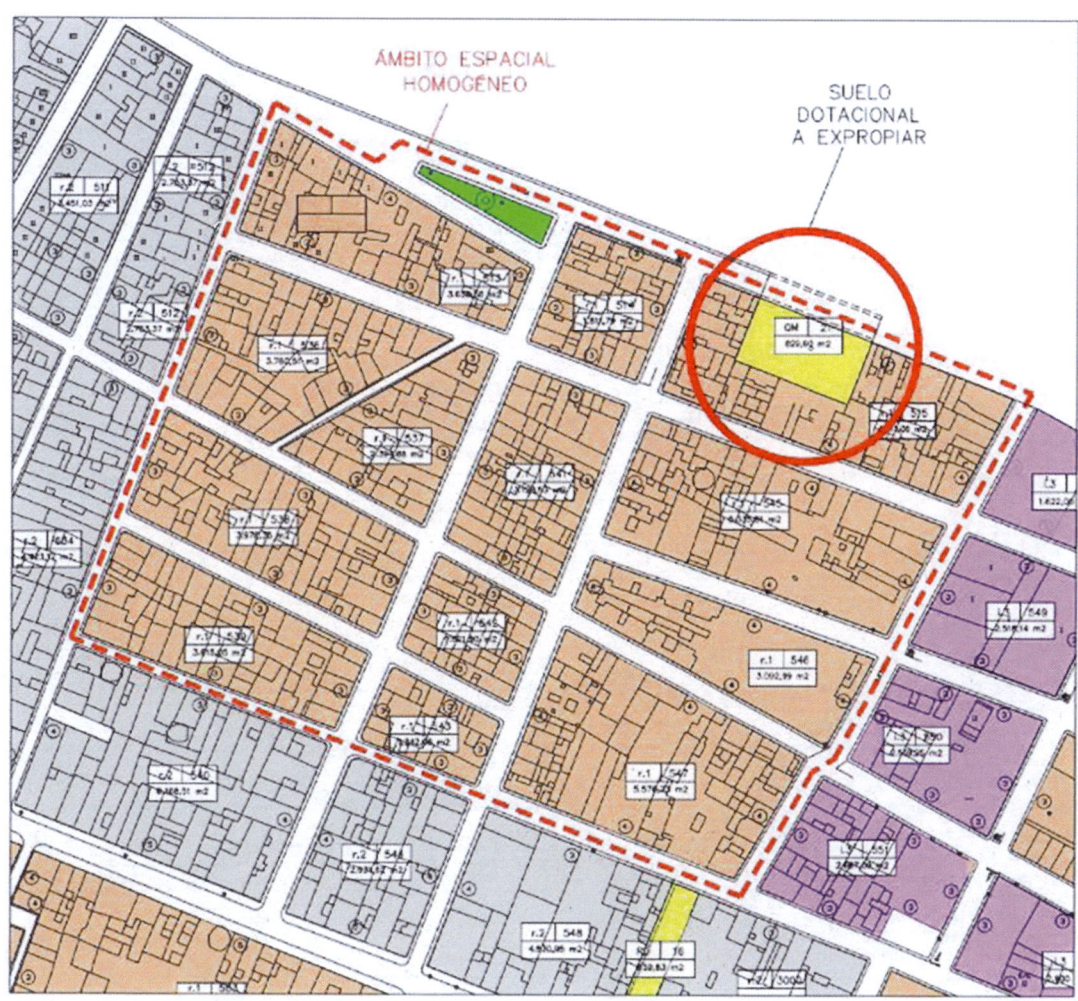

El entorno en el que se encuentra presenta uso residencial en planta baja y en las plantas altas, con ocupación total en planta en todas ellas, con las siguientes edificabilidades:

SUPERFICIES Y EDIFICABILIDADES DEL ÁMBITO ESPACIAL HOMOGÉNEO				
MANZANA	SUPERFICIE	Nº PLANTAS	EDIFICABILIDAD PB	EDIFICABILIDAD PLANTAS ALTAS
513	5.635,58	3	5.635,58	11.271,16
514	1.811,79	3	1.811,79	3.623,58
515	4.311,79	4	4.311,79	12.935,37
536	3.760,51	3	3.760,51	7.521,02
537	2.397,88	3	2.397,88	4.795,76
538	3.978,35	3	3.978,35	7.956,70
539	3.605,05	3	3.605,05	7.210,10
541	3.128,53	3	3.128,53	6.257,06
542	1.621,90	3	1.621,90	3.243,80
543	1.242,06	3	1.242,06	2.484,12
545	5.335,81	4	5.335,81	16.007,43
546	3.092,99	4	3.092,99	9.278,97
547	5.576,73	4	5.576,73	16.730,19
		TOTAL	45.498,97	109.315,26
EDIFICABILIDAD TOTAL (m2t)				154.814,23
SUPERFICIE LUCRATIVA (m2s)				45.498,97
SUPERFICIE DOTACIONAL (m2s)				15.945,98

Para poder obtener la condición de solar y poder desarrollar en él la edificabilidad prevista, se debe urbanizar el frente de la parcela, contando las dos aceras de 1,50 m de anchura y la calzada de 7,00 m de ancho, como se ve a continuación.

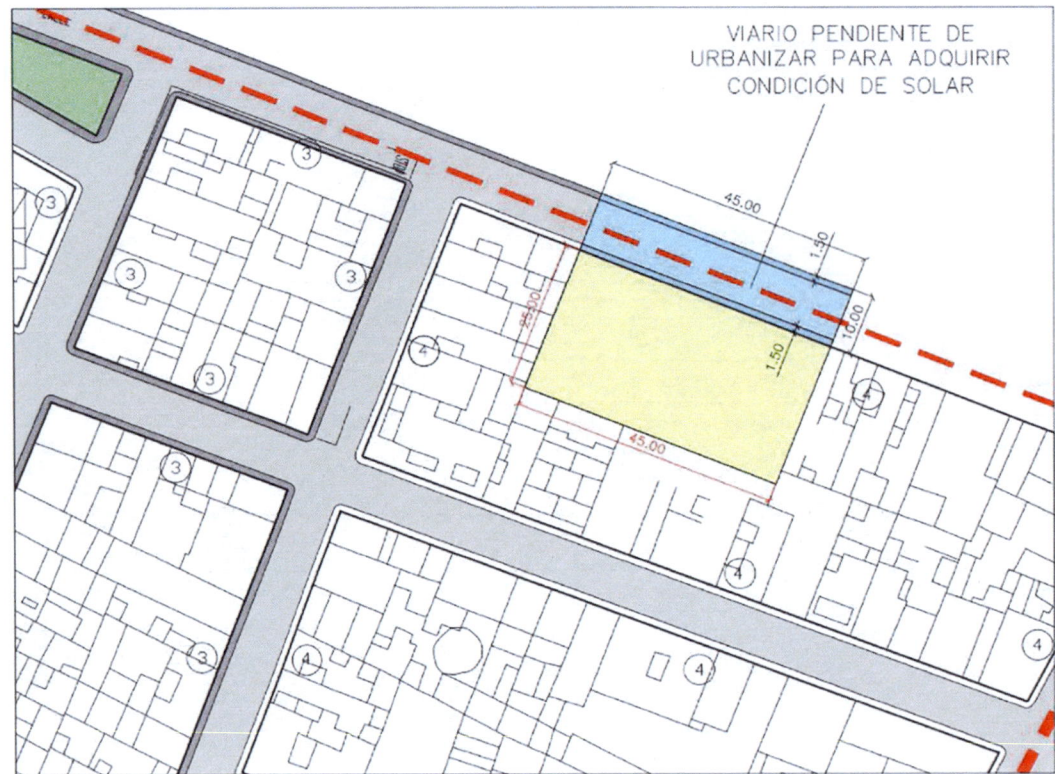

Se aportan los siguientes datos adicionales:

- Superficie del solar Ss = 1125,00 m^2
- Tasa libre de riesgo en tanto por uno TLR = 0,00401

El resto de parámetros que considere necesarios para el cálculo deberán ser establecidos para la resolución del ejercicio.

A la vista de estos datos, se pide que <u>calcule el valor de expropiación de la referida parcela.</u>

RESOLUCIÓN

Puesto que el objeto de la valoración es calcular el valor de expropiación, según el art. 34.1.b TRLS, la valoración se rige por este texto legal y, como se trata de suelo urbanizado sin edificar, tendremos en cuenta lo establecido en el art. 37.1. Al constituir una parcela que no tiene atribuido uso privado, el enunciado facilita datos para que calculemos la edificabilidad media, siendo el uso mayoritario del ámbito espacial homogéneo cierto tipo de residencial, de hecho, el único uso. El art. 21 RVLS establece la fórmula

$$EM = \frac{\sum \dfrac{E_i \cdot S_i \cdot VRS_i}{VRS_r}}{SA - SD}$$

No obstante, como todas las manzanas son del mismo uso, es decir, que no hay diferentes VRS, la fórmula se simplifica y la EM es como calcular el IEN:

Por lo que la edificabilidad de la parcela es:

$$E = 3{,}40 \times 1125 = 3825 \ m^2t,$$

No nos facilitan el VRS del uso residencial del ámbito ni tampoco los elementos para calcularlo, así que adoptaremos discrecionalmente el valor de 200 €/m^{2}t.

Por tanto:
$$VS = 200 \times 3825 = 765\ 000 \ €$$

Pero debemos descontar las cargas de urbanización (G), según la fórmula del art. 22.3:

$$Vso = VS - G\ (1 + TLR + PR)$$

Estimamos G = 40 €/m^2, por lo que el total es 40 × (45 × 10) = 18 000 €.
El enunciado nos facilita la TRL (0,00401) y obtenemos PR del anexo IV del RVLS, teniendo en cuenta que se trata de uso residencial de primera residencia (PR = 0,008).

Así pues:
$$Vso = 765\ 000 - 18\ 000\ (1 + 0{,}00401 + 0{,}008) = 746\ 783{,}82 \ €$$

Finalmente, cabe añadir el 5 % en concepto de premio de afección que establece la LEF:

$$Valor\ de\ expropiación = 746\ 783{,}82 \times 1{,}05 = \mathbf{784\ 123{,}01 \ €}$$

Administración	**AYUNTAMIENTO DE CARLET**
Tipo de plaza	FUNCIONARIO DE INTERINO
Año de convocatoria	2021
Observaciones	

CAS PRÀCTIC 1

L'Ajuntament de Carlet inicia, en data 15 de juliol de 2021, el procediment de contractació corresponent a la reforma del Centre Cultural Municipal. De conformitat amb el plec de clàusules del contracte d'obres, el pressupost base de licitació ascendeix a 2 250 000 €, el procediment establit com a forma de selecció del contractista serà obert simplificat i l'oferta econòmica s'estableix com a únic criteri d'adjudicació.

A l'efecte de la detecció de les ofertes anormalment baixes, el plec de clàusules administratives realitza una remissió expressa i en bloc al que es preveu en l'art. 85 RD 1098/2001, de 12 d'octubre, pel qual s'aprova el Reglament de Contractes (RGLCAP).

En el termini concedit per a la presentació de proposicions, s'ha presentat la següent relació d'empreses, amb les ofertes següents:

EMPRESA A	2 000 000 €
EMPRESA B	1 950 000 €
EMPRESA C	2 100 000 €
EMPRESA D	1 750 000 €
EMPRESA E	1 825 000 €
EMPRESA F	1 675 000 €
EMPRESA G	2 150 000 €

QÜESTIONS

1) Determinar si alguna de les empreses aspirants incorre en supòsit d'oferta anormalment baixa. Realitzar els càlculs i justificar raonadament. (màx. 5 punts)

2) Assenyalar i justificar raonadament quina ha de ser l'empresa adjudicatària i en quines condicions. (màx. 5 punts)

RESOLUCIÓN

Dentro del art. 85 RGLCAP, procede fijarnos en su punto 4, o sea, al caso en que concurren cuatro o más licitadores:

> Media aritmética de las ofertas presentadas = 1 921 428,57 €
> 10 % superior a la media = 1 921 428,57 + 192 142,86 = 2 113 571,43 €
> Ofertas superiores al 10 % de la media: EMPRESA G
> Nueva media aritmética descartando la G: 1 883 333,33 €
> 10 % inferior a la nueva media = 1 883 333,33 − 188 333,33 = 1 695 000 €
> Ofertas inferiores al 10 % de la media: EMPRESA F

Cabe excluir la EMPRESA F y, de entre las que quedan, la del precio más bajo y, por tanto, adjudicataria es la EMPRESA D.

CAS PRÀCTIC 2

En el terme municipal de Carlet hi ha una parcel·la de 500 m² de superfície, amb una edificació antiga desenvolupada en 2 plantes, de 200 m² cadascuna, en un estat d'abandó total, però sense amenaça per a la seua integritat estructural.

L'Ajuntament necessita conéixer si està en situació legal de ruïna i sol·licita al seu servei d'Urbanisme que es facen les comprovacions oportunes, després de les quals s'ha d'emetre el pertinent informe per a, si escau, procedir a la declaració de ruïna.

Després d'una visita a l'immoble per part de l'arquitecte/a municipal, estudi del seu estat i realització de les valoracions tècniques, el servei d'Urbanisme arriba a la conclusió que el cost de les reparacions necessàries per a retornar a l'immoble les adequades mesures de seguretat, salubritat, etc., ascendeixen a la quantitat total de 100 000 euros.

Altres dades:

- Mòdul de la construcció d'aplicació, per a la tipologia, ús i situació de referència (pressupost d'execució material (PEM), segons COACV): 700 €/m²t.
- Els costos de producció d'una nova construcció suposen un 14% sobre el PEM.
- Atesa l'edat de l'edifici es considera un coeficient de depreciació per antiguitat de 0,85 (RD 1020/93, normes tècniques de valoració cadastral).
- No hi ha dades de costos d'últimes reparacions efectuades en compliment del deure normal de conservació.

Tots els preus indicats són sense IVA.

QÜESTIONS

1. Verificar, per a l'informe corresponent, si l'immoble es troba en situació legal de ruïna. (màx. 5 punts)
2. Quins són els efectes derivats de la declaració de ruïna d'un edifici? (màx. 5 punts)

RESOLUCIÓN

El enunciado indica que no hay datos de coste de las últimas reparaciones en cumplimiento del deber normal de conservación, así que la comprobación se restringe al supuesto general del art. 202.1 TRLOTUP, es decir, si el coste de las obras (100 000 €) supera el límite del deber normal de conservación, el cual se define en el art. 191.3: la mitad del valor de una construcción de nueva planta, con similares características e igual superficie útil que la preexistente, realizada con las condiciones imprescindibles para autorizar su ocupación.

Como no se trata de calcular el valor del suelo, sino el de la construcción, el dato de la superficie de parcela es superfluo. La edificabilidad actual de la edificación es de 200 × 2 = 400 m²t.

El dato sobre los costes de producción es confuso porque, *a priori*, no se sabe a qué se refiere. Solo existe referencia normativa, y aislada, en el punto 2 de la norma 20 RD 1020/1993, que, en principio, parece que equivale a los gastos generales, y así lo consideraremos porque el porcentaje encaja. En cualquier caso, aquí el candidato, como siempre decimos, tiene que justificar su elección. Así pues, considerando el beneficio industrial como un 6 % del PEM y el resto de costes como un 20 % del PEM, tenemos que el coste total es:

$$\text{Vc} = \text{PEM} \times 1{,}40 = 700 \times 1{,}40 = 980\ \text{€/m}^2\text{t}$$

Como, según el precitado art. 191.3, el valor que hay que calcular es de una construcción de nueva planta, no cabe aplicar el coeficiente de antigüedad que facilita el enunciado.

Por tanto, el coste total de la construcción es de $980 \times 200 = 196\,000$ €, cuya mitad es 98 000 €.

Como el coste de las obras supera el límite del deber normal de conservación, procede declarar la ruina del edificio y, en virtud del art. 202.5, determina la obligación para el propietario de rehabilitarlo o demolerlo, a su elección.

CAS PRÀCTIC 3

Es presenta una sol·licitud a l'Ajuntament de Carlet d'informe urbanístic municipal per a la instal·lació d'una activitat de supermercat en un edifici existent en sòl urbà no contemplant la seua demolició, sinó que es pretén reformar interiorment per al compliment de la normativa tècnica que li és aplicable.

La sol·licitud es fa amb caràcter previ a l'autorització ambiental i urbanística que li siga preceptiva.

El citat edifici envaeix parcialment el vial, afectant les alineacions del Pla General; el Pla General no indica expressament cap compatibilitat.

L'edifici era un antic magatzem de taronja, que actualment està sense ús i sobre el qual se sol·licita:

Indicar els apartats que ha de contindre l'informe. (màx. 3 punts)
Informar sobre la seua compatibilitat, justificadament. (màx. 6 punts)

NOTA: EL PUNT QUE RESTA FINS A COMPLETAR ELS 30 PUNTS ES DESTINARÀ A PUNTUAR LA CLAREDAT EN L'ESCRIPTURA, EXPRESSIÓ O REDACCIÓ DE LES RESPOSTES

RESOLUCIÓN

En primer lugar, cabe decir que el informe urbanístico a que se refiere el enunciado es el de compatibilidad urbanística, cuya solicitud es obligatoria y previa a cualquier instrumento de intervención (art. 22 Ley 6/2014). El dato del enunciado de que el plan general no indica expresamente ninguna compatibilidad cabe entenderlo como que aquel no prevé un régimen transitorio para las situaciones de fuera de ordenación, por lo que solo podemos aplicar el art. 206 TRLOTUP.

Ante la ausencia de tal regulación, tanto el aspirante como el técnico municipal —si se tratara de un caso real— tiene que justificar si la ocupación parcial de viario implica que se encuentra en el supuesto del art. 206.2.a, esto es, considerarse en fuera de ordenación, o solamente en el supuesto del art. 206.3, es decir, considerar que no es plenamente compatible con las determinaciones del planeamiento.

Una interpretación extrema del art. 206.2 es que cualquier ocupación de viario público, siquiera parcial, supone para la edificación encontrarse en fuera de ordenación, con lo que en cualquier punto de la misma solo se permiten obras de mera conservación. Una interpretación opuesta es que el mencionado art. 206.2 está destinado a las edificaciones que se ubican totalmente, o casi en su totalidad, en espacio público, por lo que solo se consideran no plenamente compatibles con el planeamiento y se permite su reforma y mejora, así como cambios de actividad, mientras no acentúen la inadecuación a aquel. Aun existiría una tercera interpretación, digamos intermedia, la de que solo la superficie que ocupa el viario está en fuera de ordenación, por lo que habría un trato más restrictivo para el volumen que se ubica sobre el espacio público. Nuestro criterio es que no se puede condenar la viabilidad de ciertas obras y actividad en todo el edificio porque este ocupe parcialmente viario público, por lo que aplicaríamos el art. 206.3. Otra cosa es que el promotor pretendiera sustituir la fachada, por ejemplo, en cuyo caso sí que procedería obligarlo a retranquearse hasta la alineación.

Administración	**AYUNTAMIENTO DE L'OLLERIA**
Tipo de plaza	FUNCIONARIO INTERINO
Año de convocatoria	2021
Observaciones	El enunciado del supuesto 1 es idéntico al del Ayuntamiento de Picanya (pág. 268), con la diferencia de que, de las 5 preguntas de que de compone aquel, el de l'Olleria solo incluye las dos primeras, por lo que es innecesario reproducirlo de nuevo aquí. Supuesto 3 muy parecido al supuesto 2 del Ayuntamiento de Onil.

SUPUESTO PRÁCTICO 2

Un particular adquiere una vivienda de 80 m² situada en suelo no urbanizable común. Interesado en realizar obras de reforma interior (cambio de distribución, cambio de ventanas, mejora de los pavimentos, etc.), el particular se dirige al ayuntamiento para informarse del procedimiento a seguir. Revisados los archivos municipales, se comprueba que la vivienda se realizó con licencia en el año 1985. Con la entrada en vigor del PGOU municipal, se actualizaron los requisitos urbanísticos edificatorios en el SNU, equiparándolos al TR-LOTUP. La parcela tiene actualmente una superficie de 6000 m^2 y la vivienda no cumple el retranqueo a lindes establecido por el PGOU.

En base a los antecedentes, conteste razonadamente a las siguientes cuestiones:

1. En caso de ser viable ¿en qué tipo de autorización se ampararían las obras a realizar?

2. ¿Podrían autorizarse las obras? ¿Por qué?

3. Con el paso del tiempo, un cuarto anexo a la vivienda ejecutado también con licencia se encuentra en estado ruinoso. ¿Podría autorizarse su reconstrucción?

RESOLUCIÓN

El enunciado no expone el régimen que el plan general establece para las edificaciones en fuera de ordenación, por lo que, en su defecto, solo tenemos el art. 206 TRLOTUP. En este sentido, no podemos considerar que esta edificación se encuentre en ninguno de los dos supuestos que el art. 206 establece para otorgar la condición de fuera de ordenación (ocupar el viario público o un espacio libre) y quizás encajaría más en el caso del punto 3, es decir, edificaciones que no son plenamente compatibles con el planeamiento, en las cuales se admiten obras de reforma y mejora que no acentúen la inadecuación al planeamiento. En el caso que nos ocupa, aunque la vivienda sea legal (porque la ampara la licencia de 1985), no es plenamente compatible con planeamiento sobrevenido, ya que incumple el retranqueo y la parcela mínima de 10 000 m^2 (que el PGOU hereda del art. 211.1.b TRLOTUP). Se estima que las obras de reforma que se pretenden llevar a cabo son autorizables, puesto que no acentúan la inadecuación al planeamiento. Nótese que, si la edificación fuera ilegal, no podrían realizarse en ella obras como el cambio de distribución, ya que sobrepasarían el objeto de preservar la seguridad, salubridad y el ornato o paisaje del entorno (art. 256).

En cuanto al tipo de autorización, la actuación encaja en el supuesto del art. 233.1.c TRLOTUP (obras de mera reforma), es decir, que está sujeta a declaración responsable; en este sentido, véase comentario sobre DRO en SNU del examen de la Diputación de Castellón de 2020 (pág. 213).

Finalmente, en lo concerniente al cuarto anexo ruinoso, cabe decir que no se podría reconstruir porque el precitado punto 3 del art. 206 prohíbe explícitamente la reconstrucción de elementos disconformes con el planeamiento.

SUPUESTO PRÁCTICO 3

En un edificio unifamiliar de tres alturas del casco urbano del municipio, se ha producido el derrumbe parcial de la cubierta, y el desplome de parte de la escalera. Según datos catastrales el edificio data de 1930 y tiene una superficie total de 150 m²c. Revisado el estado de la misma, se comprueba un grado de deterioro elevado, valorando las obras de reparación en 30 000 € de PEM.

Revisados los registros municipales, consta en el departamento de urbanismo la realización de obras de reparación en dicho inmueble, derivadas del cumplimiento de los dos últimos informes de evaluación del edificio realizados, ascendiendo dichas reparaciones a un total de 25 000 € de PEM.

Teniéndose en cuenta que el módulo básico de la edificación es de 685 €/m²c (PEM), un porcentaje de gastos generales del 13 % y un porcentaje de beneficio industrial del 6 %, se solicita:

En base a los antecedentes, conteste razonadamente a las siguientes cuestiones:

1. Indique justificadamente si procedería o no la declaración de situación legal de ruina, conforme a lo establecido en el TR-LOTUP.

2. En caso de que procediera la declaración de la situación legal de ruina, ¿a quién compete su declaración?

3. Si el inmueble está catalogado, ¿qué obligaciones comporta para el propietario del inmueble?

4. ¿Y si el inmueble no está catalogado?

RESOLUCIÓN

En este supuesto, debemos acudir a los art. 191 y 202 TRLOTUP. El primero define el límite del deber de conservación y, para su determinación, debe calcularse el valor de una construcción de nueva planta, con similares características e igual superficie útil que la preexistente. En primer lugar, cabe decir que, en principio, dentro del concepto «valor de una construcción» hay que considerar todos los costes. En primer lugar, los gastos generales y el beneficio industrial, cuyo porcentaje nos da el enunciado (19 % del PEM), pero existen también otros, como el importe de tributos que gravan la construcción, los honorarios profesionales por proyectos y dirección de obras y otros gastos necesarios para la construcción del inmueble, cuyo porcentaje respecto al PEM puede considerarse de un 20 %, por lo que el valor total sería de PEM × 1,39. Ciertamente, en este supuesto, como todos los costes nos los facilitan en PEM, se podría realizar toda la comprobación entre PEM y no variaría la conclusión de si los costes de reparación superan o no el límite del deber normal de conservación (ya que simplemente los resultados obtenidos serían proporcionales, 1,39 veces menores), pero conceptualmente no estaría bien.

Así pues, el valor de una nueva construcción sería:

$$150 \times 685 \times 1,39 = 142\ 822,50\ €$$

Según el art. 191, en este caso el límite del deber de conservación sería:

$$142\ 822,50\ € \times 0,50 = 71\ 411,25\ €$$

Ahora solo cabe comparar este límite con el coste de las obras a que se refiere el art. 202.2:

$$\text{Coste obras} = (30\ 000 + 25\ 000) \times 1,39 = 76\ 450\ €$$

Como el coste de las obras de reparación supera el límite del deber normal de conservación, procede la declaración de ruina por el ayuntamiento. Si el edificio no está catalogado, el dueño decide si rehabilitarlo o demolerlo (art. 202.5), pero, si lo está, necesariamente cabe solo la rehabilitación (art. 202.6).

Por último, ha de decirse que este supuesto es idéntico al supuesto 2 del proceso de creación de bolsa de trabajo del Ayuntamiento de Onil (pág. 293), con cambio de datos. Pero conviene mirar en dicho ejercicio el comentario sobre la relación entre el módulo básico de la edificación y el PEM.

Administración	**AYUNTAMIENTO DE MUTXAMEL**
Tipo de plaza	FUNCIONARIO INTERINO
Año de convocatoria	2021
Observaciones	

El sector A del suelo urbanizable ordenado pormenorizadamente de Mutxamel, que cuenta con evaluación ambiental, tiene una superficie de 120 000 m² con los siguientes parámetros urbanísticos:

- Aprovechamiento tipo, At = 0,25 UA/m²sb
- Índice de edificabilidad neta, IEn = 0,40 m²t/m²sn
- Uso dominante: residencial
- Coeficiente corrector para uso residencial, Ccr = 1,00
- Aprovechamiento subjetivo, As = 90 % del At

Un propietario tiene una parcela bruta dentro del sector con una superficie de 1600 m².

Preguntas:

1. Aprovechamiento urbanístico que le corresponde **(0,5 puntos)**.

2. Superficie de parcela neta que le corresponde **(1,5 puntos)**.

3. Para el caso de que no alcance la superficie mínima de parcela, fijada por el plan en 1000 m², calcular el coste del exceso de aprovechamiento teniendo en cuenta que está fijado para este sector en 200 euros por unidad de aprovechamiento: 200 €/UA **(1,5 puntos)**.

4. Si en dicho sector, se pretendiera incluir como uso compatible el comercial hasta un 20 % de la edificabilidad, explica brevemente qué trámite ambiental habría que realizar **(1,5 puntos)**.

RESOLUCIÓN

1. AS = Sup. parcela × AT × 0,90 = 1600 × 0,25 × 0,90 = **360 UA**.

2. Para calcular la parcela neta, primero obtenemos la edificabilidad, que, en este caso, es igual al aprovechamiento al ser el coeficiente corrector = 1.

$$\text{Parcela neta} = 360 / 0,40 = \textbf{900 m}^2\textbf{s}$$

3. Efectivamente, le faltan 100 m² para llegar a la parcela mínima fijada por el plan. Al adjudicarle a este propietario 100 m² de parcela respecto de lo que tiene derecho, debe pagar por dicho exceso. Estos 100 m², traducidos a edificabilidad, son 100 × 0,40 = 40 m²t, que coincide con las UA, como se ha dicho antes, por lo que el precio que se paga es 40 × 200 = **8000 €**.

4. Reproducimos la solución dada por el tribunal, el comentario entre corchetes es nuestro:

- *Procedimiento simplificado según Decreto Legislativo 1/2021, de 18 de junio, del Consell de aprobación del texto refundido de la Ley de ordenación del territorio, urbanismo y paisaje.*
- *Identificación de los órganos: Ayuntamiento*.*
- *Desarrollo del trámite: basado en el siguiente esquema.*

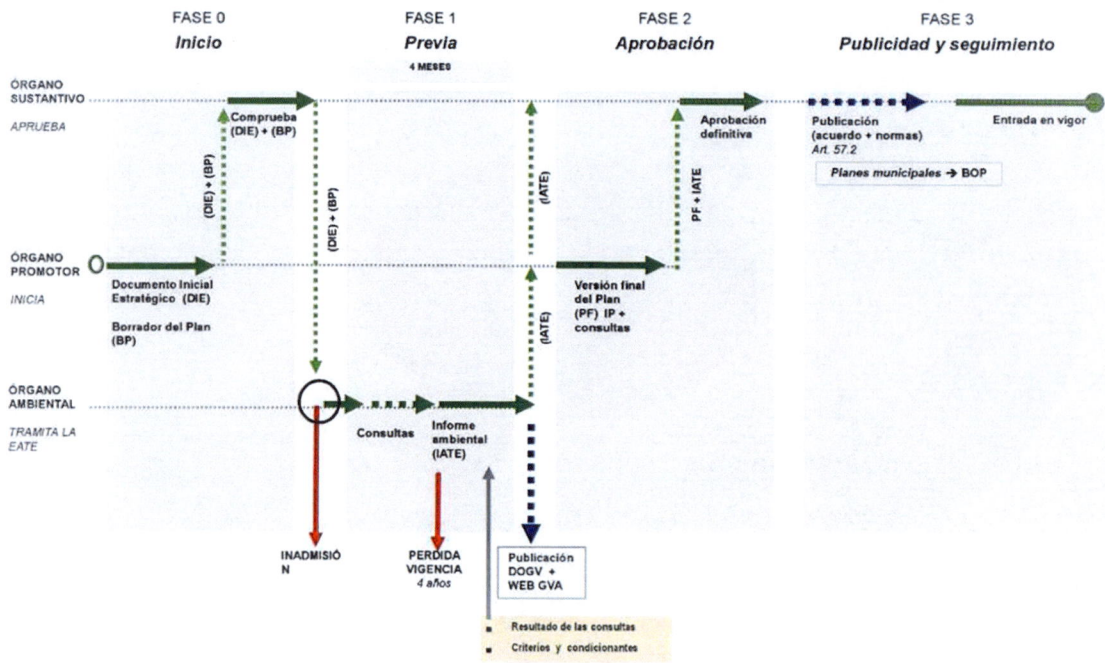

Procedimiento simplificado de elaboración y aprobación de planes
Ley de Ordenación del Territorio, Urbanismo y Paisaje (LOTUP) Título III, Capítulo III

[Existen tres tipos de órganos, como refleja el esquema, así que entendemos que el tribunal quiere decir que el ayuntamiento es tanto el órgano sustantivo como el promotor y el ambiental. Tratándose de planes de ámbito municipal, el ayuntamiento siempre es el promotor. Igualmente, es el ambiental con base en lo establecido en el art. 49.2.b TRLOTUP, ya que la inclusión como compatible del uso comercial hasta en un 20 % de la edificabilidad afecta a la OP. Por la misma razón de afectar a la OP, también es el órgano sustantivo, es decir, el que lo aprueba. Por otro lado, cabe decir que el esquema refleja la tramitación ordinaria y no la simplificada, aunque quizás esta última podría haberse considerado si la modificación se justifica como menor, según art. 46.3.a TRLOTUP. Finalmente, debe comentarse que, si bien el ayuntamiento puede considerarse como órgano en general, jurídicamente quizás habría que separar las funciones de promotor, ambiental y sustantivo en tres órganos diferentes del ayuntamiento, de los cuales parece claro que el sustantivo ha de ser el pleno.]

Administración	**AYUNTAMIENTO DE SUECA**
Tipo de plaza	FUNCIONARIO DE CARRERA
Año de convocatoria	2021
Observaciones	Ejercicio muy parecido al supuesto 2 del Ayuntamiento de Manises

El propietario de un edificio en el casco urbano pretende solicitar autorización para realizar las siguientes actuaciones:

- Ampliación de la construcción hasta colmatar la edificabilidad permitida.

- Reparación de la cubierta por problemas de estanqueidad cambiando de solución constructiva pasando de cubierta inclinada a plana.
- La reforma de una piscina ubicada en el patio en planta baja construido en el año 2013 sin licencia que incumple la normativa vigente actual (por invadir distancia a lindes).

Datos de partida:

El edificio existente consta de dos plantas y fue edificado con licencia de obras concedida en el año 1971, que permitía la construcción de tres plantas. El solar colindante se encuentra sin edificar.

El PGOU de la zona donde se ubica, fue aprobado definitivamente en fecha 16/11/2001, modificando las determinaciones en los siguientes aspectos:

- Parte del inmueble ha quedado fuera de la alineación oficial marcada por el nuevo plan general, por invadir parte del vial previsto.
- Se permite un aprovechamiento máximo de tres plantas más ático retranqueado 3 m.
- No cumple parcela mínima según las ordenanzas actuales (en las normas se exceptúa de esta obligación si dicha parcela se encuentra con colindantes consolidados por la edificación ante la imposibilidad de ampliación).
- Se encuentra ubicado en un entorno de BIC sin plan especial aprobado, aunque el edificio no está catalogado.

PREGUNTAS

1.- ¿Se puede autorizar las obras de ampliación sobre la edificación existente? ¿Y obras de reparación y cambio de solución constructiva de la cubierta? (2 ptos)

2.- Si finalmente decide ampliar la edificación ajustándose a las alineaciones que marca el nuevo plan general, ¿qué documentación deberá presentar? ¿Requiere de algún paso previo? Justifica la respuesta (4 ptos)

3.- En el caso de tener que hacer obras de urbanización, ¿cuándo se pueden entender recibidas dichas obras? (2 ptos)

4.- ¿Qué requisitos y documentación sería necesario para que el ayuntamiento autorice la actuación en caso de querer demoler la edificación existente y ejecutar una obra de nueva planta? (5 ptos)

5.- ¿Son autorizables las obras de reforma de la piscina que existe en el patio del edificio? Razona la respuesta (3 ptos)

6.- ¿Es posible solicitar exclusivamente el derribo de la edificación existente? (2 ptos)

RESOLUCIÓN

Enunciado de redacción muy parecida a la del supuesto 2 del proceso llevado a cabo por el Ayuntamiento de Manises. En cuanto a la colmatación de la edificabilidad, vale lo dicho en el supuesto de Manises, es decir, que no podría permitirse por manifiesta incompatibilidad con el planeamiento actual. Plantea más dudas la reforma de la cubierta: la conversión de cubierta inclinada a plana sobrepasa la mera conservación de que habla el art. 206.1 y 2 TR-LOTUP, ya que constituye una reforma, que sí que admite el punto 3 de dicho artículo para los edificios que, sin estar en fuera de ordenación, no son plenamente compatibles con las determinaciones del planeamiento. Por tanto, la cuestión que debe motivar el candidato es si esa ocupación parcial del viario supone o no incurrir en el art. 206.2.a, lo cual es interpretable ante la ausencia de regulación más detallada del planeamiento.

En lo relativo a las obras de urbanización, estas se entienden recibidas cuando haya un acto formal de recepción, mediando acta que suscriben, al menos, el constructor y el representante de la administración, normalmente un técnico.

La pregunta 4 de este supuesto encuentra respuesta en el comentario a las preguntas 5 y 6 del ejercicio de Manises. Es bastante análoga la situación patrimonial de la edificación en un supuesto y en otro. En el presente es aún más evidente que la actuación requiere de la autorización de la conselleria, ya que el enunciado dice explícitamente que el BIC no cuenta con PEP. En cuanto a la edificación sustitutoria, el art. 39.3.c Ley 4/1998 establece que «será también de aplicación para la elaboración de los planes especiales de protección de monumentos, jardines históricos y, en su caso, espacios etnológicos y sus entornos, la regulación arbitrada para conjuntos históricos en el apartado 2 de este artículo, exceptuando lo regulado en los epígrafes b y p del mismo». Pues bien, en el epígrafe f se prescribe que «se garantizará la edificación sustitutoria en los derribos de inmuebles, condicionándose la concesión de la licencia de derribo a la valoración del correspondiente proyecto de edificación».

La respuesta a la pregunta sobre la reforma de la piscina es idéntica a la del caso del trastero del ejercicio de Manises: no es posible. Igualmente, sirve lo explicado en aquel supuesto para la pregunta sobre la demolición.

Administración	**AYUNTAMIENTO DE ONIL**
Tipo de plaza	FUNCIONARIO INTERINO
Año de convocatoria	2021
Observaciones	Supuesto 2 muy parecido al supuesto 3 del Ayuntamiento de l'Olleria

SUPUESTO 1 (hasta 2,5 puntos)

En unas obras de rehabilitación de un centro escolar, se quieren contratar las obras, con los siguientes datos:

DEMOLICIONES	7575,75 €
SUSTITUCIÓN DE CARPINTERÍAS	168 750,75 €
REVESTIMIENTOS	9113,00 €
ALBAÑILERÍA	30 233,17 €
INSTALACIÓN ELÉCTRICA	61 167,04 €
INSTALACIÓN DE CLIMATIZACIÓN	90 559,65 €
INSTALACIÓN DE ASCENSOR	23 551,87 €
URBANIZACIÓN	66 053,33 €
GESTIÓN DE RESIDUOS	5636,93 €
SEGURIDAD Y SALUD	7837,34 €
PRESUPUESTO DE EJECUCIÓN MATERIAL	470 478,83 €

Existe una especialidad en los trabajos de instalación de la climatización.

1.- Indique motivadamente el valor estimado del contrato de obras y el presupuesto base de licitación.

2.- Indique el procedimiento de licitación que considere procedente.

3.- Indique si resulta exigible o no la clasificación del contratista. En todo caso, indique la clasificación y subgrupo al que pertenecería.

4.- Indique la cuantía máxima de incremento de mediciones que se podrían realizar sin suponer una modificación de contrato.

RESOLUCIÓN

1. El VE en un contrato de obras lo constituye el importe total sin incluir IVA (art. 101.b LCSP), y el importe total es el descrito en el art. 101.2. En este caso, al no mencionar nada el enunciado sobre prórrogas o modificaciones previstas por el PEP, no las tendremos en cuenta y, en consecuencia, el importe total se reduce a añadir al PEM el beneficio industrial (6 %, según art. 131.1.b RGLCAP) y los gastos generales de estructura (se adopta el 13 %, dentro de la horquilla indicada en el art. 131.1.a), lo cual asciende a un 19 %, por lo que, en este caso, coincide con el PEC:

$$VE = 470\,478,83 \times 1,19 = \mathbf{559\,869,81\ €}$$

Por su parte, el PBL, en general, es el PEC + IVA (art. 100.1):

$$PBL = PEC \times 1,21 = 559\,869,81 \times 1,21 = \mathbf{677\,442,47\ €}$$

2. Puede llevarse a cabo mediante el procedimiento abierto simplificado (art. 159), ya que el VE no supera los 2 000 000 €.

3. La clasificación del empresario es requisito indispensable al ser el VE superior a 500 000 € (art. 77.1.a). Para la exigencia del subgrupo, y como no todas las partidas se engloban en el grupo C, Edificación, nos remitimos al art. 36.4 RGLCAP:

> Cuando las obras presenten partes fundamentalmente diferenciadas que cada una de ellas corresponda a tipos de obra de distinto subgrupo, será exigida la clasificación en todos ellos con la misma limitación señalada en el apartado 2, en cuanto a su número y con la posibilidad de proceder como se indica en el apartado 3.

Y la limitación del apartado 2:

> Cuando en el caso anterior, las obras presenten singularidades no normales o generales a las de su clase y sí, en cambio, asimilables a tipos de obras correspondientes a otros subgrupos diferentes del principal, la exigencia de clasificación se extenderá también a estos subgrupos con las limitaciones siguientes:
> a) El número de subgrupos exigibles, salvo casos excepcionales, no podrá ser superior a cuatro.
> b) El importe de la obra parcial que por su singularidad dé lugar a la exigencia de clasificación en el subgrupo correspondiente deberá ser superior al 20 por 100 del precio total del contrato, salvo casos excepcionales.

Entendemos que el tribunal ha querido destacar como obra singular los trabajos de instalación de climatización, para el cual se exigirá su clasificación si supera el 20 % del precio total, el cual cabe considerar que es el total del PEM en este caso, ya que, por lógica, no se puede comparar el PEM de una partida con el VE, por ejemplo. La partida de instalación de climatización supone el 19,25 % del PEM, por lo que, al no llegar al 20 %, no es exigible la clasificación en el subgrupo correspondiente. Como la partida de sustitución de carpinterías es con diferencia la que tiene más peso en el PEM, creemos que es suficiente con exigir la clasificación en el subgrupo 8 y/o 9 del grupo C, carpintería de madera y carpintería metálica respectivamente, según de qué material sea.

4. Esta pregunta se encuentra vinculada a lo estipulado en el art. 242.4.c.i, es decir, «[...] no tendrán la consideración de modificaciones [...] El exceso de mediciones [...] siempre que en global no representen un incremento del gasto superior al 10 por ciento del precio del contrato inicial». Aquí lo más importante es tener claro que cuando la ley habla de «precio del contrato inicial» se refiere al presupuesto de adjudicación. En este sentido, también es sinónimo de presupuesto de adjudicación el precio global de que habla el epígrafe ii de la letra c. En cambio, el presupuesto primitivo del mismo epígrafe es igual al presupuesto de licitación. En cualquier caso, el 10 % del presupuesto de adjudicación supondría la cuantía máxima de incremento de mediciones y la contestación correcta a la pregunta, sin embargo, el enunciado no facilita el importe del presupuesto de adjudicación. Parece ser que un candidato puso de manifiesto esta circunstancia al tribunal y este dictaminó que el porcentaje se calculara sobre el PBL.

SUPUESTO 2 (hasta 2,5 puntos)

El pasado viernes, en un edificio de tres plantas del casco urbano de la localidad, se ha producido el derrumbe de la cubierta, y el desplome de uno de sus forjados. Según datos catastrales el edificio data de 1920 y tiene una superficie de 200 m²c. Revisado el estado de la misma, se comprueba un grado de deterioro elevado, valorando las obras de reparación en 40 000 € de PEM.

Revisados los registros municipales, consta en el departamento de urbanismo la realización de obras de reparación en dicho inmueble, derivadas del cumplimiento de los dos últimos informes de evaluación del edificio realizados, ascendiendo dichas reparaciones a un total de 35 000 €.

Teniéndose en cuenta que el módulo básico de la edificación es de 685 €/m²c, un porcentaje de gastos generales del 13 % y un porcentaje de beneficio industrial del 6 %, se solicita:

En base a los antecedentes:

1. Indique justificadamente si procedería o no la declaración de situación legal de ruina, conforme a lo establecido en el TR-LOTUP.

2. En caso de que procediera la declaración de la situación legal de ruina, ¿a quién compete su declaración?

3. Si el inmueble está catalogado, ¿qué obligaciones comporta para el propietario del inmueble?

4. ¿Y si el inmueble no está catalogado?

RESOLUCIÓN

Este supuesto es casi idéntico al ejercicio 3 del proceso de creación de bolsa de trabajo del Ayuntamiento de l'Olleria, pero con cambio de datos.

El valor de una nueva construcción sería:

$$200 \times 685 \times 1,39 = 190\ 430\ €$$

Por lo que el límite del deber de conservación es:

$$190\ 430\ € \times 0,50 = 95\ 215\ €$$

El coste de las obras a que se refiere el art. 202.2 es de:

$$\text{Coste obras} = (40\ 000 + 35\ 000) \times 1,39 = 104\ 250\ €$$

Como el coste de las obras de reparación supera el límite del deber normal de conservación, procede la declaración de ruina por el ayuntamiento. Si el edificio no está catalogado, el dueño decide si rehabilitarlo o demolerlo (art. 202.5), pero, si lo está, necesariamente cabe solo la rehabilitación (art. 202.6).

No obstante, hay un par de matices diferentes entre los enunciados de sendos supuestos. En el que nos ocupa aquí, el tribunal no ha indicado que los 35 000 € derivados de los dos últimos informes de evaluación del edificio sea PEM, pero, con independencia de que se pueda preguntar al tribunal esta duda en el examen, parece lógico considerarlo así porque en el valor de las obras de reparación señaladas en el párrafo anterior del enunciado se especifica que es el PEM.

Más intríngulis tiene la cuestión de qué incluye el módulo básico de la edificación (MBE). En el supuesto 3 del examen de l'Olleria sí que especificaba que el MBE era el PEM. Realmente no existe definición del MBE en ninguna norma, ya que es un dato que establece el Instituto Valenciano de la Edificación y que es equivalente al PEM.

Administración	**AYUNTAMIENTO DE PILAR DE LA HORADADA**
Tipo de plaza	FUNCIONARIO DE INTERINO
Año de convocatoria	2021
Observaciones	

Los propietarios de la parcela catastral A, de 10 000 m², están interesados en vender parte de su propiedad para rentabilizar su patrimonio. Consultada la ordenación urbanística del municipio, se ha comprobado que 7000 m² están incluidos en la Zona ZND-RE1, sector de suelo urbanizable de uso residencial, pendiente de desarrollo y cuya programación no se ha iniciado; y que los 3000 m² restantes están clasificados como suelo urbano, estando calificados mayoritariamente como parcela edificable incluida en la zona de ordenación ZUR-RE3, en la tipología de edificación aislada (AIS), contando con una pequeña porción de terreno calificada como red viaria (CV). Toda la superficie clasificada como suelo urbano está incluida a su vez en el área de reparto EA1, cuyo aprovechamiento tipo es de 0,80 m²t/m²s.

En la parcela existe un edificio de planta baja y 2 plantas piso de uso residencial, de 200 m² por planta, que los propietarios del inmueble quieren conservar.

Los datos generales del Sector ZND-RE1 y de la Zona de Ordenación ZUR-RE3/AIS son los siguientes:

Sector ZND-RE1

Uso: residencial
Área de reparto: 70 000 m²
Aprovechamiento tipo: 2,00 m²t/m²s

Zona ZUR-RE3/AIS

Sistema de ordenación: edificación aislada (AIS)
Tipología: bloque exento
Parcela mínima: 600 m²
Frente mínimo de parcela: 20 m
Retranqueo mínimo lindero: 5 m
Retranqueo mínimo a frente de parcela: 10 m
Ocupación máxima permitida: 25%
N.º de plantas: según planos de ordenación (PB+3)
Índice de Edificabilidad Neta: 1,00 m²t/m²s

Área de Reparto: EA1
Aprovechamiento tipo AR-EA1: 0,8 m²t/m²s

A la vista del croquis anexo y de los parámetros urbanísticos señalados, responda a las siguientes cuestiones:

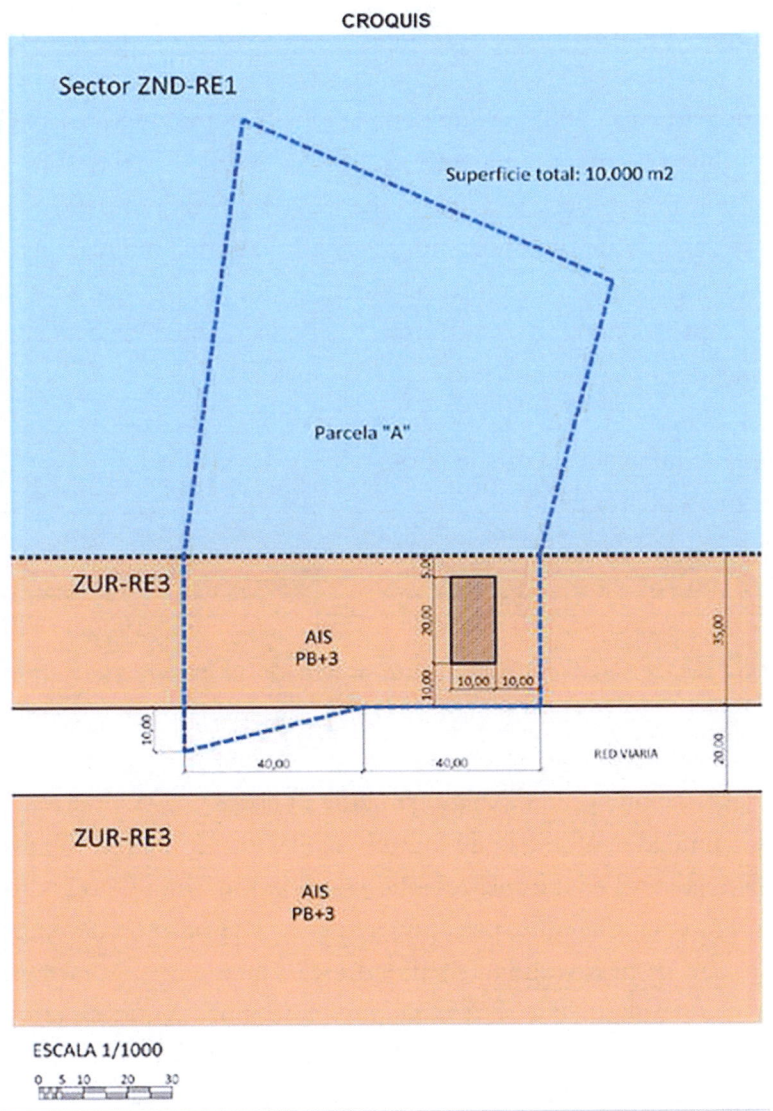

ESCALA 1/1000

PREGUNTAS

1.- a) ¿Podrían segregarse los terrenos clasificados como suelo urbanizable del resto?
(Puntuación máxima 5 puntos.)

b) ¿Qué superficie máxima de terrenos clasificados como suelo urbano podría enajenar el propietario si quisiera mantener la edificación existente en parcela independiente, tomando en consideración los parámetros urbanísticos establecidos?
(Puntuación máxima 5 puntos.)

2.- Sobre la parcela de suelo urbano segregada y enajenada del anterior apartado, ¿qué condicionantes existen para edificar sobre la misma, teniendo en cuenta que una porción se encuentra calificada como viario y que se encuentra sin urbanizar?
(Puntuación máxima 10 puntos.)

3.- a) ¿Cuál sería la estimación del aprovechamiento subjetivo que le correspondería a los propietarios de la parte de la parcela clasificada como suelo urbanizable? Comente posibles aspectos a considerar en el cálculo solicitado.
(Puntuación máxima 5 puntos.)

b) Sobre la parte de parcela (7000 m^2) que tiene la clasificación de SUELO URBANIZABLE, se plantea la posibilidad de ubicar una actividad de COMPRAVENTA DE VEHÍCULOS AL AIRE LIBRE, en tanto no se desarrolle el sector, cuyos únicos requisitos son el desbroce del terreno, un vallado sencillo de malla de simple torsión con una puerta y la instalación de una pequeña caseta prefabricada de oficina para el encargado, para lo que se necesita una acometida eléctrica y su correspondiente aseo químico. ¿Podría concederse licencia o autorización urbanística para instalar lo solicitado?

Razone y fundamente la respuesta que le daría.
(Puntuación máxima 5 puntos)

RESOLUCIÓN

1. a) En la práctica un SUB sin programación aprobada se puede equiparar al SNU. En este sentido, el art. 226.1.c TRLOTUP dispone que «En las divisiones y segregaciones de terrenos, no podrán efectuarse fraccionamientos en contra de las determinaciones del planeamiento aplicable y de la legislación agraria», análogamente el art. 249.2. La normativa que determina la extensión de las unidades mínimas de cultivo es el Decreto 217/1999, de 9 de noviembre, del Gobierno Valenciano, el cual establece que la unidad mínima de regadío es de 0,5 ha y la de secano 2,5 ha. Esto significa que, para poder segregar la porción de parcela en ZND-RE1, los propietarios deben justificar que la finalidad está vinculada a la explotación agraria (art. 249.4.b) y, más concretamente, que se destina a regadío, puesto que supera la media hectárea, pero no llega a las 2,5. Este razonamiento vale si tomamos literalmente el sentido del TRLO-TUP. No obstante, en las leyes precedentes se establecía expresamente que sí se admitía la se-

gregación cuando parte de la parcela tenía una clasificación y, parte, otra. En este sentido, existe un informe no vinculante de 2014 del director general de Evaluación Ambiental y Territorial que concluye que «está implícito en el sistema que siempre va a ser posible una segregación de una finca para separar y diferenciar las partes que tienen distinta clasificación» y que «en definitiva, considera que el silencio de la LOTUP no significa que desaparezca esa posibilidad, ya que ese supuesto está implícito en el sistema de parcelaciones [...]». Según esto, los terrenos de SUB sí que podrían segregarse.

b) En atención al art. 248 TROLUP, no se puede dividir una parcela en otras resultantes si alguna es inferior a la parcela mínima establecida en el planeamiento, ni inferior a la superficie resultante de una relación entre superficie de suelo y volumen (esta parte alude al IEN). La superficie mínima de parcela para ZUR-RE3 es 600 m^2. No obstante, también debemos cerciorarnos de que, con esta superficie, no dejamos en fuera de ordenación a la edificación existente, es decir, que la superficie de parcela a que está vinculada la edificabilidad existente a través del IEN no sea mayor. La edificabilidad de la vivienda existente es de 200 × 3 (núm. de plantas) = 600 m^{2}t.

Como el IEN es 1,00 m^{2}t/m^{2}s, la superficie de parcela vinculada a la edificación existente es de 600 / 1,00 = 600 m^{2}s. Por tanto, por el IEN, la parcela vinculada a la edificación existente sería de 600 m^{2}s, pero falta comprobar que no se deje parcialmente en fuera de ordenación a aquella por incumplimiento de retranqueos a linderos. Así, se observa que si ubicamos el linde izquierdo a 5 m de la vivienda (retranqueo establecido para la zona), las dimensiones de la parcela necesariamente son 25 m × 35 m, esto es, una superficie de 875 m^{2}s, que es la que debe mantenerse. En consecuencia, se pueden enajenar 3000 − 875 = **2125 m^{2}s.**

2. Puesto que el frente de la parcela se encuentra sin urbanizar, aquella no cumple la condición jurídica de solar (art. 186.2 TRLOTUP) y, debido a esta circunstancia, no es automáticamente edificable. El art. 187.1 dispone que

> Las parcelas que no tengan la condición de solar para ser edificadas requieren su previa conversión en solar o que se garantice suficientemente su urbanización simultánea a la edificación, mediante el afianzamiento del importe íntegro del coste de las obras de urbanización necesarias y el compromiso de no utilizar la edificación hasta la conclusión de las obras de urbanización, debiendo incluir tal condición en las transmisiones de propiedad o uso del inmueble.

En consecuencia, para poder edificar, se requiere la cesión de la parte de parcela ubicada en terreno calificado como vial y que se urbanice dicha parte. El enunciado no facilita suficientes datos sobre en qué estado general se encuentra la urbanización del vial ni qué tipo de gestión hay prevista para urbanizarlo (actuación integrada, expropiaciones, etc.), pero sí que podemos comprobar si la parcela, por art. 72.4.h, 82.2 y 187.1 TRLOTUP, debe compensar excedente de aprovechamiento: basándonos en la parcela neta (o sea, descontando la porción del futuro viario), 2125 − (40 × 10) / 2 = 1925 m^{2}s, calculamos que su AO (es decir, la EN) es de 1925 × 1 = 1925 m^{2}t, mientras que el AS = sup. Parcela × AT × 1[25] = 2125 × 0,8 × 1 = 1700 m^{2}t, por lo que el excedente de aprovechamiento (AO − AS) es 225 m^{2}t.

---

[25] Ya que no se cede aprovechamiento a la administración por ser el caso general de SU.

3. a) Teniendo en cuenta la cesión a la administración del 10 % por encontrarse los terrenos en SUB (art. 82.1.a TRLOTUP):

$$AS = \text{sup. parcela} \times AT \times 0{,}90 = 7000 \times 2{,}00 \times 0{,}90 = 12\ 600\ \text{m}^2\text{t}$$

b) El art. 227.2 TRLOTUP establece que

> Tanto en los sectores de plan parcial, plan de reforma interior y unidades de ejecución, como en el suelo incluido en actuaciones aisladas, se pueden otorgar licencias para usos u obras provisionales no previstos en el plan, siempre que no dificulten su ejecución ni la desincentiven, de acuerdo con el artículo 235 de este texto refundido. […]

Y el art. 235.1:

> Se pueden otorgar licencias para usos y obras provisionales no previstos en el plan, siempre que no dificulten su ejecución ni lo desincentiven, sujetas a un plazo máximo de cinco años, en suelo urbano, ya sea en edificaciones o en parcelas sin edificar sobre las que no exista solicitud de licencia de edificación o programa de actuación aprobado o en tramitación, y en suelo urbanizable sin programación aprobada.

Como puede observarse, la concesión de la licencia, que en todo caso sería provisional, está sujeta al criterio del técnico municipal o de la corporación en cuanto al carácter provisional de las obras y de lo que pueda desincentivar o dificultar la ejecución del plan. En el caso que nos ocupa, las características apuntan a que se trata de una instalación provisional por los pocos elementos y pocas actuaciones que se necesitan para su puesta en marcha, razón por la cual estimamos que se puede otorgar la licencia.

Administración	**AYUNTAMIENTO DE PUÇOL**
Tipo de plaza	FUNCIONARIO INTERINO
Año de convocatoria	2021
Observaciones	En cursiva la respuesta dada por el tribunal y, entre corchetes, nuestros comentarios.

PREGUNTAS TEÓRICO-PRÁCTICAS

PREGUNTA 1 (6 puntos)

Indica quién es la persona/s u órgano/s competente para la emisión de los siguientes actos administrativos en un ayuntamiento.

- Resolución: *concejal/a delegado/a, alcalde/sa.*
- Certificado: *secretario/a.*
- Informe: *funcionarios/as, habilitados/as nacionales.*
- Providencia: *concejal/a, alcalde/sa.*

- Propuesta: *concejal/a, alcalde/sa, órgano de contratación, instructor/a, tribunales de selección.*
- Moción: *concejal/a, alcalde/sa, pleno.*

PREGUNTA 2 (8 puntos)

Con fecha 10 de enero de 2022, Don XXXX, presenta en el ayuntamiento una declaración responsable de unas obras consistentes en la construcción de un trastero de 10 m² de superficie construida sobre la última planta del edificio. Con fecha 10 de febrero de 2022 el presidente de la comunidad de propietarios presenta en el ayuntamiento un escrito, manifestando que las obras solicitadas son ilegales, motivado por las siguientes razones:

1- No cuenta con la autorización de la comunidad de propietarios, tal y como establecen los estatutos de la comunidad.

2- Que, si bien se tiene constancia de que el edificio no ha agotado la edificabilidad de la parcela que le asignaba el proyecto de reparcelación y existe un sobrante de 40 m² de techo, la edificabilidad que Don XXXX pretende consumir con su trastero inviabiliza la correcta equidistribución de la edificabilidad sobrante entre el resto de los comuneros del edificio, ya que son 10 vecinos. Asimismo, el presidente ha solicitado tener acceso al expediente administrativo de las obras que pretende realizar Don XXXX.

En los archivos municipales se ha podido constatar que la zonificación donde se encuentra el edificio permite construir una planta más, el uso trastero está permitido y que además es cierto que el edificio no tiene agotada toda la edificabilidad, existiendo un sobrante de 40 m² de techo.

PREGUNTAS

Indicar si Don XXXX ha utilizado el instrumento adecuado para la realización de las obras. (3 puntos)

NO, debía haber solicitado una licencia de obras y no presentar una DR.
Es una obra de nueva planta y de acuerdo con el artículo 232. b) del DLvo. 1/2021 [TRLO-TUP] está sujeto a licencia urbanística.
A la vista de que las obras son legalizables, el ayuntamiento deberá indicarle que la DR presentada no surte ninguna eficacia y que deberá reconducir las obras pretendidas a solicitarlas mediante una licencia de obra.

Ante el escrito presentado por el presidente de la comunidad, indicar cómo ha de proceder el ayuntamiento. (3 puntos)

No tiene ninguna consecuencia y no altera para nada cómo debe actuar el ayuntamiento. Según el Artículo 238. Condiciones de otorgamiento de las licencias.

1. Las licencias se otorgarán o denegarán de acuerdo con las previsiones de la legislación y del planeamiento, salvo el derecho de propiedad y sin perjuicio del de terceros.

[Es decir, el ayuntamiento, ante una solicitud de licencia urbanística, solo le incumbe el cumplimiento de la normativa urbanística (sobre todo la municipal), además de la de habitabilidad, edificación, patrimonio, etc., pero no posibles conflictos de índole civil, de propiedad horizontal o similar que puedan ocasionarse como consecuencia del otorgamiento de la licencia.]

Indicar si puede el presidente de la comunidad personarse en el expediente iniciado por Don XXXX. (2 puntos)

Sí, al ser vecino y tener un interés legítimo en el expediente y en la medida que las obras pueden afectar a sus derechos. En el supuesto de que entienda que sus derechos se puedan ver afectados deberá defenderlos por la vía civil, no por vía de la licencia municipal.

PREGUNTA 3 (8 puntos)

La corporación de un municipio de l'Horta Nord de Valencia, a tenor de los resultados obtenidos en la votación popular de los presupuestos participativos, pretende la expropiación de una parcela dotacional para la posterior ejecución de un pabellón municipal.

Dicha parcela se encuentra en suelo urbano, calificando el planeamiento la misma como suelo dotacional, equipamiento deportivo-recreativo.

Sobre dicha parcela existe una edificación residencial de cinco plantas con 80 años de antigüedad que se realizó de conformidad con la ordenación urbanística vigente en el momento de su construcción.

La parcela referida se encuentra en un ámbito urbano residencial donde el planeamiento permite para las parcelas lucrativas privadas el uso residencial vivienda y un índice de edificabilidad neta de 2 m^2t/m^2s.

1- Determine brevemente el método de valoración a utilizar para la tasación del bien referido. (2 puntos)

Tratándose de suelo urbanizado edificado, el valor de tasación será el superior de (art. 23 RVLS):

a) *El determinado por la tasación conjunta del suelo y de la edificación existente por el método de comparación, aplicado exclusivamente a los usos de la edificación existente o a la construcción ya realizada. (s/ art. 24 RVLS)*

b) *El determinado por el método residual (art. 22 RVLS) aplicado exclusivamente al suelo, sin consideración de la edificación existente o la construcción ya realizada.*

2- Justifica cuál sería la edificabilidad y el uso de referencia que procede considerar a efectos de la determinación del valor del suelo por el método residual. (1 punto)

(Art. 20 RVLS) Dado que la parcela no tiene asignada edificabilidad o uso privado por la ordenación urbanística, se le atribuirá la edificabilidad media y el uso mayoritario en el ámbito espacial homogéneo en que por usos y tipologías la ordenación urbanística lo haya incluido.

[Es decir, uso de vivienda y edificabilidad de 2 m^2t/m^2s.]

Una vez obtenida la parcela, la corporación, tras la realización del correspondiente proyecto de edificación, inicia el procedimiento de licitación del contrato de obras para la ejecución del pabellón.

En el proyecto de obras consta un presupuesto de ejecución material de 450 000 euros, así como una estimación de gastos generales del 13 % y un beneficio industrial del 6 %.

Por otra parte, el pliego de cláusulas administrativas particulares que forma parte del contrato prevé de manera clara, precisa e inequívoca la posibilidad de modificación del mismo por un importe máximo del 10 % del precio inicial. El contrato de obras finalmente se adjudica a una empresa local que realiza una baja del 20 % sobre el presupuesto base de licitación.

3- Dado que nos encontramos en un contrato administrativo de obras, ¿cómo clasificarías las obras propuestas en el proyecto, atendiendo a su objeto y naturaleza, a los efectos previstos en la normativa de contratación del sector público? (1 punto)

(Art 232 LCSP) Obras de primer establecimiento dado que da lugar a la creación de un bien inmueble.

4- Obtenga el presupuesto base de licitación y el valor estimado del contrato, ambos IVA excluido. (1 punto)

Cálculo presupuesto base de licitación:

> *PEM 450 000 €; PEC = PEM × 1,19 = 535 500 €*
> *Presupuesto base de licitación = 535 500 €*

Cálculo valor estimado

> *Modificaciones previstas 10 % = 53 550 €*
> *Valor estimado = PBL + modificac = 535 500 + 53 550 = 589 050 €*

[Téngase en cuenta que el VE viene a ser PEC + modificaciones. En la solución han escrito «PBL + modificaciones» porque el PBL obtenido es sin IVA (ya que así lo pide el enunciado), por lo que es equivalente al PEC, pero no ha de tomarse como fórmula general.]

5- Indica y justifica el carácter facultativo o preceptivo del informe de supervisión del proyecto. (1 punto)

(art 235 LCSP) Dado que el PBL del contrato de obras es igual o superior a 500 000 €, el informe de supervisión del proyecto es preceptivo.

6- ¿Y si el presupuesto base de licitación de dicho proyecto fuera de 200 000 €? Justifica brevemente la respuesta. (1 punto)

Es igualmente preceptivo, dado que se trata de obras que afectan a la estabilidad, seguridad y estanqueidad de la obra.

7- Calcule el exceso de mediciones máximo (IVA excluido) que podrá tener la obra que no tenga la consideración de modificación, entendiendo por tal, la variación que durante la correcta ejecución de la obra se produzca exclusivamente en el número de unidades realmente ejecutadas sobre las previstas en las mediciones del proyecto. (1 punto)

(Art 242 LCSP) Importe adjudicación= PBL – baja = 535 500 × 0,80 = 428 400 €
10 % s/ 428 400 € = 42 840 €

PREGUNTA 4 (8 puntos)

CTE, DB-SI, DB-SUA, Ley 6/2014 y 14/2010

1.-Calcula la ocupación (1 punto) y el aforo (1 punto) del bar-cafetería y horno de acuerdo a las superficies que se indican en el plano y los índices de la siguiente tabla (DB-SI-3.2).

DEPENDENCIA	SUPERFICIE ÚTIL (m²)	ÍNDICE DE OCUPACIÓN	OCUPACIÓN	AFORO
Zona público	78,16	1P/1,5 m²	53	53
Barra	23,00	1P/10 m²	3	-
Obrador	37,58	1P/10 m²	4	-
Almacén	6,13	1P/40 m²	1	-
Distribuidor aseos	3,82	1P/3 m²	-	-
Aseos hombres	2,74	1P/3 m²	-	-
Aseos mujeres	4,94	1P/3 m²	-	-
Aseo personal	4,77	1P/3 m²	-	-
			61	53

Ocupación: 61 personas (DB-SI-3.2)
Aforo: 53 personas (zonas de público)

[La no consideración de la ocupación de los aseos se debe al carácter simultáneo o alternativo de que habla el punto 2 del apartado 2 de la sección SI 3, así como la primera frase del comentario «Ocupación alternativa de aseos y vestuarios». En cuanto al aforo, solo se cuentan los espacios públicos, es decir, a los que tiene acceso cualquier persona. Si tuviéramos en cuenta el segundo párrafo del art. 174 Reglamento de la Ley 14/2010, se podría justificar un aforo menor si contamos las sillas representadas en el plano, pero, por el lado de la seguridad, conviene mantener el aforo obtenido por la densidad indicada en el DB SI 3.]

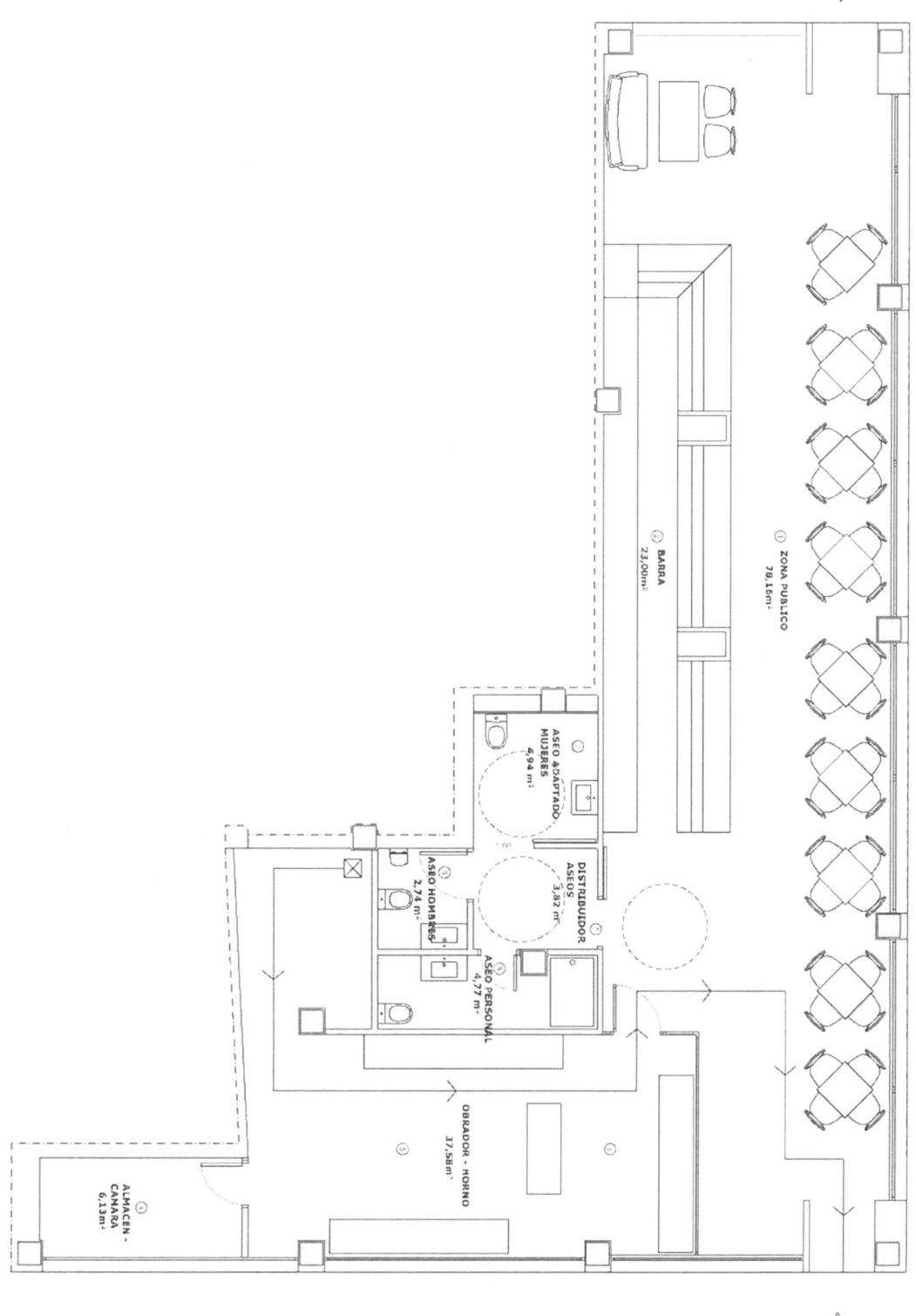

2.-Justifica el sentido de apertura (1 punto) y el ancho de la puerta o puertas de salida (1 punto).

DB-SI 3.6: Hacia fuera (ocupación 61 > 50 personas).
Art.193 Decreto 143/2015 Reglamento Ley Espectáculos: aforo mayor de 50 personas (53): 1,20m

[Nótese que el ancho de la puerta sería solo de 0,80 m si aplicamos la tabla 4.1 del DB SI 3, «Dimensionado de los elementos de evacuación», y de 0,90 m (al menos una de las puertas de salida) al aplicar el art. 17 y 19 D 65/2019.]

3.-El obrador tiene dos freidoras de 3500 W cada una, una cocina de cuatro fuegos de 27 000 W y un horno de convección de 2500 W. ¿Se considera un local de riesgo especial? En caso afirmativo, ¿de qué tipo? (1 punto).

Potencia térmica instalada: (2 × 3500) + 27 000 + 2500 = 36 500 W.
Tabla 2.1 DB-SI, potencia térmica entre 30 y 50 kW: zona/local de riesgo especial medio.

4.-De acuerdo a la distribución existente, grafía el recorrido de evacuación (1 punto).

Anejo A DB-SI. Origen de evacuación: desde el punto ocupable más desfavorable del local de riesgo especial hasta el exterior.

5.-Indica el diámetro del círculo inscrito en el aseo adaptado (1 punto) y si cumple normativa (1 punto), conforme a la distribución interior del mismo.

DB-SUA Anejo A servicios higiénicos accesibles
Diámetro: 1,5 m
No cumple la distancia del inodoro (espacio de transferencia lateral de anchura mayor a 80 cm)

Administración	**AYUNTAMIENTO DE CASTELLÓ DE LA PLANA / AYUNTAMIENTO DE SAGUNTO**
Tipo de plaza	FUNCIONARIO INTERINO
Año de convocatoria	2022 / 2011
Observaciones	Por la similitud del segundo ejercicio del Ayuntamiento de Castelló de la Plana con el ejercicio único del Ayuntamiento de Sagunto, este último se reproduce y resuelve a continuación de aquel.

EJERCICIO 1

1.- El vigente Plan General de Ordenación Urbana de Castellón, delimita entre otros, el sector de suelo urbanizable sin ordenación pormenorizada 22-SU-R, con los parámetros urbanísticos que se recogen en la ficha correspondiente, cuya fotocopia se adjunta.

2.- En desarrollo del PGOU, se ha aprobado el plan parcial de mejora para la ordenación del citado sector 22-SU-R.

El plan parcial establece tres usos de carácter lucrativo diferenciados: uso residencial, uso terciario y uso dotacional privado, con ordenanzas reguladoras de la edificación independientes, Z-7, Z-T y ED-CE respectivamente.

Por otra parte, a efectos de ponderar el rendimiento económico de los distintos usos y tipologías, el plan parcial establece los coeficientes de ponderación siguientes: 1,03 para los usos residencial y terciario y 0,5 para el uso dotacional privado.

Todos los parámetros urbanísticos están recogidos en la tabla que se acompaña.

3.- Estamos resolviendo la reparcelación de este sector que ha sido adjudicado con unas cargas de urbanización que ascienden a 11 145 415 €.

Tenemos (entre otros) a los propietarios A y B cuyas fincas iniciales tienen una superficie de

     A- 19 830 m²

     B- 3450 m²

a los que se quiere adjudicar aprovechamiento de uso residencial (A) y de uso terciario (B).

Se pregunta:

1- Calcular la repercusión de las cargas de urbanización en el sector, por metro cuadrado de techo adjudicado.

2- Calcular el aprovechamiento urbanístico y las cargas (cuenta de liquidación provisional) que corresponde al Ayuntamiento y a los propietarios A y B, en el supuesto de que no existan indemnizaciones.

Calcular la superficie de la parcela que les corresponde a cada uno.

3- Calcular la superficie que ha de tener la propiedad inicial de un propietario C para que le corresponda íntegramente la parcela de uso dotacional privado ED-CE.

Razonar las respuestas y explicar los conceptos que intervienen en el ejercicio.

3.3.- RELACIÓN DETALLADA DE MANZANAS Y PARÁMETROS URBANÍSTICOS DE LAS MISMAS
Art. 3.1.- Parámetros urbanísticos

TABLA RESUMEN DE PARAMETROS URBANÍSTICOS DEL SECTOR 22.SU.R	
(A) Superficie Bruta del Sector	189.390,87 m²
(B) Superficie adscrita al dominio publico	20.195,28 m²
(C) Superficie generadora de edificabilidad (A-B)	169.195,59 m²
(D) Indice de Edificabilidad Bruta	0,40
(E) Techo edificable del Sector (C*D)	67.678,24 m²c

PARAMETROS URBANÍSTICOS POR MANZANAS

Manzana	Superficie	Ordenanza	Edificabilidad m²c/m²s	Techo Edificable m²c	Coeficiente de Ponderación	Techo Edificable Ponderado m²c	Nº Máximo de Viviendas	Superficie Construida Media por Vivienda	Superficie Media de Solar (*)
USO RESIDENCIAL									
1	7.199,54	Z-7	0,923204	6.646,64	1,03	6.828,89	47	141,42	153,18
2	5.493,00	Z-7	0,923204	5.071,16	1,03	5.210,21	36	140,87	152,58
3	5.234,58	Z-7	0,923204	4.832,58	1,03	4.965,09	34	142,13	153,96
4	8.383,97	Z-7	0,923204	7.740,11	1,03	7.952,34	55	140,73	152,44
5	6.537,46	Z-7	0,923204	6.035,41	1,03	6.200,90	43	140,36	152,03
6	3.774,98	Z-7	0,923204	3.485,08	1,03	3.580,63	25	139,40	151,00
7	1.266,25	Z-7	0,923204	1.169,01	1,03	1.201,06	8	146,13	158,28
9	7.728,37	Z-7	0,923204	7.134,86	1,03	7.330,49	51	139,90	151,54
10	6.298,96	Z-7	0,923204	5.815,22	1,03	5.974,67	41	141,83	153,63
11	6.008,73	Z-7	0,923204	5.547,28	1,03	5.699,39	40	138,68	150,22
12	5.227,03	Z-7	0,923204	4.825,61	1,03	4.957,93	34	141,93	153,74
13A	4.439,54	Z-7	0,923204	4.098,60	1,03	4.210,98	29	141,33	153,09
TOTAL	67.592,41	Z-7	0,923204	62.401,57	1,03	64.112,59	443	140,86	152,58
USO TERCIARIO									
13B	1.758,21	Z-T	1,000000	1.758,21	1,03	1.806,42			
TOTAL	1.758,21	Z-T	1,000000	1.758,21	1,03	1.806,42			
USO DOTACIONAL PRIVADO									
14B	11.728,20	ED-CE	0,300000	3.518,46	0,50	1.759,23			
TOTAL	11.728,20	ED-CE	0,300000	3.518,46	0,50	1.759,23			
TOTAL	79.320,61	I.E.R=0,37 I.E.B=0,40		67.678,24	1,00	67.678,24	443	140,86	152,58

(*) Dato estadístico

3.4.- ORDENANZAS

En todo lo no especificado, el presente Plan Parcial de Mejora se remite a las ordenanzas del vigente P.G.O.U. de Castellón.
Se aporta a continuación la ordenanza correspondiente a los usos residencial y terciario del sector, por ser éstos los únicos en la que se introducen modificaciones con respecto al contenido del P.G.O.U. Las modificaciones consisten en la introducción de una serie de restricciones a las determinaciones genéricas del P.G.O.U con el objeto de adaptarlas específicamente a las características del sector.

RESOLUCIÓN

1. En la tabla se indica que la edificabilidad total es 67 678,24, por lo que la repercusión de las cargas de urbanización por m^2t es:

$$11\ 145\ 415 / 67\ 678,24 = \textbf{164,68 €/m}^2\textbf{t}$$

Esto contesta a la pregunta estricta, aunque hay que tener en cuenta que parte de esa edificabilidad se va a adjudicar a la administración y esta se encuentra exenta del pago de cargas (art. 82.1 TRLOTUP), así que que la repercusión por propietario será mayor. Puesto que la edificabilidad del sector coincide con el aprovechamiento objetivo ponderado, y teniendo en cuenta que el 10 % del aprovechamiento corresponde a la administración (82.1.a TRLOTUP), el 90 % corresponde a los propietarios, por lo que la repercusión por propietario será:

$$11\ 145\ 415 / (67\ 678,24 \times 0,90) = \textbf{182,98 €/m}^2\textbf{t}$$

2. El aprovechamiento asignable al ayuntamiento, como se ha dicho, es el 10 %, es decir, $67\ 678,24 \times 0,1 = 6767,82$ UA, y tal como establece el art. 82.1, la cesión de terrenos derivado de este aprovechamiento se encuentra libre de cargas. Para calcular el aprovechamiento que corresponde a las dos parcelas (AS), debemos obtener el AT, para lo cual deducimos de la ficha que el AR coincide con la superficie del sector:

$$AT = 67\ 678,24 / 189\ 390,87 = 0,35735 \text{ UA/m}^2\text{s}$$

$$AS_A = 0,35735 \times 0,90 \times 19\ 830 = \textbf{6377,62 UA}$$
$$AS_B = 0,35735 \times 0,90 \times 3450 = \textbf{1109,57 UA}$$

Deshomogeneizamos para obtener la edificabilidad de cada parcela:

$$E_A = 6377,62 / 1,03 = 6191,86 \text{ m}^2\text{t res.}$$
$$E_B = 1109,57 / 1,03 = 1077,25 \text{ m}^2\text{t ter.}$$

Con la repercusión aplicable a los propietarios antes extraída, obtenemos las cargas de urbanización de cada parcela:

$$\text{Cargas}_A = 6191,86 \times 182,98 = \textbf{1 132 986,54 €}$$
$$\text{Cargas}_B = 1077,25 \times 182,98 = \textbf{197 115,21 €}$$

Con el IEN de la ficha, calculamos la superficie de parcela final que corresponde a cada parcela inicial:

$$\text{Sup. final A} = 6191,86 / 0,923204 = \textbf{6706,92 m}^2\textbf{s}$$
$$\text{Sup. final B} = 1077,25 / 1,000000 = \textbf{1077,25 m}^2\textbf{s}$$

3. Haremos el camino inverso del punto anterior. Para que a un propietario se le adjudiquen los 3518,46 m²t de uso dotacional privado, debe poseer un AS de 3518,46 × 0,5 = 1759,23 UA.

1759,23 = 0,35735 × 0,90 × Sup. inicial → Sup. inicial = 1759,23 / (0,35735 × 0,90) = **5469,99 m²s**

EJERCICIO 2

Se plantea la urbanización de un vial de 30 m de anchura en una zona residencial con aparcamientos, doble carril en cada sentido y aceras con arbolado.

Se pide:
1- Diseñar la sección del vial acotando las distintas zonas.
2- Señalar la ubicación de los distintos servicios urbanos, acotando la situación relativa entre los mismos, profundidad, etc.
3- Describir el proceso constructivo del citado vial, señalando los distintos elementos constructivos, capas de firme, etc.

RESOLUCIÓN

Para el dimensionamiento de las distintas zonas, convendría partir del punto 2, «Condiciones funcionales y dimensionales de la red viaria», del apartado III del anexo IV del TRLOTUP, especialmente de las letras d, e, f y g de 2.5. De la letra e, se deduce que cada carril debe tener al menos 3 m, lo que nos lleva a 3 m × 4 carriles = 12 m. En los 30 – 12 = 18 m restantes debemos ubicar aparcamiento, acera y arbolado. El hecho de que deba existir arbolado implica que las aceras sean de, al menos, 3 m de anchura (según la letra d), por lo que nos quedan 18 – 3 × 2 = 12 m para las bandas de aparcamiento. Si el aparcamiento es en cordón, la anchura mínima del mismo es de 2,20 m (letra g), así que aún nos sobran 12 – 2,20 × 2 = 7,60 m. Podemos aprovechar estos 7,60 m para ubicar un carril bici de 2 m (anchura mínima de acuerdo con letra f) junto a cada acera y aún tendríamos 7,60 – 2 × 2 = 3,60 m para incrementar la anchura de alguno o algunos del resto de elementos.

EJERCICIO (Ayuntamiento de Sagunto)

Definir gráficamente la sección de un vial de 24 metros de ancho entre alineaciones de un sector residencial, acotando todas las determinaciones de carácter reglado que en cuanto a dimensiones de viario establece la normativa urbanística. Además, se deberá indicar esquemáticamente los bulbos de los servicios que doten a las parcelas de la condición de solar, haciendo una descripción del paquete de firmes de calzada y aceras que se proponga.

En aquellos extremos indicados en el párrafo anterior que no sean de carácter reglado por exigencias de la normativa aplicable, se valorará la propuesta que sea técnicamente más idónea.

RESOLUCIÓN

Partiendo de nuevo del punto 2 del anexo IV del TRLOTUP: de la letra e, se deduce que cada carril debe tener al menos 3 m, lo que nos lleva a 3 m × 4 carriles = 12 m, ya que la anchura de la calle permite 2 carriles en cada sentido. En los 24 − 12 = 12 m restantes debemos ubicar aparcamiento, acera y, en su caso, arbolado. Si incluimos arbolado, las aceras han de ser de, al menos, 3 m de anchura (según la letra d), por lo que nos quedan 12 − 3 × 2 = 6 m para las bandas de aparcamiento. Si el aparcamiento es en cordón, la anchura mínima del mismo es de 2,20 m (letra g), así que aún nos sobran 6 − (2,20 × 2) = 1,60 m; si son en batería, sobrarían 6 − (2,40 × 2) = 1,20 m. Al ser el sobrante menor de 2,00 m, no podríamos incluir carril bici, salvo que sacrifiquemos alguno de los elementos anteriores.

Para ambos ejercicios, en cuanto a la situación relativa de los servicios urbanos, véase el último párrafo de la letra g de la resolución del Ayuntamiento de Moncofa (pág. 87).

Administración	**AYUNTAMIENTO DE MURO**
Tipo de plaza	FUNCIONARIO DE CARRERA
Año de convocatoria	2022
Observaciones	

El Molí Pedro, también conocido como Molí Riuet, es un edificio del siglo XVIII que figura en el inventario General del Patrimonio Cultural Valenciano, en la sección 2.ª referida a los Bienes de Relevancia Local, tipología Molinos y categoría de "Espacio etnológico de interés local". Según Plan General de Ordenación Urbana de Muro de Alcoy, este inmueble se sitúa en suelo no urbanizable común tipo B.

Se da la circunstancia de que su propietario está interesado en rehabilitar la edificación para destinarla a alojamiento turístico como "Alojamiento Rural".

Sabiendo que el inmueble y la actividad cumplen con la normativa de alojamientos turísticos de la Comunidad Valenciana, se solicita que el aspirante redacte la siguiente documentación a petición del propietario del inmueble.

1. Informe urbanístico sobre las condiciones a cumplir para la rehabilitación del inmueble para su destino como "alojamiento rural". **Puntuación máxima 10 puntos.**

2. Información completa sobre los trámites a seguir para conseguir la autorización de uso del edificio. **Puntuación máxima 10 puntos.**

Para la realización del ejercicio práctico se adjunta como anexo:

- Ficha catastral
- Ficha del Catálogo de Protecciones
- Normas del Catálogo
- Normas Urbanísticas del SNUCB

RESOLUCIÓN

No poseemos la documentación que se adjunta al enunciado, pero se puede obtener en internet. Reproduciremos aquí la imprescindible.

En estos casos, hay que conjugar la normativa municipal (plan general y catálogo de bienes y espacios protegidos), la normativa urbanística autonómica (TRLOTUP), la normativa patrimonial autonómica (Ley 4/1998 y Decreto 62/2011) y la normativa autonómica de alojamientos turísticos. Esta última se da por cumplida, según nos indica el enunciado, por lo que hay que analizar el resto.

Aunque ya intuimos que la actividad es compatible con el planeamiento, el art. 6.20.4 de las NNUU municipales —que huelga reproducir— indica que las actividades turísticas, deportivas, recreativas, de ocio y esparcimiento y terciarias se permiten en SNUCA y SNUCB, es decir, los dos tipos de SNU común del municipio. Lo que corrobora también el art. 6.28.1.B.2.a, usos permitidos en SNUCB. En cuanto a las condiciones de las edificaciones, las NNUU no establecen ninguna en concreto para el uso turístico.

En cuanto a la ficha del Catálogo de Bienes y Espacios Protegidos de Muro, esta no establece medidas de protección concretas ni describe daños; tan solo podemos destacar que asigna el nivel de protección integral al inmueble. En el art. 4 del Catálogo, se describe en qué consiste el nivel integral:

> 1.- Nivel de protección integral
>
> - […] En ellos sólo se admitirán obras de restauración y conservación encaminadas al mantenimiento o refuerzo de los elementos estructurales, así como la mejora de las instalaciones del inmueble.
> - Únicamente estará autorizada la demolición de cuerpos de obra añadidos que desvirtúen la unidad arquitectónica original; la reposición o reconstrucción de cuerpos o huecos primitivos cuando redunden en beneficio del valor cultural del conjunto; o las obras excepcionales de redistribución del espacio interior que no alteren las características estructurales o exteriores del edificio, siempre sin desmerecer los valores protegidos ni afectar a elementos constructivos a conservar.
> - La demolición de elementos concretos prohibida por el presente Catálogo se entenderá vinculante, pero no exhaustiva.

Además, los niveles de intervención establecidos en el art. 5 del Catálogo son para las obras en los edificios: obras de restauración, obras de conservación o mantenimiento, obras de acondicionamiento o rehabilitación, obras de reestructuración, obras exteriores y obras de demolición. Parece que el tipo de obras de las que trata el presente supuesto son las de acondicionamiento o rehabilitación. Por su parte, el artículo 8 dispone las obras permitidas según el nivel de protección y en cuanto a las obras de rehabilitación para edificios con protección integral prescribe que aquellas serán

> Tendentes a mejorar las condiciones funcionales de la edificación, siempre que las redistribuciones o modificaciones interiores que para este tipo de actuaciones define el artículo 4 de las presentes normas y en el artículo 3.11 del Título III de la Normativa del Plan, no supongan la eliminación total o parcial de elementos estructurales originales en buen estado o susceptibles de ser consolidados con medios técnicos normales, ni la alteración de espacios interiores singulares o característicos.

Es importante también el procedimiento recogido en el artículo 17.6 del Catálogo:

> El propietario de un inmueble con algún tipo de protección, previamente a la solicitud de licencia de obras, deberá cumplir los siguientes requisitos para que el Ayuntamiento pueda determinar el nivel máximo de intervención admisible:
>
> 6.1- Realizar una solicitud de información urbanística aportando la siguiente documentación, que podrá ampliarse a criterio del Ayuntamiento, dependiendo de la importancia del edificio:
>
> [No es necesario reproducirla; resumidamente: memoria justificativa, plano parcelario, descripción del edificio, planos del estado actual, fotografías, identificación de los usos originales, memoria y planos indicativos de las obras que realizar y justificación de la adecuación de la obra propuesta a las características del entorno.]
>
> 6.2- Examinada la documentación aportada y realizada la inspección preceptiva del edificio sobre el que se pretende intervenir, los servicios técnicos municipales evacuarán, en plazo máximo de un mes a partir de la solicitud por parte del interesado, un informe urbanístico en el que se valorará, de forma fundamentada, la admisibilidad de la propuesta.
>
> 6.3- Ante este informe, el Ayuntamiento podrá adoptar los acuerdos siguientes, dando traslado al interesado:
>
> a) Ordenar la ejecución de obras de conservación para mantener el edificio en las debidas condiciones de seguridad, salubridad y ornato público, en virtud de las facultades reguladas en el art. 92 de la LRAU.
> b) En caso de que las obras propuestas resultasen no preferentes, fijar las condiciones a que deberá ajustarse la intervención en la solicitada licencia.
> c) Emitir informe, sobre la base del cual deberá presentarse proyecto de ejecución, para el trámite de la licencia de obras pertinente en caso de que la obra planteada se ajuste a las determinaciones de la Norma.
>
> 6.4- En cualquier caso, el informe previo municipal se considerará como una parte fundamental del proyecto para la solicitud de licencia y, en caso de no existir éste, deberá requerirse al interesado para que lo solicite y paralizar el procedimiento por carecer de proyecto completo.

6.5- Sólo será innecesario este trámite en aquellas obras de intervención tipifica-
das como menores por no afectar al aspecto exterior o la estructura del inmueble,
y siempre que no afecte a elementos de interés.

Pasemos a ver qué nos interesa del TRLOTUP; en primer lugar, el régimen del SNU: la actividad se considera como establecimiento de alojamiento turístico y restauración (art. 211.1.f.1º), dentro de las actividades terciarias o de servicios. En el punto 2 de este artículo, se estipula que la parcela exigible será al menos de media hectárea, si bien parece claro que en este caso podría exceptuarse tal requisito por recuperación del patrimonio arquitectónico radicado en el medio rural (segundo párrafo art. 211.1.f.1º). Además, esta reutilización de arquitectura tradicional exime a la actuación de obtener DIC, según exceptúa el art. 219. TRLOTUP, pero se encuentra sujeta a informe vinculante de las consellerias competentes en materia de turismo, de urbanismo y de agricultura.

Del TRLOTUP también puede interesar determinar si la actuación está sujeta a licencia o a DRO. El enunciado habla solo de rehabilitación, sin que sepamos su alcance. Puesto que se trata presumiblemente de una reforma, solo requeriría licencia en el caso de que esta tuviera trascendencia patrimonial de conformidad con la normativa de protección del patrimonio cultural (art. 232.f TRLOTUP). En este sentido, el art. 35.1.b Ley 4/1998 establece que se considera de trascendencia patrimonial las actuaciones

> [...] de nueva planta, de demolición, de ampliación de edificios existentes; y las que con-
> lleven la alteración, cambio o sustitución de la estructura portante y/o arquitectónica y del
> diseño exterior del inmueble, incluidas las cubiertas, las fachadas y los elementos artísticos
> y acabados ornamentales. [...] Se entiende por intervenciones carentes de transcendencia
> patrimonial, y por tanto no requieren de la autorización previa de la conselleria competente
> en materia de cultura, las habilitaciones interiores de los inmuebles que no afecten a su per-
> cepción exterior y aquellas que se limiten a la conservación, reposición y mantenimiento de
> elementos preexistentes, sean reversibles y no comporten alteración de la situación anterior.

Por tanto, faltaría conocer el alcance de la rehabilitación: si no posee trascendencia patrimo-
nial, la actuación no se sujetaría a licencia, sino a DRO. En cuanto a la posibilidad de recurrir a DRO en SNU, véase el segundo párrafo de la resolución del ejercicio de la Diputación de Castellón (2020, pág. 213). De todas maneras, aunque fuera viable utilizar la figura de la DRO, téngase en cuenta que, previamente, cabría obtener los informes sectoriales favorables, como el de la conselleria competente en turismo. Además, al tratarse de un BRL, en atención al art. 13 D 62/2011, su subsuelo tiene la consideración de área de vigilancia ar-
queológica y, en consecuencia, le es de aplicación el art. 62 Ley 4/1998, lo que quiere decir que, si la rehabilitación implica remoción de tierras, el promotor deberá aportar ante la conselleria competente en cultura un estudio previo sobre los efectos que estas pudieran causar en restos arqueológicos y paleontológicos.

Por otra parte, el art. 50.6 Ley 4/1998 dispone que «En los términos que se establezcan re-
glamentariamente, será de aplicación a los proyectos de intervención en bienes inmuebles de relevancia local lo dispuesto en el artículo 35.4 de esta ley». Dicho art. 35.4 se refiere al estudio —contenido en el proyecto de intervención— acerca de los valores históricos, ar-

tísticos, arquitectónicos y arqueológicos del inmueble, su estado actual, las deficiencias que presenta, la intervención propuesta y los efectos de esta sobre aquellos valores. Pero este estudio solo se presentaría si la rehabilitación es integral (art. 13.5 D 62/2011), extremo que no especifica el enunciado. De todas maneras, en el apartado de régimen de protección del punto 2.1.3, «Bienes de Relevancia Local», del Catálogo de Bienes y Espacios Protegidos de Muro, se exige dicho estudio sin diferenciar si la rehabilitación es integral o no, por lo que se entiende que siempre es necesario. Continúa dicho texto del Catálogo reproduciendo lo dispuesto en el precitado art. 35.4 en cuanto a la presentación ante la conselleria de una memoria descriptiva de la obra realizada y de los tratamientos aplicados. Por otro lado, el ayuntamiento debe notificar a la conselleria competente en cultura la licencia de intervención o DRO (art. 50.4 Ley 4/1998).

En resumen, en el caso de que la rehabilitación tuviera trascendencia patrimonial e incluyera remoción de tierra, se requeriría licencia de intervención, pero, previamente a ella, el promotor debe solicitar al ayuntamiento la información urbanística de que habla el art. 17.6 del Catálogo. Con base en el informe municipal, el promotor presenta solicitud de licencia de intervención, en la que, además, debe aportar un estudio previo sobre los efectos que las obras puedan causar en posibles restos arqueológicos, estudio que el ayuntamiento remitirá a la conselleria competente en materia de cultura. Asimismo, el proyecto ha de incorporar el estudio del art. 35.4 Ley 4/1998. Al encontrarse en SNU, deben recabarse también los informes de las consellerias competentes en materia de turismo, de urbanismo y de agricultura. La licencia de intervención podrá otorgarse una vez obtenidos dichos informes favorables, así como el de la conselleria competente en cultura en cuanto a la actuación arqueológica. A la vez que el ayuntamiento notifica al promotor la concesión de licencia, ha de informar de esta a la conselleria competente en cultura y, una vez concluidas las obras, el promotor debe presentar ante esta conselleria una memoria descriptiva de la obra realizada y los tratamientos aplicados (segundo párrafo art. 35.4 Ley 4/1998).

Administración	**AYUNTAMIENTO DE BANYERES DE MARIOLA**
Tipo de plaza	FUNCIONARIO INTERINO
Año de convocatoria	2022
Observaciones	

Un particular presenta licencia de obras para la construcción de una vivienda unifamiliar aislada vinculada al uso rural en el municipio de Banyeres. Como parte del proyecto básico, se aportan los planos 1 y 2 que a continuación se acompañan.
La vivienda ocupa una superficie de 210 m², y se desarrolla en tres plantas, con una altura de cornisa de 9 m.
Como arquitecto municipal, y en el seno del expediente de licencia de obras, se le solicita realizar el correspondiente informe técnico. En base a los planos facilitados, así como a la normativa municipal y urbanística aplicable, conteste a las siguientes preguntas:

i) Indique las afecciones sectoriales que, en su caso, resultaran de aplicación.

ii) Indique los informes o autorizaciones sectoriales que, en su caso, sería necesario recabar de las administraciones sectoriales, de forma previa a la concesión de la licencia municipal.

iii) Realice una revisión técnica a modo de cuadro comparativo del cumplimiento de los parámetros urbanísticos de aplicación, indicando: los parámetros urbanísticos a revisar, los exigibles según planeamiento, los proyectados; y el cumplimiento o incumplimiento de dichos parámetros. Como mínimo, se deberá verificar el cumplimiento de los parámetros urbanísticos exigibles a la vivienda según las normas subsidiarias vigentes para el municipio, así como según los requisitos exigibles por el TRLOTUP.

PARÁMETRO	Según PLANEA-MIENTO	Según PROYECTO	CUMPLIMIENTO
...	...	...	...

iv) Realice una revisión técnica del cumplimiento de la DC-09 del plano 2. Se valorará la identificación de aquellos aspectos que no cumplan con la normativa.

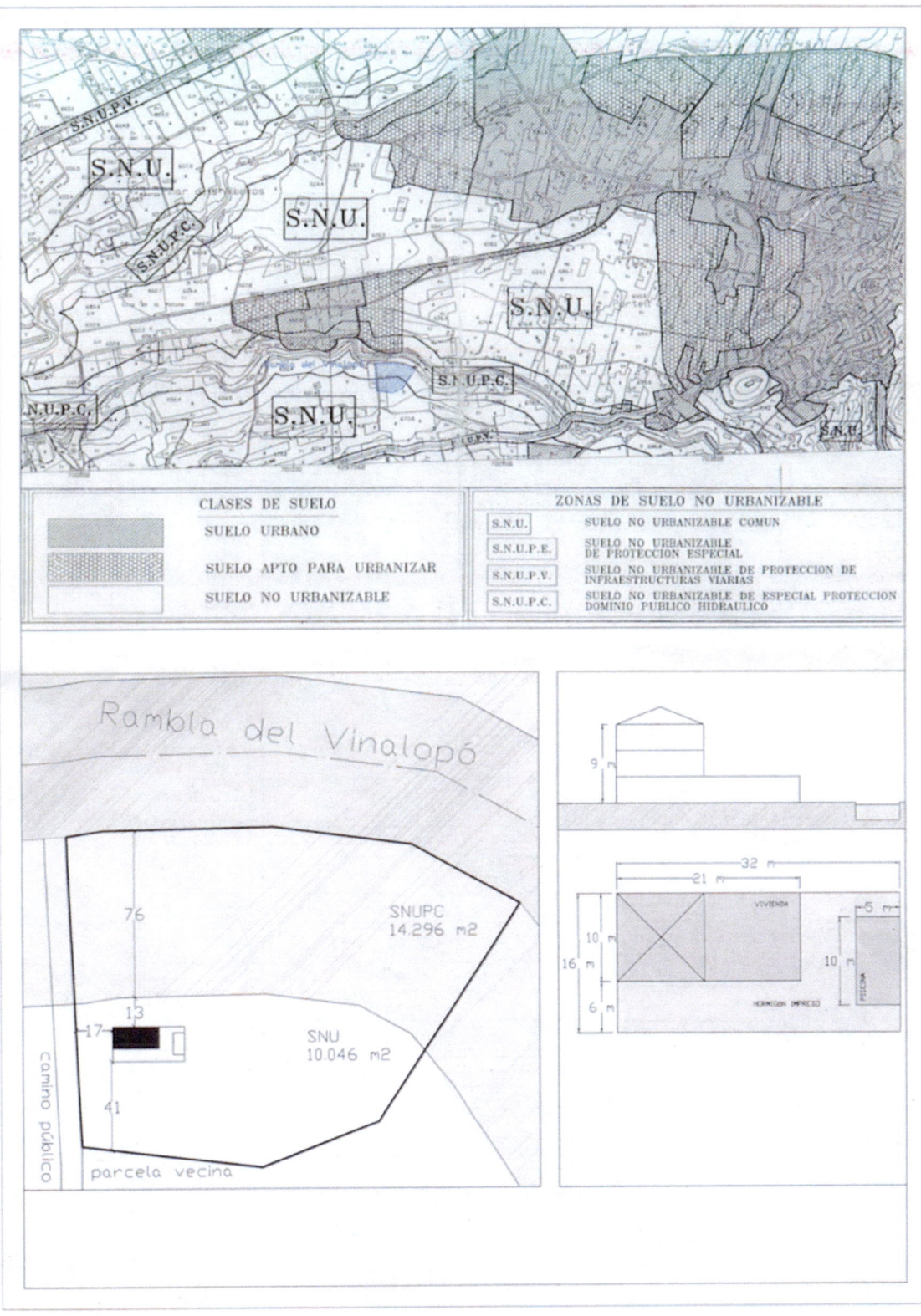

CLASES DE SUELO

SUELO URBANO

SUELO APTO PARA URBANIZAR

SUELO NO URBANIZABLE

ZONAS DE SUELO NO URBANIZABLE

S.N.U.	SUELO NO URBANIZABLE COMUN
S.N.U.P.E.	SUELO NO URBANIZABLE DE PROTECCION ESPECIAL
S.N.U.P.V.	SUELO NO URBANIZABLE DE PROTECCION DE INFRAESTRUCTURAS VIARIAS
S.N.U.P.C.	SUELO NO URBANIZABLE DE ESPECIAL PROTECCION DOMINIO PUBLICO HIDRAULICO

Rambla del Vinalopó

76

13

17

41

SNUPC
14.296 m2

SNU
10.046 m2

camino público

parcela vecina

9

32 m
21 m
VIVIENDA
5 m

10 m
16 m
10 m
PISCINA
6 m
HORMIGON IMPRESO

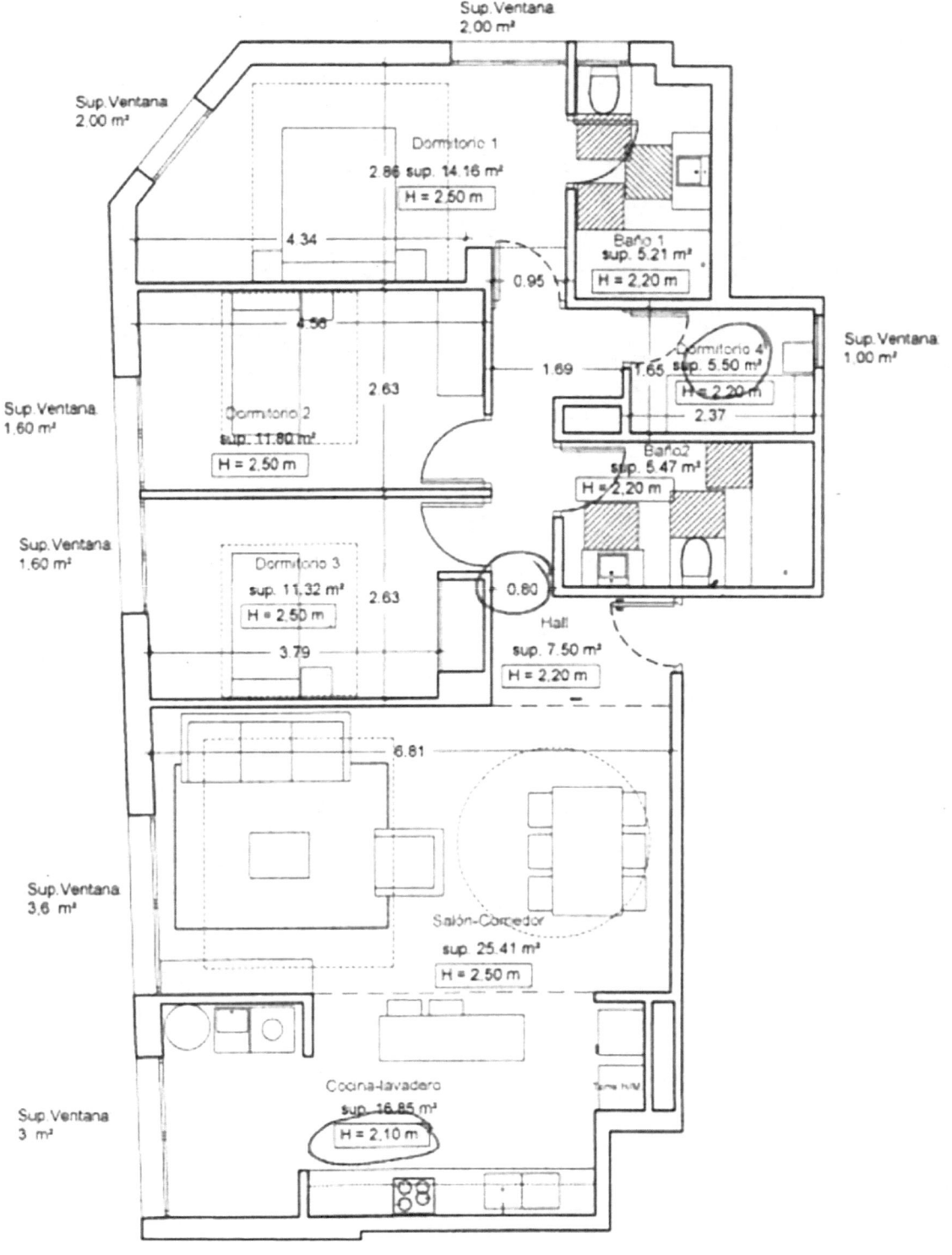

Sup. Ventana
2.00 m²

Sup. Ventana
2.00 m²

Dormitorio 1
2.86 sup. 14.16 m²
H = 2,50 m

4.34

4.56

0.95

Baño 1
sup. 5.21 m²
H = 2,20 m

1.69

1.65

Dormitorio 4
sup. 5.50 m²
H = 2,20 m

2.37

Sup. Ventana
1.00 m²

Sup. Ventana
1.60 m²

Dormitorio 2
sup. 11.80 m²
H = 2,50 m

2.63

Baño 2
sup. 5.47 m²
H = 2,20 m

Sup. Ventana
1.60 m²

Dormitorio 3
sup. 11.32 m²
H = 2,50 m

2.63

0.80

Hall
sup. 7.50 m²
H = 2,20 m

3.79

6.81

Sup. Ventana
3,6 m²

Salón-Comedor
sup. 25.41 m²
H = 2,50 m

Sup. Ventana
3 m²

Cocina-lavadero
sup. 16.85 m²
H = 2.10 m

316

RESOLUCIÓN

Si, como cabe suponer, las líneas que delimitan la rambla del Vinalopó delimitan su cauce o dominio público hidráulico, la vivienda solicitada se encontraría dentro de los 100 m de la zona de policía de esta rambla (ya que esta distancia se mide a partir del cauce, no del eje), lo que implicaría la necesidad de solicitar autorización al organismo de cuenca (art. 6 y 9 RDPH).

En referencia a las condiciones urbanísticas de la vivienda proyectada, cabe comentar que, en el art. 211 de la Normas Subsidiarias (NNSS) de Banyeres, encontramos los siguientes parámetros para vivienda unifamiliar en SNU común:

> Art. 211. Vivienda familiar.
> 1.- Las edificaciones que vayan a ser destinadas a vivienda familiar aislada, deberán cumplir los siguientes requisitos mínimos:
> a) Parcela mínima con superficie mayor de una hectárea por vivienda.
> b) La parcela deberá quedar afectada con inscripción registral de la vinculación de la total superficie real a la construcción.
> c) Separación mínima de 100 metros de los suelos urbano y urbanizable y una distancia mínima a linderos de la finca de 20 metros.
> d) Acceso directo a vial público, del que se separará la distancia preceptiva o como mínimo 20 metros.
> e) Altura máxima de 7 metros en dos plantas.
> f) Ocupación máxima por las construcciones del 2 por 100 de la superficie de la parcela.
> [...]

El art. 210.2 TRLOTUP establece que «Mientras no exista plan que lo autorice, no podrá edificarse con una altura superior a dos plantas [...]». Las NNSS podrían haber permitido más plantas, pero no es así, por lo que la vivienda para la que se solicita licencia no cumple ni las alturas ni la altura máxima. Por otra parte, el art. 211.1.b TRLOTUP establece, entre otras, estas condiciones para la vivienda aislada y famliar en SNU:

> 1.º Se permitirá, excepcionalmente, edificar en parcelas de perímetro ininterrumpido que, tanto en la forma como en la superficie, abarquen la mínima exigible según el planeamiento, que en ningún caso será inferior a una hectárea por vivienda.
> 2.º La superficie ocupada por la edificación no excederá nunca del 2 % de la superficie de la finca rústica; el resto de ella habrá de estar y mantenerse con sus características naturales propias o en cultivo. No obstante, el plan podrá permitir servicios complementarios de la vivienda familiar, sin obra de fábrica sobre la rasante natural, cuya superficie no exceda del 2 % de la superficie de la finca rústica en que se realicen.
> 3.º La edificación estará situada fuera de los cursos naturales de escorrentías y se respetarán las masas de arbolado existente y la topografía del terreno.

De nuevo el planeamiento podría haber establecido una parcela mínima mayor que una hectárea, pero mantiene el mínimo de la ley, con el matiz de que esta habla de «no será inferior a una hectárea», mientras que las NNSS dicen que «con una superficie mayor de una hectárea». En cualquier caso, la parcela tiene mucho más de una hectárea (10 046 + 14 296 = 24 342 m²), por lo que cumple sobradamente. Puesto que la parte de la parcela incluida en SNU común ya tiene de por sí más de una hectárea, no existe la duda de cómo proceder si esta parte fuera inferior a 10 000 m². Si lo fuera, y ante falta de regulación específica en el plan, puede haber dos interpretaciones de los técnicos municipales: que el requisito es que la construcción se encuentre en SNU común, pero no así que también cuente con una hectárea en este tipo de suelo, por lo que, si en lugar de 10 046 m² en SNU común, hubiera menos de 10 000 m², sería correcto mientras toda la parcela se vincule registralmente y se respeten los usos y afecciones derivados de la parte de la parcela que se encuentra en SNU protegido. Pero también es justificable la interpretación de que deba haber 10 000 m² en SNU común.

En el caso de la ocupación, el candidato sí que tenía que decidir entre la opción conservadora o más transigente acabadas de explicar: el 2 % es respecto al total de la parcela o respecto a la parte que se encuentra en SNU común. Si se cuenta la ocupación del total de la parcela, el 2 % que prescribe tanto el TRLOTUP como las NNSS se cumple sobradamente, ya que los 210 m² de ocupación de la vivienda proyectada están muy por debajo de $24\,342 \times 0,02 = 486,84$ m². Tampoco excede de esta última superficie la parte urbanizada de la parcela, incluida la piscina, por lo que se cumple la segunda parte del punto 2.º del art. 211.1.b. Si se cuenta solo la superficie de parcela en SNU común, la ocupación máxima sería de $10\,046 \times 0,02 = 200,92$ m², en cuyo caso no cumpliría.

En cuanto a linderos, se aprecia en el plano de situación que no se cumple la distancia de 20 m al frente que da al camino.

Sobre el cumplimiento de las DC-23, y teniendo en cuenta que el número de ocupantes es igual a 5 (art. 54.4), detectamos las siguientes deficiencias:

- La superficie del dormitorio 4 (5,5 m²) es inferior a la mínima (6 m²) establecida para dormitorio sencillo en la tabla 7. Tampoco se puede inscribir la figura mínima de mobiliario.
- La altura libre de la cocina (2,10 m) y del dormitorio 4 (2,20 m) no cumple la mínima prescrita por el art. 55 (2,35 m y 2,50 m respectivamente).
- La anchura del pasillo (0,80 m) no alcanza el mínimo de 0,90 m que dispone el art. 51.2.a y no cumple las condiciones para exceptuarse.
- La superficie de la ventana que ilumina el estar-comedor (3,60 m²) no alcanza el 15 % de la superficie de dicha estancia ($25,41 \times 0,15 = 3,81$ m²), ya que la profundidad de esta es mayor de 4 m. Lo mismo ocurre en el dormitorio 2 (1,60 m² < ($11,80 \times 0,15 = 1,77$ m²). Todo ello, en atención a lo dispuesto en la tabla 13.

Administración	AYUNTAMIENTO DE ALAQUÀS
Tipo de plaza	FUNCIONARIO DE CARRERA
Año de convocatoria	2022
Observaciones	

CASO PRÁCTICO N.º 1

Por la sección de contratación del Ayuntamiento se participa a la unidad técnica de Urbanismo que el concejal delegado está interesado en la redacción de un proyecto técnico de edificación de un edificio que albergará la brigada municipal de obras para uso de los servicios municipales.

Redacte un informe explicativo del contenido mínimo exigible del proyecto técnico de obras, hasta la fase de aprobación administrativa.

RESOLUCIÓN

Puesto que no pregunta por otros documentos, como el estudio básico de seguridad y salud, solo habría que enumerar el contenido detallado en el anejo I de la parte I del CTE.

CASO PRÁCTICO N.º 2

Se pretende la instalación de una actividad industrial, en un establecimiento industrial de una superficie construida de 500 m^2.

1.- La solicitud de licencia de obras viene acompañada de proyecto básico, ¿es obligatorio que el estudio de seguridad y salud forme parte del citado proyecto?, ¿y que el estudio de gestión de residuos de construcción y demolición esté incluido en el mismo?

2.- De conformidad con el Real Decreto 1000/2010, de 5 de agosto, ¿resulta obligatorio obtener el visado colegial el proyecto básico aportado?

3.- ¿Las condiciones de protección contra incendios de la zona administrativa de superficie construida inferior a 250 m^2 serán, en su caso, las que establezca el DB SI?

4.- ¿Cada cuántos metros como máximo debe situarse un extintor como norma general?

5.- Si el establecimiento en cuestión posee una ocupación inferior a 25 personas y una salida, ¿cuál es la longitud máxima permitida del recorrido de evacuación?

6.- ¿En la zona destinada a oficinas sería de aplicación las condiciones que se establecen en el DB SUA?

7.- Caso de ser necesaria la ejecución de rampa accesible por el desnivel existente con la vía pública, ¿se podría plantear en zona de oficinas una rampa de 4 metros de longitud con una pendiente del 10 % en cumplimiento de DB SUA?

8.- Caso de necesitar ampliar el número de aparatos receptores en la instalación de agua, ¿qué secciones del documento básico DB-HS del CTE le serían de aplicación?

9.- En relación con la calidad del aire interior, ¿le sería de aplicación el documento básico DB HS-3 para la zona destinadas a oficinas?

10.- Para la construcción de un edificio industrial, de conformidad con la Ley 38/1999, de 5 de noviembre, de Ordenación de la Edificación, en el caso que el director de obra tenga la titulación académica y profesional habilitante de arquitecto, ¿qué titulación habilitante debe ser la del director de la ejecución de obra?

RESOLUCIÓN

1. El estudio de seguridad y salud forma parte del proyecto de ejecución (art. 5.3 del RD 1627/1997), por tanto, no es obligatorio aportarlo junto al proyecto básico. En cuanto al estudio de gestión de residuos, sí que cabe presentar cierta documentación con el proyecto básico, concretamente la señalada en el art. 4.2 del RD 105/2008.

2. No, solamente del de ejecución y del certificado final de obra (art. 2.a y b del RD 1000/2010).

3. Si la zona administrativa es inferior a 250 m², las condiciones de protección contra incendios NO se regulan por el DB SI, sino por el *Reglamento de seguridad contra incendios en los establecimientos industriales* (RD 2267/2004), como el resto del edificio industrial (art. 3.2.b de dicho reglamento).

4. 15 m (punto 8.4 anexo III RD 2267/2004).

5. 50 m si el establecimiento es de riesgo bajo y 35 m si es de riesgo medio (punto 6.3.2 anexo II RD 2267/2004).

6. Así es: en el último comentario del apartado II, «Ámbito de aplicación», del DB SUA, se especifica que «En las zonas de actividad no industrial de los edificios industriales se deben aplicar las condiciones que se establecen en este DB para dichas zonas».

7. No, la longitud máxima de tramo para rampa con pendiente del 10 % en itinerario accesible es 3 m (4.3.1.1.a DB SUA 1).

8. HS 4, Suministro de agua.

9. No. Según el punto 1.1 del DB HS 3, para dicho uso, sería de aplicación el RITE.

10. La de arquitecto técnico, según la última frase del segundo párrafo del art. 13.2.a de la Ley 38/1999.

Administración	**GENERALITAT VALENCIANA**
Tipo de plaza	FUNCIONARIO DE CARRERA
Año de convocatoria	2022
Observaciones	

PREGUNTA 1: URBANISMO

Un municipio está redactando un plan de reforma interior (PRI) para ordenar pormenorizadamente un sector de suelo urbano industrial y cambiar su uso a uso dominante residencial. El ámbito delimitado por el PRI está atravesado en la zona norte por un vial perteneciente a la red primaria viaria municipal expropiado y ejecutado por el ayuntamiento en el año 2022.

EDG DEL ÁREA URBANA HOMOGÉNEA	0,72
SUPERFICIES Y EDIFICABILIDADES	
SUPERFICIE TOTAL DEL SECTOR (m^2 suelo)	95.000,00
SUPERFICIE RED PRIMARIA VIARIA PCV (m^2 suelo)	3.250,00
VIVIENDAS TOTAL	510
HABITANTES ESTIMADO	1.275
VIVIENDAS POR HECTÁREA	53,68
Índice de edificabilidad bruta (m^2 t / m^2 s)	0,90
Índice de edificabilidad residencial (m^2 t / m^2 s)	0,80
Índice de edificabilidad terciaria (m^2 t / m^2 s)	0,10
DOTACIONES DE RED SECUNDARIA	
ZONAS VERDES (m^2)	21.500,00
EQUIPAMIENTOS (m^2)	8.300,00
VIARIO Y APARCAMIENTO (m^2)	12.000,00
PLAZAS DE APARCAMIENTO DE USO PÚBLICO	532
DOTACIONES DE RED PRIMARIA	
SUPERFICIE RED PRIMARIA VIARIA PCV (m^2)	3.250,00
SUPERFICIE RED PRIMARIA VERDE PVJ (m^2)	7.200,00

A partir de los datos indicados, conteste y justifique las preguntas siguientes:

1. ¿Cuál es el órgano ambiental que se debe pronunciar en la tramitación del PRI y el órgano sustantivo competente para su aprobación definitiva? (0,5 puntos)

2. ¿Cuál es la superficie computable del PRI y para qué se utiliza dicho concepto? (0,5 puntos)

3. ¿Cuál es la edificabilidad bruta total, residencial y terciaria determinadas en el PRI? (0,5 puntos)

4. ¿Cuáles son los estándares urbanísticos mínimos de cesión de suelo dotacional público que debe cumplir el PRI? (0,75 puntos)

5. ¿Cumple el PRI los citados estándares urbanísticos mínimos de cesión de suelo dotacional público? (0,75 puntos)

RESOLUCIÓN

1. El establecimiento del uso dominante pertenece a la OE (art. 27 TRLOTUP), por lo que el cambio de uso de un uso dominante a otro afecta a la OE. Por tanto, el órgano ambiental es el autonómico dependiente de la conselleria competente en medioambiente, mientras que el órgano sustantivo es la conselleria competente en urbanismo, en atención a lo dispuesto en el art. 49.1 y 44.3.c respectivamente.

2. En atención a las exclusiones que, de la superficie del sector, cabe realizar para obtener la SCS (punto 1.2, apartado IV, anexo IV TRLOTUP), no computamos la RP ya ejecutada, por lo que:

$$SCS = 95\ 000 - 3250 = \mathbf{91\ 750\ m^2 s}$$

La SCS es el ámbito superficial al que se le aplican los índices de edificabilidad para obtener la edificabilidad; asimismo, también se le aplican ciertos porcentajes para obtener algunos estándares dotacionales.

3. Aplicamos a la SCS los diferentes índices de edificabilidad a fin de obtener las correspondientes edificabilidades:

$$EB = 91\ 750 \times 0,90 = \mathbf{82\ 575\ m^2 t}$$
$$ER = 91\ 750 \times 0,80 = \mathbf{73\ 400\ m^2 tr}$$
$$ET = 91\ 750 \times 0,10 = \mathbf{9175\ m^2 tt}$$

4. Como el enunciado no aporta datos complementarios de la modificación que nos haga pensar que debamos exceptuar los estándares de dotaciones (al tratarse de SU), aplicamos el régimen general esquematizado en el anexo de estándares del presente manual:

$$\text{Sup. ZV} + EQ = (35 \times 73\ 400) / 100 + (4 \times 9175) / 100 = 25\ 690 + 367 = \mathbf{26\ 057\ m^2 s}$$

De esta superficie, al menos debe haber:

$$\text{Sup. ZV} = (15 \times 73\ 400) / 100 + (4 \times 9175) / 100 = 11\ 010 + 367 = \mathbf{11\ 377\ m^2 s}$$

Plazas de aparcamiento:

$$\text{Públicas} = 0{,}25 \times 1275 \simeq 319$$
$$\text{Privadas} = 0{,}50 \times 1275 \simeq 638$$

En puridad, cabría sumar las plazas correspondientes a la ET, cuyo número se extrae en función del uso terciario; como no nos facilitan más datos, adoptamos «otros usos terciarios» (1 plaza/100 m²tt):

$$\text{Públicas} = 9175 \ / \ 100 \simeq 92$$
$$\text{Privadas} = 9175 \ / \ 100 \simeq 92$$

Plazas de aparcamiento totales:

$$\text{Públicas} = 319 + 92 = \mathbf{411}$$
$$\text{Privadas} = 638 + 92 = \mathbf{730}$$

5. La superficie de zonas verdes de RS del PRI es de 21 500 m²s, muy superior a los 11 377 m²s mínimos, por lo que cumple. La suma de ZV + EQ del PRI es de 21 500 + 8300 = 29 800 m²s, también superior a los 26 057 m²s antes obtenidos, por tanto, también cumple. Finalmente, como las plazas de aparcamiento públicas previstas por el PRI son 532 y las mínimas calculadas anteriormente son 411, cumple este estándar dotacional.

PREGUNTA 2: PATRIMONIO CULTURAL puntuación total: 3 puntos

El personal arquitecto-inspector de la Dirección Territorial de Educación, Cultura y Deporte de Valencia está revisando e informando sobre el plan especial de protección de una iglesia que tiene una declaración singular como bien de interés cultural (BIC), en la categoría de monumento. Esta declaración se publicó en la *Gaceta de Madrid* en 1931 y no consta publicado ningún entorno de protección del bien. La iglesia se sitúa en un ámbito urbano.

En el plano siguiente se puede ver el BIC y el entorno propuesto por los redactores del plan especial (señalado con línea verde):

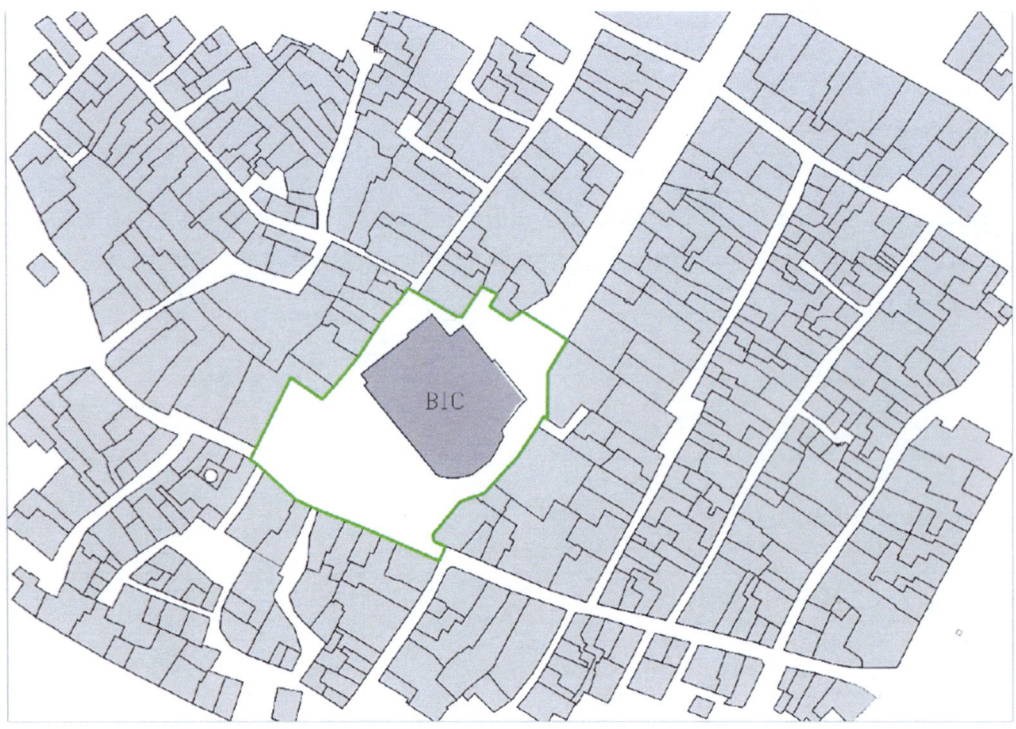

Por otra parte, algunos de los artículos dispuestos en la normativa de protección del plan especial que se propone son estos:

> Artículo 15
> El ayuntamiento podrá otorgar licencia de derribo para los edificios incluidos en el entorno de protección si la persona interesada lo solicita por razones justificadas.

> Artículo 16
> Se permite la publicidad exterior en el espacio público incluido en el ámbito del plan, en cualquiera de sus formatos y soportes.

1. Informe sobre la idoneidad del entorno propuesto en relación a lo dispuesto en el art. 39 de la Ley 4/98, de 11 de junio, del patrimonio cultural valenciano (en adelante LPCV). Justifique la respuesta. En el caso de que dicho entorno no cumpla con lo establecido en dicho artículo, dibuje una propuesta de entorno que sí que se adapte al mismo. Justifique la respuesta (1,25 puntos).

2. Informe sobre si los artículos de la normativa de protección propuesta en el plan especial de protección se ajustan a lo dispuesto en el art. 39 de la LPCV para los planes especiales de protección. Justifique la respuesta (1,75 puntos).

RESOLUCIÓN

1. El art. 39.3.b.1 Ley 4/1998 establece los elementos que se incluyen en el entorno de protección de monumentos en ámbitos urbanos, como es el que nos ocupa. En primer lugar, se habla de las «Parcelas que limitan directamente con la que ocupa el bien, y en las que cualquier intervención que se realice pueda afectarlo visual o físicamente». El bien es una

única manzana que limita directamente con espacio público, por lo que no tiene parcelas colindantes propiamente dichas. En segundo lugar, han de incluirse las «Parcelas recayentes al mismo espacio público que el bien y que constituyen el entorno visual y ambiental inmediato […]». Así pues, deben incluirse todas las parcelas cuyo frente da a la plaza en que se ubica la iglesia, circunstancia no tenida en cuenta por los redactores del PEP.

En tercer lugar, hay que incluir los «Espacios públicos en contacto directo con el bien y las parcelas enumeradas anteriormente y que constituyen parte de su ambiente inmediato, acceso y centro del disfrute exterior del mismo». Evidentemente la plaza se incluye en el entorno, y este es el único elemento que habían previsto los redactores. Parece evidente que cabe considerar, como espacio público en contacto directo con el bien, la calle más ancha al norte y que tiene como visual final la iglesia. Las parcelas que dan a dicha calle se incluyen en el entorno porque desde el inicio de aquella se tiene como hito final el monumento, así que las fachadas que conforman la calle afectan a su percepción. Lo que plantea más dudas son las varias callejuelas o bocacalles que afluyen a la plaza ya que, desde ellas, apenas se percibe la iglesia.

Esto tiene relación con el cuarto punto: «Espacios, edificaciones o cualquier elemento del paisaje urbano que, aun no teniendo una situación de inmediatez con el bien, afecten de forma fundamental a la percepción del mismo o constituyan puntos clave de visualización exterior o de su disfrute paisajístico». La propuesta de delimitación que se muestra a continuación es más bien conservadora, ya que se ha incluido, al menos, el primer tramo de todas las calles que dan a la plaza, pero entendemos que sería razonable excluir, por ejemplo, las dos calles de dirección noroeste-sureste (así como las parcelas que dan a ellas que no estén en contacto directo con la plaza) porque desde estas no hay vista directa a la iglesia. Véase el supuesto 2 del proceso del Ayuntamiento de Alicante (oposición, pág. 258).

2. Entendemos que el artículo 15 del PEP está incompleto, ya que debería obligar a la simultánea solicitud de licencia de edificación sustitutoria, tal y como exige el segundo párrafo art. 39.2.f Ley 4/1998 por remisión del art. 39.3.c.

El artículo 16 del PEP se ajusta menos aún al art. 39.2, en este caso la letra l (también por remisión del art. 39.3.c), ya que permite la publicidad exterior en el espacio público incluido en el entorno de protección, en cualquiera de sus formatos y soportes, mientras que la mencionada letra l dispone expresamente que «El Plan prohibirá la publicidad exterior en cualquiera de sus formatos y soportes de fijación [...]».

PREGUNTA 3: CONTRATOS DEL SECTOR PÚBLICO puntuación total: 3 puntos

La Conselleria de Justicia se dispone a licitar un contrato de obras para reformar un edificio contiguo a los juzgados de un municipio de la Comunitat Valenciana para ampliar las dependencias administrativas existentes.

Las obras, que está previsto que se ejecuten en 10 meses, incluyen, entre otros trabajos, la renovación completa de instalaciones, reparaciones estructurales, actuaciones sobre la envolvente para solucionar problemas de aislamiento y humedades importantes, actuaciones para mejora de la eficiencia energética, y obras para mejora de accesibilidad. El pliego de cláusulas administrativas particulares recoge la posibilidad de modificar el contrato según lo establecido en la Ley 9/2017, de contratos del sector público (en adelante LCSP), hasta un máximo del 20 % del precio inicial.

Realizado el proyecto para acondicionar dicho local, se establece un presupuesto de ejecución material (PEM) de 325 550 euros.

1. Calcule el valor estimado y el presupuesto base de licitación. Justifique la respuesta (1,5 puntos).

2. ¿Debe el órgano de contratación solicitar para dicho contrato un informe de supervisión del proyecto a la unidad de supervisión correspondiente? Justifique la respuesta (0,50 puntos).

3. Realizada la adjudicación del contrato por un precio de adjudicación de 345 220 euros, IVA excluido, cuando se ha ejecutado el 15 % del objeto del contrato, la administración desiste de continuar. ¿Cuáles serían los efectos de dicha resolución para el contratista a efectos de pago o indemnización, según lo establecido en la LCSP? Justifique la respuesta (1 punto).

RESOLUCIÓN

1. En general, PBL = PEC + IVA (art. 100.1 LCSP). Adoptando 13 % PEM como porcentaje de gastos generales y 6 % PEM como el de beneficio industrial:

$$PEC = PEM \times 1,19 = 325\ 550 \times 1,19 = 387\ 404,50\ \text{€}$$
$$PBL = PEC \times 1,21 = 387\ 404,50 \times 1,21 = \mathbf{468\ 759,45\ \text{€}}$$

En cuanto al VE, hay que tener en cuenta las modificaciones posibles, que se tienen que sumar al PEC y que, en este caso, constituyen un 20 % de este. El resultado hay que darlo sin IVA (art. 101 LCSP):

$$VE = PEC \times 1,20 = 387\ 404,50 \times 1,20 = \mathbf{464\ 885,40\ \text{€}}$$

2. El PBL es inferior a 500 000 €, por lo que no existe obligación directa de emisión del informe (art. 235 LCSP). No obstante, como el mencionado artículo dispone, si las obras afectan a la estabilidad, seguridad o estanqueidad de la obra, el informe es preceptivo con independencia del PBL. En el supuesto que nos ocupa, parece claro que la reforma afecta, cuando menos, a la estanqueidad, por lo que sí que cabe recabar el informe de supervisión.

3. Según el art. 246.4 LCSP:

> En caso de desistimiento una vez iniciada la ejecución de las obras, o de suspensión de las obras iniciadas por plazo superior a ocho meses, el contratista tendrá derecho por todos los conceptos al 6 por cien del precio de adjudicación del contrato de las obras dejadas de realizar en concepto de beneficio industrial, IVA excluido, entendiéndose por obras dejadas de realizar las que resulten de la diferencia entre las reflejadas en el contrato primitivo y sus modificaciones aprobadas y las que hasta la fecha de notificación del desistimiento o de la suspensión se hubieran ejecutado.

Así pues, la administración debe compensar al contratista con el 6 % del importe que queda por ejecutar, es decir, el 85 % del precio de adjudicación:

$$\text{Indemnización} = 0,06 \times 0,85 \times 345\ 220 = \mathbf{17\ 606,22\ \text{€}}$$

PREGUNTA 4: SEGURIDAD EN CASO DE INCENDIO. DB-SI puntuación total: 3 puntos

En el anteproyecto de un centro de hospitalización promovido por la GVA, se ha presentado el esquema de planta adjunto y, considerando los datos que recoge, compruebe el cumplimiento o incumplimiento del DB-SI-3: evacuación de los ocupantes.
Debe indicar necesariamente la dimensión mínima de las puertas y pasos (p1, p2, p3 y p4) y pasillos en los recorridos de evacuación, no siendo necesario comprobar el resto del apartado 6 (puertas situadas en recorridos de evacuación), el 7 (señalización de los medios de evacuación) y 8 (control del humo de incendio), supuestamente satisfechos, al igual que el resto del DB-SI.

Datos adicionales:

-Edificio de exclusivo uso hospitalario PB + 3, siendo las 3 superiores idénticas al esquema.
-Altura de evacuación de la planta 2.ª considerada: 15 m.

-La salida del edificio se produce en planta baja, que se considera sector de riesgo mínimo en su totalidad.

-Superficie de la planta menor de 1500 m².

Nota:

-Las líneas se suponen sin espesor para las cotas indicadas y su grosor es indicativo de sectorización de incendios y/o fachada exterior.

-El plano puede no estar a escala, por lo que se han acotado las dimensiones más significativas y no se considera necesario medir sobre él.

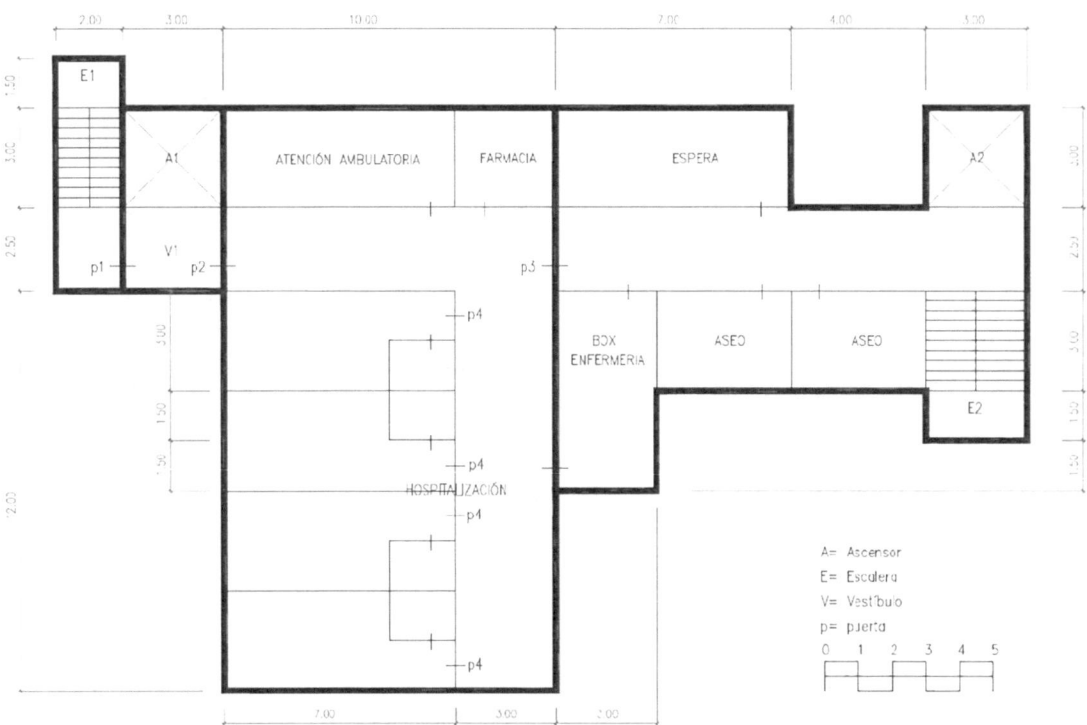

RESOLUCIÓN

En primer lugar, cabe determinar el uso del edificio en atención a la definición de uso hospitalario dada por el anejo A del DB-SI. Puesto que el enunciado habla de «centro de hospitalización» y, de hecho, se observan en el esquema cuatro habitaciones, cabe asignar, en general, aquel uso al edificio.

Como la dimensión mínima de puertas y pasos es función de la ocupación (tabla 4.1 DB-SI 3), debemos determinar en segundo lugar las densidades de ocupación según el uso y la superficie, para lo cual hemos confeccionado la siguiente tabla:

328

Espacio	Superficie (m²)	Densidad (m²/pers.)	Ocupación (pers.)
Sector de incendios de la izquierda			
Hospitalización	84	15	6
Atención ambulatoria	21	10	3
Farmacia	9	Nula[26]	0
SUBTOTAL			9
Sector de incendios de la derecha			
Sala de espera	21	2	11
Box enfermería	18	Nula[26]	0
Aseos	24	3	0[27]
SUBTOTAL			11
Pasillos y vestíbulos	117	2	0[27]
TOTAL			20

Suponiendo inutilizada una de las dos salidas, el pasillo compartido por ambos sectores, así como las puertas p1 y p2, debe estar preparado para evacuar la totalidad de ocupantes (20), mientras que el pasillo a que dan las habitaciones evacúa solo los ocupantes de estas (6). La puerta p3 evacuará los ocupantes de un sector a otro (11 como máximo). No obstante, como estas ocupaciones (P) son tan exiguas, al aplicarlas a la fórmula de la mencionada tabla 4.1 relativa a la anchura mínima (A) de puertas y pasillos, $A \geq P/200 \geq 1,05$ m (puertas) o $2,20$ m (pasillos), los resultados que se obtienen no llegan a esos mínimos de 1,05 m y 2,20 m, por lo que son estos los que operan y constituyen la respuesta al supuesto.

Finalmente, las puertas p4 no se encuentran en recorrido de evacuación porque el origen de evacuación en las habitaciones no se halla en su interior al no tener una densidad superior a 1 persona/5 m² ni tener una superficie superior a 50 m² (ver definición de *origen de evacuación*), por lo que su anchura mínima solo tiene que cumplir el mínimo de 1,05 m que señala la nota 2 de la tabla 4.1 DB-SI 3.

PREGUNTA 5: ACCESIBILIDAD puntuación total: 3 puntos

La GVA pretende construir la planta siguiente, cumpliendo con las condiciones de accesibilidad generales y de todos los distintos itinerarios posibles, conforme al Decreto 65/2019, de regulación de la accesibilidad en la edificación y en los espacios públicos, y al DB-SUA (seguridad de utilización y accesibilidad). Realice la comprobación justificando motivadamente lo que se cumple y lo que no de ambas normativas para esta consideración, según la información aportada (datos adicionales y plano). Se supone que las condiciones de señalización están correctamente satisfechas.

[26] Desconocemos el funcionamiento real de estos espacios, hemos supuesto que la ocupación es ocasional; si hubiera un trabajador normalmente asignado al espacio, habría que contarlo como ocupante.

[27] En cuanto a la simultaneidad, no se tiene en cuenta la ocupación de pasillos, vestíbulos y aseos, ya que los ocupantes serían los mismos que los del resto de espacios.

Datos adicionales:

-Todos los sanitarios están apoyados en el suelo.
-Por exigencia legal de obligado cumplimiento debe haber servicios higiénicos accesibles.
-Accesibilidad universal posible.
-Modificación total de la planta baja.
-Se cumplen las condiciones de señalización e iluminación.
-Planta baja más 4, de uso administrativo con una superficie útil total menor a 1000 m².
-Superficie de la planta de uso administrativo para atención al público mayor de 100 m².

Nota:

-El plano puede no estar a escala, por lo que se han acotado las dimensiones más significativas y no se considera necesario medir sobre él.
-Las hojas de las puertas se suponen sin espesor.

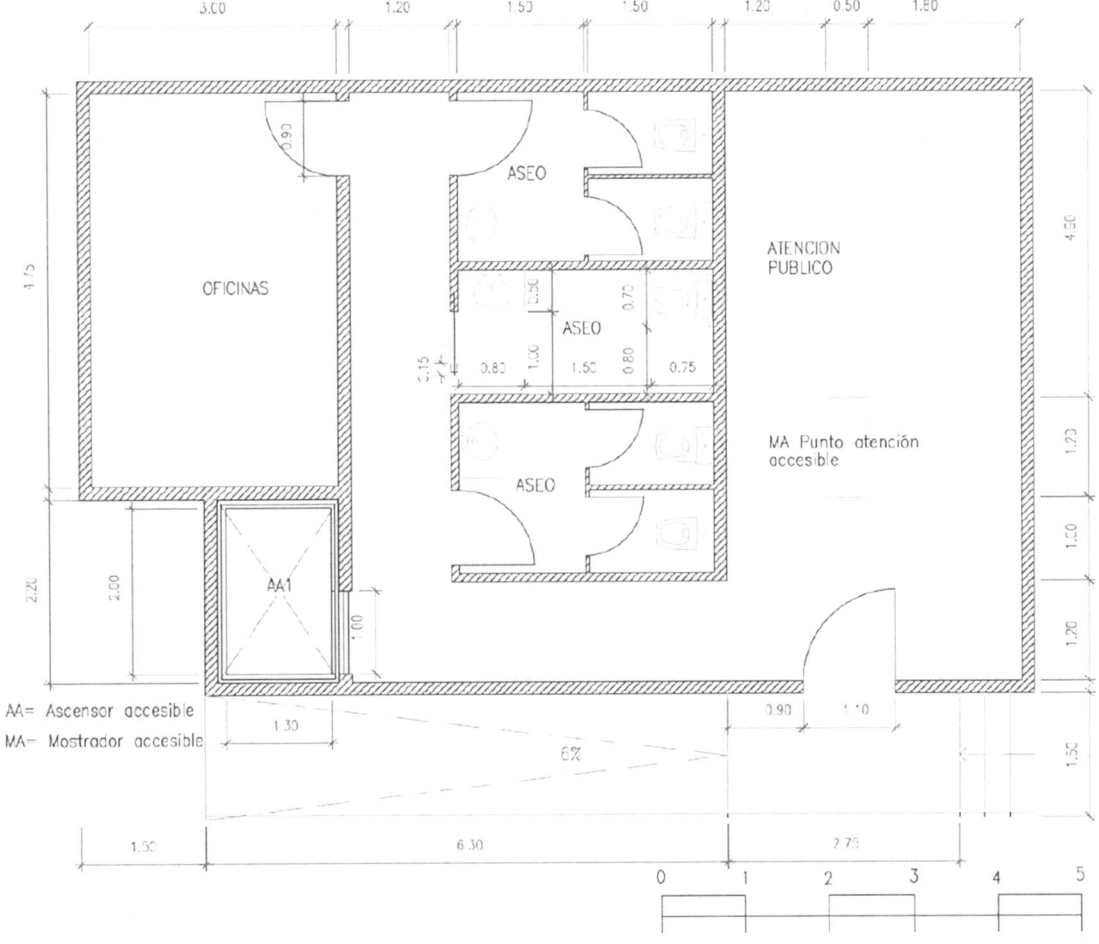

RESOLUCIÓN

El enunciado pide comprobar las condiciones de accesibilidad del D 65/2019 y del DB SUA-9, lo que haremos a la vez, porque se asemejan bastante o se complementan. En el caso del decreto autonómico, hay que atenerse al contenido del capítulo II del título I, «Accesibilidad en la edificación de nueva construcción de uso distinto al residencial vivienda».

Así, tanto el art. 15 D 65/2019 como el punto 1.1.1 DB SUA-9 establecen que debe haber un itinerario accesible que comunique una entrada principal al edificio con la vía pública y con las zonas comunes exteriores, es decir, que la entrada principal al edificio sea accesible (tal y como explicita el decreto). Para esta comprobación, debemos acudir a las condiciones del itinerario accesible dispuestas en su definición en el anejo A del DB SUA-9, las cuales se complementan con las del art. 19.b D 65/2019. Vemos que el desnivel en la entrada principal propuesta del edificio se salva a través de una rampa del 6 % y longitud 6,30 m, lo cual cumple con lo establecido en el apartado 4.3.1.a DB-SUA 1, así como con el 4.3.2.1 (en el sentido de que la longitud de la rampa no excede los 9 m). En lo referente a la anchura de la rampa propuesta (1,50 m), esta cumple igualmente el mínimo de 1,20 m estipulado por 4.3.2.3 y la longitud de 1,20 m, en la dirección de la rampa, con que ha de contar al principio y al final del tramo. No obstante, una de las condiciones para las mesetas de las rampas es que «No habrá [...] puertas situadas a menos de 40 cm de distancia del arranque de un tramo. Si la rampa pertenece a un itinerario accesible, dicha distancia será de 1,50 m como mínimo», por lo que son insuficientes los 0,90 m previstos entre la puerta y el inicio del tramo superior.

En lo concerniente a accesibilidad entre plantas del edificio, el edificio cuenta con ascensor accesible, el cual es obligatorio por todas las razones enumeradas en el art. 16 D 65/2019 y punto 1.1.2.2 DB SUA-9.

En cuanto a la accesibilidad en la planta propuesta, según el art. 17 del decreto y 1.1.3.2 del DB, el itinerario accesible comunica la entrada accesible con:

- Las zonas de uso público, que en este supuesto lo conforma el espacio de atención al público.
- Todo origen de evacuación: la duda es si las oficinas tienen origen de evacuación en su interior o se exceptúan por tener ocupación y superficie que no exceda de 1 persona/5 m² y 50 m² respectivamente, según la definición del anejo A del DB-SI. De acuerdo con la tabla 2.1 del DB-SI 3, a las zonas de oficinas se les asigna 10 m²/persona. Puesto que tanto la densidad como la superficie son inferiores a las de la antedicha definición, no existe origen de evacuación en el interior de las oficinas. De todas maneras, a efectos de la comprobación del itinerario accesible, no habría tenido importancia que cualquier punto del interior fuera origen de evacuación, ya que no se han dibujado en el plano mobiliario o elementos que dificulten el paso. No obstante lo dicho, el segundo párrafo del art. 17.b establece que «En aquellas zonas de uso privado en las que el CTE considera que el origen de evacuación está en el exterior de dichas zonas [...], las puertas de acceso a estos recintos deberán cumplir las condiciones que se establecen para las puertas de un itinerario accesible». Por tanto, el acceso de las oficinas ha de ser accesible. Cabe recordar que, aunque sea un edificio de una administración pública, a los efectos del DB SUA, sus oficinas son de uso privado porque sus usuarios no son público en general (ver definición del anejo A).

- Los elementos accesibles, que en el caso que nos ocupa se restringen al aseo accesible y el ascensor.

Empecemos por las puertas, incluida la de la entrada al edificio: según las condiciones del anejo A DB SUA, la anchura libre de paso sería igual o mayor que 0,80 m, pero el art. 19 D 65/2019 es más restrictivo e impone un mínimo de 0,90 m, lo cual se cumple en las tres puertas que hay que comprobar (acceso al edificio, aseo accesible y oficinas). Para la entrada principal y la puerta de las oficinas se cumple también que posean, en ambas caras, un espacio horizontal de diámetro mínimo 1,20 m, libre del barrido de las hojas. Pero no se cumple en la cara interior del aseo accesible ni tampoco cumple que el mecanismo de apertura se encuentre por lo menos a 0,30 m del rincón.

Por su parte, el espacio para giro ha de ser de diámetro mínimo 1,50 m, libre de obstáculos, lo cual no se cumple frente al ascensor. Por su parte, la anchura de los pasos y pasillos del edificio sí que se ajusta a las condiciones de lo establecido en la definición de itinerario accesible, ya que tienen una anchura de 1,20 m.

En lo que respecta al punto de atención accesible, el D 65/2019 (art. 18.c) dispone unas condiciones cualitativas, mientras que el anejo A DB-SUA son más bien cuantitativas. De las primeras, se cumple que el punto de atención quede integrado en el mobiliario de uso general y no quede en un espacio residual, pero puede que se encuentre demasiado expuesto en la zona de circulación. La anchura del plano de trabajo prevista en el plano (0,50 m) es inferior a la establecida en el anejo A (0,80 m).

Otro elemento accesible que cabe comprobar es el ascensor: al ser la superficie útil del edificio menor de 1000 m² y contar el ascensor con una sola puerta, las dimensiones de la cabina han de ser 1,00 m × 1,25 m, lo cual se cumple sobradamente por el ascensor previsto.

Finalmente, referente al aseo accesible, debemos comprobar, por una parte, la dotación y, por otra, las condiciones dimensionales. La dotación ha de ser de 1 aseo accesible por cada 10 unidades o fracción de inodoros instalados (tabla 4 D 65/2019 y 1.2.6.1.a DB-SUA 9); como existen 4 inodoros, solo se precisa un aseo accesible, o sea, que cumple. De la definición de *servicios higiénicos accesibles* del anejo A DB-SUA, vemos que también cumple que la puerta sea corredera, la anchura del lavabo y, aparentemente, el espacio para giro de diámetro 1,50 m. En cambio, el lavabo no debería apoyar sobre el suelo y el inodoro debería tener espacio de transferencia a ambos lados por ser uso público. Además, parece que falta una barra de apoyo.

2.5. Otros ejercicios

Administración	**AYUNTAMIENTO DE VALÈNCIA**
Tipo de plaza	FUNCIONARIO DE CARRERA
Año de convocatoria	2006
Observaciones	

EJERCICIO 1

PREÁMBULO

Cumplidas de forma diferente a la inicialmente prevista en el Plan General de Ordenación Urbana de Valencia las necesidades de oficinas administrativas municipales, previstas ahora su ubicación en la rehabilitación del edificio Tabacalera, y asimismo puesta en marcha la rehabilitación del edificio de la cárcel Modelo para oficinas de la administración autonómica y otros servicios de la misma, no parece necesario mantener la calificación de sistema general de servicio público administrativo GSP-4 correspondiente al ámbito de ficha de planeamiento de desarrollo del PGOU en suelo URBANO T-10 (manzana 2 en la modificación del PGOU, MESTALLA) por cuanto es ahora tan solo la Administración Central la que puede y tiene demanda de suelo en algún caso concreto para la ubicación de oficinas administrativas de su competencia.

En consecuencia el Ayuntamiento se propone modificar en la próxima revisión del PGOU la calificación y usos del citado ámbito para satisfacer otros usos y modificar el régimen de propiedad del suelo para pasar a ser de propiedad municipal patrimonial (todo ello con los equilibrios de los estándares dotaciones pertinentes en el ámbito correspondiente) y así posibilitar la construcción en parte de dicho ámbito de viviendas de VPO, ello voluntariamente a modo de ejemplaridad en la línea de los objetivos de la reciente Ley 8/2007 de Suelo de la Jefatura del Estado.

Para ello, y creando previamente un vial de 15 m de anchura al sur de los edificios de la Confederación Hidrográfica del Júcar y la Conselleria de Infraestructuras, se conforma una parcela de calificación EDA de 170 × 60 metros, una edificabilidad de 1,6 m^2t/m^2s y usos compartidos de vivienda de VPO, dotacional administrativo para la administración central y un equipamiento dotacional educativo de educación especial no atendido en los varios colegios del barrio.

Estos usos y edificabilidad se confía su concreción a la elaboración de un ESTUDIO DE DETALLE, que es en definitiva el objeto del ejercicio a desarrollar, si bien con la particularidad de que, haciendo uso de la figura del derecho de superficie, ahora más y mejor regulado en la nueva ley del suelo estatal (art. 35 y 36) previo al desarrollo y ejecución de la edificabilidad del vuelo, por el Ayuntamiento se construirá en la totalidad del ámbito de la parcela varios sótanos para uso de aparcamiento, lo que hará que por su tamaño los sótanos dejarán de ser construcciones complementarias para ser verdaderos edificios subterráneos (tan poco regulados en la normativa) que económicamente compensará los ajustados (o casi nulos) beneficios derivados de la construcción de viviendas VPO.

Así las cosas, la conjunción de todos estos objetivos precisa desarrollar junto con el estudio de detalle un esbozo de los proyectos de edificación para que a modo de proyecto único haga viable el máximo aprovechamiento del subsuelo con ocupación máxima del 100 % y consumo de edificabilidad mínima de 0 %, preparando las cimentaciones y estructuras de los sótanos para recibir las estructuras de los edificios sobre rasante.

OBJETO CONCRETO DEL EJERCICIO

A) Ordenar y definir a nivel de estudio de detalle la parcela-manzana reseñada con el señalamiento de alineaciones y la ordenación de volúmenes tanto gráficamente como con las precisas memorias justificativas, ajustándose a las exigencias de la legislación urbanística (art. 79 de la Ley 16/2005 Urbanística Valenciana, art. 190 y ss. del Reglamento de O y GTU, Decreto 67/2006 y los art. 2.15 y 6.25.10 de las Normas Urbanísticas del PGOU).

B) Esbozar la edificación correspondiente a la edificación de viviendas de VPO con al menos una planta esquemática de organización de las unidades de viviendas por planta en sus posibles distintos tamaños, los núcleos de comunicación vertical y detalle de distribución de una de dichas viviendas.

Datos:

Superficie de parcela: 10 200 m²s (170 × 60 m)
Edificabilidad: 1,6 m²t/m²s
Ocupación máxima de parcela: 50 %
Asignación de edificabilidad:
 Edificio de viviendas VPO: 7320 m²t
 Edificio dotacional administrativo: 8000 m²t
 Edificio dotacional educativo: 1000 m²t
 Subsuelo: aparcamiento en 4 sótanos totalidad parcela.
Número de plantas y altura de cornisa:
 Edificio viviendas: máximo 6 plantas. Hc = 5,30 × 2,90 Np.
 Edificio administrativo: máximo 12 plantas. Hc = 5,30 + 4 Np.
 Edificio educativo: 1 planta. Hc = 5,30.
Parcela mínima: no se establece por cuanto no se producirá segregaciones, ya que se establecerá derecho de superficie para los vuelos de los edificios, si bien el edificio de viviendas de VPO podrá desarrollarse en 2 unidades edificatorias siendo obligadamente de una unidad edificatoria el edificio administrativo y el educativo.

El espacio libre de edificación a cota de rasante cero se ajardinará en las condiciones establecidas en el art. 5.19 de las NNUU del PGOU y deberá tenerse en cuenta lo dispuesto en el Código Técnico de la Edificación, DB Seguridad en caso de incendio SI 5 (intervención de los bomberos).

Otros datos:

En la parcela no existen edificios (el edificio del Ayuntamiento es derribado tras cumplir su función). No existen en la parcela especies arbóreas protegidas (se procurará reubicar las existentes). No existen (previsiblemente) restos arqueológicos en el subsuelo, no estando en ámbito de vigilancia arqueológica.

EDIFICIOS CATALOGADOS PROTEGIDOS EN EL ENTORNO

-Avda. Aragón al este de la parcela: colegio Guadalaviar. Nivel 2.º

-Avda. Blasco Ibáñez al norte de la parcela: Confederación Hidrográfica del Júcar y Conselleria de Infraestructura. Nivel 2.º

-Avda. Suecia al oeste de la parcela: grupo de viviendas c/Artes Gráficas y otras (manzana). Nivel 3.º-par

ORGANIZACIÓN Y FORMATO DE LA DOCUMENTACIÓN A PRESENTAR

(TODA LA DOCUMENTACIÓN SE PRESENTARÁ EN HOJAS A-3)

HOJA 1: memoria justificativa, sujeción a la legislación urbanística, la normativa urbanística del Plan General, justificación de la solución adoptada, particularidades formales que quieran imponerse.

HOJA 2: cuadros y cómputos de superficies y ocupación parciales y totales.

HOJA 3: plano de ordenación a escala 1/1000 incorporándola en la hoja que se entrega ya numerada con el n.º 3.

HOJA 4: plano de planta y sección esquemática acotada a escala 1/500. Se indicarán los accesos a los sótanos de aparcamiento computando el número de plazas de aparcamiento a razón de 1/25 m^2 construida y en consecuencia el número de rampas de entrada y salida.

HOJA 5: plano esquemático del edificio de viviendas VPO a escala 1/200 detallando solo una de las viviendas.

HOJA 6: perspectiva.

HOJA 7: voluntaria y de libre expresión si se quiere detallar o destacar algún aspecto concreto para su mejor valoración.

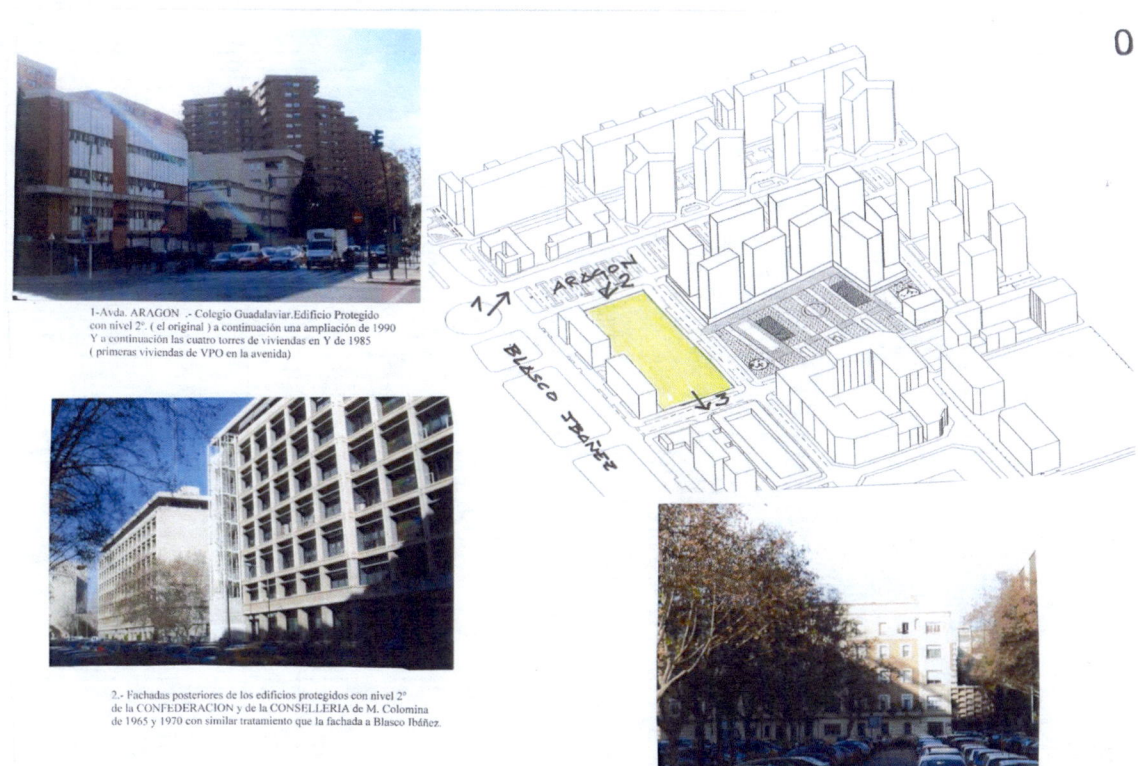

1-Avda. ARAGON .- Colegio Guadalaviar.Edificio Protegido
con nivel 2º. (el original) a continuación una ampliación de 1990
Y a continuación las cuatro torres de viviendas en Y de 1985
(primeras viviendas de VPO en la avenida)

2.- Fachadas posteriores de los edificios protegidos con nivel 2º
de la CONFEDERACION y de la CONSELLERIA de M. Colomina
de 1965 y 1970 con similar tratamiento que la fachada a Blasco Ibáñez.

3.-Fachada a avda. de Suecia de la manzana de viviendas protegida
con nivel 3º -par de 1950, viviendas de promocion publica.

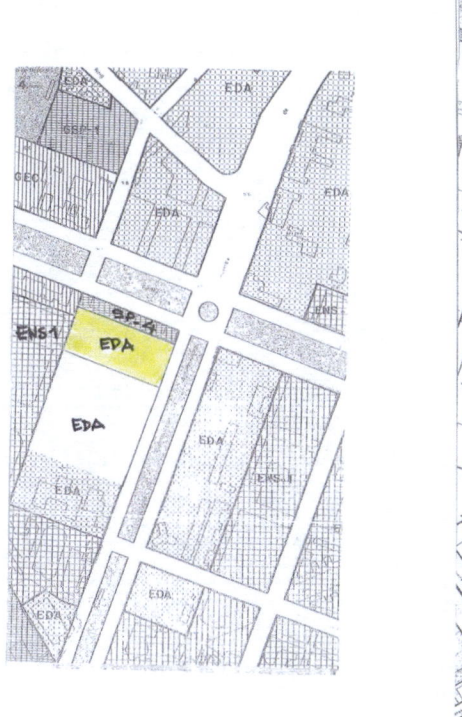

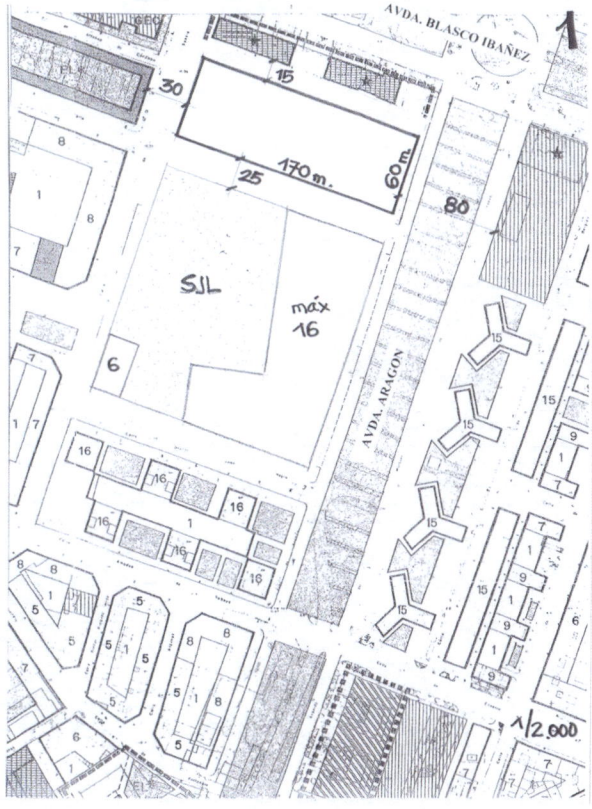

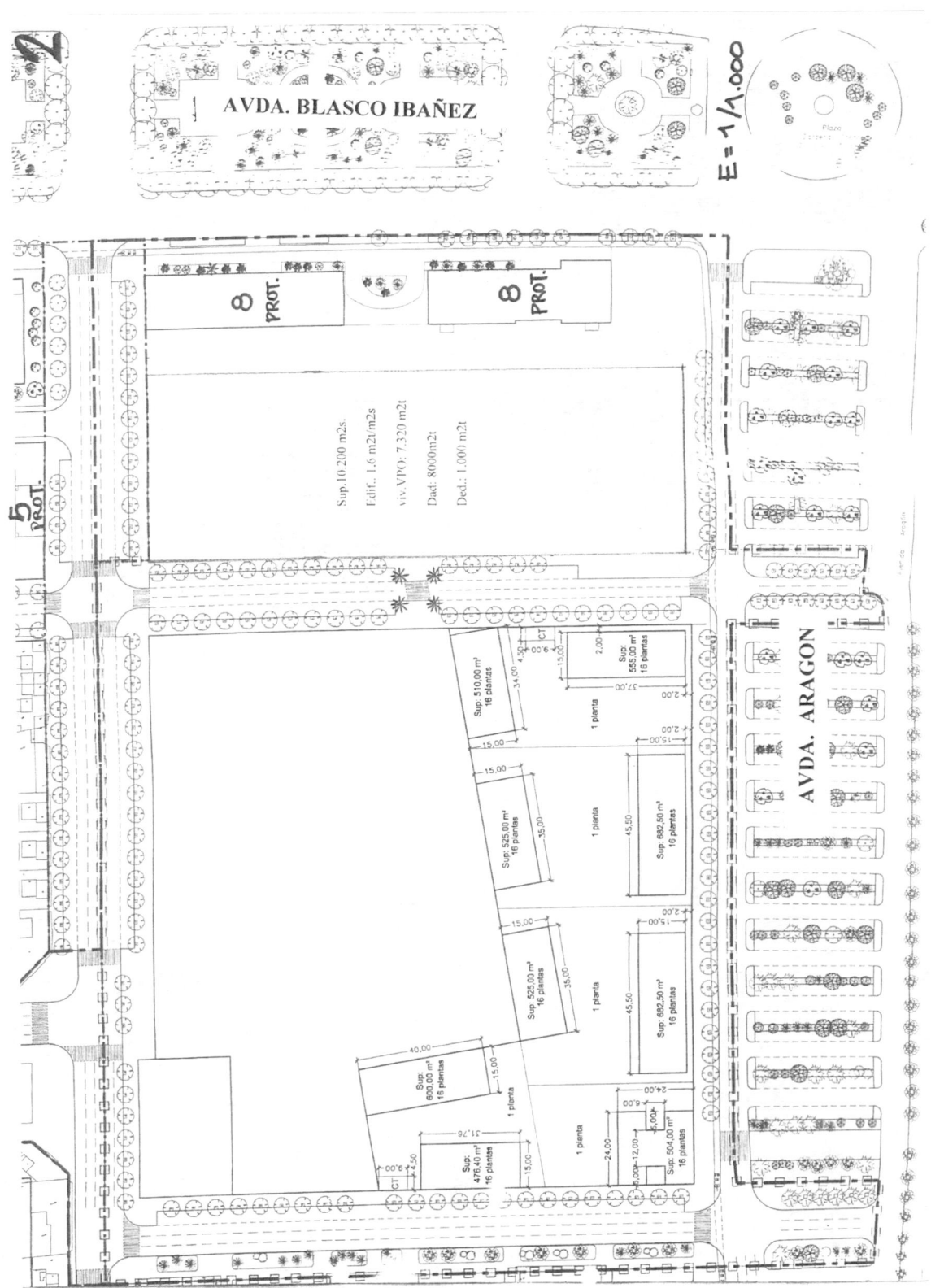

AVDA. BLASCO IBAÑEZ

E = 1/1.000

Sup.10.200 m2s.
Edif.. 1.6 m2t/m2s
viv.VPO: 7.320 m2t
Dad: 8.000m2t
Ded.: 1.000 m2t

AVDA. ARAGON

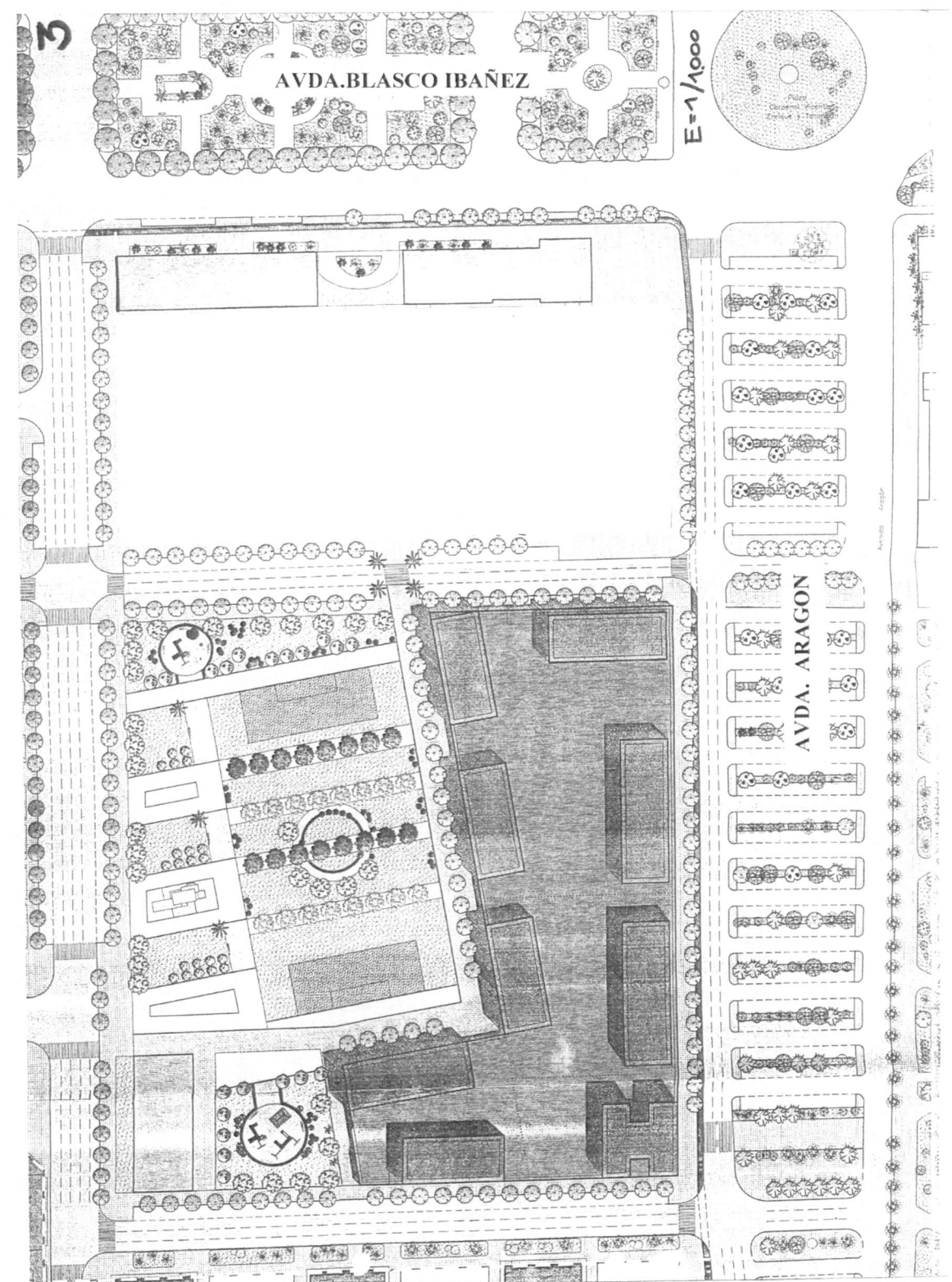

AVDA.BLASCO IBAÑEZ

AVDA. ARAGON

E=1/1000

339

COMENTARIOS

Se trata de un ejercicio de ordenación de volúmenes de una manzana y anteproyecto de los edificios de VPO, cuyo resultado no es único evidentemente. Por otra parte, el derecho de superficie se establece ahora por el art. 53 y 54 TRLS y, en cuanto al art. 79 de la LUV, que regulaba los estudios de detalle, está contenido en el art. 41 TRLOTUP.

EJERCICIO 2

SUPUESTO PRÁCTICO DE LICENCIA URBANÍSTICA DE OBRAS DE EDIFICACIÓN

Se plantea a continuación un supuesto caso de solicitud de licencia en un emplazamiento concreto, con unos condicionantes urbanísticos que se determinan en el plano de emplazamiento que se facilita y en los apartados A y B siguientes. También se facilitan las plantas y la sección del edificio que se pretende construir.

Deberá responderse de forma concreta a las cuestiones planteadas en el apartado C, en el mismo orden y numeración.

A-. CONDICIONANTES URBANÍSTICOS DEL ENTORNO

- Suelo urbano de 130 m² de superficie que se pretende construir según proyecto adjunto, remarcado en rojo en el plano de emplazamiento.

- Situado entre los términos municipales de Valencia y Sedaví, con frente a vía pública en ambos municipios.

- La parte de suelo dentro del término municipal de Valencia, según la calificación del plan general vigente, está en zonificación unifamiliar cases de poble (UFA-1), con un régimen de alturas de dos plantas y altura de cornisa máxima de 7 metros.

- Comprende parte de un antiguo vial de propiedad municipal que no perdura en el planeamiento vigente.

- Las parcelas numeradas: 2, 3, 4 y 5 se encuentran edificadas y ocupando parte del vial público de Valencia.

- Las parcelas 2, 3, 4 y 5 no poseen el frente mínimo a vía pública que determinan las ordenanzas del Plan General de Valencia.

- El suelo a construir se encuentra dentro de un ámbito de vigilancia arqueológica.

- El suelo a construir se encuentra dentro del ámbito de un monumento declarado bien de interés cultural (BIC).

- Soterrada bajo las edificaciones preexistentes discurre una acequia en servicio propiedad de la comunidad de regantes, con dirección de las aguas Valencia-Sedaví.

- En el antiguo vial, persiste una palmera canaria de gran porte; especie catalogada (*Phoenix canariensis*).

B.- EDIFICIO QUE SE PRETENDE CONSTRUIR, SEGÚN PROYECTO

Edificio destinado a vivienda unifamiliar de protección oficial con el acceso situado en el vial perteneciente a Valencia y solamente al garaje se accede desde la calle perteneciente a Sedaví.

Edificio resuelto con dos plantas en la alineación de Valencia y tres plantas en la alineación de Sedaví, con un retranqueo de las plantas 1.ª y 2.ª con una terraza delantera.

Todas las acometidas y suministros de: agua potable, electricidad, telecomunicaciones, alcantarillado, gas, etc., se efectúan desde el término de Valencia.

C.- EJERCICIO PROPUESTO

Responder con concreción, y según el mismo orden, a los siguientes apartados:

a) Reflejar todos los aspectos urbanísticos del entorno que condicionan el emplazamiento a construir.

b) De resultar necesario para la consideración de parcela mínima, croquizar cómo debería regularizarse el suelo, con la menor afección necesaria.

c) Delimitar en ese mismo croquis el ámbito vial de servicio y los viales de cesión obligatoria.

d) Definir las obras de urbanización necesarias.

e) Determinar la carga urbanística y las formas de satisfacerla según la Ley Urbanística Valenciana.

f) Nombrar justificadamente los documentos, permisos y autorizaciones de los diferentes organismos oficiales con competencias concurrentes, necesarios para poder solicitar licencia de obras.

g) Nombrar los documentos imprescindibles que deben aportarse junto con la solicitud de la licencia de obras.

h) Sobre el proyecto redactado para solicitar licencia, tal cual consta en los planos, reflejar cuatro aspectos de los más relevantes, que incumplen la normativa urbanística vigente.

i) Una vez iniciado por el Ayuntamiento el expediente de licencia de obras y suponiendo que se ha aportado toda la documentación necesaria, describir sucintamente el procedimiento administrativo que debe seguir el Ayuntamiento para la expedición de la licencia de obras, así como los informes necesarios para otorgarla.

j) Enumerar los documentos a presentar para solicitar la licencia de ocupación, una vez terminado el edificio.

k) Terminada de construir la vivienda y para su primera utilización, cuáles son los documentos oficiales que se deben expedir, y por qué organismos públicos.

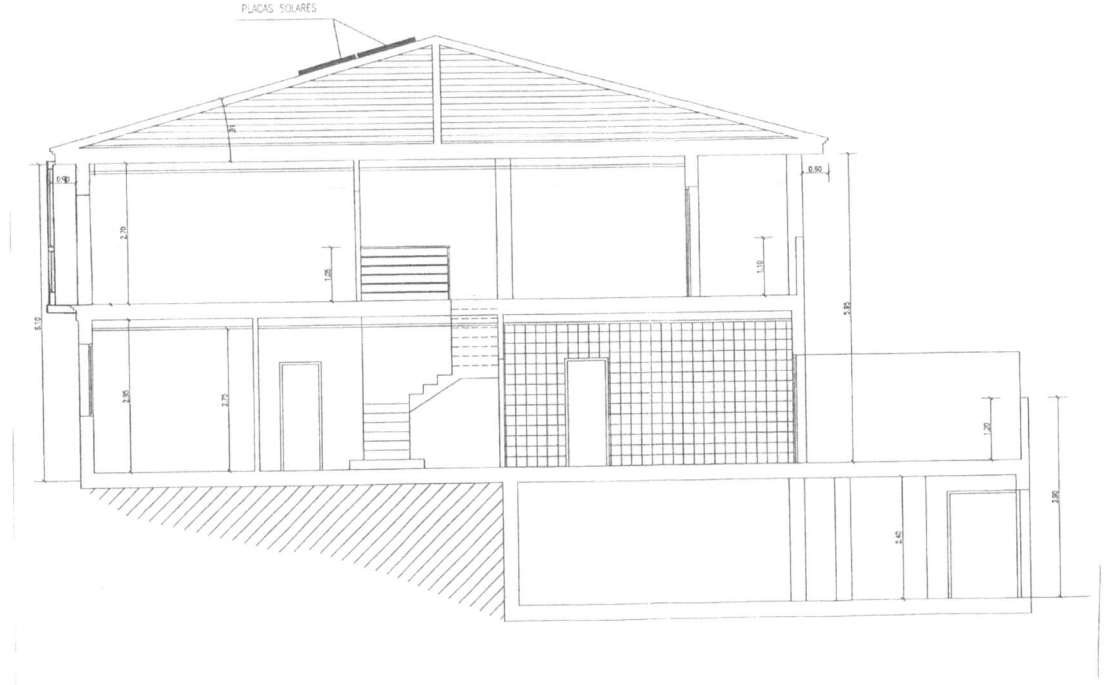

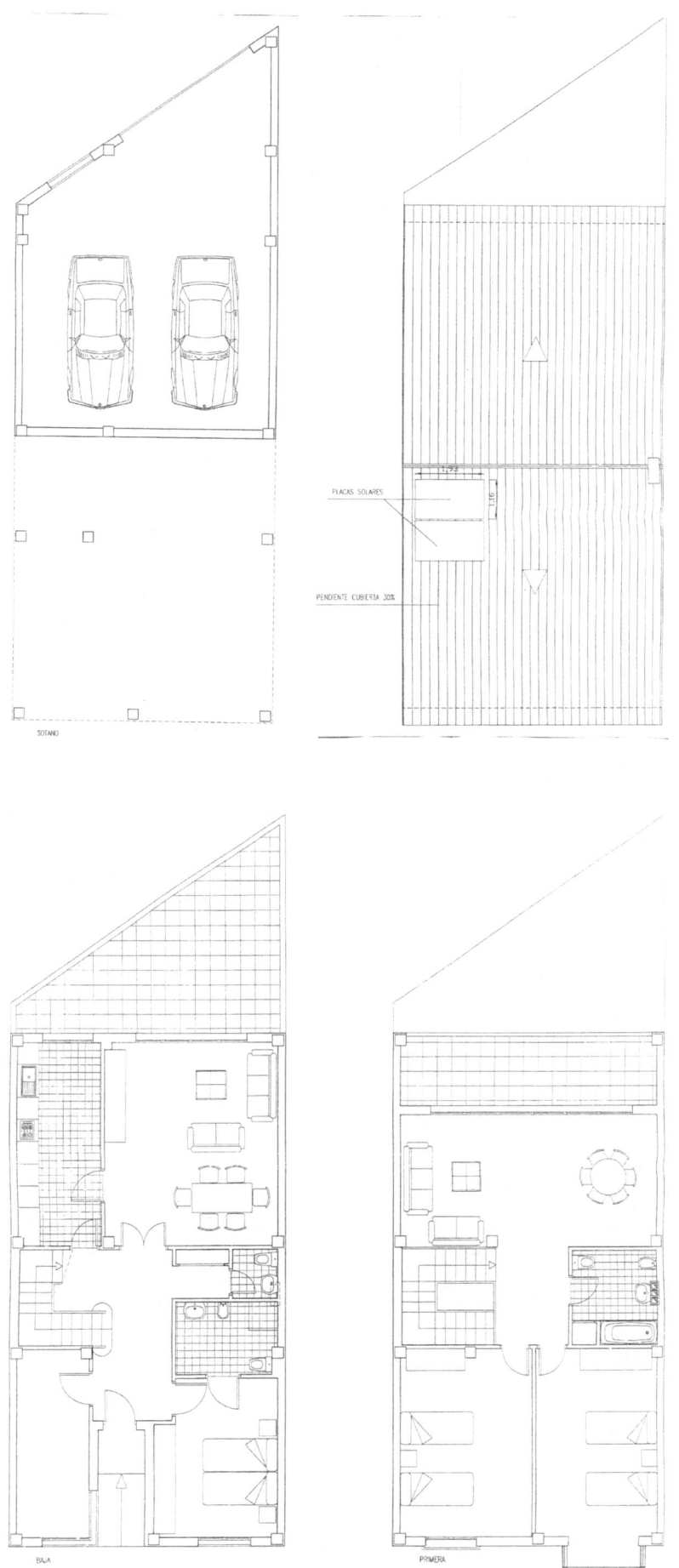

PLACAS SOLARES

PENDIENTE CUBIERTA 30%

SOTANO

BAJA

PRIMERA

343

COMENTARIOS

No disponemos del plano de emplazamiento, por lo que no podemos comprender en toda la magnitud los numerosos condicionantes de la parcela, como por ejemplo en qué medida afectan las parcelas 2, 3, 4 y 5, así que comentaremos algunos de forma genérica.

Si parte del suelo se sitúa también en el término de Sedaví, de alguna forma su ayuntamiento tiene que pronunciarse o quedar enterado. En este sentido, desconocemos si existe un acuerdo entre ambos ayuntamientos para las parcelas que se encuentran en esta situación.

Si el antiguo vial ya no perdura en el planeamiento vigente, entendemos que su calificación jurídica ha cambiado de manera automática con la aprobación de dicho plan (art. 8.4 del Real Decreto 1372/1986, Reglamento de Bienes de las Entidades Locales) y ya no es dominio público, sino patrimonial.

En cuanto al hecho de que el suelo se ubique en un ámbito de vigilancia arqueológica, rige el art. 62 Ley 4/1998 y, en lo relativo al BIC, suponiendo que tiene PEP aprobado, se estará a lo dispuesto en este y solo requiere autorización de la conselleria competente en cultura en los ámbitos o intervenciones señalados en el informe previo sobre la aprobación provisional. Si no tuviera PEP aprobado, la autorización es ineludible en este caso, puesto que es edificación de nueva planta y, por tanto, con trascendencia patrimonial (art. 35).

En lo concerniente a la acequia, probablemente constituya una servidumbre de acueducto y la nueva edificación no puede causarle perjuicio ni imposibilitar la reparación o su limpieza (art. 560 Código Civil).

Finalmente, el tratamiento de la palmera catalogada vendrá recogido en el catálogo de bienes y espacios protegidos.

Administración	**DIPUTACIÓN DE CASTELLÓN**
Tipo de plaza	FUNCIONARIO DE CARRERA
Año de convocatoria	2010
Observaciones	El supuesto 1 es idéntico al ejercicio práctico único que eligió el tribunal en una de las dos convocatorias para crear una bolsa de trabajo que la Diputación celebró en 2020.

EJERCICIO PRÁCTICO 1

La Diputación Provincial de Castellón tiene prevista la contratación de las obras de Edificio de desarrollo rural en Villanueva de Viver, con una consignación presupuestaria de 500 000 euros y un plazo de ejecución de las obras de 6 meses.

El edificio consta de sótano y planta baja, con una superficie construida en sótano de 445 m² y en planta baja de 318 m².

Desarrollar los dos apartados siguientes en relación con la obra referenciada.

1. Proyecto de las obras. Contenido y desarrollo
2. Ejecución de las obras. Trabajos previos y principales unidades de obra a ejecutar

COMENTARIOS

Son preguntas muy genéricas que valen para la mayoría de los proyectos de edificación de obra nueva o, en términos de la LCSP, obras de primer establecimiento (art. 232.2). El contenido del proyecto será el que determina el art. 233.1 LCSP, aunque tampoco puede faltar nada del contenido establecido en el anejo I de la parte I del CTE.

EJERCICIO PRÁCTICO 2

PATOLOGÍAS DE LA EDIFICACIÓN, MEDICIONES Y PRESUPUESTO DE OBRA

DATOS DEL EDIFICIO:

Uso:	Vivienda
Año:	1970
Orientación:	Sureste

CARACTERÍSTICAS DE LA LESIÓN:

Tipo de elemento:	Forjado
Lesión:	Grieta. Longitud de fachada = 10,00 metros
Material:	Hormigón

VISTA DE LA LESIÓN:

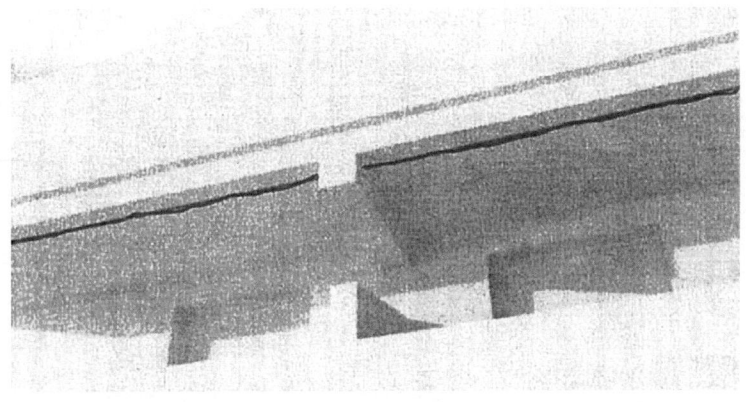

LOCALIZACIÓN Y SÍNTOMAS:

- Aparición de una grieta localizada en toda la longitud del forjado de la última planta. No aparecen grietas similares en ninguna de las otras plantas del edificio.
- Se trata de un forjado unidireccional de hormigón armado, que apoya sobre una viga del mismo material.
- La dirección de la grieta coincide con la dirección de las viguetas. No se observan variaciones importantes en la apertura de la misma y no se interrumpe ni siquiera en su apoyo sobre la viga.

Cuestiones:

1. Análisis de la causa de la patología.
2. Reparación del efecto y de la causa de la patología.
3. Desarrollo de las unidades de obra de la reparación.
4. Estimación del presupuesto de ejecución total de la reparación.

COMENTARIOS

No parece una patología habitual causada por la humedad, flecha, empuje del forjado por dilatación, etc. Podría ser que, por la antigüedad de la edificación, no se hubiera ejecutado un zuncho de borde y el movimiento diferencial de la vigueta respecto al entrevigado hubiera provocado una grieta en el encuentro entre ambos. Obsérvese también que, para realizar la estimación del presupuesto, los aspirantes debían tener un orden de magnitud de los costes fruto de su experiencia, ya que, evidentemente, en el examen no se podían consultar por internet base de datos.

Administración	**AYUNTAMIENTO DE SAN VICENTE DEL RASPEIG**
Tipo de plaza	FUNCIONARIO DE CARRERA
Año de convocatoria	2014
Observaciones	

ORDENACIÓN PORMENORIZADA DE UN SECTOR DE SUELO URBANIZABLE EN ASPE

ENUNCIADO:

Consiste en desarrollar un sector de suelo urbanizable residencial destinado a viviendas de protección pública a partir de la reclasificación de suelo obtenida con la tramitación de un plan parcial de mejora aprobado definitivamente.

DOCUMENTACIÓN:

1. Documentación gráfica informativa en planos A-3 (escala aproximada 1/2000).
2. Memoria informativa y condiciones estructurales a respetar.

EJERCICIO:

Se justificará gráfica y numéricamente la red pormenorizada de dotaciones públicas explicando brevemente los conceptos de la ordenación propuesta, así como la capacidad de ubicar tanto las edificaciones residenciales como las dotaciones.

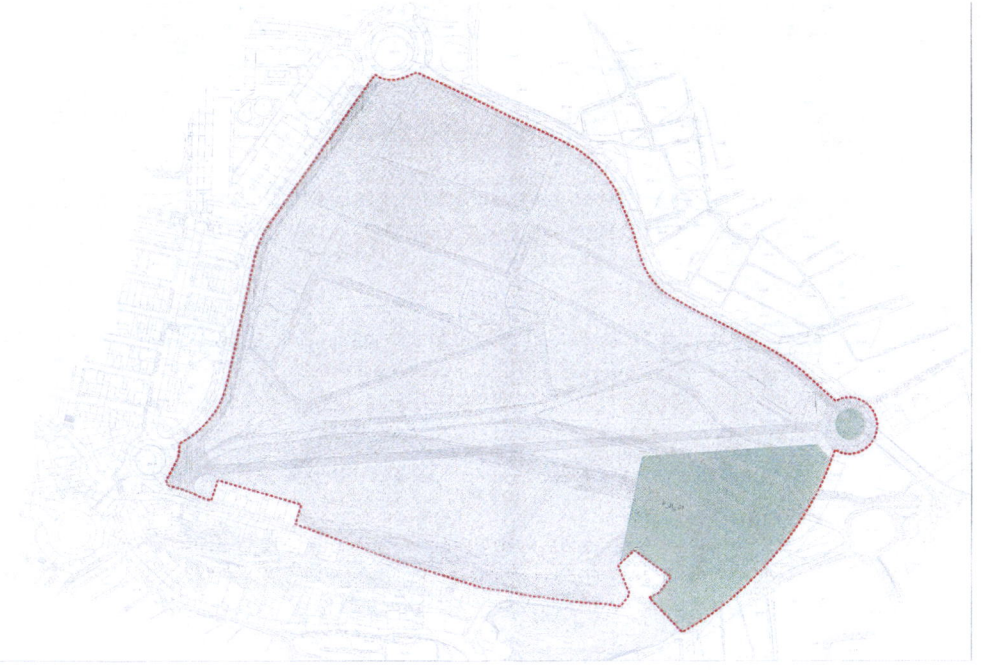

[Asimismo, se aportan junto al enunciado 10 páginas de la memoria del plan parcial del sector, incluyendo memoria informativa (antecedentes y objeto, condiciones del territorio ordenado y condiciones institucionales del territorio ordenado) y memoria justificativa (cumplimiento artículos 28, 54.2 y 55 Ley 6/94 y cumplimiento artículo 17 Ley 6/94). La Ley 6/94 es la ley autonómica urbanística anterior a la que derogó la LOTUP. De toda esta información, reproducimos únicamente el cuadro de magnitudes del sector.]

CONCEPTO	UNIDAD	MAGNITUD
CLASIFICACIÓN DEL SUELO		Suelo urbanizable no pormenorizado
CALIFICACIÓN DEL SUELO		Residencial
SUPERFICIE BRUTA	m^2	140 852
RED ESTRUCTURAL NO COMPUTABLE	m^2	15 337
SUPERFICIE COMPUTABLE DEL SECTOR	m^2	125 515
PQL-PJL PÚBLICO ESTRUCTURAL ESTIMADO MÍNIMO	m^2	15 337
ZONAS VERDES [10 m^2 por habitante (art. 8.1.c LOT)]	m^2	30 674
ÍNDICE DE EDIFICABILIDAD BRUTA	m^{2}t/m^{2}s	1,00
APROVECHAMIENTO TOTAL	m^{2}t	125 515
SUPERFICIE DOTACIONAL AFECTADA A SU DESTINO	m^2	0
ÁREA DE REPARTO	m^2	140 852
APROVECHAMIENTO TIPO	m^{2}t/m^{2}s	0,8911
NÚMERO ESTIMADO DE VIVIENDAS	VIV	1035
DENSIDAD	VIV./ha	73

COMENTARIOS

Este cuadro tiene como referencia la antigua ley urbanística (LUV, su reglamento y la Ley 4/2004 de Ordenación del Territorio y Protección del Paisaje), como puede observarse en la nomenclatura de las siglas de ZV de RP y en la remisión al estándar global de zonas verdes de 10 m²/hab.

Se trata de un ejercicio básicamente de diseño de la ordenación pormenorizada, por lo que no existe una solución única. El cuadro facilita casi todos los parámetros, si bien hay que calcular los estándares por si hay que suplementar las zonas verdes y, en cualquier caso, no se indica un mínimo de equipamientos. Supondremos que toda la edificabilidad del sector es residencial, pero con compatibilidad de terciario, sin que tenga asignado este último uso un IET. Así pues, siguiendo el esquema de estándares:

Sup. ZV + EQ = (125 515 × 35) / 100 = 43 930,25 m²s, de los que, al menos, han de ser ZV: (125 515 × 15) / 100 = 18 827,25 m²s

Los 30 674 m²s de ZV que el cuadro especifica que ha de contener el sector por el estándar global incluye los 15 337 m²s de ZV de RP, así que que el resto se entiende que son de RS (30 674 – 15 337 = 15 337 m²s). Según esto, deberíamos suplementar la ZV de RS hasta el estándar mínimo calculado anteriormente, esto es, con 3490,25 m²s más (18 827,25 – 15 337). No obstante, quizás no haga falta si parte de la ZV de RP puede computar como estándar dotacional de la RS, para lo cual veamos si se cumplen las condiciones del punto 7 del capítulo III del anexo IV del TRLOTUP. En el cuadro, se dice que hay 15 337 m²s de RP no computable, superficie que coincide con la de ZV de RP, por lo que se deduce que no se ejecuta con cargo a la actuación (si no, computaría para la SCS). En consecuencia, no se cumple la condición de la letra b del antedicho punto, por lo que no se puede computar parcialmente la ZV de RP como RS y, por tanto, cabe prever 3490,25 m²s más de ZV de RS de los que indica el cuadro.

Administración	**AYUNTAMIENTO DE L'ALCORA**
Tipo de plaza	FUNCIONARIO DE CARRERA
Año de convocatoria	2019
Observaciones	

SUPUESTO 1

El Ayuntamiento de l'Alcora está preparando la licitación de una obra para la intervención en la Real Fábrica del Conde de Aranda, con objeto de habilitarla como museo.
El edificio ha sido recientemente declarado Bien de Interés Cultural por la Generalitat Valenciana con la clasificación de "Bienes inmuebles 1.ª", categoría de "Sitio histórico" y tipología de "Edificios industriales – Fábricas".

El proyecto de obra contempla la realización de trabajos de demolición parcial, la excavación de suelo donde es posible la aparición de restos enterrados, la recuperación de partes antiguas del edificio y la construcción de nuevos cuerpos en las zonas demolidas. Tiene un presupuesto total de 600 000 € excluido el IVA, y su plazo de ejecución se ha establecido en 1 año.

La adjudicación se realizará por el procedimiento abierto en base a lo siguiente:

> 60 puntos en un solo criterio evaluable automáticamente, que será el precio.
> 40 puntos en diversos criterios no evaluables automáticamente.

Con el fin de cumplimentar determinados apartados de carácter técnico del pliego de cláusulas administrativas particulares que va a regular la licitación, el órgano de contratación le ha solicitado un informe en el cual, de forma razonada y justificada, se especifiquen cuáles podrían ser estos criterios no evaluables automáticamente, cuál sería la documentación técnica que deberían presentar los licitadores y cuál el modo de valoración de cada uno de los criterios escogidos.

Se valorarán los siguientes aspectos:

- Capacidad de comprensión de las características de la obra a ejecutar.
- Adecuación de los criterios al tipo de obra.
- Adecuación de la documentación solicitada a los criterios especificados.

COMENTARIOS

No solo no existe una respuesta única a lo solicitado, sino que, de hecho, la resolución es muy abierta. En cualquier caso, parece que el enunciado nos conduce a establecer, al menos, un criterio relacionado con el carácter patrimonial del edificio, por ejemplo, en cuanto al modo de acometer los trabajos, fases del trabajo, experiencia en intervenciones patrimoniales anteriores, etc.

SUPUESTO 2

Se tramita en el Servicio Territorial de Urbanismo de Castellón el expediente promovido por la mercantil XXXX, y que tiene por objeto la declaración de interés comunitario para una actividad deportiva de "Polígono de tiro deportivo", en las parcelas 7 y 21 del polígono 10, del término municipal de l'Alcora.

Conforme a lo dispuesto en el artículo 206.4.b) de la Ley 5/2014, de 25 de julio, de la Generalitat de Ordenación del Territorio, Urbanismo y Paisaje de la Comunitat Valenciana (en adelante LOTUP), sobre suelo no urbanizable, se solicita de ese Ayuntamiento informe técnico municipal en el que figuren los siguientes aspectos:

a) Se **pondere** si se cumplen los requisitos a que se refiere el artículo 203.1 de la LOTUP, y que son:

1. Una valoración positiva de la actividad solicitada.

2. La necesidad del emplazamiento en el medio rural.

3. La mayor oportunidad y conveniencia de la localización propuesta frente a otras zonas del medio rural.

4. La utilización racional del territorio.

b) Se realice una propuesta motivada del **canon** de uso y aprovechamiento, así como de su **modalidad** de pago, conforme al artículo 204 de la LOTUP.

c) Se realice una propuesta motivada del **plazo** de vigencia, de conformidad con el artículo 205 de la LOTUP.

COMENTARIOS

Como ocurría en el supuesto anterior, el rango de respuesta es muy amplio y subjetivo. Ciertamente puede ser el arquitecto municipal el adecuado para analizar todo lo relacionado con el territorio, aunque, en las variables del art. 220 TRLOTUP en las que hay que fundar la DIC, participan cuestiones sociales o económicas que se escapan de la competencia estricta del arquitecto. Suele ocurrir que es difícil justificar convincentemente los cuatro aspectos del punto 1 del precitado artículo, porque se trata de argumentar que es necesaria tal actividad y que no solo lo es en SNU, sino además en la localización propuesta, para rematar acreditando la ocupación racional del territorio. Más difícil es en este caso, ya que se trata de una actividad lúdica, claramente no es imprescindible ni para la localidad, ni mejora el territorio ni crea excesivo empleo. El punto más claro, en cualquier caso, parece el de la necesidad de emplazamiento en el medio rural, ya que necesita bastante superficie y conviene alejarla de zonas urbanas por su cierto riesgo.

El enunciado no aporta planos o mapas de situación de la parcela ni el régimen urbanístico del SNU del término. Ciertamente, no se pregunta por la compatibilidad urbanística, por lo que la resolución al ejercicio es, como decíamos, bastante subjetiva, porque se restringe a los puntos del art. 220.1. Hemos extraído la siguiente imagen de la base catastral, en cuya parte derecha hemos señalado la ubicación de las parcelas propuestas.

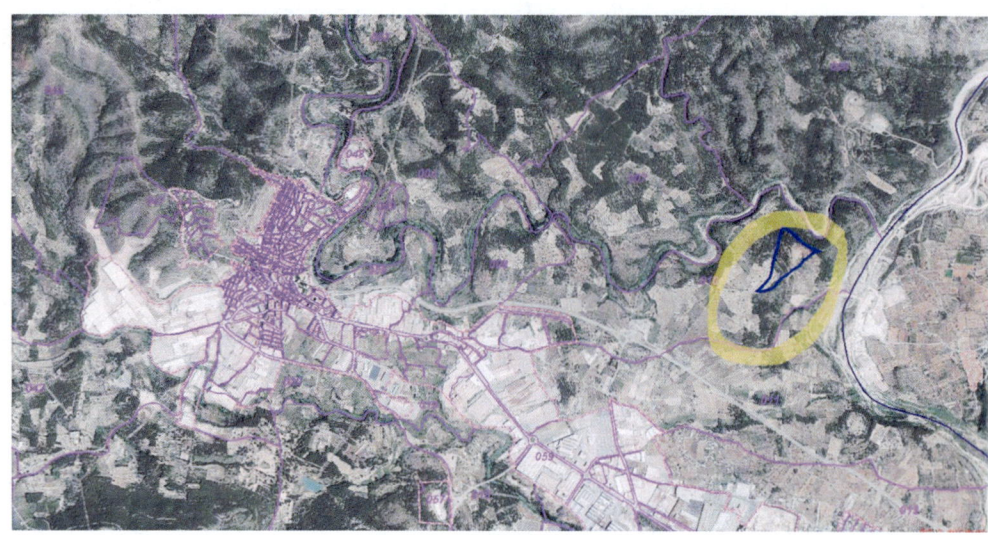

No menos subjetiva es la respuesta a la pregunta del canon y la modalidad de su pago: el art. 221.2 dispone que su cuantía será equivalente «al 2 % de los costes estimados de las obras de edificación y de las obras necesarias para la implantación de los servicios a que se refiere el último párrafo del artículo 211 de este texto refundido». Ante la ausencia absoluta en el enunciado de datos concretos de la actividad, los candidatos se veían obligados a adoptarlos por ellos mismos a discreción y estimar precios de edificación y urbanización. En cuanto a la modalidad de pago, es una de las decisiones que no compete al arquitecto y, además, según el art. 222.1, en principio se devenga de una vez o, alternativamente, se exime en todo o en parte, aunque no parece que el tipo de actividad sea susceptible de acogerse a tal exención. Además, el posible fraccionamiento del pago es a solicitud del interesado.

Todo lo dicho sobre la subjetividad y falta de competencia teórica del arquitecto puede aplicarse a la propuesta del plazo de vigencia de la DIC.

Administración	**UNIVERSITAT POLITÈCNICA DE VALÈNCIA**
Tipo de plaza	FUNCIONARIO INTERINO
Año de convocatoria	2020
Observaciones	

1. La UPV tiene previsto construir un edificio de despachos y seminarios en la Subzona Educativo-Cultural PED-UPV del vigente Plan Especial de la Universitat Politècnica de València modificación puntual número 5 y documento refundido, aprobado definitivamente en febrero de 2014, (en adelante PE-UPV).

Con este edificio se pretende solucionar la fuerte demanda docente que se produce en el posgrado de Telecomunicaciones, máxime teniendo en cuenta que su edificio principal va a ser objeto de una intervención importante que solucionará definitivamente su situación urbanística. Por este motivo se ha elegido como posible ubicación la AE-5, dentro de la subzona PED-UPV.

En esta subzona está prevista la demolición de dos edificios obsoletos (4F y 4J) de aproximadamente 1200 m^2 de planta cada uno de ellos y dos alturas edificadas, según ficha que se adjunta. La solución que se proponga deberá contemplar esta demolición y posterior construcción de un edificio único que resuelva todo el programa funcional, de forma que se incremente el máximo posible el espacio libre en esta AE-5, mejorando la relación entre las diferentes edificaciones existentes. Se prevé que la superficie construida del nuevo edificio sea de 7500 m^2.

Sabiendo que el PGOU de Valencia (1989) en sus NNUU establece, en los ámbitos PED, las siguientes condiciones para la edificación:

- Coeficiente de ocupación máxima: 70 %

- Coeficiente de edificabilidad neta: 2,20 m²t/m²s
- Número máximo de plantas: 6
- Máxima altura de cornisa: 25,30 m

Considerando que el PE-UPV dispone de:

- Superficie: 573 177,97 m²
- Edificabilidad: 861 300,00 m²
- Ocupación: 220 700,00 m²
- Máxima altura de cornisa: $HC = 5,30 + 4,35 \times NP$
  Donde NP es el número de plantas sobre la planta baja (sin contar ésta) y Hc es la altura máxima de cornisa medida en metros.

Considerando que la subzona PED-UPV dispone de:

- Superficie: 557 297,53 m²
- Edificabilidad: 849 800,00 m²
- Ocupación: 212 700,00 m²

Y considerando que los parámetros de la AE-5 son:

- Superficie del área edificable: 49 312,55 m²
- Número máximo de alturas: 4
- Edificabilidad máxima: 175 000 m²t
- Superficie ocupable máxima: 37 000 m²s

Se plantean las siguientes cuestiones:

1) Calcular el coeficiente de ocupación máxima y el coeficiente de edificabilidad del PE-UPV y de la subzona PED-UPV y justificar el cumplimiento de las determinaciones del PGOU en cuanto a la ocupación máxima y edificabilidad.

2) ¿Es necesario la realización de un estudio de detalle de la AE-5 o, tras la redacción del proyecto y de todos los documentos técnicos y puesto que es un plan especial, se puede solicitar licencia de obras al Ayuntamiento de Valencia? Justifica la respuesta.

3) Dibujar, en el plano de la AE-5 adjunto, dos alternativas de implantación urbana acordes con el programa funcional (despachos y seminarios), considerando la accesibilidad de los vehículos de emergencia y calcula la ocupación en planta en ambos casos.

4) Define por escrito y brevemente la solución adoptada, centrándose en la relación entre los espacios libres de edificación, las áreas compatibles con el tránsito rodado de vehículos de emergencia y las nuevas instalaciones docentes proyectadas.

5) A la vista de los datos facilitados por la oficina técnica de la UPV, justifica que la solución adoptada cumple las determinaciones del PE-UPV en cuanto a: número máximo de alturas sobre rasante y altura máxima de cornisa, edificabilidad máxima sobre rasante y ocupación máxima.

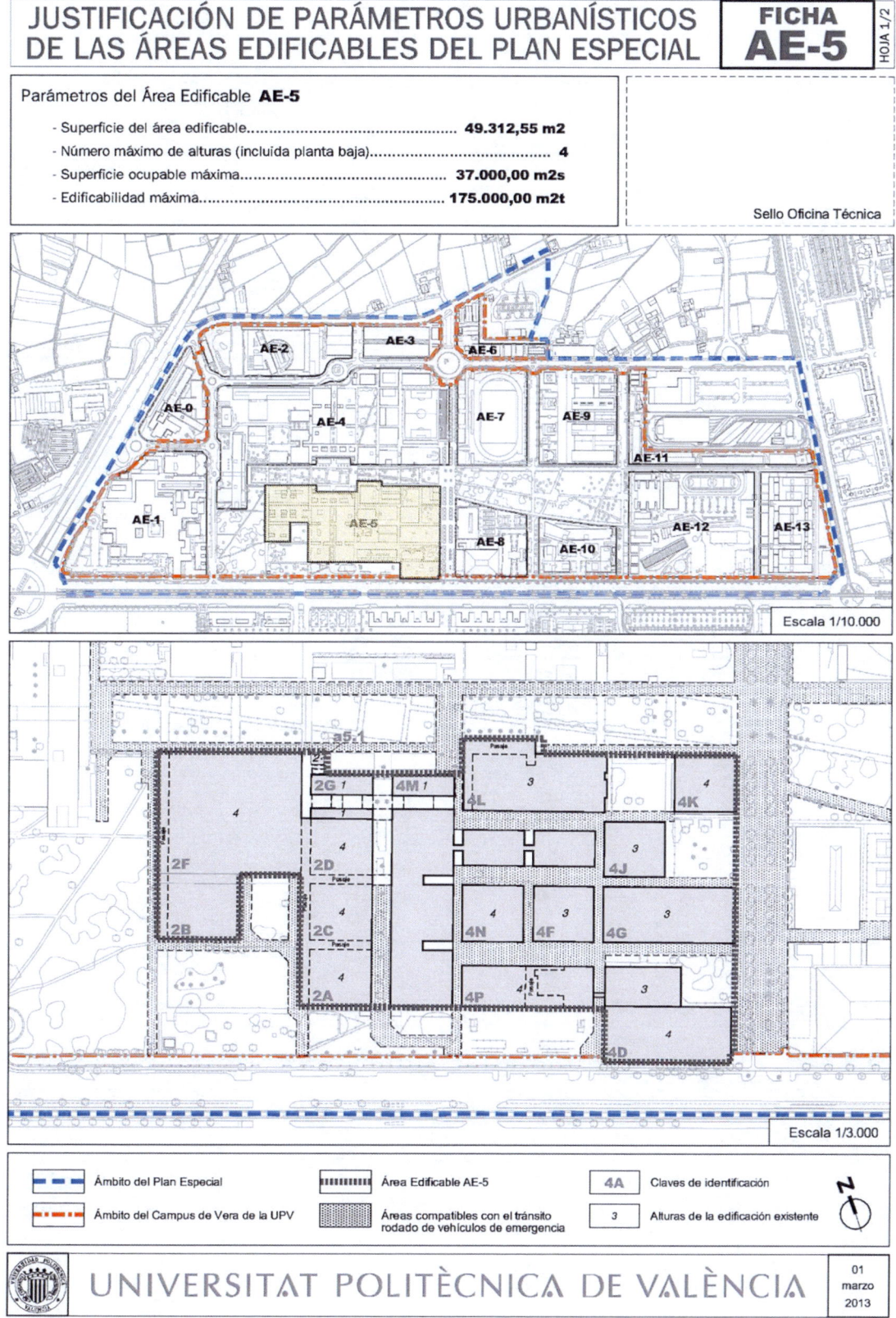

JUSTIFICACIÓN DE PARÁMETROS URBANÍSTICOS DE LAS ÁREAS EDIFICABLES DEL PLAN ESPECIAL **FICHA AE-5** HOJA 1/2

Parámetros del Área Edificable **AE-5**

- Superficie del área edificable.. **49.312,55 m2**
- Número máximo de alturas (incluida planta baja)... **4**
- Superficie ocupable máxima... **37.000,00 m2s**
- Edificabilidad máxima... **175.000,00 m2t**

Sello Oficina Técnica

Escala 1/10.000

Escala 1/3.000

— — — Ámbito del Plan Especial	‖‖‖‖‖‖ Área Edificable AE-5	**4A** Claves de identificación			
—·—·— Ámbito del Campus de Vera de la UPV	▨ Áreas compatibles con el tránsito rodado de vehículos de emergencia	**3** Alturas de la edificación existente			

UNIVERSITAT POLITÈCNICA DE VALÈNCIA

01 marzo 2013

355

Edificación	Código	N° alturas edificadas	Superficie ocupada	Superficie construida
Permanente	2A-2C-2D	4	4.957,25 m2s	13.024,73 m2t
Permanente	2B-2F	4	7.275,71 m2s	22.243,03 m2t
Permanente	2G	1	438,00 m2s	438,00 m2t
Permanente	4A-4E-4H-4I-4Q	3	4.965,01 m2s	18.027,22 m2t
Permanente	4D	4	3.559,76 m2s	13.183,44 m2t
Permanente	4F	3	1.190,32 m2s	3.570,96 m2t
Permanente	4G	3	2.592,52 m2s	7.777,56 m2t
Permanente	4J	3	1.188,63 m2s	3.565,89 m2t
Permanente	4K	4	1.222,75 m2s	4.478,60 m2t
Permanente	4L	3	2.646,18 m2s	10.735,00 m2t
Permanente	4M	1	366,63 m2s	366,63 m2t
Permanente	4P	4	1.923,25 m2s	7.693,00 m2t
Auxiliar*	a5.1	2	47,42 m2s	94,84 m2t
Totales		-	32.373,43 m2s	105.198,90 m2t

Parámetros urbanísticos del Plan Especial	37.000,00 m2s	175.000,00 m2t

Diferencia	-4.626,57 m2s	-69.801,10 m2t

COMENTARIOS

Suponemos que en esta pregunta sobra el adjetivo *máxima* y que se pregunta por el coeficiente de ocupación actual, precisamente para compararlo con la máxima que establece el planeamiento. Por otra parte, entendemos que la superficie del PE y PED es neta, es decir, considerando dichos ámbitos como parcelas o manzanas grandes, aunque tengan viales interiores. En tal caso:

$$\text{Ocupación}_{PE} = (220\ 700 \times 100) / 573\ 177{,}97 = \textbf{38,50 \%}$$

$$\text{Ocupación}_{PED} = (212\ 700 \times 100) / 557\ 297{,}53 = \textbf{38,17 \%}$$

$$\text{IEN}_{PE} = 861\ 300 / 573\ 177{,}97 = \textbf{1,503 m}^2\textbf{t/m}^2\textbf{s}$$

$$\text{IEN}_{PED} = 849\ 800 / 557\ 297{,}53 = \textbf{1,525 m}^2\textbf{t/m}^2\textbf{s}$$

El enunciado facilita el coeficiente de ocupación máxima (70 %) y el IEN (2,20 m²t/m²s) de la subzona PED, que están lejos de ser superados por la ocupación y el IEN actuales.

En cuanto al estudio de detalle, se necesitaría recurrir a este instrumento si las líneas representadas en los planos de la AE-5 indicaran un volumen inscrito, es decir, que los edificios deben circunscribirse a esas alineaciones o a su interior, ya que, según premisa del enunciado, ahora se construirá un edificio único, por lo que habría que llevar a cabo una remodelación de volúmenes y alineaciones, que es precisamente el objeto principal de un estudio de detalle (art. 41 TRLOTUP).

Por otra parte, para poder materializar los 7500 m²t en un solo edificio, debe usarse la parcela existente junto al actual 4J, ya que solo con la ocupación de cualquiera de los dos no se puede agotar aquella edificabilidad, puesto que solamente se pueden levantar 4 alturas.

Administración	**AYUNTAMIENTO DE ELCHE**
Tipo de plaza	FUNCIONARIO DE CARRERA
Año de convocatoria	2022
Observaciones	

El Plan General de Elche delimita el área de reparto pluriparcelaria n.º 66 (en adelante AR 66), sita en suelo clasificado de urbano. El suelo con aprovechamiento lucrativo de esta área de reparto está destinado a uso industrial (clave 11a). En su interior existen varias construcciones, entre ellas, el edificio industrial conocido como «Fábrica de Harina», incluido en el Plan Especial de Protección de Edificios y Conjuntos del término municipal de Elche.

La persona propietaria de los terrenos incluidos en el AR 66 desea destinar el edificio de la Fábrica de Harinas a uso docente privado y, además, poder construir en la parcela un nuevo edificio de 2600 m² de techo y de tres plantas de altura destinado al mismo uso.

El Ayuntamiento desea eliminar el uso industrial de esta zona, por lo que desde la Concejalía de Urbanismo se solicita informe técnico municipal sobre los pasos a seguir para establecer, en los terrenos con aprovechamiento lucrativo, como único uso específico, el docente privado; así como la viabilidad técnica de la nueva edificación solicitada por la persona propietaria.

Se pide:

A) Redactar el informe solicitado, el cual deberá versar sobre los siguientes aspectos (8 PUNTOS).

- Afecciones e informes preceptivos.
- Análisis de la viabilidad urbanística de la propuesta.
- Descripción justificada de los instrumentos de ordenación a modificar.
- Justificar la necesidad de la evaluación ambiental y, si así fuera, quién ejercerá las funciones de órgano sustantivo, órgano promotor y órgano ambiental y territorial.
- Una vez aprobada la modificación pretendida, actuaciones a seguir para la obtención de la licencia de obras del nuevo edificio. Informes y autorizaciones necesarias para su concesión.

B) Durante la tramitación de la modificación, se comunica al Ayuntamiento el desplome parcial de la cubierta del edificio de la Fábrica de Harina. Enumera y justifica los aspectos a considerar en el informe técnico a emitir (2 PUNTOS).

DOCUMENTACIÓN ADJUNTA:

1. Plan de situación del AR 66 sobre la ordenación vigente según el Plan General de Elche.
2. Plano de superficie total finca privada del AR 66.
3. Plano de superficies de las construcciones preexistentes en el AR 66.
4. Plano de SIGELX delimitando el AR 66 y con las siguientes capas activadas:
   - Plan General: alineaciones y bienes protegidos.
   - Consultas arqueología.
   - Vías de comunicación.
   - Palmeral de Elche-Ley 6/2021-áreas de protección.
5. Plano de servidumbre aeronáuticas.
6. Ficha de aprovechamiento urbanístico del AR 66.

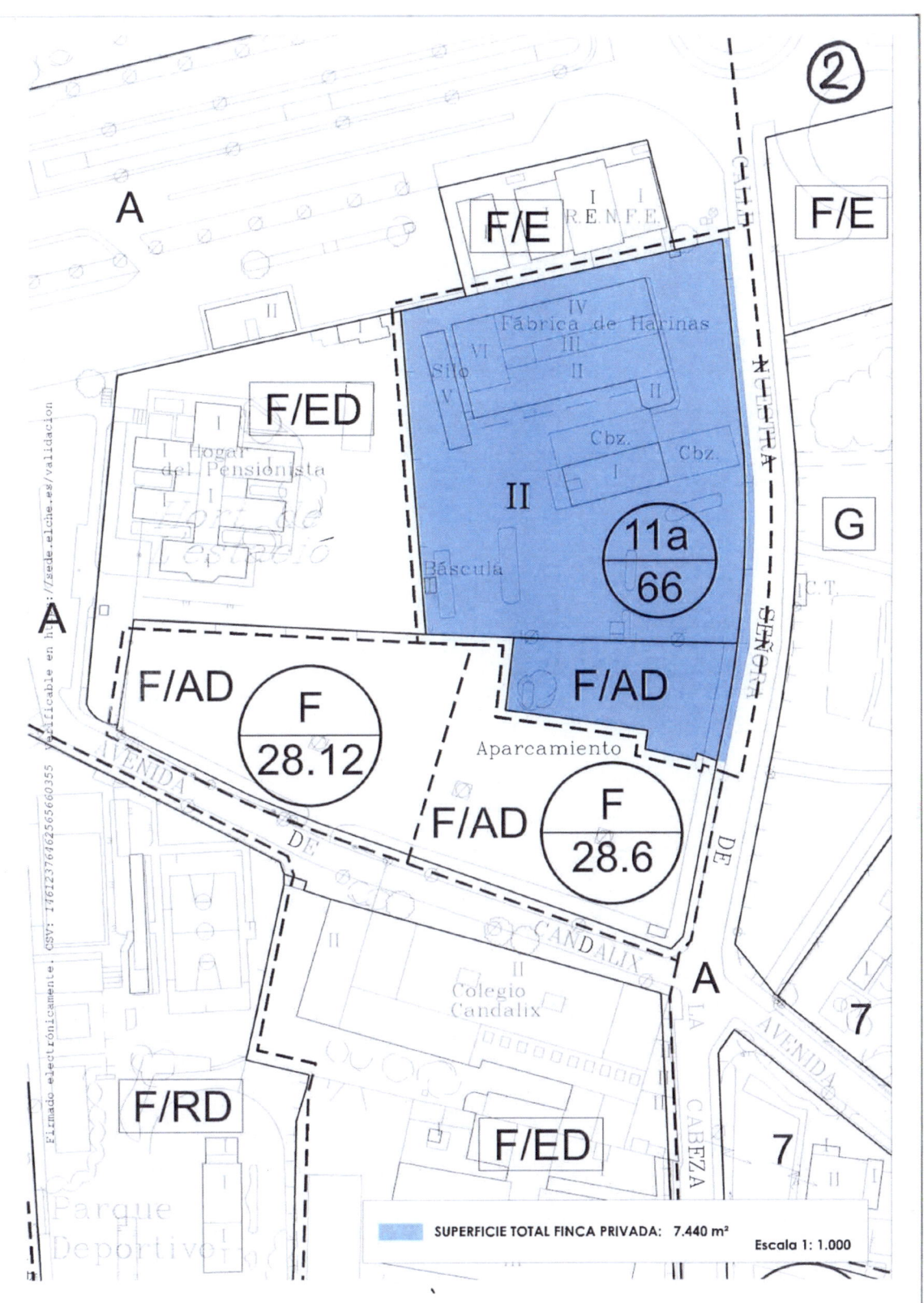

SUPERFICIE TOTAL FINCA PRIVADA: 7.440 m²

Escala 1: 1.000

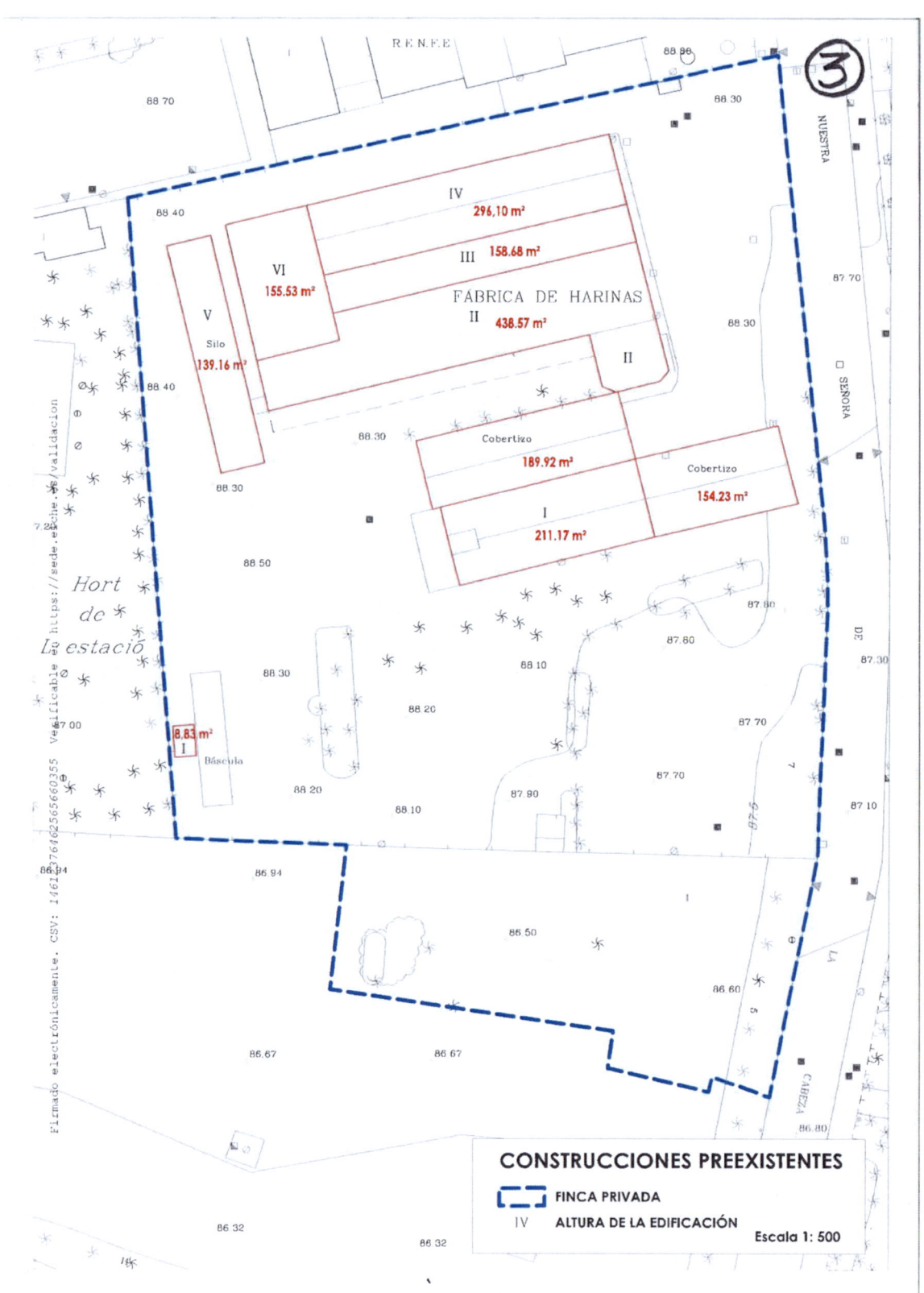

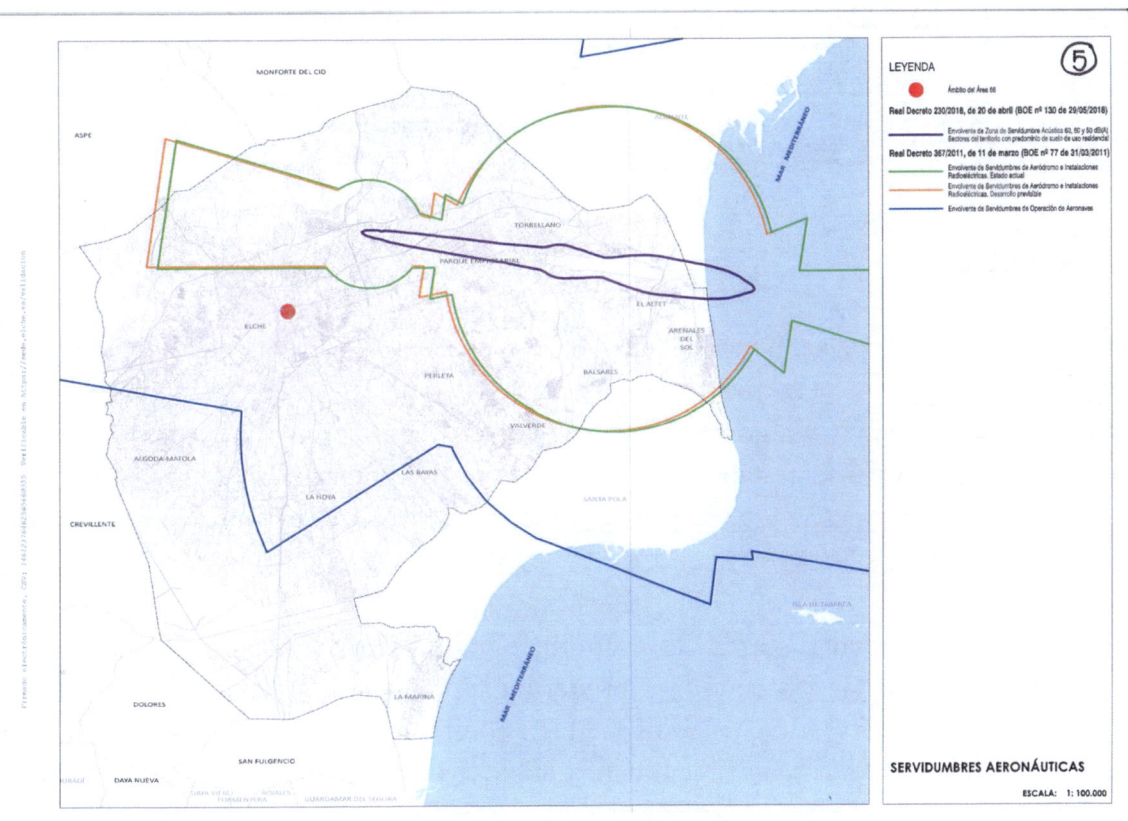

* AREAS DE REPARTO PLURIPARCELARIAS.-

ÁREA REPARTO	CLAVE	SUPERFICIE (m²s)			TOTAL EDIFICABILIDAD (m²t)	APROVECHAMIENTO			
		BRUTA	NETA	COMPUTABLE		NETO	COEF.	TIPO	DIF.
		B	N	S		A_N	C	A_T	
						E/N		(E/S) X C	A_N-A_T
66	11a	7.943	6.155	7.440	6.1558	1,00	1,00	0,827	0,173
OBSERVACIONES									
	TIPO 2b								

GRUPO 2. ÁREAS PLURIPARCELARIAS

TIPO	RÉGIMEN
Tipo 2 a Manzanas reordenadas que disponen de todos los elementos de urbanización, y a las que el Plan ha incrementado el aprovechamiento y asignado cargas compensatorias por las plusvalías generadas.	Actuaciones Aisladas
Tipo 2 b Zonas ordenadas por el Plan mediante una operación de reforma interior, y/o cuya urbanización está incompleta o es obsoleta.	Actuaciones Aisladas o Integradas de Obra Pública

*

En cualquier caso, la posibilidad de Actuaciones Aisladas está condicionada al cumplimiento de lo previsto en la legislación urbanística de aplicación. En otro caso, deberá resolverse mediante una Actuación Integrada.

✴ MODIFICACIÓN PUNTUAL DE LA NORMATIVA DEL PLAN GENERAL ARTÍCULOS 25 y 67 y FICHAS DE PLANEAMIENTO Y GESTIÓN.
A.D. 31/03/2014. BOP 14/04/2014 y 23/04/2014

COMENTARIOS

Se trata de un ejercicio en el que cabe tener un muy buen conocimiento de la normativa municipal de Elche y, en general, de los condicionantes territoriales del término municipal. El enunciado facilita planos y algo de información de la AR 66, pero se necesitan datos de la normativa urbanística y del Catálogo del Plan Especial de Protección de Edificios y Conjuntos del término municipal de Elche (PEPEC), documentos a los que hemos podido acceder a través de internet, pero no en su totalidad.

Sobre la primera pregunta, afecciones e informes preceptivos, el plano 4 facilitado por el tribunal resume todas las afecciones: en primer lugar, la de patrimonio catalogado; además de la propia Fábrica de Harina, tenemos también el refugio de la fábrica Candalix, que penetra parcialmente en la parcela objeto del ejercicio. El nivel de protección de la fábrica es el ambiental, según se aprecia en el precitado plano y se puede corroborar en el PEPEC. De acuerdo con este documento, el nivel de protección ambiental afecta

362

A los edificios cuya singularidad recae sobre fachada. Se trata pues de proteger "la apariencia física del edificio", es decir, de conservar la fachada o restituirla.

La conservación va dirigida por tanto hacia el paisaje urbano, más que al edificio en sí, aunque esta escena urbana esté ya dominada por obras contiguas de nueva fachada.

Asimismo, el art. 44 PEPEC dispone que «En los edificios catalogados con un nivel de protección ambiental, se permitirán todos los tipos de obra [restauración, rehabilitación, reestructuración y sustitución condicionada], siempre que se adapten a la normativa apuntada en las fichas específicas de cada edificio». En el art. 48, sobre tales edificios, se dice que «podrán sustituirse íntegramente estando la composición, color y materiales de la nueva fachada, condicionados a lo que se indique en las fichas particularizadas». Sin embargo, no hemos podido obtener la ficha de este bien.

En cuanto al refugio, no hemos encontrado mención a él en el PEPEC ni, por tanto, a su ficha, al menos con la denominación que le da el plano, pero se le puede considerar BRL en virtud de la disposición adicional quinta, punto 3, de la Ley 4/1998.

Una segunda afección es la de la denominada sendera d'Hondón a Elx o calle Nuestra Señora de la Cabeza, ya que es una vía pecuaria, según se observa igualmente en la leyenda del plano 4. La tercera afección procede de la inclusión de la parcela en la zona de amortiguamiento del Palmeral de Elche. Finalmente, del plano 5 deducimos que la parcela se encuentra afectada por la servidumbre de operaciones de aeronaves.

En cuanto a la viabilidad urbanística, en el plano que se facilita en el enunciado, observamos que los terrenos se encuentran en la zona 11a, cuya normativa no se pone a disposición de los aspirantes, pero que hemos consultado de la web del ayuntamiento. El art. 145 de las Normas Urbanísticas del Plan General, «Condiciones de uso [de la zona 11]», establece:

> 1. El régimen de usos para esta Clave es el siguiente:
> - 1. Uso característico:
> Industrial, con las limitaciones del punto 2 de este artículo.
> - Usos compatibles: Las actividades socio-económicas siguientes y con las limitaciones que se señalan:
> [...]
> Docente.
> [...]

Es decir, que el uso docente es compatible en la zona 11. En este sentido, en el art. 140, vemos las condiciones de edificación para la zona 11a:

> Serán de aplicación las siguientes condiciones, teniendo en cuenta que en lo no regulado expresamente por este artículo se estará a lo establecido con carácter general por la Normativa urbanística para el tipo de ordenación según edificación aislada, y que los retranqueos que se establecen no serán de aplicación en los casos que vengan expresamente señalados en los Planos correspondientes a cada zona o sector:
> - Tipo de ordenación : Edificación abierta.
> - Tipología de parcela : Será, en función de su superficie:

Tipo I: Parcelas de superficie inferior o igual a 3 000 m²
[...]
- Parcela mínima : 500 m²
- Edificabilidad : [...] 1,00 m²t/m²s en el resto de zonas.
- Ocupación máxima : 60 por ciento con carácter general. No obstante, en parcelas del Tipo I y siempre a través de Estudios de Detalle, Planes Especiales o Planes Parciales, podrá optarse por la edificación adosada, sin retranqueo lateral y con una ocupación máxima del 75 por ciento.

- Otros parámetros	PARCELAS TIPO I	[...]
Longitud de fachada	15 metros	
Fondo mínimo	30 metros	
Altura reguladora	15 metros	
Retranqueos a fachada	5 metros	
Retranqueos lateral y fondo	3 metros	

En los casos en que por el grado de consolidación no sea posible la regulación parcelaria se admite la configuración parcelaria existente en suelo con ordenación pormenorizada con acceso a vial por accesos particulares y cuando no sea posible otra configuración con las siguientes condiciones:

a) Si el acceso da servicio a una o dos parcelas, formará parte de la propia parcela y en los casos en que el acceso se produzca mediante una servidumbre de paso podrá crearse un acceso independiente.

b) Se redactará en Estudio de Detalle cuando el acceso particular dé servicio a tres o más parcelas.

De estos parámetros, la Fábrica de Harinas incumple el número máximo de plantas (dos, según se aprecia en el plano núm. 2) y el retranqueo de 5 m a fachada, en este caso a la alineación oficial. Por lo que respecta a la superficie ocupada, según sumatorio realizado a partir de las superficies indicadas en el plano 3, la Fábrica de Harinas ocupa 1752,19 m²s. No obstante, hay que tener en cuenta el nuevo edificio, que, como poco, ocuparía 2600 / 2 = 1.300 m²s. La suma de ambas ocupaciones da un total de 3052,19 m²s. Adoptando la parcela computable de referencia, la ocupación máxima sería de 6155 × 0,60 = 3693 m²s, cifra que no se ve superada por la ocupación del actual edificio más la del que se pretende construir, por lo que cumpliría. En cuanto a la edificabilidad, multiplicando las superficies del plano 3 por el número de plantas, se obtiene una edificabilidad de 4730,71 m²t, si bien, quizás no sería la manera correcta de computar la edificabilidad del silo, ya que se entiende que, realmente, no tiene cinco plantas, es decir, cinco forjados. Si se suma este valor a los 2600 m²t del nuevo edificio, el total de edificabilidad es de 7330,71 m²t, superior a la máxima de 6155 m²t señalada en la ficha del enunciado.

Todos estos parámetros urbanísticos que se incumplen pertenecen a la OP, por lo que puede tramitarse una modificación de planeamiento restringida a la AR 66 consistente, por ejemplo, en permitir las alturas y retranqueos existentes solo para la Fábrica de Harinas y mantener el máximo de dos alturas para el nuevo edificio. Sin embargo, el aumento de edificabilidad supondría modificar el AT, ya que aquella deriva de este (E = sup. computable × AT). La modificación del AT pertenece a la OP, pero los criterios para su adopción se fijan en la OE, o sea, que habría que motivar que tal modificación continúa ajustándose a dichos criterios, si no se pretende afectar a la OE. Si existen dificultades jurídicas o administrativas para el cambio de edificabilidad, habría que demoler parte de la edificación existente sin interés patrimonial o prever menos superficie de nueva construcción, además de tener en cuenta el exceso de aprovechamiento (0,173 m²t/m²s) que refleja la ficha del AR 66, que tendría que compensar el propietario para poder construir.

En caso de que la modificación se circunscriba a la OP, según el art. 49.2.a TRLOTUP, el ayuntamiento es el órgano ambiental y el competente para su aprobación (art. 44.6), concretamente el pleno, en virtud del art. 61.1.d (véase última frase de nuestro comentario al punto 4 del ejercicio de Mutxamel). Además, parece claro que la tramitación de la evaluación ambiental y territorial estratégica es simplificada por ser modificación menor de un plan (art. 46.3.a), por lo que se seguiría el procedimiento descrito en los art. 52, 53 y 61.

En lo concerniente a la obtención de la licencia de obras, debe tenerse en cuenta que, si la edificabilidad destinada a uso docente es mayor de 5000 m²t, deberá obtenerse también licencia ambiental, en atención al punto 13.2.5 de anexo II Ley 6/2014. Asimismo, como puede verse en los planos, la parcela invade parte del viario público, por lo que tiene que ceder y urbanizar; esta circunstancia es confirmada por la inclusión del AR 66 en las «Zonas ordenadas por el plan mediante una operación de reforma interior, y/o cuya urbanización está incompleta o es obsoleta», según se aprecia en el fragmento de la modificación puntual de la normativa del plan facilitado por el tribunal. En ningún momento se dice que en el AR 66 haya delimitado un PRI, por lo que entendemos que es suficiente la ejecución de una actuación aislada.

Finalmente, sobre el desplome parcial de la cubierta, habría que actuar como en cualquier caso de amenaza de ruina inminente (art. 203 TRLOTUP) y adoptar medidas cautelares, si bien lo más importante es determinar qué actuaciones pueden llevarse a cabo según el nivel de protección y lo que estipule la ficha de este bien.

Vicent Bataller Grau (Xàtiva, 1980) es arquitecto por la Universidad de Alicante. Obtuvo plaza como arquitecto en la administración local (el Puig de Santa Maria), donde trabajó cinco años, y en la Generalitat Valenciana, donde trabaja actualmente, además de haber superado varios procesos más. Asimismo, ha trabajado como arquitecto en el Ayuntamiento de Sinarcas, Aspe y Orihuela.

Contacto: vbatallergrau@hotmail.com